Irina Kaldrack
Imaginierte Wirksamkeit

Kaleidogramme Band 69

Irina Kaldrack, geboren 1970, Mathematikerin, Kultur- und Medienwissenschaftlerin. Promotion in Kulturwissenschaft an der HU Berlin. Derzeit Postdoktorandin am Graduiertenkolleg »Automatismen – Strukturentstehung außerhalb geplanter Prozesse in Informationstechnik, Medien und Kultur« an der Universität Paderborn. Forschungsschwerpunkte sind die Wissens- und Mediengeschichte der Körperbewegung sowie Kultur- und Wissensgeschichte der Mathematik.

Irina Kaldrack

Imaginierte Wirksamkeit

Zwischen Performance und
Bewegungserkennung

Kulturverlag Kadmos Berlin

Bibliografische Information Der Deutschen Nationalbibliothek

Die Deutsche Nationalbibliothek verzeichnet diese Publikation in der Deutschen Nationalbibliografie; detaillierte bibliografische Daten sind im Internet über <http://dnb.d-nb.de> abrufbar

Das Werk einschließlich aller seiner Teile ist urheberrechtlich geschützt. Jede Verwertung ist ohne Zustimmung des Verlages unzulässig. Das gilt insbesondere für Vervielfältigungen, Übersetzungen, Mikroverfilmungen und die Einspeicherung und Verarbeitung in elektronischen Systemen.
Copyright © 2011,
Kulturverlag Kadmos Berlin. Wolfram Burckhardt
Alle Rechte vorbehalten
Internet: www.kv-kadmos.com
Umschlaggestaltung: Torsten Schmitt, Berlin (www.fotosch.de)
Gestaltung und Satz: kaleidogramm, Berlin
Druck: Alfadruck
Printed in EU
ISBN (10-stellig) 3-86599-128-9
ISBN (13-stellig) 978-3-86599-128-7

Inhaltsverzeichnis

Einleitung 7
    Methodische Überlegungen 9
    Aufbau der Arbeit 18
    Technische Grundlagen 21

»Apparition«: Die Arbeit der Monade 27
    Szenenanalyse 30
    Pozzo: Vom Raum zum Bild 52
    Leibniz: Notierte Welt im Innen 72
    Der Tanz der Monade 83

»Hier«: Kalkül des Blicks 87
    Szenenanalyse 90
    Zelluläre Automaten: Berechenbarkeit zwischen Spiel und Bild 115
    Differenzbild: Schalten und Codieren 136
    Lacans Auge-Blick-Modell 143
    Blickkalküle: Schalten und Gestalten 154

»Mortal Engine« und »Forest II«:
Schwingende Bilder und bewegte Schrift 157
    »Mortale Engine«: Körperliche Selbstaufzeichnung 158
    »Forest II«: Verräumlichtes Display 192

Imaginierte Wirksamkeit – Bewegung als Kulturtechnik 239
    Ergebnisse 240
    Ordnungen der Wirksamkeit 245
    Bewegung, Subjekt und Welt 251
    Ausblick: Bewegung als Kulturtechnik 254

Literaturverzeichnis 259
Abbildungsverzeichnis 267
Webseitenverzeichnis 269
Danksagung 271

Einleitung

Der gegenwärtige Alltag (in den westlichen Industrienationen) ist auf vielfältige Art von digitalen Technologien und Medien durchdrungen. Das Handy ist Telefon, Aufnahme- und Abspielgerät zugleich. Mittels Computer lassen sich mediale Inhalte weiter verarbeiten, abspielen und verwalten. Im Internet werden die Inhalte veröffentlicht, wobei es mehr und mehr selbst zum Ort nicht nur des Zugriffs auf Inhalte, sondern auch der Verwaltung von Daten wird. Gleichzeitig entziehen sich die Daten immer stärker der eigenen Kontrolle, und die Effekte der Datenzirkulation sind für den Einzelnen schwer absehbar. Über Paybackkarten und Social Networks sammeln die Anbieter Massen persönlicher Daten, die sie beispielsweise für Werbezwecke nutzen können. RFID, Videoüberwachung des öffentlichen Raumes und die Mobilfunknetze erlauben potenziell, Bewegungsprofile Einzelner auszuwerten. Wer auf welche Daten welchen Zugriff hat und sie zu welchen Zwecken nutzt, liegt nur noch begrenzt in der Macht des Einzelnen. Die Nutzer[1] dieser digitalen Technologien und Medien können produzieren sowie technisch vermittelt kommunizieren und handeln. Gleichzeitig werden sie auf unterschiedliche Weise erfasst, repräsentiert und adressiert. In den Formen des alltäglichen Umgangs mit digitaler Medientechnologie werden spezifische – möglicherweise neue – Praktiken, Wahrnehmungsformen und Darstellungsweisen ausgebildet. Genau diese, so der Verdacht, veränderten unter anderem auch das Verständnis von Subjektivität und Identität.[2] Vor diesem Hintergrund werden in der vorliegenden Arbeit vier zeitgenössische Performances untersucht, in denen die Akteure mittels Videotechnologie eine computergesteuerte Bühne beeinflussen. In den Inszenierungen »Apparition« von Klaus Obermaier (2004) und »Mortal Engine« von der Gruppe Chunky

---

[1] In der vorliegenden Arbeit wurde versucht, geschlechtsneutrale Begriffe zu nutzen. Sofern dies nicht möglich war, umfasst die männliche Pluralform männliche und weibliche Personen.
[2] Seit 2008 hat der Begriff der »Generation Internet« oder der »Digital Natives« Konjunktur, wie er durch das gleichnamige Buch geprägt wurde [Palfrey und Gasser, 2008]. Im März 2009 nahm sich der »Spiegel« des Themas an – in dem Artikel wird beschrieben, wie die Social Networks den Umgang Jugendlicher miteinander bestimmen [siehe Blech et al., 10/2009].

Move (2008) verändern die Tanzenden Projektionen – die körperliche Bewegung und die der projizierten grafischen Elemente oder Muster verzahnen und überlagern sich. In der Inszenierung »Hier« der Gruppe blackhole-factory (2005) hängt eine Performerin in einer zylinderförmigen Installation aus Papierbahnen. Sie beeinflusst die Stellung der sie umgebenden Papierbahnen, die Projektionsflächen für Videoaufnahmen ihres Körpers sind. In »Forest II« von Chris Ziegler (2008) beeinflussen die Akteure den Lichtraum der Inszenierung. Eine große Installation aus Neonröhren stellt einen Wald dar, der auf die Figuren reagiert, ihre Bewegungen aufzeichnet oder vorgibt.

Den untersuchten Performances ist gemeinsam, dass die Akteure die medialen Phänomene zwar erzeugen oder beeinflussen, aber nicht vollständig beherrschen. Die technisch-mediale Bühne zeichnet sich durch eine gewisse Selbsttätigkeit bzw. eine Art Eigenleben aus und entzieht sich darin dem intentionalen Zugriff der Performenden. Die Inszenierungen schaffen jeweils räumliche Anordnungen, in denen die Körper durch ihre Bewegungen computergesteuerte medientechnische Darstellungen beeinflussen, die ihrerseits die Bühne konstituieren. Indem die Performances die Aspekte von Beherrschbarkeit und Unbeherrschbarkeit oder intentionalem Zugriff und Selbsttätigkeit herausstellen, thematisieren sie das Verhältnis zwischen den sich bewegenden Körpern und ihrer technisch-medialen Umgebung.

Die zentrale These der vorliegenden Arbeit ist, dass in diesen Verhältnissen, die von den verschiedenen Performances je unterschiedlich gesetzt sind, die Körper eine spezifische Subjektivität erhalten. Die Hypothese ist, dass die technisch basierten und künstlerisch inszenierten Verhältnisse von Akteuren und medientechnischen Darstellungen je bestimmte Vorstellungen nahe legen, was der sich bewegende Körper als zu anderen Körpern und zu seiner Umgebung in Bezug tretender Körper sei. Diese Vorstellungen implizieren jeweils ein bestimmtes Subjekt-Welt-Verhältnis.

Methodische Überlegungen

Mit der Frage nach dem Subjektbegriff, der durch das Verhältnis zwischen den Körpern und ihrer Umgebung nahe gelegt wird, bewege ich mich in einem Forschungskontext, in dem der Zusammenhang zwischen Körpern und Technologie oder Medien in Hinblick auf Subjektivität untersucht wird. Dabei ist allerdings zu beachten, dass sich die Inszenierungen an die Wahrnehmung des Publikums richten. Das Verhältnis zwischen Akteur und Umgebung wird in einer Situation etabliert, die auf die Wahrnehmung Dritter eingerichtet ist. Das heißt, es geht weniger um die Erfahrung der Performenden, die mit der Steuerungstechnologie und den technisch-medialen Darstellungen umgehen, sondern vorrangig darum, wie dieser Umgang inszeniert ist. Die Performances implizieren gleichzeitig einen Aspekt des Vollzugs und einen der Darstellung.

Das Entscheidende ist dabei, dass die Technik in den Performances weitgehend unsichtbar ist. Kamera und Beamer sind zwar zu sehen, werden aber nicht als konstituierende Medientechnik inszeniert. Die Computer, deren Programmierungen die medientechnischen Darstellung erzeugen oder steuern, bleiben aus den eigentlichen Bühnensituationen verbannt. Wahrnehmbar sind für die Zuschauenden die Körper, ihre Bewegungen und die medialen Phänomene in ihrer je räumlich-installativen Anordnung. In diesem Szenario lassen sich teilweise Korrespondenzen zwischen den menschlichen Bewegungen und den Veränderungen der medientechnischen Darstellungen erkennen, die manchmal als Ursache-Wirkungs-Zusammenhang lesbar sind. In anderen Momenten sind solche Übereinstimmungen nicht erkennbar, die technisch-mediale Umgebung scheint selbsttätig zu sein und sich sogar dem Zugriff der Agierenden zu entziehen.

Die Frage danach, wie den Körpern im Prozess des darstellenden Vollzugs eine je unterschiedliche Form von Subjektivität zugewiesen wird, beinhaltet vier miteinander verwobende Aspekte: Welche Art von Körper wird durch die Inszenierung erzeugt? Wie werden diese Körper ins Verhältnis zu den medientechnischen Darstellungen gesetzt? Wie wird in diesem Verhältnis die menschliche Bewegung wirksam für diese Darstellungen? Daran anschließend wird nach dem spezifischen Subjektbegriff gefragt, der in dem jeweiligen Verhältnis nahe gelegt wird. Das heißt, die untersuchungsleitende Frage zielt auf die Ebenen von Darstellung (hier gefasst als Inszenierung) und Vorstellung (gefasst als Modell oder Begriff des Subjekts) und ist damit auf der Ebene des

Symbolischen[3] zu verorten. Es wird davon ausgegangen, dass erst durch die Inszenierungen bestimmte Vorstellungen von Körper, Raum und technisch-medialen Phänomenen erzeugt werden. Insofern ist es sinnvoll, die Performances ohne vorab festgelegte Begriffe oder Diskurse von Körpern oder Technik/Medien zu analysieren.

Diesem Forschungsinteresse folgend werden die Inszenierungen als technisch-künstlerische Konstellationen betrachtet, die in der Überlagerung von körperlichen und technisch-medialen Darstellungsweisen ein je bestimmtes Verständnis dessen nahe legen, was Körper und die eingesetzte Technologie in Bezug auf die Herausbildung eines konkreten Subjektbegriffes sind. Deswegen werden Subjekthaftigkeit, Bewegung und Technologie bzw. Medien vorerst als weitgehend offene Suchbegriffe benutzt. Die Hoffnung dabei ist, dass die Argumentation der Analysen transparent bleibt und nicht durch eine vorab vorgenommene Festlegung bestimmt wird.

In den Performances als Konstellationen von digitaler Technik und ihren Programmierungen, Darstellungsweisen und Körpern erscheint je ein spezifisches Verhältnis zwischen den Körpern und ihrer Umgebung. In der jeweiligen Konstellation erscheinen Körper als bestimmte Körper. Sie werden auf spezifische Weise sichtbar, sie sind beispielsweise von den Visualisierungen streng unterscheidbar oder werden im Gegenteil zu Bestandteilen der Visualisierungen. Gleichzeitig erhalten die Körper bestimmte Eigenschaften, sie sind z.B. in ihrer Schwerkraft betont oder erscheinen als eher schwerelos. Die in der Darstellung je hergestellten Körper werden als bestimmte Einheiten oder Entitäten gesetzt. Darüber hinaus lässt sich die Bewegung als rudimentäres Verhalten lesen oder als Bezugnahme auf die Umgebung und gegebenenfalls andere Körper auffassen. Damit etwas Subjektstatus erhalten kann, müssen also bestimmte Bedingungen erfüllt sein. Subjekthaftigkeit wird vorläufig als Eigenschaft einer Einheit gefasst, die visuell abgegrenzt ist. Diese abgrenzbare Einheit steht in einem Verhältnis zu dem Abgegrenzten. Sie besitzt eine gewisse rudimentäre Intentionalität, welche das Verhältnis als Bezugnahme lesbar macht.

---

[3] In einer vorläufigen Annäherung basiert der Begriff des Symbolischen auf der Vorstellung, dass es keinen unmittelbaren Zugang zur Realität (gefasst als physische Materialität) gibt. Vielmehr sind Wahrnehmungen immer schon durch unterschiedliche Vorstellungen und Praktiken formiert. Gleichermaßen findet der Zugriff auf und das Wissen um Realität immer innerhalb von Zeichen, Darstellungen, Vorstellungen, kulturellen und sozialen Codes und/oder Konventionen statt. Der Begriff des Symbolischen umfasst damit eine Art verallgemeinerten Zeichenbegriff, insofern er auf die Konstitution von Bedeutungen zielt.

Die digitale Technologie ist in diesen Konstellationen das, was den Körpern durch Bewegung Zugriff auf die Umgebung verleiht oder sich diesem Zugriff entzieht. Gleichzeitig benutzen oder zitieren die Projektionen bzw. Lichtereignisse bestimmte Medientechnologien und deren Darstellungsform. Insofern lässt sich die Technologie, wie sie in den Performances eingesetzt wird, angelehnt an ein allgemeines Verständnis digitaler Medien beschreiben. Demnach sind digitale Medien dadurch charakterisiert, dass sie auf digital vorliegende Daten zugreifen und/oder diese speichern. Der Umgang der Nutzer mit den Daten ist rechnergestützt, d. h., er impliziert die Beteiligung eines Computers am Prozess des Datenumgangs oder der Herstellung der Daten. Darüber hinaus ist der Umgang durch technische Interaktivität gekennzeichnet, womit gemeint ist, dass die Veröffentlichung und Manipulation von Daten in so genannter Echtzeit erfolgt.[4]

Um den Zusammenhang zwischen Körper und Technologie in Hinblick auf Subjektivität zu analysieren, bietet es sich an zu prüfen, ob die jeweiligen Inszenierungen ein Verhältnis zwischen Körpern und technisch-medialen Darstellungen etablieren, welches aktuellen Körper- und Mediendiskursen entspricht.

So lässt sich fragen, ob einzelne Inszenierungen die Vorstellung eines vorgängigen Körpers nahe legen, der durch Erfahrungen in seinen Wahrnehmungs- und Darstellungsweisen geprägt und diskursivierbar gemacht wird. In dieser Form würden die Inszenierungen an Merleau-Pontys Leib-Körper-Konzept anknüpfen, das von einem vorgängig gegebenen Leib ausgeht [siehe Merleau-Ponty, 1966]. Dieser sei die Grundlage für gewissermaßen vordiskursive Erfahrungen. Der Begriff des Körpers meint in diesem Kontext die Vorstellung dessen, was den Körper ausmacht. Dieser Körper konstituiert sich durch die Erfahrungen – die auch durch Technologie, Medien und deren Wahrnehmungs- sowie Darstellungsformen geprägt sind – sowie ein bestimmtes diskursives Wissen um den Körper. Auch die Historische Anthropologie fragt ausgehend von dem Körper in seinen je historischen Wahrnehmungs-, Ausdrucks-, Repräsentationsformen nach »dem Menschen« und seinem Selbstverständnis [siehe Wulf, 2004, S. 137ff.]. Es ist zu ermitteln, ob einzelne der untersuchten Inszenierungen ähnliche Körperdiskurse aufrufen. Da die Frage nach der Subjektvorstellung in den Bereich des diskursiven Wissens fällt, scheint diese Perspektive auf Körper allerdings nicht ausreichend.

---

[4] Diese vage Bestimmung dessen, was digitale Technologien und Medien kennzeichnet, ist an den deutschen Wikipedia-Eintrag zu »Neue Medien« angelehnt, siehe http://de.wikipedia.org/wiki/Neue_Medien, letzter Zugriff am 20.04.2011.

In Bezug auf die Medienbegriffe und die ihnen inhärenten Vorstellungen von Technologie haben insbesondere drei Konzepte für die untersuchten Performances Relevanz. Erstens fragt sich, ob die technisch-mediale Umgebung als Ausweitung der performenden Körper inszeniert sind. Das Verhältnis zwischen Körper und der technisch-medialen Umgebung entspräche dem Verhältnis zwischen Mensch und Medien, wie es ein anthropomorpher Medienbegriff entwirft. Marshall McLuhan fasst Medien als Ausweitungen des menschlichen Körpers, die das ausgeweitete Organ gleichsam amputieren und dadurch die Medien ins Körperschema integrieren.[5] Konkret wären die Inszenierungen daraufhin zu untersuchen, wie ein einzelnes Organ oder welche Fähigkeit des Körpers sich in die medialen Darstellungen ausweitet. Die durch den anthropomorphen Medienbegriff aufgeworfenen Fragen ermöglichen damit, das Verhältnis zwischen Körper und Umgebung differenziert zu betrachten.

Zweitens ist zu prüfen, inwieweit das durch die Inszenierungen erzeugte Verhältnis vollständig durch die Datenerfassung und die Art ihrer Weiterverarbeitung bestimmt ist. In Anlehnung an die diskursanalytische Methode, wie sie federführend von Friedrich Kittler entwickelt wurde, ließe sich für ein solches Verhältnis ein technik-zentristischer Medienbegriff fruchtbar machen. Demnach sind Medien die Technologien, die es ermöglichen, Informationen zu speichern, zu übertragen und zu bearbeiten. Nach Kittler kann der Mensch nur das erkennen und gestalten, was die materiellen Möglichkeiten der technischen Medien ihm vorgeben. Im Nachhinein würden diese Möglichkeiten als quasi natürlich menschliche umgedeutet. Sybille Krämer pointiert in ihrer Darstellung des diskursanalytischen Ansatzes von Kittler:

> Es ist nicht so, dass es Daten gibt und dann noch Medien, die mit den Daten etwas tun. Vielmehr sind Medien die Produktionsstätten von Daten. Und der Ort dieser Produktion sind »Aufschreibesysteme«, Netzwerke von Techniken und Institutionen, die präformieren, was einer bestimmten Epoche überhaupt als Datum zu gelten hat. [Krämer, 2004, S. 208]

Zu fragen wäre also, welche Daten aufgenommen, wie sie verarbeitet werden und wie diese Daten geschichtlich überhaupt zu Daten wurden. Damit schärft dieses Vorgehen den Blick für die historische Gewordenheit dessen, was im Umgang des Menschen mit Technik gewusst werden kann.

---

[5] Siehe zur Relevanz dieses Medienbegriffs z.B. [de Kerckhove et al., 2008].

Wenn die Inszenierungen den Aspekt des Umganges des Menschen mit technisch erzeugten Darstellungen zentral setzen, lässt sich das darin aufgerufene Verhältnis als eines zwischen Körper und symbolischer Welt betrachten. Die Technologien wären in Anlehnung an einen symbolischen oder zeichentheoretischen Medienbegriff als zeichenprozessierende Apparate zu verstehen, welche symbolische Welten erzeugen.[6] In der Perspektive Tholens sind Mensch und Technisches auf die Ordnung des Symbolischen verwiesen, die durch das Prinzip von Austauschbarkeit und Ersetzbarkeit charakterisiert ist [siehe Tholen, 1993]. Die Selbst-Abständigkeit des Symbolischen ermöglicht dabei Verschiebungen und damit, dass etwas »Neues«, nicht vorab Vorgesehenes entsteht. Austauschbarkeit und Ersetzbarkeit implizieren darüberhinaus Performativität: Die technisch-medialen symbolischen Prozesse müssen ausgeführt werden und entziehen sich dabei tendenziell der Intentionalität des Nutzers oder des Ausführenden.[7] Hartmut Winkler betont, dass der Begriff der Performativität eine Unterscheidung zwischen einer Sphäre des Symbolischen und einer Sphäre des Nicht-Symbolischen impliziert. Dabei sei die Sphäre des Symbolischen stark mit dem Begriff des Sinns verwoben, während Handlung – und damit auch Bewegung – eher der Sphäre des Nicht-Symbolischen zuzuordnen seien [siehe Winkler, 2000]. Entscheidend ist, wie diese beiden Sphären in der Herausbildung, Stabilisierung und Veränderung von Medien und ihren Zeichenprozessen ineinandergreifen. Mit der Betonung des Performativen richtet sich ein solcher Ansatz besonders auf das Prozessuale, den Wandel von Bedeutungszuordnungen und die Unbeherrschbarkeit der symbolischen Ordnungen. Die Inszenierungen sind daraufhin zu befragen, wie das Verhältnis zwischen Körpern und symbolischer Welt in einem Vollzug entsteht, der die festen Bedeutungszuordnungen unterläuft und nicht mehr ausschließlich von dem Vollziehenden beherrscht wird. Diese Perspektive hilft, den Aspekt des Nicht-Intentionalen in den vorliegenden Inszenierungen differenziert auszuloten.

Die Untersuchung, welcher Subjektbegriff durch das im Vollzug entstehende Akteurs-Umgebungs-Verhältnis nahe gelegt wird, fordert allerdings eine feste Bedeutungszuordnung. Um diese trotz der Verschiebungen und des Entziehens der symbolischen Ordnungen vornehmen zu können, bietet es sich an, den Zusammenhang von Körper, Vollzug und

---

[6] Vertreter eines solchen Medienbegriffes sind im deutschsprachigen Raum Sybille Krämer, Georg Christoph Tholen und Hartmut Winkler.
[7] Zu Performativität und Medialität siehe [Krämer, 1998 A] und [Krämer, 1998 B].

Symbolischem unter der Perspektive von Kulturtechniken betrachten. Thomas Macho versteht unter Kulturtechniken »allein jene Techniken, mit deren Hilfe symbolische Arbeiten ausgeführt werden können« [Macho, 2008, S. 99].[8] Aus dieser Perspektive ist zu prüfen, ob und wie das Verhältnis zwischen Körper und Umgebung durch prozessuale Techniken bestimmt ist, welche im Symbolischen wirksam sind.

Die skizzierten Diskurse stellen also besondere Perspektiven auf das in den Inszenierungen je erzeugte Verhältnis zwischen Akteur und Umgebung bereit. Dabei rücken allerdings bestimmte Aspekte des Verhältnisses in den Mittelpunkt. Es ist in den Analysen also darauf zu achten, dass die gewählten Fragestellungen nicht den Blick auf die Performances »verstellen«. Deswegen werden in der Untersuchung theaterwissenschaftliche, technik- bzw. mathematikgeschichtliche und wissensgeschichtliche Ansätze miteinander verschränkt. Dadurch lässt sich das Akteurs-Umgebungs-Verhältnis in der jeweiligen Performance bestimmen und offenlegen, an welche historischen Traditionen es anschließt. Damit erlaubt dieser Ansatz festzustellen, welche historische Vorstellungen von Subjekt und Welt durch die Inszenierungen aufgerufen werden und wie diese gegebenenfalls darin verändert werden.

In einem ersten Schritt wird die Inszenierung auf das durch sie etablierte Verhältnis von Akteur und Umgebung untersucht. Ich leite aus einer theaterwissenschaftlichen Szenenanalyse das Verhältnis zwischen Darstellenden und Umgebung ab und bestimme dessen charakteristische Eigenschaften. Die Analyse fokussiert anhand exemplarischer Szenen auf das Verhältnis von bewegten Körpern und den technisch-medialen Darstellungen. Die charakteristischen Strukturen des Tanzes bzw. der körperlichen Bewegung werden herausgestellt und in Beziehung zu den medialen Darstellungen gesetzt.

Dabei ist entscheidend, dass das Verhältnis zweifach auf einer technischen Infrastruktur basiert: Erstens macht die technisch-mediale Bühne die sicht- und hörbaren Phänomene auf bestimmte Art und Weise wahrnehmbar. Dabei wird die Sichtbarkeit in den untersuchten Beispielen zu einem großen Teil durch die Anordnung von Kameras, Beamern, Projektionsflächen oder Lichtquellen und ihre Darstellungsweisen bestimmt. In diesem Sinne gehe ich in Anlehnung an Ulrike

---

[8] Zu Thomas Machos Verständnis von Kulturtechniken siehe auch [Macho, 2003] und [Macho, 2007].

Haß von »einem Begriff der Bühne aus, dem der veraltete Terminus der Schauanlage nahekommt« [Haß, 2005, S. 16].

Darüber hinaus ist zweitens zentral, dass die medialen Darstellungen durch Datenerfassung und -verarbeitung beeinflusst werden. In allen untersuchten Beispielen werden Daten aus Videoaufnahmen des Aktionsraumes und damit aus Aufnahmen der menschlichen Körper abgeleitet und für die Manipulation der medialen Darstellungen benutzt. Als Darstellungen, die aus Ableitung und Verrechnung[9] von Daten erzeugt oder verändert werden, werden die medialen Darstellungen im Verlauf der Arbeit als Visualisierungen bezeichnet. Dieser Begriff zielt ebenso auf die technische Verfasstheit der Darstellungen als Ergebnis von Datenverarbeitungsprozessen wie auf ihre künstlerische Verfasstheit als *gestaltete* Darstellungen.

In der Szenenanalyse werden Bühnenaufbau und die Prinzipien der technischen Steuerung vorgestellt, um deutlich zu machen, wie das technische und inszenatorische Zusammenspiel das Verhältnis zwischen Darstellenden und Umgebung bestimmt. Wegen dieses Zusammenspiels wird für die Analyse zwischen einer technischen und inszenatorischen Ebene unterschieden. Auf der technischen Ebene untersuche ich die räumlich-installative Anordnung von Kamera, Beamer und Leinwänden (oder von Kamera und Neonröhren) sowie die Verfahren der Auswertung der Videobilder und der Verarbeitung der Daten. Diese erzeugen bestimmte Korrespondenzen zwischen den bewegten Körpern und den Visualisierungen.

Auf der inszenatorischen Ebene werden zwei Aspekte analysiert: Einerseits geht es darum, wie die Körper und die Visualisierungen auf die Wahrnehmung des Publikums gerichtet sind. Wie werden die technischen Korrespondenzen ausgestaltet, welche werden betont und welche bleiben unsichtbar? Welche Korrespondenzen erscheinen, die unabhängig von der technischen Infrastruktur sind?[10] Andererseits geht es darum, wie die Körper und die Visualisierungen in ihrem Verhältnis in der Wahrnehmung des Publikums erscheinen. Welche Dramaturgien der Bewegung sind erkennbar, und wie korrespondieren diese mit den

---

[9] Ich nutze den Begriff Verrechnung, um herauszustellen, dass die Daten in einem Rechenvorgang verarbeitet werden. Der übliche Begriff der (Daten-)Verarbeitung umfasst alle Bereiche von Erfassung, Codierung und Manipulation der Daten. Verrechnung meint, dass die Daten als Eingabe von Rechenverfahren genutzt werden.
[10] In theaterwissenschaftlicher Terminologie lässt sich dieser Ansatz als produktionsästhetische Analyse bezeichnen.

Visualisierungen? Was sind die Charakteristika ihres Zusammenspiels? Welche Darstellungsformen werden von der Inszenierung genutzt?[11]

Die hier vorgestellte Art der Analyse zielt also nicht im semiotischen Sinne darauf, welche Zeichen von der Inszenierung benutzt und wie diese mit Bedeutung versehen werden. Vielmehr fragt sie »unterhalb« der semiotischen Ebene zunächst danach, welche Beziehungen im Vollzug etabliert werden. Gleichzeitig konzentriert sich die Analyse darauf, diese Beziehungen als charakterisierbares Verhältnis zu ermitteln und grenzt sich dadurch vom oben skizzierten Diskurs der Performativität ab.

Ausgehend von dem analysierten Verhältnis zwischen Akteuren und Umgebung frage ich, wie sich dieses auf einer metaphorischen Ebene als Subjekt-Welt-Verhältnis interpretieren lässt. Der Begriff der metaphorischen Ebene soll kenntlich machen, dass es um eine Übertragung oder Überschreibung geht – das Akteurs-Umgebungs-Verhältnis wird durch eine Lesart von Subjekt-Welt-Modell ersetzt oder überschrieben, das dem inszenierten Verhältnis möglichst genau entspricht.

Um das Subjekt-Welt-Verhältnis zu bestimmen, werden in einem zweiten Schritt die entscheidenden historischen Traditionen ermittelt, an welche es anknüpft. Das Verhältnis zwischen Agierenden und Umgebung entsteht in den einzelnen Inszenierungen aus dem Zusammenspiel von Darstellungsformen, Raum, Technik (Datenerfassung und -verrechnung) und körperlicher Bewegung. Gleichzeitig ist es durch spezifische Eigenschaften charakterisiert. Es wird geprüft, welche dominanten theater-, technik- oder mathematik-geschichtlichen Entstehungslinien für das technisch-inszenatorische Zusammenspiel in der untersuchten Performance entscheidend sind. In den Rekonstruktionen dieser Traditionen soll deutlich werden, in welchen historischen Konfigurationen von technisch-mathematischen Entwicklungen, Raum-, Körper-, Bewegungsvorstellungen und spezifischen Darstellungsformen die charakteristischen Eigenschaften des konstatierten Verhältnisses Konturen gewinnen.

Diese Methode der historischen Rekonstruktion lässt sich in Anlehnung an Foucault als genealogische Methode bezeichnen, weil sie die Herkünfte der erzeugenden Komponenten (Darstellungsformen, Technologien und Verrechnungen) und Charakteristika ermittelt, die das Verhältnis zwischen Akteur und Umgebung in den einzelnen Inszenierungen bestimmen. Der Unterschied ist, dass die hier entwickelte Methode danach fragt, ob und wie sich bestimmte Denkfiguren und Vorstellungen in einer durch die Performances vorgegebenen Konfiguration von

---

[11] Diese Herangehensweise lässt sich als rezeptionsästhetische Analyse bezeichnen.

Darstellungsformen, Technik, Mathematik und Körpervorstellungen entwickelt haben.[12]

Die Leitfragen für die Rekonstruktion lassen sich in drei Themenfelder unterteilen. Sie beziehen sich *erstens* auf die eingesetzten Technologien und Verrechnungen. Was zeichnet den Einsatz der verwendeten Technologie oder der mathematischen Verrechnungen in der analysierten Performance aus? Inwieweit und wie ist die historische Entwicklung der eingesetzten Verfahren durch ähnliche Fragestellungen oder Eigenschaften bestimmt? Das heißt, die historische Entwicklung wird im Hinblick auf die von der Performance gesetzten Fragestellungen oder Charakteristika rekonstruiert. *Zweitens* wird untersucht, welches Raummodell bzw. welche Bühnenform durch die Performance aufgebaut wird und welche historischen Herkünfte dadurch nahe gelegt werden. Die *dritte* entscheidende Linie der Rekonstruktion ist die Frage nach einem Modell von Bewegung und wie dieses in einer bestimmten Zeit entscheidend wird.

Die skizzierte Methode geht also von den konkreten Inszenierungen und dem darin je erzeugten Akteurs-Umgebungs-Verhältnis aus. Mit der Frage nach der technischen und inszenatorischen Konstruktion erlaubt die Methode erstens, die entscheidende Ordnung von Technik, Verrechnung und Darstellungsformen zu identifizieren, die dem erzeugten Verhältnis zu Grunde liegt. Zweitens bestimmt die Methode die historischen Anknüpfungspunkten dieser Ordnung. Ausgehend von den konkreten künstlerisch-technischen Fallbeispielen der Gegenwart lassen sich so historische Konfigurationen und Umbrüche identifizieren und daraufhin befragen, *wie* in ihnen Diskurse und Wissensformen ausgebildet werden.

In einem dritten Schritt wird der wissensgeschichtliche Ansatz ausgebaut. Die detaillierte von den Performances gestiftete Rekonstruktion erlaubt zu ermitteln, welches geschichtliche Subjekt-Welt-Modell damit aufgerufen wird und wie dieses in der Inszenierung möglicherweise verändert wird. Wenn die historische Ordnung ein Wissen um Mensch und Welt erzeugt, das dem aktuellen Verhältnis ähnlich ist, lässt dieses sich als Versinnlichung und Befragung eines historischen Subjekt-Welt-Verhältnisses unter digitalen Bedingungen fassen.

---

[12] Es geht also weniger darum, in welchen historischen Konfigurationen sich die avisierten Denkfiguren entwickelt haben. Stattdessen wird eine historische Konfiguration bestimmt, die die Techniken und Praktiken der Performance enthält und gefragt, wie darin ähnliche Diskurse um Körper und Welt entstehen.

Das heißt: Aufbauend auf der historischen Rekonstruktion und ausgehend von den charakteristischen Eigenschaften der Körper-Umgebungs-Verhältnisse bestimme ich die von der Performance nahe gelegten Subjekt-Welt-Modelle. Bei deren Auswahl sind die folgenden Fragen entscheidend: Wie entsprechen die Vorstellungen von Welt und Subjekt im historischen Wissen in zentralen Aspekten dem in der Analyse hergeleitetem Akteur-Umgebungs-Verhältnis? Entspricht die Bezugnahme zwischen Subjekt und Welt im historischen Modell dem Wissen oder den Fragestellungen der theater-, technik-, mathematik- oder mediengeschichtlichen Rekonstruktionen?

Diese Entsprechungen erlauben, die jeweilige Performance auf metaphorischer Ebene als eine technologisch-inszenatorische Versinnlichung eines bestimmten historischen Subjekt-Welt-Verhältnisses zu lesen.

Aufbau der Arbeit

Der Aufbau der vorliegenden Arbeit folgt der skizzierten Methode. Die einzelnen Kapitel haben die Analyse der Inszenierungen zum Thema. Im letzten Kapitel werden die Ergebnisse zusammengefasst, verglichen und in Bezug auf ihre kulturelle Funktion diskutiert.

Im Kapitel »›Apparition‹: Die Arbeit der Monade« wird die Inszenierung »Apparition« von Klaus Obermaier untersucht, die 2004 Premiere hatte. In »Apparition« tanzen zwei Akteure in und mit abstrakten grafischen Elementen. Die Darstellungen von Linien, Seilen und Partikeln werden auf eine große Leinwand hinter den Tanzenden und manchmal auf die menschlichen Körper selbst projiziert. Tanz und Bewegung der Elemente verzahnen sich miteinander, mal verändern sich die Projektionen in Übereinstimmung mit den Positionen der Tänzer, mal scheinen diese die Bewegung der Grafiken anzustoßen oder durch Impulse zu verändern. In der Szenenanalyse wird anhand dreier exemplarischer Szenen das Verhältnis zwischen Körpern und Visualisierungen abgeleitet. Auffallend ist, dass die Tänzer gleichsam ganz in die virtuelle Ansicht der Projektionen integriert sind und diese dennoch unterbrechen – als Muster und Bewegungsstörung. Der Bühnenraum als Sichtanlage und die von »Apparition« genutzten Verrechnungsprinzipien rufen zwei historische Traditionen auf. Es wird geprüft, inwieweit der Raum von »Apparition« strukturell der barocken Kulissenbühne gleicht und inwieweit die Verrechnungsverfahren an die messend-malende Konstruktion der Kulissenbühne anknüpfen. Darüber hinaus basiert das zweite entscheidende Verrechnungsprinzip der Inszenierung, die

Physical Engine, auf einem anderen barocken Verfahren, nämlich auf dem Infinitesimalkalkül von Leibniz. Die Rekonstruktion dieser historischen Traditionen wirft die Frage auf, inwieweit das Verhältnis von Tanzenden und Visualisierungen sich in den Denkfiguren von Leibniz »Monadologie« beschreiben lässt.

Das Kapitel »›Hier‹: Kalkül des Blicks« untersucht die Inszenierung »Hier« der Gruppe blackhole-factory aus dem Jahr 2005. In »Hier« schwebt eine Performerin in einer Installation aus hängenden Papierbahnen, auf die ihre (phasenweise verfremdeten) Videoaufnahmen in Echtzeit projiziert werden. Die Bahnen drehen sich in unterschiedliche Positionen, fragmentieren, verräumlichen und verzerren die Projektionen. Dabei scheinen sie sich teilweise autonom zu bewegen, teilweise reagieren sie auf die Bewegungen der Performerin. Das Verhältnis zwischen der Akteurin und ihrer Umgebung ist in der Performance als Verhältnis zwischen Körper, Körperbild und Raum inszeniert, das sich durch Bewegung verändert. In der Szenenanalyse wird deutlich, wie dieses Verhältnis durch Unverfügbarkeit charakterisiert ist. Als Raum der Sichtbarkeit, in dem sich das Verhältnis zwischen Körper und collagierten, verräumlichten Körperbildern dem intentionalen Zugriff der Akteurin entzieht, zielt die Inszenierung auf die Fragen, die Jacques Lacan in seinem Auge-Blick-Modell der Sichtbarkeit stellt. Es wird untersucht, welche Formen von Unverfügbarkeit die zentralen Steuerungsprinzipien etablieren. Daran anschließend lässt sich prüfen, ob die Inszenierung als Versinnlichung der Lacanschen Auge-Blick-Modell gelten kann und welche Subjekt-Welt-Beziehung in dieser Adaption erscheint.

Das Kapitel »›Mortal Engine‹ und ›Forest II‹: Schwingende Bilder und bewegte Schrift« umfasst zwei Performances: »Mortal Engine« der Gruppe Chunky Move, das 2008 Premiere hatte, sowie »Forest II« von Chris Ziegler, das in einer Vorpremiere im Mai 2008 in München aufgeführt wurde. Während bei den Analysen von »Apparition« und »Hier« die historischen Rekonstruktionen stärker an den mathematischen Verfahren der Steuerung ansetzen, fokussieren die Verhältnisse zwischen Akteuren und Umgebung in »Mortal Engine« und »Forest II« eher auf historische Medientechnologien und deren Darstellungsformen und Diskursivierungen. In der Analyse zeigt sich, dass das Verhältnis zwischen Akteuren und Umgebung in beiden Inszenierungen vollständig als Verhältnis zwischen Körper und einer Medientechnologie beschreibbar ist – Bewegtbildmedien und Display. Deswegen konzentriert sich die historische Rekonstruktion auf den Zusammenhang von Medientechnologie, Darstellungs- bzw. Nutzungspraktiken und Diskursen, um das Verhältnis zwischen Akteur und Umgebung zu charakterisieren. Es geht eher um ein Subjekt-Technologie-Verhältnis als um ein Subjekt-Welt-Verhältnis. Aus pragmatischen Gründen wird das jeweils durch das Verhältnis nahe gelegte Subjekt-Welt-Modell kursorisch behandelt und die Entsprechungen zwischen Akteur-Umgebungs-Verhältnis und Subjekt-Welt-Modell nicht detailliert ausgeführt.

In »Mortal Engine« bewegen sich sechs Tanzende in einer Folge von Szenen durch unwirkliche Bildwelten. Sie krabbeln und rollen, bedeckt von Projektionen, auf einer schiefen Ebene oder pressen sich an eine Wand. Die Projektionen folgen den Akteuren als Licht- bzw. Schattenaura oder bedecken sie mit grafischen Mustern, welche Bewegungsenergie spiegeln und Beziehungen zwischen den auftretenden Körpern visualisieren. Es scheint, als wirke die Bewegung als Kraft auf eine Fläche, welche wiederum diese Kraft visualisiert. Die Umgebung wird in diesem Verhältnis zur Aufzeichnungsfläche. Daran anknüpfend untersucht die historische Rekonstruktion die Praxis und Diskursivierung von Bildmedien des 19. Jahrhunderts: Geprüft wird, ob »Mortal Engine« an die Erforschung der Bewegungsillusion, die chronofotografische Praxis und Ästhetik von Bewegungsmessung und den Diskurs von Selbstabbildung und Abbildung des Unsichtbaren anknüpft. Vor diesem Hintergrund lässt sich fragen, ob und wie »Mortal Engine« das Bewegungsmodell der Bewegtbildmedien an den menschlichen Körper koppelt und als Kraft inszeniert.

»Forest II« erzählt die Geschichte einer zeitgenössischen Beziehung zwischen den Figuren Titania und Oberon aus Shakespeares »Sommernachtstraum«. In der Szenenfolge geht es um Verliebtheit, Sexualität, Streit und Eifersucht. Puck unterstützt, stört und kommentiert als eine Figur, die Bezugsperson und flüchtiger Geist zugleich ist. Der Wald als Ort der Begegnungen ist eine interaktive Installation aus hängenden Neonröhren, die auf die Figuren reagiert. Dabei fällt auf, dass die Installation die Bewegung der Akteure repräsentiert, aber manchmal auch vorzugeben scheint. Das Verhältnis von Repräsentation und Gelenktwerden lässt sich als eines zwischen den dargestellten Figuren und dem Wald lesen, der ein gewisses Eigenverhalten an den Tag legt. Es erinnert aber auch an das Verhältnis des Nutzers zu einem Display, in dem Lichtpunkte durch Bewegung gesteuert werden. Darüber hinaus verweist die Inszenierung auf den Lichtraum des Schweizer Künstlers Adolphe Appia im Hellerauer Festspielhaus. Es wird geprüft, ob diese Verknüpfung von Display und Lichtraum historisch plausibel ist sowie welche Praktiken und welches Wissen in diesen Traditionslinien aufscheinen. Darauf aufbauend wird kontrolliert, ob das Verhältnis zwischen den Darstellenden und der Umgebung als Verhältnis zwischen Nutzer und verräumlichten Display lesbar ist. Es fragt sich, auf welches Subjekt-Welt-Modell die Verknüpfung von Bewegung und Notation, wie sie das Display etabliert, in einem größeren historischen Kontext hinweist.

Das letzte Kapitel, der Schluss und Ausblick, fasst die entscheidenden Resultate der Untersuchung zusammen. Dabei wird deutlich, welche Ergebnisse die historische Rekonstruktion der von den Performances erzeugten Akteur-Umgebungs-Verhältnisse liefert. Die Methode ermöglicht, das Zusammenspiel von Technik, Darstellung und Bewegung im Hinblick auf die darin aufgerufenen Diskurse und das darin entstehende Wissen um Körper, Welt und ihren Bezug zueinander differenziert zu untersuchen. Daran anschließend werden die Ergebnisse resümiert, welche die Funktion der Bewegung für das Verhältnis zwischen Akteur und Umgebung betreffen. In ihrer vergleichenden Auswertung wird gefragt, nach welchen Prinzipien die menschliche Bewegung Körper und Visualisierungen in Bezug setzt. Diese Auswertung erlaubt darüber hinaus, die offenen Begriffe von Subjekthaftigkeit, Bewegung und Medien zu präzisieren.

In dem Vergleich wird deutlich, wie die menschliche Bewegung in allen Inszenierungen durch die Konstruktion von Bezügen in den Visualisierungen wirksam wird. Die Visualisierungen sind ihrerseits an historisch zu verortende Formalisierungen, Berechnungen und Techniken gekoppelt. Daran anschließend wird im Ausblick diskutiert, inwieweit die Performances Bewegung als Kulturtechnik entwerfen.

Technische Grundlagen

Um das Zusammenspiel von Technik und Inszenierung zur Etablierung des Akteurs-Umgebungs-Verhältnisses analysieren zu können, ist es unabdingbar, die grundlegenden technischen Konzepte zu verstehen. Da einige Prinzipien für mehrere der Performances entscheidend sind, werden sie im Folgenden kurz vorgestellt. Die Variationen dieser Prinzipien, die in den Beispielen angewendet werden, werden in der jeweiligen Szenenanalyse beschrieben.

Der technische Aufbau von Performances, welche Videoerkennung zur Steuerung von Visualisierungen einsetzen, folgt immer demselben Prinzip. Eine oder mehrere Kameras filmen einen Aktionsraum, z. B. den gesamten Bühnenraum oder einen Teil davon. Die Videobilder werden mit Hilfe verschiedener Programmierungen analysiert, d. h., es werden bestimmte Parameter abgeleitet. Diese werden dann auf unterschiedliche Weise weiterverarbeitet und steuern die Visualisierungen.[13]

Aufnahme

Bis auf die Inszenierung »Hier« nutzen alle untersuchten Beispiele in ihrem technischen Aufbau ein oder mehrere Infrarotkameras. Eine *Infrarotkamera* zeichnet nur Infrarotstrahlung auf. Infrarotstrahlung ist für den Menschen nicht sichtbares Licht. Es besteht aus elektromagnetischen Wellen, deren Frequenzen für das menschliche Auge nicht wahrnehmbar sind. Der Bühnenraum der Inszenierungen ist entsprechend mit Infrarotscheinwerfer ausgeleuchtet. Die Kameras nehmen dieses von den Leinwänden und Körpern reflektierende Licht auf. In den aufgenommenen Infrarotbildern sind die menschlichen Körper als graue Silhouetten vor einem dunklen oder hell erleuchteten Hintergrund sichtbar. Das Entscheidende beim Einsatz von Infrarotkameras ist, dass sie das Licht von Scheinwerfern, Neonröhren oder Projektionen nicht aufnehmen. Das heißt, die Visualisierungen beeinflussen die Videoaufnahmen des Bühnenraumes und deren weitere Verrechnung nicht.

Infrarotkameras erzeugen üblicherweise Grauwertbilder. In einem *Grauwertbild* hat jeder Bildpunkt oder Pixel einen Helligkeitswert oder Grauwert. Die Menge der Helligkeitswerte, die ein Bildpunkt annehmen kann, wird als Tonwertumfang bezeichnet. Ein üblicher Tonwertumfang einer Infrarotkamera ist 8 bit, d. h., dass jeder Bildpunkt 256 unterschiedliche Werte haben kann, wobei der Wert 0 (binär 00000000) Schwarz bedeutet und der Wert 255 (binär 11111111) Weiß.[14]

---

[13] Die Begriffe Verrechnung und Steuerung sind nicht ganz trennscharf. In einem elektrotechnischen Sinne umfasst Steuerung zusätzlich zum Bereich der Datenverarbeitung Sensoren, Signalumwandler und Aktoren, um einen technisch-maschinellen Prozess zu kontrollieren. Entsprechend der Eingangssignale und bestimmter Randbedingungen beeinflusst eine Steuerung einen technischen Prozess oder ein Gerät. In der Elektrotechnik unterscheidet man Steuerung von Regelung: im Falle von Steuerung liegt keine Rückkopplung vor. Auf die vorliegenden Beispiele lässt sich der Begriff der Steuerung folgendermaßen anwenden: Die körperliche Bewegung steuert die Visualisierungen insofern, als dass durch Sensorik (Videoaufnahme) und Auswertung der Signale Parameter gewonnen werden, die so weiterverarbeitet werden, dass sie einen Prozess (die sich bewegenden Grafiken) oder Geräte (drehende Motoren bei »Hier« und Neonröhren in »Forest II«) beeinflussen. Die Kopplung von körperlicher Bewegung und Manipulation der Visualisierungen lässt sich also als Steuerung interpretieren. Im weiteren Verlauf wird meistens von Verrechnungen gesprochen, die an der Auswertung der Videoaufnahmen ansetzen.

[14] Grundsätzlich sind digitale Bilder technisch durch verschiedene Parameter beschreibbar. Erstens haben sie eine Auflösung, die die Anzahl der Bildpunkte oder Pixel bezeichnet. Diese Bildpunkte haben zweitens Helligkeits- oder Farbwerte, z. B. hat jeder Pixel bei

Technische Grundlagen

Auswertung

In den untersuchten Beispielen wird das von der Infrarotkamera aufgenommene Grauwertbild in ein *Bitmapbild* umgewandelt. Das bedeutet, dass jeder Bildpunkt entweder schwarz oder weiß gesetzt wird, jeder Helligkeitswert wird in einen der beiden Werte umgewandelt. Entscheidend für die Umwandlung ist der Schwellenwert, ab welcher Helligkeit ein Pixel als weiß gilt bzw. ab welcher Dunkelheit als schwarz.

Darüber hinaus nehmen die unterschiedlichen Inszenierungen weitere Ableitungen aus dem Videobild vor. Oft wird für diese Auswertungen das Bitmapbild benutzt (so in den Performances »Apparition«, »Hier« und »Mortal Engine«), teilweise wird auch das Grauwertbild verrechnet (wie in der Inszenierung »Forest II«).

Eine der entscheidenden Auswertungen des Videobildes ist die Differenzbildung. Dabei werden die Helligkeitswerte zweier unterschiedlicher Bilder voneinander abgezogen. Es entsteht ein *Differenzbild*, in dem nur die Unterschiede zwischen den Bildern dargestellt werden, da alle Bildpunkte, die sich in den beiden Bildern nicht voneinander unterscheiden, den Wert 0 und also Schwarz erhalten. Die Differenzbildung kann sowohl für Farbbilder vorgenommen werden (die Helligkeitswerte der jeweiligen Farbcodierungen werden voneinander subtrahiert) als auch für Grauwertbilder oder Bitmapbilder.

Dabei lassen sich zwei grundsätzliche Verfahren unterscheiden, die statische und die dynamische Differenzbildung.[15] Bei der *statischen Differenzbildung* wird ein bestimmtes Bild als Referenz gesetzt und für jedes aufgenommene Videobild die Differenz zu diesem Bild berechnet. In den Performances wird bei dieser Methode im Allgemeinen der leere Bühnenraum als Referenzbild gewählt. Wird eine Infrarotkamera benutzt, erzeugt die statische Differenzbildung ein Bild, das die Silhouette der Akteure zeigt. Wird diese Art der Differenzbildung auf Bitmapbilder angewendet, ist diese Silhouette weiß vor schwarzem Hintergrund. Dieses Silhouettenbild lässt sich als *statisches Differenzbild* bezeichnen,

---

einer RGB-Codierung drei Helligkeitswerte für die Farben Rot, Grün und Blau. Gerade bei Grauwertbildern, wenn jeder Pixel durch nur einen Wert bestimmt ist, kann das Bild vollständig durch eine Matrix beschrieben werden und entsprechend durch Matrizenrechnung manipuliert werden. Eine Matrix ist, anschaulich gesprochen, eine tabellarische Anordnung von Symbolen in Zeilen und Spalten. Matrizen können stellenweise addiert und subtrahiert und mittels eines bestimmten Verfahrens multipliziert werden.

[15] Die Bezeichnungen statisches und dynamisches Differenzbild habe ich vom Medienkünstler Frieder Weiß übernommen, weil sie den Unterschied der Verfahren gut charakterisieren.

weil es die Unterschiede zu einem bestimmten, sich nicht ändernden Bild zeigt.

Bei der *dynamischen Differenzbildung* werden zwei aufeinander folgende Video-, Grauwert- oder Bitmapbilder voneinander subtrahiert. Das *dynamische Differenzbild* stellt also die Unterschiede zwischen zwei sukzessiven Bildern dar. Auch dieses Verfahren ist auf Farb-, Grauwert- und Bitmapbilder anwendbar. In den vorliegenden Beispielen wird die dynamische Differenzbildung für die Steuerung meist auf der Grundlage der Bitmapbilder ausgeführt. Die entsprechende Differenzmatrix hat genau an den Stellen einen 1-Eintrag, an denen sich die Einträge zweier aufeinander folgender Matrizen unterscheiden. Auf der Bildebene bedeutet dies: Stellt man die Differenzmatrix wiederum als Bitmapbild dar, erscheinen genau die Bereiche weiß, in denen zwei Bilder voneinander abweichen. Deshalb wird das Differenzbild oft als Bewegung oder Aktivität interpretiert. Entscheidend ist dabei aber, dass hier Bildwerte verrechnet werden (Platz des Pixels und sein Farb- bzw. Helligkeitswert), die nur bedingt eine Bedeutung bezüglich des abgebildeten Körpers haben: Das Verfahren zeigt nicht an, auf welche Weise oder wohin sich etwas bewegt, sondern nur, dass an einer bestimmten Stelle im Bild eine Änderung aufgetreten ist. Das dynamische Differenzbild unterscheidet z.B. nicht, ob die Veränderung einem Weg- oder einem Hinbewegen entspricht.

Verrechnung

Durch die Auswertung der Video- bzw. Bitmapbilder als Differenzbild werden die Körperbilder der Akteure als adressierbare Pixelmenge für weitere Verarbeitungen verfügbar. In den vorliegenden Beispielen werden sie auf unterschiedliche Weise zur Beeinflussung der projizierten Visualisierungen, der Projektionsflächen oder von Licht verrechnet. Zunächst werden aus den Differenzbildern weitere Parameter abgeleitet. Diese werden genutzt, um z.B. die Position projizierter Elemente zu berechnen, wie es in der Inszenierung »Apparition« der Fall ist.

Darüber hinaus wenden die meisten der vorliegenden Beispiele bestimmte grundlegende Methoden oder Programme an, um den Eindruck von Selbsttätigkeit der Visualisierungen zu erzeugen. Zwei Verfahren werden in mehreren Inszenierungen genutzt und sollen deswegen an dieser Stelle vorgestellt werden. Es handelt sich um das Prinzip der Physical Engine, das in »Apparition« und »Mortal Engine« zentral ist und das Konzept der zellulären Automaten, das die Inszenierungen »Hier« und »Mortal Engine« nutzen.

Eine *Physical Engine* ist ein Programm, das physikalisches Verhalten von Gegenständen bzw. vor allem von so genannten Partikeln simuliert. In dem Programm lassen sich diese Partikel mit bestimmten Eigenschaften ausstatten. Sie erhalten eine rudimentäre Form, z.B. lassen sie sich als Punkte oder runde bzw. eckige Scheiben definieren. Diesen Objekten wird dann eine Masse zugewiesen und es lassen sich Kräfte bestimmen, so genannte Gravitationskräfte, die auf sie wirken. Die Physical Engine berechnet daran anschließend, wie sich die Elemente bewegen.

In einem ersten Schritt werden alle auf ein Objekt wirkende Kräfte zu einer Kraft verrechnet. Das Programm berechnet nun pro Einzelbild den Ort jedes Massepunktes, auf den die berechnete Kraft in einer festgesetzten Zeiteinheit[16] wirkt: Nach dem Newtonschen Kraftgesetz gilt »Kraft = Masse multipliziert mit Beschleunigung«. Da die Masse der Partikel und die Kraft, die auf sie wirkt, bekannt ist, kann der Ort eines einzelnen Partikels durch zweifache Integration (nach der Zeit) errechnet werden.[17] Das heißt, eine Physical Engine benutzt physikalische Formeln, die aus der Newtonschen Mechanik stammen und integriert diese. Die Integration wird in den Performances oft durch ein Näherungsverfahren durchgeführt, um einfachere und damit weniger zeitaufwändige Rechnungen zu ermöglichen. Durch eine Physical Engine erhalten die Visualisierungen eine gewisse Selbsttätigkeit – die von den Körperbildern abgeleiteten Parameter werden zu der Gravitationskraft verrechnet, die auf die dargestellten grafischen Partikel wirkt. Solange sich die Parameter nicht ändern, bewegen sich die grafischen Objekte mit einer bestimmten Geschwindigkeit in eine bestimmte Richtung. Eine Veränderung der Parameter ändert also das simulierte Eigenverhalten der dargestellten Objekte.

Zelluläre Automaten sind ein Berechnungskonzept, dass das Zusammenwirken von einer Menge von Elementen bzw. Zellen simuliert. Anschaulich gesprochen ist ein zellulärer Automat ein Gitter, dessen Zellen unterschiedliche Zustände haben können. Pro Zeitschritt berechnet der Automat den Zustand jeder einzelnen Zelle. Dabei ist der Folgezustand einer einzelnen Zelle ausschließlich von den gegenwärtigen

---

[16] Diese Zeiteinheit orientiert sich an der Bildrate.
[17] Wenn $f(t)$ die Funktion ist, die einem Partikel zu einer bestimmten Zeit eine Position im Raum zuordnet, dann beschreibt die erste Ableitung $f'(t)$ die Geschwindigkeit des Partikels und $f''(t)$ seine Beschleunigung zu dem gewählten Zeitpunkt.

Zuständen ihrer Nachbarzellen abhängig. Diese Abhängigkeit ist durch die Übergangsfunktion festgelegt.

Ein zellulärer Automat wird also durch einen Zellraum, eine Zustandsmenge, eine Nachbarschaft, eine Übergangsfunktion und Randbedingungen bestimmt. Der Zellraum ist mit einer Dimension, Größe und Geometrie ausgestattet. Beispielsweise lässt sich ein eindimensionaler unendlicher Zellraum mit quadratischen Zellen als unendliches Kästchenband vorstellen. Die endliche Zustandsmenge bestimmt, welche Zustände einzelne Zellen überhaupt einnehmen können. Die Festlegung der Nachbarschaft definiert, welche angrenzenden Zellen auf den Zustand einer einzelnen Zelle wirken. In einem quadratischen Gitter muss z.B. entschieden werden, ob nur diejenigen Zellen als Nachbarn gelten, die eine gemeinsame Kante mit der betrachteten Zelle besitzen, jede Zelle also vier Nachbarn hat. Möglich ist auch, jeder Zelle acht Nachbarn zuzuordnen, nämlich alle Zellen, die mit mindestens einer Ecke an die betrachtete Zelle anstoßen. Entscheidend für das Verhalten des zellulären Automaten ist die Übergangsfunktion oder auch Zustandsentwicklung, die bestimmt, wie sich die Zellen in Abhängigkeit von den Zuständen ihrer Nachbarn verändern. Bei einem endlichen Zellraum wird zusätzlich durch die Randbedingungen festgelegt, was als Nachbarschaft der Randzellen gilt und gegebenenfalls die Übergangsfunktion entsprechend anders definiert.

Zelluläre Automaten werden häufig eingesetzt, um Verhalten von Schwärmen zu simulieren. In den vorliegenden Beispielen werden die Bitmapbilder der Körper als Eingabe spezieller zellulärer Automaten genutzt. Dabei setzt die Inszenierung »Hier« einen zweidimensionalen zellulären Automaten ein, der aufgrund seiner Übergangsfunktion stark wechselnde Zellkonfigurationen erzeugt. In der Inszenierung »Mortal Engine« hingegen wird der zelluläre Automat so eingesetzt, dass ein symmetrisches und stabiles Muster entsteht.

Aufbauend auf diese technischen Grundlagen und Konzepte der Datenverarbeitung lassen sich nun die vorliegenden Inszenierungen als technisch-künstlerische Konstellationen analysieren, die ein je spezifisches Verhältnis zwischen Akteuren und ihrer Umgebung erzeugen.

»Apparition«: Die Arbeit der Monade

Idee, Konzept, Regie, Musik, Visualisierungen	Klaus Obermaier
Choreografie, Tanz	Robert Tannion, Desireé Kongerød
Technische Entwicklung und Programmierung	Peter Brandl, Jing He, Kurokazu Kato, Christopher Lindinger
Dramaturgische Beratung	Scott deLahunta
Premiere	04.09.2004 im Posthof Linz, Ars Electronica Festival
Dauer	55 Minuten

In der Inszenierung »Apparition« verzahnen sich die Bewegungen abstrakter grafischer Elemente mit denen zweier Tanzenden. Desirée Kongerød und Robert Tannion tanzen in und mit den Projektionen der Grafiken. Die Visualisierungen erscheinen auf einer Leinwand, die die Bühne nach hinten begrenzt, sowie zeitweise auf den sich bewegenden Körpern. Sie scheinen durch den Tanz manipuliert und sogar von den Körpern erzeugt zu werden.

Das Stück beginnt mit einem dumpfen Schlag. Am rechten Rand der Leinwand erscheint eine leuchtende waagerechte Linie, die sich zügig verlängert. Auf der dunklen Bühne wirkt dies, als wachse eine Horizontlinie durch den Raum, begleitet von einem schleifenden Klang. Sobald die Linie über die gesamte Breite der Projektionsfläche verläuft, stoppt der Ton. Zwei im Dunkeln kaum sichtbare Körper bewegen sich von den äußeren Enden der Linie vor der Leinwand aufeinander zu. Der Strich, der sich auf Kopfhöhe der Schatten befindet, verkürzt sich zwischen ihnen, bis die Tänzer stehen bleiben. Musik setzt ein und die Linie beginnt sich zu bewegen, sie wird zur Darstellung eines Seiles.[18] Die Tanzenden, die nun schwach beleuchtet sind, führen abwechselnd kleine Bewegungsfolgen aus. Beispielsweise legt sich die Tänzerin auf den Boden und verharrt dort, während der Tänzer in der linken Bühnenhälfte

---

[18] Wenn im Folgenden von »Seil« gesprochen wird, ist damit genau die projizierte Darstellung eines Seiles gemeint.

eine Folge von Drehungen ausführt. Dabei gehen die Impulse für die Bewegungen vom Rumpf aus, während die Arme dem Impuls locker folgen. Wenn sich die Tanzenden bewegen, folgt ihnen jeweils »ihr« Seilende, es ist immer leicht oberhalb des Körpers auf der Leinwand zu sehen. Dabei verlängert oder verkürzt sich das projizierte Seil so, dass es zwischen den Körpern der Performer bleibt. Die Bewegungen der seiner Enden setzen sich teilweise als Wellen durch das Seil fort, teilweise schwingt es über seine gesamte Länge. Die Seilbewegungen beginnen nahezu gleichzeitig mit den Bewegungen der Tänzer, dauern aber länger an. Das Seil scheint von den Tänzern gewissermaßen angestoßen zu werden und sich dann nach seinen eigenen Regeln zu bewegen.

»Apparition« besteht aus einer Folge von etwa zehn Szenen, die zwischen ein und zehn Minuten lang sind. Die Szenen unterscheiden sich durch die genutzten Visualisierungen sowie die Auftritte und Abgänge der Tanzenden.[19] Die grafischen Darstellungen erinnern an bewegliche Seile, bestehen aus starren Linien oder gleichen fliegenden Partikeln. Sie werden auf die Leinwand oder auf die tanzenden Körper projiziert.

Für die Inszenierung sind zwei Eigenschaften charakteristisch. *Erstens* scheint der Tanz sich in den Grafiken zu spiegeln. Teilweise entsteht der Eindruck, dass er sich in den gesamten Raum erweitert, da alles Sichtbare in Bewegung gerät. Dabei korrespondieren der Tanz und die Bewegungen der grafischen Elemente auf unterschiedliche Weise miteinander. Entweder ist die Bewegung der grafischen Elemente (mit minimaler Verzögerung) abgeschlossen, sobald die Bewegung der Tanzenden beendet ist, oder sie dauert weiter an. Die grafischen Elemente haben eine Art Eigenbewegung, die durch die Tanzenden beeinflusst zu werden scheint – wie das schwingende Seil, dessen Schwingungen durch die Tanzbewegungen scheinbar angestoßen werden. *Zweitens* werden die tanzenden Körper durch die Beleuchtung auf ganz spezifische Weise gezeigt. In weiten Teilen des Stücks sind die Tanzenden unbeleuchtet. Bewegen sie sich vor dunklen Teilen der Leinwand, sind sie kaum sichtbar. Bewegen sie sich vor den Projektionen, sind sie als schwarze Silhouetten sichtbar, welche die Grafiken gewissermaßen als Loch unterbrechen. Die Körperprojektionen zeigen die Tanzenden als zweidimensionale Formen, die mit grafischen bewegten Mustern bedeckt sind. Sowohl als dunkle Silhouetten wie als gemusterte Formen erscheinen die Körper vor dem Hintergrund sich bewegender grafischer

---

[19] Die Zählung der Szenen orientiert sich an den Visualisierungen und den stärkeren dramaturgischen Zäsuren durch Auftritte und musikalische Komposition.

Elemente relativ klein. Nur manchmal sind die Performer selbst beleuchtet. Durch diese Formen der Sichtbarmachung werden die Tanzenden den Visualisierungen in gewisser Weise gleichgesetzt: sie erscheinen als bewegte flächige Formen, die die Grafiken unterbrechen oder eigene Muster hinzufügen; im Gegensatz dazu unterscheiden sich die Körper und die Projektionen deutlich, sobald die Tanzenden selbst beleuchtet werden und einen eigenen Raum als Körper einnehmen.

Durch die Bewegungskorrespondenzen zwischen Tanz und Grafiken sowie durch die spezifische Sichtbarkeit der Körper stellt »Apparition« ein sehr enges Verhältnis zwischen den Tanzenden und den Visualisierungen her. Sie gehören derselben Kategorie an und die Bewegungen von Körper und Grafiken erscheinen miteinander verzahnt. Gleichzeitig werden sie aber auch stark voneinander getrennt, etwa wenn die Körper als Unterbrechungen der Grafiken erscheinen. Es gibt also ein doppeltes Verhältnis von Zusammengehörigkeit und Auseinanderfallen zwischen Tanzenden und Visualisierungen. Dabei ist das Verhältnis entscheidend von der Dramaturgie und Art des Tanzes geprägt. Damit die Bewegungen von Projektion und Körpern ineinanderzugreifen scheinen, müssen die jeweiligen Bewegungen aufeinander bezogen werden. Diesen Bezug leistet der Tanz, indem er Verbindungen zwischen den bewegenden Körpern und den Grafiken stiftet. Dadurch erst kann der Eindruck entstehen, dass sich die Bewegungen der Tänzer in die Grafiken erweitern oder darin spiegeln.

Das Verhältnis von Tanzenden und Projektionen ist durch die Momente des Zusammenhangs und Auseinanderfallens charakterisiert. Uneinsehbar für den Zuschauer wirken darin drei Komponenten zusammen: Bühne, computergesteuerte Prozesse und Tanz. Im Folgenden werden drei Szenen exemplarisch auf das Verhältnis zwischen Tanz und Visualisierungen untersucht. Wie wirken Bühne, rechnerische Verfahren und Tanz zusammen? Die Analyse zeigt: Die Bühne erzeugt als Verbund von optischen Geräten (Kamera und Beamer), Visualisierungen und deren Projektion auf Leinwand und Körper der Tanzenden eine Sichtbarkeit, die an die Tradition der barocken Kulissenbühne anschließt. Dabei basieren die Visualisierungen auf der Berechnung von Daten und deren Darstellungen als grafische Objekte in einem simulierten Raum. Die Rechenverfahren, die die grafischen Elemente und ihre Bewegungen erzeugen, verwenden mathematische Formalisierungen wie Geometrie, Newtonsche Mechanik und den von Leibniz erfundene Infinitesimalkalkül, während im Tanz einige Regeln dieser Formalisierungen dargestellt werden. »Apparition« verknüpft Darstellungstechniken der barocken

Kulissenbühne mit den Verrechnungen des Infinitesimalkalküls und inszeniert eine Situation, in der die Umgebung zu einer Art Erweiterung des Tanzes wird. Die Tanzenden sind gleichzeitig ganz in die Umgebung integriert und scharf von ihr getrennt.

Im Rückgriff auf die Genealogien der verwendeten Technik und Verrechnung und deren kulturhistorischen Kontexten lässt sich das Verhältnis zwischen Tanzenden und Visualisierungen auf einer metaphorischen Ebene präzise bestimmen. Einerseits bekommen die Tänzer den Status von Kulissen in einer abstrahierten verräumlichten Zentralperspektive zugewiesen, wie sie in der barocken Kulissenbühne von Andrea Pozzo entwickelt wurde. Dabei wird deutlich, dass die Kulissenbühne das damalige Modell des Sehens und dessen epistemologische Implikationen in eine Praxis von Konstruktion, Darstellung, Wahrnehmung und Erkenntnis überführt. In dieser Perspektive erscheint Leibniz' Infinitesimalkalkül als ein symbolisches Verfahren, das Darstellung und Erkenntnis koppelt. Ein Modell, das Wahrnehmung im Modus des Symbolischen fasst und nach der Möglichkeit von Erkenntnis fragt, ist Leibniz' Monadologie: Der Infinitesimalkalkül lässt sich als Mathematik der monadischen Perzeptionen betrachten.

Damit wird das Verhältnis zwischen den Tanzenden und ihrer Umgebung auf einer metaphorischen Ebene als Verhältnis von Leibnizscher Monade und klarer Perzeption lesbar, in der der Tanz den Stellenwert der selbstgenügsamen Bewegung von Monaden einnimmt. Auf der Ebene der Inszenierung werden die Tanzenden genau durch die Darstellung der verborgenen (Rechen-)Regeln zum Subjekt dieser Ordnung.

Szenenanalyse

Um das Verhältnis zwischen tanzendem Körper und den Projektionen zu bestimmen, werden im Folgenden drei Szenen analysiert, die beispielhaft für die Ästhetik der Grafiken sowie für die Verrechnung der Bewegung und die Choreografie sind.[20] Die Musik zu den einzelnen Szenen wird nur kurz beschrieben, da sie hauptsächlich die Funktion hat, eine bestimmte Atmosphäre zu erzeugen. Klaus Obermaier beschreibt:

---

[20] Grundlage der Analyse sind ein Aufenthalt während der Proben zu »Apparition« von 16.08.2004 bis 22.08.2004, Interviews, die während dieses Aufenthaltes gemacht wurden, der Besuch der Premiere am 04.09.2004 und die Videoaufzeichnung der Generalprobe vom 03.09.2004.

Wenn man so will, ist der Hauptgedanke bei der Musik, dass sie als eine Art Leitfaden für die Tänzer funktioniert. Ich habe mich von den Grafiken, den Visualisierungen sehr inspirieren lasse, mir oft überlegt: »Aha, wie klingt das«. Ich hatte sozusagen ein Gestell für die Komposition, Material, aus dem ich in der Probezeit ausgesiebt habe und an dem ich weitergearbeitet habe. Es geht darum, eine Atmosphäre zu erzeugen – einen Sog oder eine Distanz zu den Visualisierungen –, aber es ist auch eine Hilfe für die Tänzer, weil sie sich auf die Musik beziehen können. [Obermaier, 2004]

Die Tänzer haben für das Stück eine Choreografie entwickelt. Ihr Stil ist Modern Dance, baut teilweise auf Kontaktimprovisation auf und benutzt Positionen und Bewegungen aus Yoga und Akrobatik.

In einer etwa zehnminütigen Sequenz im ersten Viertel der Inszenierung bewegen sich die Tanzenden vor und in projizierten Linien. Mal ändern sich die Abstände zwischen senkrechten Linien, während die Tanzenden, bedeckt mit Projektionen waagerechter Linien, ihre Positionen wechseln. Mal neigen sich die Striche nach rechts oder links, während sich die Akteure vor der Leinwand in die jeweils entgegengesetzte Richtung beugen.

Nach dieser Szene sieht man die Performer, beleuchtet und ohne Körperprojektionen, vor Darstellungen von Seilen tanzen. Scheinbar am oberen und unteren Rand der Leinwand befestigt, richten sich diese Seile entsprechend der Position der Tanzenden aus, sie wölben sich nach rechts oder links. Zeitweise lösen sich die Seile vom unteren Leinwandende, wobei die unteren Enden heftig horizontal und vertikal schwingen.

Exemplarisch für die dritte Form der Projektion, die Darstellung fliegender Partikel, ist eine Sequenz am Ende der Inszenierung. Auf der gesamten Leinwand sind sich bewegende Lichtflecken zu sehen. Ausgehend von den Rändern der Leinwand ändern sie oft ihre Flugrichtung, während Robert Tannion schwach beleuchtet alleine auf der Bühne tanzt. Zeitweise ist ein schwarzes Rechteck auf der Leinwand zu sehen, das die Partikel zu absorbieren scheint – es entsteht der Eindruck eines viereckigen Tunnels aus fliegenden Punkten –, teilweise fliegen alle sichtbaren Partikel in dieselbe Richtung, z.B. nach links unten.

Bühne

Grundlage für die technische Kopplung von menschlicher Bewegung und Grafik ist die optisch-technische Bühne als eine Sichtanlage. Diese passt den Bühnenraum und ein grafisches Bild mittels Videokamera, Erkennungssoftware, Programmierung und Projektor so aneinander an, dass

Bild- und Raumeindruck zur Deckung kommen. Dadurch werden auf technischer Ebene zeitliche und räumliche Korrespondenzen zwischen Körpern und Grafiken erzeugt. In der Mitte vor der Bühne steht ein Videobeamer und eine Infrarotkamera. Beide sind auf denselben Raumausschnitt ausgerichtet.[21] Der Bildausschnitt umfasst die große Leinwand am hinteren Bühnenende und einen Teil der Bühne davor. Hinter der Leinwand sind Infrarotscheinwerfer angebracht sowie zwei Beamer (je einer für eine Hälfte der Leinwand), die die Visualisierungen von hinten auf die Leinwand projizieren. Der Beamer vor der Bühne kommt zum Einsatz, wenn auf die Körper der Tanzenden projiziert wird.

Die grafischen Elemente selbst werden mittels OpenGL erzeugt, animiert und dargestellt. *OpenGL* ist eine Programmbibliothek, die genutzt wird, um interaktive 2D- und 3D-Grafik-Anwendungen zu entwickeln. Die übliche Darstellung ist ein Koordinatensystem, das einen dreidimensionalen Raum definiert.[22] Dabei bezeichnet die x-Achse die Breiten-, die y-Achse die Höhen- und die z-Achse die Tiefendimension. In diesem Koordinatenraum kann man unterschiedliche Elemente platzieren, die mit verschiedenen Texturen versehen und bewegt werden können. Zusätzlich stellt OpenGL die Berechnung einer Ansicht dieses Koordinatenraumes zur Verfügung. Die Ansicht wird mittels einer einfachen virtuellen Kamera erzeugt. Diese hat einen Standpunkt/Augpunkt, sowie eine Blickrichtung und ein Oben bzw. Unten. Im Falle einer zentralperspektivischen Darstellung des Koordinatenraums definiert man die Größe der Ansichtsfläche (die Bildfläche für die perspektivische Konstruktion) und ihren Abstand zur virtuellen Kamera sowie eine Art Prospekt, nämlich eine maximale Entfernung, innerhalb derer grafische Objekte noch dargestellt werden (alles, was weiter weg ist, ist in der Ansicht unsichtbar) – diese Parameter entsprechen Brennweite und Schärfentiefe einer Kamera. OpenGL berechnet das virtuelle Kamerabild, das einem Betrachter oder Benutzer als Sicht auf den Raum ausgegeben wird, wobei die Ansichtsfläche parallel zur xy-Ebene verläuft.

Die Bewegung der grafischen Elemente wird mit Hilfe von Daten berechnet, die von den Kamerabildern der Tanzenden abgeleitet

---

[21] Die Kamera steht in einem rechten Winkel zum Beamer. Dazwischen ist ein halbdurchlässiger Spiegel so positioniert, dass er zu beiden Geräten einen Winkel von 45 Grad einnimmt. Genau genommen filmt die Kamera also das Spiegelbild des Bühnenraumes, während der Beamer von hinten durch den Spiegel hindurch projiziert.

[22] OpenGL selbst übernimmt nicht die eigentliche Visualisierung, sondern stellt Grafikbefehle zur Verfügung wie »zeichne einen Punkt an diese Stelle des Koordinatensystems«. Die Darstellung wird durch das jeweilige Betriebssystem und seine Fensterverwaltung vorgenommen.

werden. Die Aufnahmen der Infrarotkamera vor der Bühne zeigen die Körper der Performer als Schatten vor der weiß erscheinenden Leinwand, die von hinten mit Infrarotscheinwerfern beleuchtet wird.[23] Die Kamerabilder werden digitalisiert und in Bitmapbilder umgewandelt.[24] Dabei wird die Silhouette der Tänzer weiß und der Hintergrund schwarz gesetzt. Das Bitmapbild der Tanzenden leistet zweierlei: *Erstens* werden aus dem Bild verschiedene Daten abgeleitet, die zu Bewegungseffekten der Grafiken verrechnet werden. Diese Parameter sind im Wesentlichen geometrische Werte, z.b. die Position des geometrischen Schwerpunkts einer Silhouette im Bild.[25] *Zweitens* werden die Körperprojektionen der Tänzer mittels des Bitmapbildes realisiert. Die grafischen Elemente werden auf die weißen Silhouetten »gemalt« und das so entstandene gemusterte Bitmapbild von dem Beamer vor der Bühne projiziert. Das heißt, die Grafiken erscheinen genau auf den Körpern der Tänzer.

Die Visualisierungen entstehen also durch die Berechnung grafischer Elemente in einem Koordinatensystem: Ihre Positionen und Bewegungen werden mittels Parametern berechnet, die von den Bewegungen der Tänzer abgeleitet werden. Pro Bitmapbild werden ein oder mehrere geometrische Daten errechnet. Das Bitmapbild ist die Schnittstelle, die die Tänzerkörper und ihre Bewegungen zu computerverarbeitbaren Daten transformiert. Es liefert die Parameter für die Veränderungen der grafischen Elemente im Koordinatenraum. Peter Brandl erläutert das Verfahren:

> Man geht eigentlich von einer sehr komplexen Bewegung des tatsächlichen Körpers über ein minimales Schwarz-Weiß-Bild, aus dem man einfach gehaltene Daten errechnet. Von dieser sehr abstrakten Ebene geht man dann wieder auf eine relativ komplexe visuelle Ebene zurück und projiziert diese auf den Körper bzw. auf den Screen hinten. Das ist, glaube ich, ein entscheidender Punkt, dass man über eine sehr abstrakte, einfache Ebene wieder zum komplexen System kommt. [Brandl, 2004]

Wenn auf die Körper projiziert wird, ist das Bitmapbild auch die Schnittstelle für die Überlagerung von Bühnenansicht und Koordinatenraum-Ansicht.[26] Die Verrechnungen des Bitmapbildes organisieren die De-

---

[23] Zur Infrarotkamera siehe S 22.
[24] Zum Bitmapbild siehe S. 23.
[25] Dabei wird die Analyse des Bitmapbildes und die Verarbeitungen der damit erhaltenen Daten mittels der objektorientierten Programmiersprache C++ durchgeführt.
[26] Wenn keine Körperprojektionen gezeigt werden, geschieht die Überlagerung durch die Gleichsetzung von Beamerprojektion und OpenGL-Ansicht, also virtueller Kamera.

ckungsgleichheit von Bühnenraum und virtuellem Raum, sowohl auf einer optischen Ebene als auch auf der Ebene von Bewegung bzw. Veränderung. Zentral dafür ist die geometrische Auswertung des Bitmapbildes. In diesem bildlich-geometrisch organisierten Bühnenraum erscheinen die Grafiken und die Tanzenden, deren Verhältnis im Folgenden an den drei gewählten Szenen untersucht wird.

Linien

Vom unteren Rand der Leinwand beginnen Geraden, zeitlich leicht versetzt, zügig nach oben zu wachsen. Sie werden von den Silhouetten der Tanzenden visuell unterbrochen: Robert Tannion kauert in der linken Bühnenhälfte am Boden, während Desireé Kongerød rechts vor der Leinwand steht. Nach kurzer Zeit sind die Senkrechten über die gesamte Fläche verteilt, der enge Abstand zwischen benachbarten Linien ist überall gleich groß. Sobald alle Striche den oberen Rand der Leinwand erreicht haben, werden auch auf die Körper Senkrechte projiziert. Robert Tannion richtet sich aus der kauernden Stellung auf, und die Linien auf beiden Tanzenden kippen in eine horizontale Lage.

In dieser Szene tanzen die Akteure in und mit den Linien, die in unterschiedlichen Konstellationen angeordnet sind. Meistens werden auch auf die Tanzenden Linien projiziert. Die Musik in der etwa zehnminütigen Szene besteht aus übereinandergeschichteten Samples. Zunächst ist eine Art verzögertes, industriell klingendes Trommeln zu hören, das nach kurzer Zeit von Loops überlagert wird. Die Pausen zwischen den Loops werden kürzer, bis etwa nach der Hälfte der Zeit eine Melodie einsetzt, die ihre einfache Tonfolge und deren Rhythmus in der Wiederholung leicht variiert. Gegen Ende der Szene wird die Musik langsamer und löst sich gewissermaßen wieder in die rhythmischen Loops des Anfangs auf.

Die Tanzenden bewegen sich nah vor der Leinwand. In gemäßigtem Tempo ohne großen Dynamikkwechsel gehen sie aufeinander zu und entfernen sich wieder voneinander, manchmal rollt einer über den Boden. Gleichzeitig ändern sich die äquidistanten Abstände zwischen den Linien auf Leinwand und Körper, sie werden weiter und enger. Die Verschiebungen der Geraden auf der Leinwand können sehr groß sein – alle Abstände vergrößern sich beispielsweise von etwa 15 cm auf 80 cm. Die horizontalen Linien auf den Tanzenden verändern ihre Abstände nicht so stark wie die Senkrechten auf der Leinwand, sie bewegen sich aber fast durchgängig auf und ab. Wenn sich die Darsteller nicht bewegen, stehen auch die projizierten Linien still. Im Wechsel mit Raumbewegungen nehmen die Tanzenden unterschiedliche Positionen ein, die sie einen Moment lang halten. Wenn sich die Körper auf der Stelle bewegen, sind die Veränderungen in den projizierten Linien wesentlich geringer als während der Raumbewegung, aber trotzdem sichtbar. Dabei ist erkennbar, dass die Bewegungen der Linien mit den Bewegungen der Tanzenden zu tun hat. Der genaue Zusammenhang erschließt sich im Zuschauen jedoch nicht.

Die Senkrechten sind im OpenGL-Raum auf der x-Achse platziert, also parallel zur Ansichtsebene. Die Striche verschieben sich abhängig von der Distanz zwischen den Tanzenden. Der Abstand zwischen den Körpern wird dabei technisch als Abstand zwischen zwei Rechtecken bestimmt, die die einzelnen Silhouetten im Bitmapbild rahmen. Diese so genannten *Bounding Boxes* sind die kleinstmöglichen Rechtecke, die die Silhouette (als zusammenhängende Menge weißer Pixel) vollständig enthält. Der Abstand zwischen den je äußeren Linien der beiden Bounding Boxes im Bild wird zum Abstand zwischen den senkrechten Strichen im OpenGL-Raum verrechnet. Die Abstände der horizontalen Linien in den Körperprojektionen wird durch die Breite der linken Bounding Box im Bitmapbild bestimmt. Die Haltungen und Bewegungen der Tanzenden beeinflussen die Linien also dadurch, wie breit die Fläche ist, die die Bounding Boxes ihrer Silhouetten aufspannen.

Dabei unterscheiden sich die Gänge der Darstellenden durch den Raum deutlich von den tänzerischen Bewegungen an festen Positionen. Die Tanzenden gehen aufrecht, die Arme hängen locker oder werden nach oben bzw. zur Seite gestreckt. An festen Raumpositionen verändern sie in gleichmäßigen Bewegungen ihre Haltungen. Dabei sind die Arme meistens gestreckt. Rumpf, Arme und Beine erzeugen – gerade in den kurz eingefrorenen Posen – Körperformen, die durch gerade Achsen bestimmt sind, z.B. durch Diagonalen, Waagerechte oder Senkrechte. Dieser Eindruck wird optisch durch die projizierten Linien verstärkt, weil die Körperumrisse gleichzeitig die Grenze zwischen längs gestreiftem Hintergrund und quer gestreifter Form bilden. Die Körperprojektionen haben darüber hinaus den Effekt, dass für das Publikum nicht eindeutig zu erkennen ist, ob die Tanzenden ihm ihre Vorder- oder Rückseite zuwenden. Nicht die Ausrichtung der Körper, sondern ihre Flächigkeit wird vornehmlich sichtbar gemacht. Die Tanzenden werden als Flächen Teil einer abstrakten Szenerie, in der sie die Formen verändern und Linien zu verschieben scheinen. Gleichzeitig mit ihren Bewegungen ändert sich alles Sichtbare, der gesamte Raum.

Nach etwa zwei Minuten werden die Visualisierungen etwas modifiziert – die Linien verschieben sich so, dass die Abstände zwischen ihnen unterschiedlich groß sind: Auf der linken Seite der Leinwand stehen sie eng beieinander, in Richtung des rechten Leinwandrandes verbreitern sich die Abstände zwischen benachbarten Geraden allmählich. Auch die waagerechten Linien der Körperprojektionen haben unterschiedliche Abstände, wobei nur noch auf einen Tänzer Linien projiziert werden. Der/die Andere erscheint als Schatten vor der Leinwand oder wird schwach beleuchtet.

Wieder verschieben sich die Linien auf der Leinwand und (weniger stark) in den Körperprojektionen, wenn sich die Tanzenden bewegen. Mal haben die Linien links auf der Leinwand einen größeren Abstand, mal die in der Mitte oder auf der rechten Seite. Die senkrechten Linien auf der Leinwand bewegen sich fast ununterbrochen. Beispielsweise verschieben sich die Linien so, dass die Abstände zwischen den Geraden auf der rechten Leinwandhälfte größer werden, während auf der linken Leinwandhälfte Senkrechte mit geringem Abstand erscheinen. Diese Veränderungen sind stärker, wenn die Tanzenden Raumwege zurücklegen als wenn sie sich an einer festen Position bewegen. Es ist dennoch schwierig, die Konstellationen auf Bühne und Leinwand einander zuzuordnen.

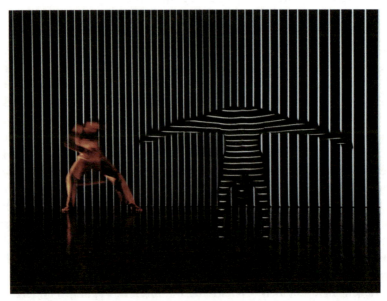

Szenenbild aus »Apparition« © Klaus Obermaier

Die Abstandsverschiebung der Linien sind wie zuvor von der Distanz zwischen den Tanzenden abhängig. Technisch gesprochen werden die Abstände zwischen den Linien allerdings nicht verändert. Vielmehr sind die Linien in unterschiedlichen Tiefen platziert. Dadurch erscheinen sie in der Ansicht dichter beieinander oder weiter voneinander entfernt. Wenn nun alle Linien gleichmäßig nach rechts oder links durch den Koordinatenraum verschoben werden, scheinen sich die Abstände zwischen den Linien im Bild zu verändern. Im OpenGL-Raum sind die Senkrechten in gleichmäßigem Abstand auf einer Sinuskurve verteilt, die auf die xz-Ebene (also den »Boden«) gezeichnet ist. Dadurch erscheinen die Abstände in der Ansicht unterschiedlich groß. Die horizontalen Linien der Körperprojektionen sind ein wesentlich kleinerer Ausschnitt aus diesem Kamerabild, das um 90 Grad gedreht wurde. Die Bewegung in den Projektionen entsteht dadurch, dass alle Linien nach links oder rechts verschoben werden, das Publikum sieht sozusagen die Phasenverschiebung der Kurve. Wiederum bestimmt der Abstand zwischen den Bounding Boxes der beiden Silhouetten, wie stark diese Verschiebung der Linien im OpenGL-Raum ist.

Die Bewegungen der Tanzenden sind in dieser Sequenz gleichmäßig und ruhig, ihre Raumpositionen variieren allerdings in der Tiefe. Sie gehen in unterschiedlichen Abständen parallel zur Leinwand, aber auch senkrecht darauf zu oder davon weg. Während der eher tänzerischen Sequenzen bewegen sich Oberkörper, Beine und Arme, die Körper bleiben an einem festen Ort. Beine und Arme sind meist locker gestreckt und beschreiben einen großen Raum um die Körperachse. Allerdings erzeugen die Bewegungen nicht so klare Geraden wie im vorangegangenen Teil der Szene. Wie zuvor liegen oder kauern die Tanzenden zeitweise auf dem Boden. Beispielsweise positioniert sich Desireé Kongerød in etwa mittlerer Bühnentiefe nahe an der Bühnenmitte, wo sie – nach wie vor mit horizontalen Linien gemustert – mit hinter den Rücken gestreckten Armen eine Wirbelbeuge macht und sich wieder aufrichtet. Während Robert Tannion im unbeleuchteten Bühnenhintergrund aufsteht und nach vorne geht, begibt sich die Tänzerin mit der Körperprojektion in Liegestützstellung und rollt in den Bühnenhintergrund, bis beide sich auf gleicher Höhe befinden. Später berühren sich die Tanzenden, wobei plötzlich beide Körper mit waagerechten Linien bedeckt sind – sie drehen sich umeinander und lassen sich los. Nun werden die Horizontalen nur auf Robert Tannion projiziert. Die Tänzerin bewegt sich in den hinteren Bühnenbereich, wo sie schwach beleuchtet wird. Danach wechseln die Tanzenden zwischen dem beleuchteten Bühnenhintergrund

und dem Vordergrund, wobei jeweils auf dem vorderen Körper Linien zu sehen sind.

Auffällig ist an der skizzierten Sequenz dreierlei: *Erstens* wechseln die Körper der Tanzenden zwischen Zwei- und Dreidimensionalität. Der beleuchtete Körper hat gewissermaßen einen eigenen Raum und festen Boden unter den Füßen. Er unterscheidet sich sehr stark von dem mit waagerechten Linien bedeckten Körper und trennt diesen gleichzeitig visuell vom Hintergrund. *Zweitens* ist dadurch der Eindruck der Flächigkeit nicht mehr so stark wie in der vorangegangenen Szene. Darüber hinaus erzeugen die unterschiedlichen Abstände zwischen den Linien auf der Leinwand eine gewisse Räumlichkeit. Insbesondere, wenn sich die Abstände zwischen den Linien zu verändern scheinen, entsteht ein starker räumlicher Eindruck. *Drittens* stellt die Choreografie in gewisser Weise die räumliche Verteilung der Linien aus, insofern die Tanzenden in unterschiedlichen Raumtiefen arbeiten. Sie entfernen sich in dieser Sequenz von der Leinwand, wie auch die Projektionen auf der Leinwand nach dem unterliegenden simulierten Raummodell in räumlicher Tiefe angeordnet werden.

In den nächsten zwei Sequenzen der Szene sind vor allem der Umgang mit der Räumlichkeit der Körper, mit der Choreografie und mit der zentralperspektivischen Darstellung der Projektion auffällig: Zunächst verteilen sich die Linien neu auf der Leinwand bzw. über die Körper – an

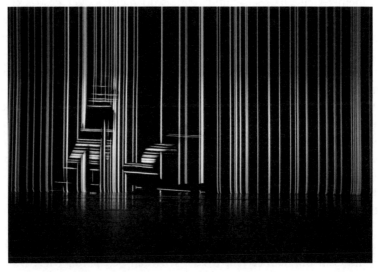

Szenenbild aus »Apparition« © Klaus Obermaier

einigen Stellen stehen sie weit auseinander, an anderen eng beisammen, ohne dass dabei eine Regelmäßigkeit zu erkennen ist. Nach kurzer Zeit verblassen die Körperprojektionen und die Tanzenden werden beleuchtet. Der Tanz wird dynamischer: Es gibt schnelle Gänge mit Sprüngen und Drehungen, wobei die Tänzer die Bühne auch diagonal überqueren und ihre Wege sich kreuzen. Beispielsweise rollt Robert Tannion diagonal nach hinten über die Bühne, während Desireé Kongerød ihm mit schnellen Schritten entgegenkommt und mit einer Drehung über ihn springt. Der Tanz ist durch ausladende Bewegungen charakterisiert, die oft von Armen und Beinen initiiert werden. Die Tanzenden bewegen sich sowohl gleichzeitig als auch abwechselnd durch den Raum. Die Bewegungen sind insgesamt schneller als in den vorangegangenen Sequenzen, und wenn die Tanzenden stillstehen, nehmen sie selten so klar definierte Körperhaltungen ein wie zuvor.

Die Linien in der Projektion bewegen sich auf unterschiedliche Weise: Es gibt Momente, in denen sie sich stark verschieben und sich neu auf der Leinwand verteilen. Diese Veränderungen dem Tanz zuzuordnen, ist allerdings schwierig – manchmal geschehen sie während einer schnellen Bewegungsfolge, manchmal während langsamer oder wenig Bewegung. Daneben verändern die Linien fast durchgängig minimal ihre Abstände, ohne dass sich die gesamte Verteilung neu ordnet.

Die technische Steuerung der Linienbewegungen koppelt die sinusförmige Verteilung der Senkrechten im OpenGL-Raum mit einem Zufallsgenerator. Wenn sich die Silhouetten im Bitmapbild nach einer Berührung trennen – d. h. statt einer Bounding Box zwei Bounding Boxes berechnet werden –, verschieben sich die Linien auf der Leinwand stark. Die Senkrechten werden im OpenGL-Raum per Zufallsgenerator parallel zur x-Achse verschoben. Jede Linie bleibt auf derselben Tiefenkoordinate und bewegt sich zufällig nach rechts oder links. Der Abstand der Außenkanten der Bounding Boxes wird zu den weniger starken Verschiebungen der Linien verrechnet. Diese Verschiebungen entstehen dadurch, dass die Senkrechten im OpenGL-Raum so nach vorne und hinten bewegt werden, als würden sie sich auf der ursprünglichen Sinuskurve befinden.

Nach weiteren zwei Minuten kippen die Linien auf der Leinwand. Sie sehen aus wie ein Strahlenbündel, das auf einen zentralen Fluchtpunkt ausgerichtet ist. Das »Verhalten« der Linien ähnelt dem der vorangegangenen Sequenz: teilweise verschieben sich die Linien stark in horizontaler Richtung, ansonsten bewegen sie sich fast durchgängig in vertikaler Richtung. Tatsächlich folgt die Steuerung der Linien demselben Prinzip wie zuvor, einzig die Ansicht des Koordinatensystems hat sich geändert: Die Linien sind nun so ausgerichtet, dass sie von oben dargestellt werden. Die Bewegungen der Tanzenden finden in den folgenden eineinhalb Minuten hauptsächlich auf dem Boden statt. Sie rollen oder krabbeln über die Bühne, ihre Haltungen sind oft durch gerade Achsen charakterisiert. Auffällig ist eine kurze Sequenz, in der die Tanzenden ausgestreckt über den Boden rollen. Sie liegen rechtwinklig zur Leinwand, der Kopf von Robert Tannion zeigt zum Publikum, während Desireé Kongerød zur Leinwand ausgerichtet ist. Sie rollen aufeinander zu. Bevor sie zusammenstoßen oder übereinanderrollen, führen beide die gestreckten Beine in einem Halbkreis nach oben und, ohne ihre Rollbewegung zu unterbrechen, aneinander vorbei. Damit erzeugen sie einen Bewegungseindruck, der den Projektionen auf der Leinwand ähnelt. Die rollenden Körper entsprechen den in die Tiefe verlaufenden Strahlen, die sich verschieben; die gestreckten Beine der Performer, die sich fächerförmig aneinander vorbeibewegen, entsprechen der perspektivischen Ansicht der Linien als Strahlenbündel.

Während sich die Performer in den Stand aufrichten und vor der Leinwand positionieren, bewegen sich die Linien auf der Leinwand wieder in die Senkrechte und verteilen sich äquidistant. Auf den Körpern erscheinen senkrechte Linien in nahezu demselben Abstand wie auf der Leinwand. Die Tanzenden neigen sich langsam nach rechts, ihre Körper bilden je eine schräge Gerade. Dabei folgen die Linien auf ihren Körpern deren Neigung, während die Linien auf der Leinwand in die entgegengesetzte Richtung kippen. Wenn sich die Tanzenden aufeinander zubewegen, vergrößert sich der Abstand zwischen den Linien auf Körper und Leinwand.

Die Linien auf den Körpern folgen dabei der so genannten Ausrichtung (*orientation*) der linken Figur im Bitmapbild. Diese Ausrichtung ist die längste Achse der Silhouette, die deren geometrischen Schwerpunkt enthält.[27] Die Linien der Körperprojektion verlaufen parallel zu der Ausrichtung der Silhouette. Die Linien auf der Leinwand, die wieder alle auf der x-Achse platziert sind, neigen sich spiegelverkehrt zu dieser Achse.

---

[27] Theoretisch wird diese längste Achse relativ aufwändig durch die so genannte Hauptkomponentenanalyse berechnet, ein Verfahren der statistischen Auswertung von Datenmengen, mittels dessen die Eigenvektoren einer Matrix berechnet werden. Diese Kovarianzmatrix berechnet die Abweichung der Daten von dem Schwerpunkt der Datenmenge, siehe z.B. [Smith, 2002]. In der Bildverarbeitung wird dieses Verfahren auf Pixelmengen angewendet – »Apparition« nutzt eine Vereinfachung dieses Verfahrens.

Die Tanzenden bleiben in dieser Sequenz wieder nahe vor der Leinwand, bewegen sich aufeinander zu und entfernen sich voneinander. Sie verharren für kurze Momente in verschiedenen Körperstellungen und bewegen sich insgesamt eher langsam. Die Haltungen erzeugen oft gerade Achsen und arbeiten mit klaren Winkeln, z.B. zwischen Armen und Rumpf. Die Geometrizität der entstehenden Figuren wird durch die Projektion der Linien verstärkt, die der Bewegung der Körper zu folgen scheinen.

Zusammenfassend lässt sich feststellen: Das Verhältnis von Tanz und Projektion ist in der gesamten Szene dadurch geprägt, dass die Tanzenden zu Projektionsflächen werden oder als Schattenriss vor den Projektionen auf der Leinwand erscheinen. Dadurch werden die Körper zu flächigen Formen, einerseits Teil der Visualisierungen, andererseits scharf von ihnen abgegrenzt. Die meiste Zeit bewegen sich Tanzende und die projizierten Linien gleichzeitig. Dabei entsprechen die stärksten Verschiebungen in den Projektionen oft den Raumbewegungen der Tanzenden, während die Bewegungen an festen Plätzen von geringeren Veränderungen begleitet werden. Es entsteht der Eindruck, dass der Tanz die projizierten Linien steuert, es ist aber nicht erkennbar, wie genau.

Die Bewegungen der Tanzenden in der vorgestellten Szene lassen sich in zwei Arten unterteilen. Einerseits gibt es Bewegungen, die vornehmlich die Raumposition bzw. den Abstand zwischen den Tänzern verändern. Andererseits gibt es Bewegungsabfolgen, die zu bestimmten Körperhaltungen führen und die Körper in ihrer Formhaftigkeit betonen.

Der Tanz und die Art, wie die Tanzenden sichtbar gemacht werden, erzeugen bestimmte Körperbilder und legen ein Verständnis von Bewegung als Form- und Platzveränderung nahe. Details der Bewegungen wie Muskelspannung, Hand- oder Fußbewegungen und sogar die Ausrichtung der Körper sind schwer zu erkennen. Dagegen werden Veränderungen des Abstands zwischen den Performern durch die Effekte in der Projektion betont: alles, was auf der Bühne sichtbar ist, gerät in Bewegung. Die Striche, die auf die Tanzenden projiziert werden, verstärken einerseits den Eindruck, dass ihre Körper durch Geraden bestimmt sind. Andererseits betonen sie die Formhaftigkeit und Flächigkeit der Körper, da vor allem die Umrisse der Tanzenden akzentuiert werden. Durch diese Strategien erscheinen die Bewegungen der Striche auf der Leinwand als Vergrößerungen der körperlichen Bewegungen. Gleichzeitig wird ein geometrisches Verständnis von Bewegung unterstützt: Bewegungen sind Veränderungen der Position im Raum, Veränderungen der Abstände voneinander und Veränderungen der sichtbaren Formen.

Dabei ist auffällig, dass die Raumpositionen der Tänzer gewissermaßen die Räumlichkeit der Visualisierungen übernehmen: Sind die Linien im OpenGL-Raum alle in derselben Tiefe platziert, so bewegen sich die Performer nahe vor der Leinwand. Sie lösen sich davon, sobald auch die Linien in unterschiedliche Tiefen verteilt werden, und sie arbeiten vornehmlich auf dem Boden, wenn die Geraden in der Projektion wie Fluchtlinien dargestellt werden. Die Tänzer adaptieren sowohl die Prinzipien der Programmierung als auch die Räumlichkeit der grafischen Elemente.[28]

Die Strategien der Sichtbarmachung und der Bewegung lassen Tänzer und Projektionen tendenziell als etwas von derselben Kategorie erscheinen, bewegliche grafische Elemente. Dabei folgen die Grafiken selber der Logik einer verräumlichten zentralperspektivischen Konstruktion, in der Senkrechte, Waagerechte und Diagonale zu einer Art Raster angeordnet werden. Es wird sich zeigen, wie präzise »Apparition« auf die barocke Kulissenbühne rekurriert und deren Konstruktionsprinzipien in Bewegung setzt. In der folgenden etwa vierminütigen Szene, die mit der Darstellung von bewegten Seilen arbeitet, ist das Verhältnis zwischen Akteuren und Visualisierungen anders gelagert.

Seile

Auf der Leinwand sind Senkrechte in ziemlich engem Abstand zu sehen. Die Bühne ist leer. Kurz nachdem die Musik einsetzt, laufen die Tanzenden im hinteren Bereich dynamisch zur Bühnenmitte und werfen sich in gewisser Entfernung voneinander zu Boden. In dem Moment, in dem sie auf die Bühne kommen, lösen sich die Linien vom unteren Ende der Leinwand; die Linien werden zu Darstellungen von Seilen, die scheinbar am oberen Leinwandende befestigt sind und stark hin und her schwingen. Die Tanzenden richten sich nacheinander auf und arbeiten in den ersten Sekunden damit, dass ein Tänzer auf den anderen zugeht, kurz vor ihm stoppt, sich abwendet und weggeht oder -springt. Währenddessen schwingen die Seile weiterhin stark. Dann greift Desireé Kongerød nach dem sich entfernenden Robert Tannion (sie befinden sich im vorderen Bühnendrittel, etwa mittig) und dreht ihn zu sich, wobei beide die Hüfte voneinander weg strecken, als ziehe sie eine Kraft nach außen. In dem Moment, in dem sich die Tanzenden berühren, befes-

---

[28] Eine Ausnahme von diesem Prinzip bildet die Sequenz, in der die Tänzer voll beleuchtet sind und die Verteilung der Linien per Zufallsgenerator gesteuert wird.

tigen sich die projizierten Seile wieder am unteren Leinwandende und wölben sich nach außen (die Seile links von der Leinwandmitte bilden einen Bogen nach links, die Seile rechts von der Leinwandmitte nach rechts), so dass in der Mitte der Leinwand, hinter den Körpern, eine Art Loch entsteht.

Die Musik in dieser Szene beginnt mit rhythmischen Loops, die an das Rattern von Eisenbahnen erinnern. Kurz darauf setzen Töne ein, die an Gitarrensounds angelehnt sind: überlagernde Töne und Akkorde, die nachschwingen und mit den Anmutungen von Rückkopplungen eine ähnliche Stimmung erzeugen wie ein Gitarrensolo in Rockmusik.

Szenenbild aus »Apparition« © Klaus Obermaier

Die Tanzenden sind während der gesamten Szene beleuchtet. Sie arbeiten stark mit Kontaktimprovisation, bleiben in ihren Bewegungen an mindestens einer, je unterschiedlichen Körperstelle in Kontakt und führen sich abwechselnd in der Bewegung. Die Tänzer geben oft gegenseitig ihr Gewicht aneinander ab, oft trägt Robert Tannion Desireé Kongerød, oder sie stößt sich von ihm mit einem Sprung ab. Insgesamt wird stark mit Anziehung und Abstoßung gearbeitet, so z.B. wenn Desireé Kongerød auf ihren Partner zurennt, auf ihn springt und aus dieser Kraft wieder von ihm wegspringt. Die Tanzenden laufen viel und bewegen sich auch mit Sprüngen, Drehungen, Rollen und Rad schlagend über die gesamte Bühne. Sie befinden sich sowohl in aufrechter Stellung als auch immer wieder kurzzeitig auf dem Boden oder in knienden Stellungen. Insgesamt gibt es viele Drehungen und Sprünge und auch hier werden Arme und Beine eher weit ausholend um den Körper geführt als in dessen Nähe gehalten.

Die Tanzenden beziehen sich in dieser Szene aufeinander, indem sie sich anschauen oder voneinander wegschauen. In der anderen Szene war das so nicht sichtbar, wegen des mangelnden Lichts. Wenn sie einander berühren, sind die Bewegungen oft von starker Spannung gekennzeichnet. Die Bewegungen wirken oft geführt. Phasenweise trennen sich die Tanzenden und bewegen sich in einem gewissen Abstand voneinander. Wenn die Tänzer voneinander getrennt agieren, sind die Bewegungen auch von Gewichtsverlagerungen geprägt, aber sie sind weniger stark geführt, eher wirkt es so, als werden Arme und Beine geworfen. Dabei übernehmen die Tanzenden oft voneinander Bewegungen, z.B. führt einer eine Drehung weiter, die zuvor von der anderen begonnen wurde. Insgesamt ist die Choreografie so strukturiert, dass die Tanzenden sich meistens berühren und weniger oft und weniger lange getrennt agieren. Berühren sie sich oder sind sie hintereinander positioniert, bewegen die Akteure sich meistens parallel zur Leinwand, seltener senkrecht dazu.

Die Seile auf der Leinwand sind während der Sequenz in starker Bewegung. Wenn sich die Tanzenden berühren oder sehr nahe beieinander stehen, sind sie mit beiden Enden befestigt. Dabei wölben sie sich in bestimmte Richtungen: Wenn beide Tänzer eindeutig in einer Bühnenhälfte agieren, z.B. links, zeigen die Seile in unterschiedlich stark gewölbter Bogenlinie in diese Richtung. Tanzen die Darsteller eher in der Mitte der Bühne, wölben sich die Seile auf der linken Leinwandhälfte nach links und auf der rechten Hälfte nach rechts. Die Seile bewegen sich in räumlicher und zeitlicher Korrespondenz zu den Tanzenden, wenn sie den Körpern gewissermaßen instantan folgen. Sie haben allerdings auch eine Art Eigenleben: Die Seile wirken nicht starr, sondern zittern oft etwas nach. Trennen sich die Tänzer voneinander, so lösen sich die Seile von dem unteren Rand der Leinwand und schwingen heftig in unterschiedliche Richtungen, weitgehend unabhängig von der menschlichen Bewegung.

Dieses »Verhalten« der grafischen Elemente wird durch eine Physical Engine[29] erzeugt, die die Bewegungen von Seilen simuliert. In dem Pro-

---

[29] Zur Physical Engine siehe S. 25.

gramm bestehen die »Seile« aus Massepunkten, die durch Federn einer bestimmten Länge und Spannung verbunden sind. Die Federspannung wirkt als Kraft nach schräg oben und unten auf den Massepunkt, sobald das Seil aus dem Ruhezustand bewegt wird. Die Seile sind im OpenGL-Raum auf der x-Achse platziert. Die Physical Engine erlaubt, eine so genannte Gravitationskraft zu definieren, die auf die Seile wirkt. Diese Gravitationskraft wird mittels einer geometrischen Größe definiert. Es werden also Parameter aus dem Bitmapbild als Kraft interpretiert, die auf Elemente im OpenGL-Raum wirkt.

Die Physical Engine verrechnet die auf einen Massepunkt wirkenden Kräfte (Federspannung und Gravitationskraft für jeden einzelnen Massepunkt des Seiles) zu einer einzigen Kraft und berechnet pro Einzelbild durch zweifache Integration den Ort jedes Massepunktes, auf den die berechnete Kraft in einer festgesetzten Zeiteinheit wirkt.

Die Physical Engine nutzt dafür das so genannte Eulersche Polygonzugverfahren oder Tangentenverfahren – eine einfache Approximation der Integration: Für eine gegebene Funktion $f'(t)$ wird die Stammfunktion $f(t)$ gesucht, wobei ein Funktionswert $f(t_0) = y_0$ bekannt ist. $f'(t_0)$ beschreibt dann die Steigung der Tangente am Punkt (t_0, y_0). Für die Approximation setzt man für einen nahe an t_0 gelegenen Wert t_1 den Funktionswert $f(t_1) = y_0 + f'(t_0)(t_1 - t_0)$. Anschaulich gesprochen macht man von y_0 einen »Schritt« entlang der Tangente. Für den nächsten Schritt wählt man die Tangente $f'(t_1)$ im Punkt $f(t_1) = y_1$. Die Formel des Tangentenverfahrens lautet also: $y_n = y_{n-1} + f'(y_{n-1})(t_n - t_{n-1})$. Das Verfahren bietet nur eine Approximation der Funktionswerte $f(t)$, weil die Steigung der Kurve zwischen zwei Punkten t_{n-1} und t_n im Allgemeinen nicht genau der Steigung der Tangente $f'(t_{n-1})$ im Punkt t_{n-1} entspricht. Wenn man allerdings die Abstände zwischen zwei Punkten sehr klein wählt, dann ist der Unterschied zwischen dem Verlauf der Kurve und der Tangente sehr gering.

Die Physical Engine wird in »Apparition« folgendermaßen eingesetzt: Wenn im Bitmapbild nur eine Bounding Box »erkannt« wird, also die Silhouetten der Tanzenden sich im Bild berühren, sind die Seile an zwei Enden befestigt und wölben sich in Richtung der Tanzenden oder von ihnen weg. Dabei wird der Abstand der rechten und linken Kante der Bounding Box vom Mittelpunkt des Bildes zu je einer Gravitationskraft verrechnet – die Simulation der Seile in der linken Bildhälfte wird vom Abstand der linken Kante beeinflusst, die in der rechten Bildhälfte durch die rechte Kante.

Lösen sich die Akteure bzw. ihre Silhouetten im Bitmapbild voneinander, so wird jede der zwei Bounding Boxes zu einer Gravitationskraft verrechnet, die nun als Schwerkraft auf die Seile wirkt, die ihrerseits nur noch am oberen Ende befestigt erscheinen. Die Ausgangsstellung der Seile, bevor sie sich vom »Boden« lösen, und die jeweiligen Federspannungen auf ihren Massepunkten bedingen ihre peitschenden Bewegungen.

Das Verhältnis zwischen Tanzenden und grafischen Elementen ist in dieser Szene dadurch geprägt, dass beide denselben Wirkungen zu unterliegen scheinen. Wie die Seile in der Projektion von Kräften angezogen und abgestoßen werden, scheinen die Tanzenden einander anzuziehen oder abzustoßen. Während in der vorangegangenen Szene die Körper kaum in ihrer Ausrichtung und muskulären Anspannung erkennbar waren, werden genau diese hier visualisiert. Es wirkt, als folge der Tanz einem physikalischen Bewegungsmodell der klassischen Mechanik, in dem Bewegung durch Krafteinwirkung ausgelöst wird. In gewisser Weise werden die Tanzenden und die Visualisierungen gleichgesetzt, obwohl sie visuell klar voneinander getrennt sind. Dies geschieht, indem der Tanz Eigenschaften visualisiert, die konstitutiv für die Bewegungen der grafischen Elemente sind, nämlich Spannung, Anziehung und Abstoßung. Die Visualisierungen basieren auf dem Newtonschen Bewegungsgesetz – Kraft ist gleich Masse multipliziert mit Beschleunigung – und dessen Überführung in ein symbolisches Verfahren – das Tangentenverfahren. Der Tanz wiederum stellt dieses Gesetz als Wirkung auf die Körper dar. Er visualisiert Kraft und Dynamik als das, was die Körper bewegt.

Partikel

Als dritte Szene wird ein etwa fünfminütiger Teil der Abschluss-Sequenz von »Apparition« analysiert, der die Darstellung von Partikeln benutzt. Die Sequenz beginnt ungefähr nach 45 Minuten. Die Bühne ist dunkel und leer, Musik setzt ein. Auch in dieser Szene ist der Sound durch tiefe rhythmische Loops geprägt, die Eisenbahngeräuschen ähneln. In den mittleren Höhen kommt ein schleifendes Geräusch dazu. Nach etwa drei Minuten setzen leise hohe Töne ein, die entfernt an Vogelgeschrei erinnern.

Szenenanalyse

Robert Tannion geht im Dunkeln vor der Leinwand von links nach rechts über die Bühne. Wenn er etwa in der Mitte der Bühne ist, beginnen weiße Partikel von rechts oben nach links unten über die Leinwand zu fliegen. Einen Moment später ändern die Partikel ihre Flugrichtung: von allen Rändern der Leinwand fliegen sie in die Mitte der Projektionsfläche und verkleinern sich dabei. Dort ist ein schwarzes Rechteck zu sehen. Als visueller Eindruck entsteht eine Art viereckiger Tunnel, den die Partikel durch ihre Flugbewegung bilden.

Der Tänzer ist zunächst nicht beleuchtet. Er ist kaum erkennbar als Silhouette vor der Leinwand zu sehen. Anfangs bewegt er sich eher langsam. Er geht zu unterschiedlichen Positionen im Raum und führt dort kleine Bewegungsabläufe durch, z.B. eine Wirbelbeuge. Gleichzeitig mit der Bewegung des Tänzers ändert sich die Flugrichtung der Partikel auf der Leinwand: so verschwindet während der Wirbelbeuge das Rechteck, und alle Partikel fliegen von oben nach unten über die Leinwand. Bewegt sich der Tänzer nicht, bleibt der Partikelstrom stabil, die grafischen Elemente fliegen gleichmäßig in eine bestimmte Richtung.

Szenenbild aus »Apparition« © Klaus Obermaier

Nach kurzer Zeit wird der Tanz etwas dynamischer. Robert Tannion wechselt mit zügigen Schrittfolgen, Sprüngen oder Rollen seine Raumposition und stoppt in jeweils unterschiedlichen Haltungen. Stehend, kniend oder liegend nimmt er Stellungen in unterschiedlichen Höhen ein. Er befindet sich sowohl für längere Zeit am Boden als auch im Stand. Dabei wechseln sich meist schneller raumgreifender Tanz mit eher langsamen, kleinen Bewegungen an einem Ort ab.

Nach einigen Minuten wird der Tänzer beleuchtet, wodurch die Bewegungen besser zu sehen sind. Sie sind neben den Dynamikwechseln dadurch charakterisiert, dass sie viel Raum einnehmen: die Beine und Arme sind locker vom Körper weggestreckt, oder der Oberkörper wird weit gebeugt. Dabei sind Glieder und Wirbelsäule eher nicht durchgestreckt, sondern locker.

Die technische Grundlage für die Visualisierungen und ihre Bewegungen ist eine Physical Engine, die die Bewegung fliegender Partikel simuliert. Die Gravitationskraft, die auf die Partikel wirkt, wird durch den Tänzer gesteuert. Sie wird durch den geometrischen Schwerpunkt der Tänzersilhouette definiert. Der geometrische Schwerpunkt von n Punkten in einem Koordinatensystem ist im Wesentlichen der Mittelwert der Koordinaten dieser Punkte.[30] Die Position des Schwerpunktes im Bild bestimmt die Stärke und Richtung der Anziehungskraft auf die Partikel. Die Position und die Form der Tänzersilhouette werden also zu einem geometrischen Punkt abstrahiert, der eine physikalische Kraft steuert, welche das Flugverhalten der Partikel bestimmt.

Für das Verhältnis zwischen den Bewegungen des Tänzers und der Visualisierung ist *erstens* entscheidend, dass die Projektionen der fliegenden Partikel sehr dominant erscheinen. Einerseits ist der Tänzer nur schwach beleuchtet. Andererseits entsteht durch die Projektionen ein starker visueller Eindruck von Bewegung, insbesondere, wenn die Partikel die Richtung ändern. Die Choreografie erzeugt *zweitens* den Eindruck, dass die Partikel in ihrer Bewegung die Dynamik des Tanzes spiegeln: die Dynamikwechsel im Tanz korrespondieren mit abrupten Änderungen in der Flugrichtung der Partikel, deren Bewegung sich in den langsameren Sequenzen stabilisiert. Der Tänzer scheint den Visualisierungen Bewegungsimpulse zu geben, die von den Partikeln weitergeführt werden. Durch den Tanz werden die Visualisierungen zu einem Tanzpartner. Die Verrechnung der Bewegung als Veränderung der Position des geometrischen Schwerpunktes erscheint als Übertragung von Dynamik und Kraft.

---

[30] Dabei ist zu beachten, dass der geometrische Schwerpunkt nicht mit dem tatsächlichen Schwerpunkt des gefilmten Körpers übereinstimmen muss – der geometrische Schwerpunkt einer Punktmenge kann auch außerhalb der Menge liegen.

Tanz und Grafiken gehen eine enge Verbindung ein. Die Visualisierungen werden zu einer Art Resonanzraum, der die Bewegungen des Tänzers, die selbst nicht so gut sichtbar sind, aufnimmt. Gleichzeitig erscheint aber der Tanz als die Unterbrechung der Partikelbewegungen. Er ist das störende Element, das die Bewegungen der Partikel verändert. Umgekehrt lässt sich eine Wirkung der Visualisierungen auf die Bewegungen des Tänzers schwieriger ausmachen. Die Dynamik der Bewegung korrespondiert mit der Musik und legt den Eindruck nahe, die Veränderungen im Partikelstrom spiegelten so etwas wie Bewegungsenergie.

Szenenanalyse: Auswertung

Das Verhältnis zwischen Tanz einerseits und den Bewegungen der grafischen Elemente andererseits ist durch eine doppelte Struktur von Verbindung und Unterbrechung gekennzeichnet. Diese wird durch die Bühne als optisch-technische Anlage, die technische Steuerung und die Ästhetik und Dramaturgie des Tanzes erzeugt.

Die *Bühnenanlage* ist die Basis für die Überlagerung von Bühnenraum und grafischen Projektionen. Dabei sind die Visualisierungen und ihre Verräumlichungen in der Projektion eng an den Verbund von Geometrie, Optik und zentralperspektivischer Darstellung gebunden: Die Daten und ihre Verrechnungen im OpenGL-Raum werden im Koordinatenkreuz dargestellt und als zentralperspektivische Ansicht berechnet. Die Gleichsetzung dieser Ansicht mit der Projektion verräumlicht die Visualisierungen auf der Bühne. Am deutlichsten wird diese Überlagerung von Ansicht des OpenGL-Raumes und Ansicht des Bühnenraumes beim Einsatz der Körperprojektionen, die die Tanzenden zu Elementen der Visualisierung machen. Meist werden die Tänzer in »Apparition« in ihrer Flächigkeit betont. Wenn auf die Körper projiziert wird, sind sie fast gar nicht in ihrer Tiefenausdehnung erkennbar, sondern vor allem als Formen mit bewegten grafischen Mustern. Teilweise entsteht dabei der Eindruck, als seien diese gemusterten Formen Teil der Visualisierungen auf der Leinwand. Damit werden die Tänzer strukturell den Projektionen gleichgesetzt: bewegte flächige Elemente, die Position und Form ändern. Die Flächigkeit, die die Körper zu grafischen Elementen macht, wirkt allerdings gleichzeitig als Unterbrechung des Zusammenhangs: Die Schattenrisse der Tänzer vor den Grafiken sind eine Zäsur; auch als Projektionsflächen sind sie klar vom Hintergrund abgegrenzt.

Die *technische Steuerung* organisiert vor allem die Gleichzeitigkeit von Tanz und den Bewegungen der grafischen Elemente, sowie eine bestimmte räumliche oder geometrische Übereinstimmung, wenn z.B. die Veränderung des Abstands der Tanzenden mit den Verschiebungen der Linien korrespondiert. Dieser zeitliche und räumliche Zusammenhang resultiert direkt aus der Berechnung der Grafiken. Dabei werden die Grafiken und ihre Ortsveränderungen im OpenGL-Raum mittels bestimmter mathematischer Formalisierungen programmiert, nämlich mittels Verfahren der Geometrie, der Newtonschen Mechanik und des Infinitesimalkalküls.

Neben dieser technischen Ebene wird die enge Übereinstimmung von Tanzenden und Projektion wesentlich durch die *Dramaturgie des Tanzes* hergestellt. Diese erzeugt Analogien zwischen den Körpern, den Grafiken und ihren jeweiligen Bewegungen. Robert Tannion stellt heraus, was eine der entscheidenden Fragen bei der Entwicklung der Choreografie war:

> And the second thing was trying to get an idea of, if we're in a very abstract geometric image, that is being created on screen or on our bodies, how does that translate in terms of movement. [Kongerød und Tannion, 2004]

Die Szenen selbst sind meist so strukturiert, dass anfangs langsame gleichmäßige Bewegungen vorherrschen. Die Performer gehen langsam durch den Raum und führen die tänzerischen Bewegungsfolgen an festen Plätzen aus. Diese Dramaturgie ermöglicht den Zuschauenden, gewisse kausale Zusammenhänge zwischen Tanz und Projektion zu konstruieren. Entscheidend ist, dass der Tanz selbst starke Analogien zu den Projektionen und deren Bewegungen schafft. Diese werden durch ein geometrisches oder ein physikalisches Bewegungsmodell erzeugt: Teilweise betonen die Bewegungen die Geometrie der Körper – vor allem, wenn sie als Projektionsfläche für Linien dienen –, teilweise wird die räumliche Platzierung der grafischen Elemente im OpenGL-Raum in die Choreografie übernommen. Zeitweise wird die vermeintliche Spannung, Anziehung und Abstoßung der Visualisierungen in den Tanz übersetzt, oder der Tänzer erzeugt den Eindruck, als sei der projizierte Partikelstrom ein Tanzpartner, dem er Bewegungsimpulse gibt. Indem der Tanz Eigenschaften der grafischen Elemente und deren »Verhalten« darstellt, wirkt es, als würden diese Eigenschaften durch die Visualisierungen »gespiegelt« und vergrößert. Das heißt, Choreografie und Dramaturgie erzeugen eine spezifische Beziehung zwischen den Tanzenden und den Projektionen. In dieser Beziehung erscheint der Tanz als das, was die

Bewegungen der Grafiken modifiziert. Insbesondere, wenn der Tänzer die Visualisierungen als seinen Tanzpartner etabliert, dem er Impulse gibt, wird der Tanz auch zu einer Unterbrechung: Er ist die Kraft, die die eigenständigen Bewegungen der Grafiken stört, ihnen eine neue Richtung gibt.

Der Tanz hat also für das Verhältnis von Körper und Visualisierungen zwei Funktionen. Erstens schafft er Analogien zwischen den beiden, die es dem Betrachter ermöglichen, bestimmte Qualitäten der jeweiligen Bewegung aufeinander zu beziehen. Zweitens erscheint der Tanz als das, was das Verhalten der Grafiken »stört« und deren Vorhersehbarkeit unterläuft. Die Körper und ihre Bewegungen werden einerseits als Teil der Visualisierungen inszeniert und andererseits als eine Art »Unstetigkeit« der Berechnungen.

Die optisch-technische Anlage, die Verrechnungen und der Tanz erzeugen ein Verhältnis zwischen den Körpern und ihrer Umgebung, das gleichzeitig als enger Zusammenhang, gar Verschmelzung erscheint sowie als Trennung bzw. Unterbrechung des Zusammenhangs. Entscheidend dafür ist zweierlei: *Erstens* werden die Tanzenden primär als Oberflächen inszeniert und in ihrer Form akzentuiert – das betrifft in den besprochenen Beispielen vor allem die Szene, die mit der Darstellung von Linien arbeitet. Als flächige, gemusterte Formen passen sich die Körper in eine geometrische Szenerie ein, deren Teil sie sind und von der sie gleichzeitig scharf abgegrenzt sind. Die Körper werden in dieser Szenerie zu Oberflächen, die ihre Umgebung beeinflussen. Dieser Aspekt des Akteur-Umgebungs-Verhältnis wird vor allem durch die Bühne als Schauanlage und durch die Programmierung der Linien erzeugt. Sowohl in der optischen Anlage als auch in Form der Linienberechnungen verweist »Apparition« auf die barocke Kulissenbühne und Andrea Pozzos zeichnerisch-messendes Konstruktionsverfahren für die perspektivische Kulissenmalerei. *Zweitens* beziehen sich sowohl der Tanz als auch die Grafiken auf physikalische Bewegungsgesetze der klassischen Mechanik. Der Tanz visualisiert die Kräfte, denen die Körper und die grafischen Elemente gleichermaßen zu unterliegen scheinen. Oder der Tanz stellt Bewegungsenergie als die verbindende Kraft zwischen Körper und Visualisierungen aus und wird so gleichzeitig zur Störung des Eigenverhaltens von Partikeln. Dabei verweist die Inszenierung durch ihren Einsatz der Physical Engine auf den Infinitesimalkalkül, das von Leibniz als symbolisches Verfahren zur Analyse von Funktionen erfunden wurde.

»Apparition« inszeniert eine Situation, in der die Umgebung den Tanz zu spiegeln oder zu erweitern scheint. Die tanzenden Körper setzen ihre

Umgebung in Bewegung und sind zugleich Teil dieser Umgebung als auch deren Unterbrechung. Dabei zitieren die verwendeten Verfahren die Kulissenbühne und den Infinitesimalkalkül.

Als Kopplung von Wahrnehmungsmodell, Darstellung und Weltmodell adressiert die barocke Kulissenbühne die Frage von Täuschung und Erkenntnis vor dem Hintergrund von Optik und Geometrie. Der Infinitesimalkalkül lässt sich wiederum als gewissermaßen mathematischer Aspekt des Verhältnisses zwischen Monade und ihren Perzeptionen in Leibniz' Monadologie fassen.

Das Verhältnis zwischen Tanzenden und ihrer Umgebung kann daran anschließend einerseits als Verhältnis zwischen Kulisse und verräumlichter Perspektive interpretiert werden. Andererseits und umfassender lässt es sich auf metaphorischer Ebene als Verhältnis von Monade, Bewegung und klarer Perzeption lesen.

Pozzo: Vom Raum zum Bild

Die Entwicklung der barocken Kulissenbühne beginnt im 16. Jahrhundert mit der Einführung der Winkelrahmenbühne und findet ihren Abschluss und Höhepunkt in der Kulissen- und Maschinenbühne des späten 17. Jahrhunderts.

Die barocke Kulissenbühne entwickelt Techniken, wie Räume, Architekturen oder Landschaften großer Tiefe in einem begrenzten Bühnenraum so dargestellt werden können, dass der entstehende Bildraum schnell zu verwandeln ist, und die Akteure sich möglichst weit in den Raum hinein bewegen können. Das Prinzip der Kulissenbühne ist, dass bemalte Leinwände (sozusagen als Bildteile) hintereinander gestaffelt an beiden Seiten der Bühne aufgestellt werden, so dass der Zuschauer in der richtigen Position ein zentralperspektivisch konstruiertes Bild sieht. Der Bühnenraum besteht aus einem Proszenium, das sich vor dem reich ausgestatteten Bühnenportal befindet. Die Dekoration aus gestaffelten Kulissen und Soffitten erzeugt für die Zuschauer den Eindruck eines geschlossenen Bildraumes, durch den sich die Akteure bewegen. Oberhalb und unterhalb der Bühne befinden sich die Räume, in denen die komplizierte Maschinentechnik verborgen ist. Diese ermöglicht erstens den schnellen Austausch der Kulissen, der im Barock auf offener Bühne stattfindet. Zweitens dient sie zur Erzeugung visueller und akustischer Effekte, wie z.B. Feuersbrünste, Wettereffekte, überirdisches Strahlen, oder zur Steuerung verschiedener Fahr- und Flugzeuge, wie Wolken, auf denen Götter zur Erde schweben. Diese Flug- und Fahrzeuge und die Maschinen für visuelle und akustische »special effects« bringen Bewegung in das Raumbild der hochbarocken Kulissenbühne.

Die Kulissen- und Maschinenbühne war vor allem die Bühne der höfischen Theater. Sie wurde aber auch in einigen protestantischen Schul- und Jesuitentheatern genutzt sowie von Theaterunternehmern gebaut, die erste kommerzielle Häuser betrieben, insbesondere als Opernhäuser.[31] Vor allem in der zweiten Hälfte des 17. Jahrhunderts wurden in vielen Städten Europas feste Theaterhäuser gebaut, die die vorher üblichen temporären Bauten ablösten.

Die wichtigsten Genre des europäischen Höfischen Theaters waren im 17. Jahrhundert Oper, Tragödie und Tragikomödie. Je nach Land sowie Auftraggeber bzw. Veranstalter behandelten Oper und Tragödie mythologische oder kirchliche Themen, die mit durchaus tagespolitischen Anspielungen versetzt waren. Zwischen den Akten des eigentlichen Stückes wurden so genannte Intermedien gezeigt: aufwändig ausgestattete Szenen, die nicht unbedingt etwas mit dem eigentlichen Stück zu tun hatten. Die Opernaufführungen und die Zwischenspiele in Tragödien und Tragikomödien schöpften alle Möglichkeiten der Maschinenbühne aus: mit Verwandlungen auf offener Bühne, ein- und aufschwebenden Göttern und Engeln, Feuersbrünsten, die ganze Städte vernichten und Ähnlichem. Die auftretenden Figuren der Zwischenspiele und der meisten Opern waren allegorische Figuren, die z.B. Leidenschaften, Tugenden, Krieg, Tod oder Ewigkeit darstellten. Sie fungierten als Repräsentanten ewiger Wahrheiten oder Ideen. Mythologische Figuren dienten oft als Verweis auf Angehörige der Herrscherhäuser.

Ulrike Haß untersucht in »Das Drama des Sehens. Auge, Blick und Bühnenform« [Haß, 2005], inwieweit unterschiedliche Bühnenformen in der frühen Neuzeit im Paradigma der Perspektive die Beziehung zwischen Auge und Blick neu ordnen. Sie analysiert verschiedene Bühnenformen je

> als intelligible Form, in der sich ein spezifisches Wissen über den Zusammenhang von Wahrnehmen und Darstellung ausdrückt und herstellt. [Haß, 2005, S. 17]

In dieser Sichtweise behandelt die Barockbühne den Zusammenhang von Wahrnehmung und Darstellung vor der Folie des komplexen Zusammenspiels von einem spezifschen Augenmodell, dem korrespon-

---

[31] Das ausgehende 16. Jahrhundert erfindet die Oper, schon 1637 entsteht in Venedig das erste öffentliche Opernhaus.

dierenden Sehmodell, der Zentralperspektive als Darstellungsform und einem zeitgenössischen Zeichenbegriff. Die Kulissenbühne bildet sich zu einer Zeit als dominante Theaterform heraus, in der die Entdeckung und Erforschung des Netzhautbildes im Auge die Frage von Wahrnehmung und Wahrheit aufwirft. Kein Bild tritt ins Auge, vielmehr erzeugt dieses als optischer Raum das Netzhautbild selbst. Nicht das Bild stiftet den Zusammenhang von Wahrnehmung und Welt, sondern Geometrie wird zum Garant für die Richtigkeit des Bildes. Während René Descartes ausgehend von diesem Problem eine Erkenntnistheorie entwickelt, stellt Pozzo die Beherrschung von Geometrie, Täuschung und deren Lesbarkeit in den Mittelpunkt seiner Bühnen- und Kulissenkonstruktion.

Sehen und perspektivische Darstellung

Mit der Erfindung und Durchsetzung der zentralperspektischen Darstellung als einzig »richtiger« Darstellungsweise wird im 15. und 16. Jahrhundert die Vorstellung gestützt, dass Sehen innerhalb zentralperspektivischer Regeln stattfindet, welche durch geometrische Gesetze vollständig beschreibbar sind. Diesen Gesetzen folgend sind das sehende Auge und das gesehene Ding durch einen Strahlenkegel (die Sehpyramide) verbunden, entlang dessen sich das Bild des gesehenen Gegenstandes ins Auge bewegt.[32] Das Bild des Gegenstandes verkleinert sich proportional, entsprechend des »Ähnlichkeitssatzes« oder Strahlensatzes. Dieser ist auch Grundlage der konstruktiven Zentralperspektive in der Malerei.

Als Erfinder dieser Konstruktion gilt Filippo Brunelleschi,[33] die Erfindung selbst wird auf einen Zeitpunkt zwischen 1413 und 1425 datiert.[34] 1435 schreibt Leon Battista Alberti[35] das Traktat »Della Pittura Libri Tre« [Alberti, 1970]. Es ist die erste überlieferte Anleitung zum zentralperspektivischen Malen, die dem Erfinder Brunelleschi gewidmet ist. Im ersten Buch, das von den mathematischen Grundlagen handelt,

---

[32] Dabei sollen sich tatsächlich feinstoffliche Bilder von dem Gegenstand ablösen und ins Auge eintreten. Ein entscheidender Streitpunkt verschiedener Theorien war, ob die Sehstrahlen passiv seien, also gewissermaßen die von den Gegenständen ausgesendeten Bilder »einfangen« (Empfangstheorie) oder aktiv den Gegenstand abtasten und so das Bild gewissermaßen davon lösen (Sendetheorie).
[33] Filippo Brunelleschi, 1377–1466, italienischer Architekt.
[34] Zu neueren Rekonstruktionen der Experimente Brunelleschis zur Perspektive und deren Implikationen siehe z.B. [Haß, 2005, S. 81–109] und [Schmeiser, 2002, S. 9–46].
[35] Leon Battista Alberti, 1404–1472, italienischer Architekt und Kunsttheoretiker.

führt Alberti die Sehpyramide ein, deren Basis die gesehene Fläche ist und deren Spitze sich im Auge befindet. Er stellt den Strahlensatz dar,

> wonach es feststeht, dass in dem Falle, als eine Linie zwei Seiten eines Dreiecks schneidet, und diese Linie, die nun ein neues Dreieck bildet, mit der Linie des grösseren Dreiecks aequidistant [Alberti meint hier parallel, Anmerkung I.K.] ist, das kleinere dem grösseren proportionirt sein wird. [Alberti, 1970, S. 70]

Aus der Übertragung des Strahlensatzes auf die Sehpyramide schließt er, »dass jeder zur gesehenen Fläche aequidistante Querschnitt der Sehpyramide jener geschauten Fläche proportionirt sein wird« [Alberti, 1970, S. 74].

Die Erklärung, dass die zentralperspektivische Darstellung richtig sei, beruht auf der geometrischen Behandlung des zeitgenössischen Sehmodells (Sehstrahlen). Die zentralperspektivische Konstruktion Albertis benutzt die geometrische Formalisierung nicht. Vielmehr werden Augpunkt, Fluchtlinien und Horizont ohne Bezug auf die Sehpyramide auf der Bildfläche bestimmt.[36] Allerdings schlägt Alberti einen mit einem Gitter durchwirkten Schleier als praktisches Hilfsmittel vor: diesen soll der Maler zwischen sich und dem zu malenden Gegenstand anbringen. Das Gitter dient einerseits dazu, den Bildausschnitt zu fixieren und ist andererseits das Mittel, um die Gegenstände in Position und Größe richtig auf die (auch gerasterte) Malfläche zu übertragen. Dieses Gitter erscheint als Querschnitt durch die Sehpyramide, den das Gemälde darstellt und in diesem Sinne verdoppelt. Der Seheindruck, den das Bild hinterlässt, entspricht demnach dem Seheindruck, den der abgebildete Gegenstand als Gegenstand erzeugt.

Im Kontext der Verbindung von zentralperspektivischer Darstellung und Sehmodell dient die Camera Obscura[37] im 16. Jahrhundert als Veranschaulichung der perspektivischen Übertragung. In dieser Praxis und Diskursivierung der Camera Obscura setzt sich die Vorstellung durch, dass sich Natur quasi »selbst« abbildet: ohne vorausgesetzten Betrachter, automatisch und nach den Gesetzen der Perspektive.

---

[36] Der angenommene Betrachter erscheint einzig für die Bestimmung der Transversalen mittels Distanzpunktverfahren in der Konstruktion. Ansonsten ist das Konstruktionsmaß das eigene Gutdünken und die Größe des zu malenden Menschen.

[37] Camera Obscura bedeutet »dunkle Kammer« und bezeichnet ursprünglich ein abgedunkeltes Zimmer, in das nur durch ein kleines Loch Licht einfällt. Befestigt man eine Projektionsfläche in einem geeigneten Abstand von diesem Lichteinlass, so bildet sich die Umgebung außerhalb es Zimmers um 180 Grad gedreht auf dieser Leinwand ab. Als kleinere Form ist sie auch unter dem Namen Lochkamera bekannt.

»Apparition«: Die Arbeit der Monade

Paradoxerweise ist ein Abbildungsfehler der Lochkamera der Anlass, weswegen Johannes Kepler[38] das Netzhautbild im Auge entdeckt: Aus der Verwendung der Camera Obscura zur Beobachtung von Sonnenfinsternissen war bekannt, dass die Sonne in der Abbildung größer erscheint, als sie nach den geometrischen Gesetzen sein dürfte, während sich der Mond in der »dunklen Kammer« während einer Sonnenfinsternis kleiner abbildet als sonst – heute begreift man diesen Effekt als Unschärfe der Lochkamera. Der Apparat, der die Zentralperspektive veranschaulicht, welche wiederum dem Sehen entspricht, funktioniert nicht richtig.

Kepler weist experimentell nach, dass das Abbild in der Lochkamera nicht durch die Übertragung eines Bildes des Außen nach Innen entsteht. Stattdessen besteht es aus unendlich vielen Abbildern des Lichteinlasses: von jedem leuchtenden oder Licht reflektierenden Punkt gehen Lichtstrahlen aus. Der Lichteinlass der Camera Obscura schneidet daraus ein Strahlenbündel aus, der auf dem Schirm als ein Fleck erscheint – eine perspektivische vergrößerte Abbildung der Öffnung. Das heißt, das Abbild in der Camera Obscura wird aus unendlich vielen Überlagerungen von Strahlenbündeln erzeugt, die der Lichteinlass der Camera Obscura aus den von einem Punkt reflektierten Lichtstrahlen ausschneidet. Um einen leuchtenden Punkt scharf abzubilden, dürfte der Lichteinlass nur den Durchmesser eines einzelnen Lichtstrahls haben.

Folgerichtig simuliert Kepler einen Lichteinlass mit dem Durchmesser »Null«: Er hält eine mit Wasser gefüllte, kugelförmige Glasschale als Linse vor den Lichteinlass und erzeugt dadurch scharfe Abbildungen in der Dunkelkammer. In einem weiteren Schritt schließt er, dass das Auge wie eine mit Linse ausgestattete Camera Obscura funktionieren muss: Die Pupille schneidet (divergierende) Lichtstrahlen, die im Auge gebündelt werden und als farbige Lichtpunkte in korrekter geometrischer Anordnung (um 180 Grad gedreht) auf einem undurchsichtigen gekrümmten Schirm – der Netzhaut – auftreffen.[39]

Damit ist das perspektivisch korrekte »Sehen« unter der Bedingung der Übertragung von Lichtpunkten gerettet: als geometrisch korrekte Abbildung, die auf dem Kopf stehend im Auge entsteht. Indem Kepler Licht, seine Brechung und das Auge in einer Theorie zusammenfasst, wird der räumliche Bezug zwischen dem Gegenstand und seinem Wahr-

---

[38] Johannes Kepler, 1571–1630, deutscher Mathematiker und Astronom.
[39] Zur Rekonstruktion der Keplerschen Entdeckung siehe [Schmeiser, 2002, S. 112ff.], sowie [Lindberg, 1987, S. 312–354].

nehmungseindruck gekappt. Es gibt keinen ausgezeichneten Sehstrahl des Auges, über den ein Bild vom Gegenstand ins Auge transportiert würde. Vielmehr erzeugt das Auge durch Bündelung zufällig eintretender Lichtstrahlen ein Bild im Auge. Das Auge wird als Organ isoliert und als Innenraum begriffen, der vom Außen getrennt ist.

Dieses Modell des Auges manifestiert sich in einem bestimmten Wahrnehmungsmodell: Visuelle Wahrnehmung – gefasst als durch das Sehen erzeugter Wahrnehmungseindruck – setzt am (Netzhaut-)Bild an. Die Räumlichkeit der Gegenstände sowie ihr Abstand zum Sehenden ist weitgehend suspendiert, bzw. nur mittelbar in der perspektivischen Darstellung enthalten. Das Sichtbare ist in seiner Eigenschaft als Bild, als Oberfläche gegeben. Der Innenraum (das Auge) produziert in einem automatischen Vorgang Repräsentationen des Außen, ohne dass dazu eine Subjektinstanz, ein Sehender benötigt würde.

> Vielmehr führt die Erkenntnis über das Wesen der Lichtbrechung zum Denken einer konfrontativen Trennung zwischen einer äußeren und einer inneren Welt. Ihre Berührungsfläche wird analog zu dem Bild auf der Netzhaut vorgestellt. [Haß, 2005, S. 22]

Innen und Außen werden einander gegenüber gestellt, verbunden durch die »Schnittstelle« des Bildes. Diese Vorstellung legt nahe, dass ein innerer Betrachter existieren muss, der die vom Auge erzeugten Repräsentationen auf das Außen hin entschlüsselt.

Als eine Art rechnender Sehsinn tritt dieser Betrachter-im-Auge schon bei Kepler auf.[40] Der Sehsinn berechnet nach Kepler Größe oder Entfernung der gesehenen Gegenstände mithilfe von Winkelfunktionen. Der Betrachter ist vollständig von dem Gesehenen getrennt, den räumlichen Bezug kann und muss er durch Zurückrechnen (ausgeführt vom rechnenden Sehsinn) des perspektivischen Netzhautbildes herstellen [siehe Schmeiser, 2002, S. 142].

Das Netzhautbild als Modell der Wahrnehmung bringt jedoch noch gravierendere Probleme mit sich: Welche Bezugnahme zur Welt ist möglich, wenn die Verbindung zwischen der äußeren Welt und der inneren gekappt ist? Wahrnehmung setzt an Repräsentationen an, die gewissermaßen unabhängig von den bezeichneten Dingen erzeugt wird. Unklar bleibt, wie durch die Zeichen überhaupt richtige Vorstellungen

---

[40] Kepler veröffentlicht seine Entdeckung des Netzhautbildes erstmals 1604 in den Paralipomena, siehe [Haß, 2005, S. 302, Anm. 337] und führt seine Theorie in der Dioptrik von 1611 weiter aus.

oder Erkenntnisse zu gewinnen sind. René Descartes[41] formuliert in seiner Darstellung des Sehvorgangs 1637:

> So dürfen oft Bilder, um in ihrer Eigenschaft als Bilder vollkommen zu sein und die Gegenstände besser darzustellen, diesen häufig gerade nicht gleichen. Dasselbe müssen wir von den Bildern annehmen, die sich in unserem Gehirn bilden. Wir müssen dabei beachten, daß es hierbei darauf ankommt zu wissen, wie sie der Seele die Möglichkeit geben können, die verschiedenen Eigenschaften der Gegenstände, die sie darstellen, zu empfinden, und nicht, welche Ähnlichkeit sie mit ihnen haben. [Descartes, 1954/1637, S. 89f.]

Im 17. Jahrhundert ändert sich die Vorstellung dessen, was ein Zeichen ist und was es leisten kann. Die Repräsentation löst sich von den repräsentierten oder bezeichneten Dingen ab. Michel Foucault analysiert in »Die Ordnung der Dinge« [Foucault, 1974] die binäre Struktur des Zeichens im 17. Jahrhundert, die dem Modell des (Netzhaut-)Bildes und der konfrontativen Verknüpfung entlehnt scheint:

> Die Beziehung des Bezeichnenden zum Bezeichneten stellt sich jetzt in einen Raum, in dem keine vermittelnde Gestalt ihr Zusammentreffen mehr sichert: sie ist im Innern der Erkenntnis die zwischen der *Vorstellung (idée) einer Sache* und der *Vorstellung einer anderen* hergestellten Verbindung. [Foucault, 1974, S. 98]

Damit wird die Darstellung erkenntnisgeleitet. Sie ist dem Innen als abgeschlossenem Raum zugehörig und wird weitgehend autonom von den Dingen.

René Descartes entwickelt eine Erkenntnistheorie, in deren Zentrum dieses Problem steht. Sie basiert auf seiner *méthode*, einem Regelwerk, nach dem »richtiges« Denken als Operationen auf und mit Repräsentationen möglich ist. Entscheidend sind dafür zwei Bedingungen: Erstens müssen die Vorstellungen von dem Bezeichnenden und dem, was bezeichnet wird, richtig sein. Zweitens muss die richtige oder geeignete Verbindungen zwischen diesen Vorstellungen geknüpft werden.

In den »Regeln zur Ausrichtung der Erkenntniskraft«, an denen Descartes wahrscheinlich 1618/19 zu arbeiten beginnt (und die erst 1701 lange nach seinem Tode veröffentlicht werden), unterteilt er das Denken in zwei Kategorien, nämlich Intuition und Deduktion. Unter Intuition versteht Descartes

> ein so müheloses und deutlich bestimmtes Begreifen des reinen und aufmerksamen Geistes, daß über das, was wir erkennen, gar kein Zweifel zurückbleibt. [Descartes, 1973/1701, S. 17, Regel 2.5]

---

[41] René Descartes, 1596–1650, französischer Philosoph.

Intuition umfasst damit das Erkennen einfacher Sachverhalte – die nach Descartes klar und deutlich am Tage liegen – und die Art, wie man eine Schlussfolgerung daraus zieht. Die Deduktion bestimmt, wie man ein Schlussfolgerungskette aufbaut, die ausgehend von gesicherter Erkenntnis (einem einfachen Sachverhalt) mit sicheren Schlussfolgerungen durchlaufen werden kann und zu einer sicheren Folgeerkenntnis führt. Diese Methode ist als Mathesis Universalis eine Ausweitung der Mathematik auf alles,

> was bezüglich Ordnung und Maß, noch ohne einem besondern Gegenstand zugesprochen zu sein, zum Problem gemacht werden kann. [Descartes, 1973/1701, S. 173, Anhang zu Regel 4]

Durch sie ist der Verstand, der immer an Repräsentationen ansetzt, vor falschen Schlussfolgerungen geschützt und kann zu wahrer Erkenntnis über etwas gelangen.

Es bleibt nur eine Schwachstelle, die nicht allein durch Denken zu lösen ist: Sind die Wahrnehmungen richtige Darstellungen des Äußeren, oder erzeugt ein »täuschender Geist« diese Figuren im Inneren? Descartes löst das Problem mit Rückgriff auf den nicht-täuschenden Gott: Weil Gott mich nicht täuschen will, existieren die wahrgenommenen Dinge und gelten die Naturgesetze. Das bedeutet für den visuellen Sinn: Die gesehenen Dinge existieren und die den Perspektivgesetzen zu Grunde liegende Geometrie ist die richtige Formalisierung der Naturgesetze. Ein »geometrischer« Gott sichert grundsätzlich die Beziehung zwischen materieller Welt und ihrer Darstellung im Innen.[42]

Vor dem Hintergrund des skizzierten epistemologischen Umbruchs ist erkennbar, wie das Theater des 17. Jahrhunderts das zeitgenössische Wahrnehmungs- und Darstellungsmodell mit einer spezifischen Praxis des Zeichengebrauchs verbindet. In dieser Sichtweise ist das Theater ein Innenraum, in dem Repräsentationen konstruiert werden, die autonom von der Außenwelt, den Dingen sind. Die barocken Allegorien verknüpfen zwei Vorstellungen miteinander. Sie sind keine Darstellungen einer vorgängigen Außenwelt, sondern verweisen z.B. auf eine ideale Ordnung – allerdings erscheinen sie als kohärente Bildansicht im Sinne der Zentralperspektive.

> Die barocke Allegorese wird also im Unterschied zur mittelalterlichen Allegorese nicht als Prozeß einer Bedeutungsaufdeckung, sondern als ein Verfahren der Zeichenkonstitution vollzogen. [Fischer-Lichte, 1989, S. 24]

---

[42] Zu Descartes Gottesbeweis siehe [Schmeiser, 2002, S. 181–184].

Das barocke Theater erscheint hier als ein Labor, um Zeichen so zu kombinieren, dass sie Erkenntnis stiften können. Es setzt am Problemfeld von Repräsentation, Täuschung und richtigem Denken an. In dieser Sichtweise lässt sich das barocke Theater als eine kulturelle Praxis interpretieren, die den Prozess von Sehen, Zeichenkonstruktion und Bedeutung an den Menschen zurückbindet. Wenn Wahrnehmung stets an Repräsentationen ansetzt, die unabhängig vom Sehenden erzeugt werden, und wenn Erkenntnis ein regelgeleiter Umgang mit Zeichen ist, so sind beide Prozesse nicht an ein wahrnehmendes und erkennendes Subjekt gebunden. Vor dieser Folie trainiert die Barockbühne den Zuschauer darin, schnell wechselnde Zeichen (Bilder, Allegorien und Inschriften) auf eine verborgene Ordnung zu entschlüsseln und stellt gleichzeitig den Menschen als Produzenten und Rezipienten (sowie als Inhalt der Darstellung) in den Mittelpunkt. Erzeugend und entschlüsselnd beherrscht dieser den Darstellungs-, Wahrnehmungs- und Erkenntnisprozess.

Pozzos Konstruktion der Kulissenbühne verräumlicht die zentralperspektivische Darstellung in einem optischen Raum. Als zeichnerisch-messendes Verfahren macht sie den Darstellungs- und Wahrnehmungsprozess in der barocken Bühne handhabbar.

Pozzos Konstruktion

1606 verwendet Aleotti[43] das erste Mal Kulissen und installiert 1618/19 die erste historisch belegte Kulissenbühne im Teatro Farnese. Beschrieben wird die Kulissenbühne erstmals ausführlich 1672 von Troili,[44] der die zuvor frontparallelen Kulissenpaare schräg platziert.[45] Dieses System der Schrägkulisse wird ausführlich von Andrea Pozzo[46] in »Prospettiva de' Pittori et Architetti« erörtert, dessen zwei Bände 1693 und 1700 veröffentlicht werden.[47] Darin formuliert Pozzo ein Regelwerk, wie eine Kulissenbühne architektonisch einzurichten ist und die Kulissenteile zu bemalen sind, damit für *jeden* Zuschauer im Auditorium ein geschlossener Bildeindruck entsteht (auch wenn für Zuschauer außerhalb der Sichtachse der geschlossene Bildeindruck ein perspektivisch verzerrter ist).

---

[43] Giovanni Battista Aleotti, 1546–1636, italienischer Architekt.
[44] Giulio Troili, 1613–1685, italienischer Architekt und Maler.
[45] Ein Überblick zur Entwicklung der Kulissenbühne bietet [Schöne, 1933].
[46] Andrea Pozzo, 1642–1709, italienischer Architekt und Maler.
[47] Im Folgenden beziehe ich mich auf die deutsche Ausgabe von 1749 [Pozzo, 1749 A] und [Pozzo, 1749 B].

Die Bücher sind Traktate, die Maler und Baumeister im perspektivischen Malen anleiten. Sie beginnen bei den Grundlagen der perspektivischen Darstellung anhand von simplen Quadern und liefern nach und nach eine Einführung in die Darstellung komplizierter Gegenstände und vor allem reich verzierter Gebäude(teile). Die Anleitungen bestehen aus einer Zeichnung, der so genannten Figur, und begleitenden Erläuterungen. Im ersten Band handeln 6 Figuren explizit von den Schau-Bühnen, im zweiten Band 13 Figuren. Beide Bände zielen auf unterschiedliche Konstruktionsprozesse.

Die Anleitung im ersten Teil erklärt, wie die Räumlichkeit der Bühne mit dem zu erzeugenden Bildeindruck (der Ansicht der Szenerie) zur Deckung gebracht wird. Dafür gibt Pozzo mehrere nacheinander anzuwendende Regeln an, deren genaue Befolgung den Maler-Baumeister befähigt, die Kulissen so zu bemalen, dass die Bühnenansicht den gewünschten geschlossenen zentralperspektivischen Bildeindruck erzeugt. Die Konstruktion geht also von einem Bild, der zu erzeugenden Ansicht der Szenerie aus. Im zweiten Band werden diese Regeln kurz und zusammenfassend vorgestellt. Anhand von Beispielen wird beschrieben, wie eine darzustellende Szenerie mit der Kulissenbühne überlagert werden kann. Hier wird nicht mehr explizit von dem Bild ausgegangen, das in und durch die Kulissenbühne als Ansicht erzeugt werden soll. Stattdessen werden die verschiedenen darzustellenden Architekturen als Grund- und Aufrisse ins Verhältnis zur Kulissenbühne gesetzt. Dabei ist das Verhältnis zwischen den Kulissen und den darauf darzustellenden Architekturfragmenten durch den Aug- und Fluchtpunkt der Kulissenbühne bestimmt.

Für die Pozzosche Konstruktion sind drei Charakteristika entscheidend: *Erstens* wird der Raum des Theaters als ein optischer Raum aufgefasst – die Bühne wird im Hinblick auf ein Auge konzipiert, in dem sie sich abbildet. *Zweitens* verräumlicht die Kulissenbühne in diesem optischen Raum das Schema der Perspektive mit Fluchtpunkt, -linien und Augpunkt. Pozzo konstruiert in seinem zeichnerisch-messenden Verfahren *drittens* eine Rasterung für die Kulissenteile, die die verräumlichte Perspektive mit der darzustellenden Ansicht zur Deckung bringt und die maßstabsgerechte und korrekt verzerrte Übertragung der Bildvorlage vorbereitet.

Pozzos Bühne lässt sich in jeden Innenraum einbauen,

welcher in die Länge 120 und in die Breite 60 Römische Schuh begriffet [...]. Die Helffte des Platzes wird von dem Theatro selbsten und ander Helffte

»Apparition«: Die Arbeit der Monade

von denen Loges oder Stühlen und dem Stand der Zuschauer eingenommen.
[Pozzo, 1749 A, Figur 72]

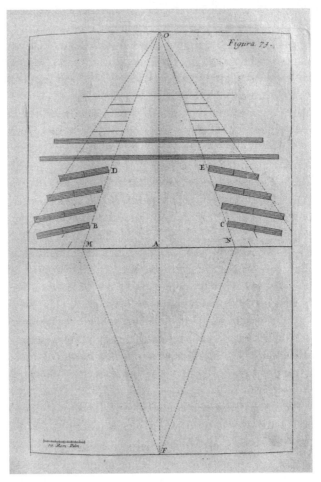

Figur 73 aus [Pozzo, 1749 A]

Pozzo verlangt als ersten Schritt, dass ein Grund- und Aufriss des gegebenen oder zu bauenden Theaters gemacht wird, und darin Flucht- und Augpunkt, Bühnengerüst und die Kulissen maßstabsgerecht eingezeichnet werden. Der Bühnenboden soll mit einer Steigung von etwa 10% eingebaut werden. Fluchtpunkt und Augpunkt für die Konstruktion und Bemalung der Kulissenbühne werden einander gegenüber auf den (schmaleren) Wänden des Raumes eingetragen. In einem schon gebauten

Theater liegt der Fluchtpunkt auf dem Kreuzungspunkt der Linien, die die inneren Begrenzungen der Kulissenrinnen bilden. In einem neu zu bauenden Theater wird der Fluchtpunkt in die Mitte der abschließenden Wand auf der Höhe des Bühnenboden eingezeichnet. Der Augpunkt liegt dem Fluchtpunkt genau gegenüber. Die beiden Punkte markieren und begrenzen den Raum des Pozzoschen Theaters als eine Schauanlage. Sie organisieren den Raum als Ansicht eines »unmöglichen Zuschauers« – kein realer Zuschauer kann den Platz des Augpunkts F besetzen, der an der Rückwand hinter dem Publikum angebracht ist:

> Wann nun die Linie FA der Linie AO gleich gemacht wird, so ereignet sich der Distanz-Punct NF, dergestallten daß die Schau-Bühne wofern sie nach der Lehr-Art, die wir an Handen geben werden, gemahlet ist, dem Zuschauer, so in F stehet, wie eine nach den Reguln der Perspectiv-Kunst gemahlten und in A aufgestellten Taffel vorkommen und ancheinen wird. [Pozzo, 1749 A, Figur 73]

Das Proszenium ist seitlich durch zwei gestaffelte frontparallele Kulissenteile begrenzt. Dahinter befinden sich vier Paare schräg gestellter Kulissen und zwei frontparallele Abschlussprospekte. Beide können verschwinden, sodass weitere vier frontparallele Kulissenpaare sichtbar werden, hinter denen ein Abschlussprospekt steht. Die Kulissenpaare sind dabei entlang der Linien aufgestellt, die vom Fluchtpunkt zu den frontparallelen Kulissenteilen verlaufen, die Abstände zwischen den rechts und links aufgestellten Kulissen verringern sich entsprechend. Auch die Abstände zwischen hintereinander stehenden Kulissen werden zum Prospekt hin schmaler. Diese Abstandsverkleinerung entspricht der perspektivischen Verkürzung der Tiefe, gesehen im Augpunkt. Der Bühnenraum wird in dieser Aufteilung auf ein perspektivisch sehendes Auge zugerichtet.

Pozzo fordert, neben dem Grundriss einen maßstabsgerechten Aufriss zu machen, sowohl als Seitenansicht des Theaterraumes als auch – in einem späteren Schritt – als Frontalansicht. Die Seitenansicht ist eine Art perspektivischer Aufriss. Deutlich wird dies daran, dass die schräggestellten Kulissen im Aufriss durch zwei Linien markiert werden, die sich durch die Auslenkung der Leinwände ergeben: Die vordere Senkrechte entspricht der äußeren Kulissenkante, die hintere Senkrechte der inneren Kulissenkanten. Ausgehend vom Fluchtpunkt werden im Grund- und Aufriss zwei Linien eingetragen: Erstens wird der Fluchtpunkt mit den inneren Ecken der Kulissenrinnen verbunden. Im Aufriss verläuft zweitens eine Linie vom Fluchtpunkt zu den oberen Enden der je vorderen Kulissenlinie. Die unteren Enden der Kulissenlinien werden vom Bühnenboden

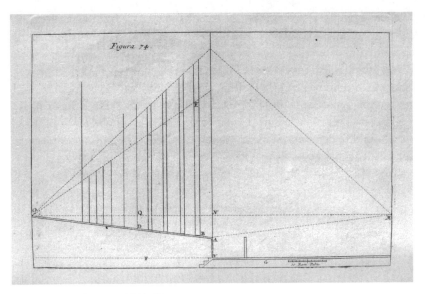

Figur 74 aus [Pozzo, 1749 A]

begrenzt. Das bedeutet, dass die hintere Kulissenkante im Aufriss jeweils wesentlich kürzer als die vordere Kante eingezeichnet ist.

> Die wahre Höhe aber eines jeden Schiebers ist doch gleichwohlen die jenige, welche von der groessern Linie begriffen wird; und aus der kleinern Linie hergegen siehet man nur, umb wie viel die Höhe erdeuter grössern oder äussern Linie von der Schregheit eines jeden Schiebers dem Schein nach gemindert wird. [Pozzo, 1749 A, Figur 74]

Der Höhenunterschied entspricht der durch die Schrägstellung der Kulisse hervorgerufenen perspektivischen Verkürzung, die ein Auge im Augpunkt wahrnehmen würde. An dem beschriebenen Vorgehen wird besonders deutlich, dass es sich bei Pozzos Konstruktion um eine verräumlichte Perspektive handelt: der Aufriss ist ein perspektivischer Aufriss, weil er auf das System von Aug- und Fluchtpunkt bezogen ist. Der Höhenunterschied von vorderer und hinterer Kulissenkante ist, so wie er eingezeichnet ist, *nicht* sichtbar oder tatsächlich messbar – die Seitenansicht arbeitet mit der perspektivischen Verkürzung in der visuellen Wahrnehmung des unmöglichen Zuschauers.

Stellt man sich das zu übertragene Bild als die von Pozzo beschriebene »Taffel« [Pozzo, 1749 A, Figur 73] vor, die durch den Bühnenrahmen definiert wird, so entsprechen die konstruierten Linien einer Projektion der

Fluchtlinien des zentralperspektivischen Bildes in den Bühnenraum – es sind verräumlichte Fluchtlinien. Der Theaterraum ist bei Pozzo also vollständig durch die Maßgabe der geometrischen Optik organisiert. Die Räumlichkeit der Bühne ist eine Räumlichkeit von Strahlengängen und Oberflächen, die sich zu einem Bildeindruck verbinden – einer Art nicht-materiellen Oberfläche, der »Taffel«.

In den weiteren Schritten des Verfahrens wird ein Raster für die einzelnen Kulissen erzeugt, das deren räumliche Position und Ausrichtung ins Verhältnis zum entstehenden Bildeindruck setzt. Zunächst wird ausgehend von dem schon gezeichneten Grund- und Aufriss eine perspektivische Ansicht der Kulissenbühne konstruiert. Auf dieser vom Augpunkt aus gesehenen Ansicht sind die äußeren Kulissenkanten um soviel länger als die inneren, wie es im perspektivischen Aufriss der Seitenansicht eingezeichnet wurde. In diesem Aufriss wurden sowohl ein oberer als auch ein unterer »Höhenunterschied« zwischen der je vorderen und hinteren Kulissenlinie gemessen. In der perspektivischen Ansicht werden nun auf jeder Kulissenaußenkanten je zwei Punkte eingetragen, die eben diesen »Höhenunterschied« zwischen Innen- und Außenkante markieren. Dann wird eine Linie von jeder inneren Ecke einer Kulisse zu dem ermittelten, ihr zugehörigen Punkt auf der äußeren Kulissenlinie gezogen. Die resultierende Linie erscheint für den Betrachter im Augpunkt (und auf der perspektivischen Ansicht) waagerecht.[48]

Diese Pseudowaagerechten, die im Bild zeichnerisch-messend ermittelt wurden, geben die Verzerrung für das aufzutragende Raster vor. Sie werden maßstabsgerecht auf den realen Kulissen eingetragen. Prospekt und Kulissen werden nun so übereinander auf den Boden gelegt, dass die Kulissenpaare untereinander jeweils denselben horizontalen Abstand haben wie in der Bühnenaufstellung. Die Ausrichtung für die vertikale Staffelung ergibt sich durch die Fluchtlinien.

Auf Kulissen und Prospekt wird die Horizontlinie eingetragen, die vom Abschluss des Bühnenbodens gebildet wird, sowie der zentrale Fluchtpunkt für die Bühnenansicht bzw. den Prospekt. Da die Kulissen nun in Relation zum Prospekt nicht mehr schief stehen, entspricht ihr Fluchtpunkt nicht dem des Prospekts. Deswegen wird von den Pseudowaa-

---

[48] Es ist erstaunlich, dass nicht einfach eine waagerechte Linie im Bild eingezogen wird und dann der Abstand gemessen wird, um ihn maßstabsgerecht auf die Kulissen zu übertragen. Pozzo gesteht zu, dass die perspektivische Höhendifferenz auch in der perspektivischen Ansicht der Bühne gemessen werden kann, aber er schlägt nicht vor, erst eine Waagerechte zu ziehen und dann den Abstand auszumessen, was eigentlich einleuchtender scheint.

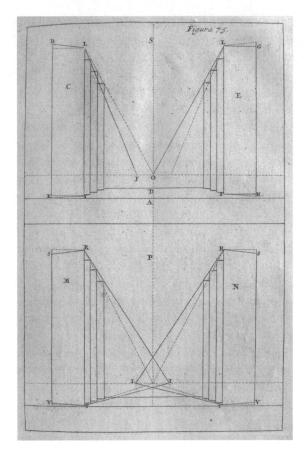

Figur 75 aus [Pozzo, 1749 A]

gerechten jeweils eine Linie eingezogen, die in demselben Winkel zu ihr steht, wie die Fluchtlinien in der perspektivischen Ansicht. Wo diese Linien sich treffen, befindet sich der Fluchtpunkt für die Kulissenmalerei.

> In *P* hat man sich einzubilden, als ob die Schieber *M* und *N* auf der blatten Erden einer ob dem andern liege, und die zwei Linien *RT* eben die Distanz hätten, so die zwei Linien *LI* haben: und also auch bei den übrigen Schiebern. Es ist aber zu mercken, daß, ob schon die Linien *RS*, *TV* und *LG*, *IH* bey denen Schiebern *E* einerley sind, doch gleichwohlen *RS*, *TV* nicht Prarallel seyen, undgeachtet *LG* und *IH* parallel zu seyn scheinen. Dannhero wann die Linie *RL* gezogen wird, daß die Winckel *SRL*, *GLO* gleich seynd, so dienet die Linie *RL* an statt der Geschichts-Linie; *L* aber ist der zufällige Aug-Punct, die Schieber *N* darnach zu mahlen; und die Linien *RS*, *TV* werden für Parallel-Linien gerechnet: hergegen dasjenige, was an dem Schieber über solche Linien hinaus gehet, vor nichts gehalten, und allda entweder eine Lufft

oder sonsten etwas gemahlet. Der Aug-Punct aber zu Mahlung der Schieber M ergiebet sich in *I*. [Pozzo, 1749 A, Figur 75]⁴⁹

In einem letzten Konstruktionsschritt wird ein Gitter auf die Kulissen aufgebracht, wobei ein verzerrtes Raster entsteht: Die Senkrechten sind gleichmäßig über die Leinwand verteilt, während sich die Abstände zwischen den »Waagerechten« zum äußeren Rand verjüngen – dabei geben die zwei Pseudowaagerechten und die Horizontlinie die Verkleinerung des Abstands vor. Die Fluchtlinien für die Kulissenmalerei werden von den Kreuzungspunkten dieses Rasters zum Kulissenfluchtpunkt eingezeichnet. Mit diesem Gitter als Maßstab ist die Malerei auszuführen.

So, wie Pozzo die Anweisungen gibt, werden alle Kulissen mit demselben Rastermaßstab bemalt. Das würde allerdings bedeuten, dass keine perspektivische Kohärenz entsteht. Wenn die nach dem beschriebenen Verfahren gerasterten Kulissen wieder in unterschiedlicher Tiefe aufgestellt würden, erschiene das Gitter auf den weiter hinten stehenden Kulissen enger als auf den vorderen Paaren. In der Ansicht des unmöglichen Zuschauers erschienen die Kulissenraster als ein Nebeneinander von unterschiedlich großen rechtwinkligen Gittern, die umso kleiner gerastert sind, je näher sie am Fluchtpunkt liegen.

Um das zu vermeiden, rastert Pozzo die darzustellende Ansicht mit unterschiedlichen Abständen, je nachdem zu welchem Kulissenteil der Bildabschnitt gehört. Im Prinzip übernimmt er genau die oben beschriebene perspektivisch inkohärente Rasterung für das Ursprungsbild.

In der 61sten und 62sten Figur gibt er ein Verfahren an, um das Verhältnis der Gitterabstände zweier benachbarter Raster auf dem zu übertragenen Bild zu ermitteln. Am Beispiel zweier hintereinander stehenden Kulissen, dargestellt in einem Aufriss mit einem zugehörigen Betrachteraugpunkt, erklärt er, wie das Verhältnis der zugehörigen Gitter auf dem Ursprungsbild konstruiert wird. Das Prinzip ist, dass eine festgelegte (senkrechte) Strecke, die in Abschnitte unterteilt ist, von der zweiten (hinteren) Kulisse entlang der »Sehstrahlen« des angenommenen Augpunktes auf die vordere Kulisse als Strecke *BC* projiziert wird. Gleichzeitig wird die Höhe der hinteren Strecke auf der vorderen Kulisse als *PC* eingetragen. Nun wird die Strecke *PC* entsprechend der

---

⁴⁹ P bezeichnet das untere Bild und S das obere Bild in der Abbildung Figur 75. *RT* ist die innere Kulissenkante in Zeichnung *P*, *LI* in Zeichnung *S*. *RS* und *TV* sind die Pseudowaagerechten, die in der oberen Abbildung als *LG* und *IH* eingezeichnet sind. *SRL* ist der Winkel zwischen Pseudowaagerechter und dem rechten Fluchtpunkt in der unteren Zeichnung (bzgl. der Kulissen *N*), *GLO* zwischen Pseudowaagerechter und dem nun nicht mehr verschobenen Fluchtpunkt in der oberen Zeichnung.

Figur 61 aus [Pozzo, 1749 A]

(kleineren) Abschnitte der Linie BC unterteilt. Logischerweise enthält PC mehr Abschnitte als BC. Als nächstes fordert Pozzo:

> Ist nun die Linie PC, in 15. gleiche Theile getheilet/so muß die Linie BC, auch in 15. gleiche Theile getheilet/und mittelst dieser Abtheilungen alle beede Risse gegettert werden: und ob schon die viereckigte Felder deß Risses an dem vordern Theil grösser seyn/als die Felder des Risses an dem innern Theil/so dienet doch eben ein Getter auf dem Boden darzu/deß man die Umbrisse an allen beyden Theilen dadurch zeichnen und machen kann. [Pozzo, 1749 A, Figur 62]

Das heißt: das Gitter, das zu der hinteren Kulisse gehört, ist auf dem Ursprungsbild mit kleineren Abständen gezeichnet – die sich durch die Unterteilung der Linie BC in 15 Teile ergeben – als das Gitter, das zur vorderen Kulisse gehört und aus der Unterteilung der Strecke PC resultiert. Mittels einer messend-zeichnerischen Konstruktion ermittelt Pozzo für die zu übertragende Ansicht ein Rastermaß, das die Vergrößerung für die Malerei auf den räumlich verteilten Kulissen organisiert. Je weiter die Kulissen auf der Bühne hinten stehen, desto enger stehen ihre Gitterlinien auf dem zu übertragenden Bild.

Pozzo baut einen optischen Raum, der komplett durch das Schema der verräumlichten Perspektive strukturiert ist: Fluchtpunkt, Augpunkt und Fluchtlinien werden in den Raum verlegt und definieren eine virtuelle Bildfläche, die zu sehen gibt. Für die Konstruktion des Sichtbaren auf dieser Fläche wird die verräumlichte Perspektive in ein bzw. in mehrere Gitter überführt. Das zeichnend-messende Verfahren verarbeitet optische Maße wie die perspektivische Verjüngung der schrägstehenden Kulissen zu Neigung und Abständen von Gitterlinien. Entscheidend ist, dass dieses Gitter durch zeichnerisch-messende Operationen auf Oberflächen konstruiert wird. Es ist das Maß, der Maßstab, mittels dessen zwei Ansichten (die der Bühne und die der darzustellenden Szenerie) ineinander überführt werden. Der Bühnenraum produziert Bilder, weil er eine optische Architektur ist, die unter dem Primat der Perspektive steht. Bühnenraum und Szene werden als verborgene Ansichten des unmöglichen Zuschauers durch die Konstruktion der Rasterung zur Deckung gebracht. Der Raum wird in der verräumlichten Perspektive formalisiert und als Rasterung von Oberflächen manipuliert. Diese Formalisierung und Manipulationen finden sich in »Apparition« wieder, in der Überdeckung von Bühnenraum und Projektion sowie in der Wirkung des Tanzes auf die Darstellungen der bewegten Linien.

Der Tanz der Perspektive

»Apparition« gleicht der Pozzoschen Barockbühne: Die Inszenierung organisiert den Bühnenraum als Sichtanlage und konstruiert das Sichtbare als verräumlichte zentralperspektivische Darstellung. *Erstens* zitiert die Inszenierung das Prinzip der barocken Kulissenbühne in seiner optisch-technischen Anlage: Eine berechnete virtuelle Szenerie wird mittels OpenGL-Kamera zu einer Ansicht verrechnet und mit der verborgenen Bühnenansicht (d.h. Kameraansicht) zur Deckung gebracht. Wenn auf die tanzenden Körper projiziert wird, wird diese Gleichsetzung offenbar. Gleichzeitig werden die Visualisierungen durch die Tanzenden in gewisser Weise verräumlicht, von der großen Leinwand gelöst und in den Raum getragen.

Zweitens und entscheidender zitiert die Inszenierung Pozzos Prinzip der Verarbeitung einer verborgenen Ansicht zur Verräumlichung der Perspektive. Aus dem Bitmapbild als verborgenes Bild der Bühne (die der Ansicht des unmöglichen Zuschauers bei Pozzo ähnelt) werden geometrische Parameter gewonnen, die die (Ansicht der) virtuelle(n) Szenerie verändern. Während bei Pozzo die Ansicht des unmöglichen Zuschauers messend und zeichnend verarbeitet wird, ist das Verfahren bei »Apparition« rechnend und darstellend.

Die Tanzenden bekommen strukturell denselben Platz zugewiesen, den die Kulissen für die Verräumlichung der Perspektive als verzerrtes Raster bei Pozzos Konstruktion einnehmen. Tatsächlich zitiert die Inszenierung in der Szene, die mit den Darstellungen von Linien arbeitet, das Gitterverfahren in weiten Teilen. Klaus Obermaier beschreibt:

> Diese vertikalen Linien, die sich über den Screen bewegen, während sich auf den Tänzern Horizontalen bewegen, das hat sehr viel mit perspektivischem Denken zu tun. Aber auch mit räumlichem Denken, in dem Sinne, dass der Raum ein nicht mehr statisches Instrument ist, sondern ein dynamisches Instrument ist. [Obermaier, 2004]

Vor dem Hintergrund der Pozzoschen Bühne wird klar, dass das perspektivische räumliche Denken, das dieser Szene zu Grunde liegt, das konstruktive Verrechnen der verräumlichten Zentralperspektive ist: Das Verhältnis von Tanzenden und Projektionen entspricht dem Verhältnis von Kulisse und Gitter bei Pozzo, der Tanz setzt die Konstruktion der verräumlichten Zentralperspektive in Bewegung.

Das Verhältnis von Tanzenden und Umgebung als Verhältnis von Kulisse und verräumlichter Perspektive entsteht im Zusammenspiel von Visualisierung, Projektion, Steuerung und Tanz. *Erstens* zitiert die Anordnung der Linien auf der Leinwand das zentralperspektivische Gitter mit Senkrechten, Waagerechten und Fluchtlinien. *Zweitens* machen die Körperprojektionen die Tanzenden zu flachen Projektionsflächen, die Teil der Szenerie sind und diese verräumlichen, ähnlich wie die Kulissen der barocken Bühne die zentralperspektivische Darstellung verräumlichen. *Drittens* ähneln die Verrechnungen des Bitmapbildes der zeichnend-messenden Verarbeitung von Kulissenabständen und -stellungen zur Verzerrung des Gitters: Ähnlich wie der Abstand zwischen den Kulissen die Abstände der Gitterlinien bestimmen, steuern die Abstände der Tanzenden die Abstände zwischen den projizierten Senkrechten auf der Leinwand. Je weiter der Abstand der Bounding Boxes im Bitmapbild ist, desto enger stehen die Linien in der Projektion. Darüber hinaus lässt sich die Ausrichtung der Körper- bzw. Silhouettenachsen in

»Apparition« auf die Schrägstellungen der Kulissen bei Pozzo beziehen. So wie die Neigung der Silhouetten im Bitmapbild die Senkrechten auf der Leinwand auslenkt, bestimmt die Schrägstellung der Kulissen die Ausrichtung der Pseudowaagerechten im Gitter.[50] Der Tanz selbst unterstützt die Sichtweise der Körper als Kulissen. Er folgt einem geometrischen Bewegungsmodell. Die Bewegung erscheint oft als Veränderung der Form der Körper(umrisse) und als Veränderung der Position der Körper. Die Positionen wiederum unterstreichen eine Geometrie der Körper, wenn sie die Achsen und Formen der Silhouetten betonen. Darüber hinaus stellen die Tanzenden in ihren Bewegungen und der Choreografie die Verrechnungsprinzipien und die Räumlichkeit der Visualisierungen aus. Das heißt, das geometrische Verhältnis zwischen Tanzenden und Visualisierungen zitiert das Verhältnis zwischen Kulisse und Gitter in der Pozzoschen Bühne.

Folgt man dieser Interpretation, nehmen die Tänzer strukturell den Platz der Kulisse ein und bestätigen in ihrem Tanz die enge Verbindung zwischen Körpern und Projektionen als eine geometrisch-räumliche. Dadurch werden die Tanzenden zu Garanten der abstrahierten verräumlichten Perspektivkonstruktion. Sie erscheinen als Kulissen einer abstrakten Szenerie, in der sie die Regeln der verräumlichten Zentralperspektive zum Tanzen bringen. Die Tanzenden werden zu Flächen der Szenerie und sind gleichzeitig scharf von ihr abgegrenzt. Gleichzeitig darin aufgehend und hervorstechend, steuern sie die Sichtbarkeit. Gerade indem der Tanz die Prinzipien der geometrisch-perspektivischen Verrechnung ausstellt, wird er zum Erzeugenden der Ansichten und setzt sie in Bewegung.

Wenn aber der Tanz keine geometrisch-perspektivische Kohärenz stiften kann, dann fallen die Sphären von Tanzenden und Projektionen auseinander. Der Tanz orientiert sich nicht mehr an einer räumlichen Verteilung der projizierten Linien oder an der Formhaftigkeit der Körper, wenn die Verteilung der grafischen Elemente per Zufallsgenerator gesteuert wird und im visuellen Feld der zentralperspektivisch strukturierten Räumlichkeit nicht mehr nachvollziehbar ist.

---

[50] In dieser Aufzählung findet einzig die Verschiebung der Kulissenfluchtpunkte in der Pozzoschen Konstruktion keine Entsprechung. Allerdings ist diese im ersten Band der »Perspectiva pictorum et architectorum« eine direkte Folge aus der Konstruktion der Pseudowaagerechten. Im zweiten Band wird die Verschiebung des Fluchtpunktes durch die Drehung von Linien organisiert – diese Drehung wiederum wird in »Apparition« in dem Teil mit den Strahlenbündeln ästhetisch zitiert. Umgekehrt haben nicht alle Steuerungsprinzipien von »Apparition« direkte Entsprechungen in Pozzos Konstruktion, z.B. wenn die Breite einer Bounding Box die Abstände der Waagerechten in den Körperprojektionen steuert.

»Apparition«: Die Arbeit der Monade

Die Inszenierung »Appartion« verweist auf die barocke Kulissenbühne als Sichtanlage und deren Techniken und Praktiken, um Sichtbarkeit zu konstruieren. In der davon aufgerufenen Tradition der verräumlichten Zentralperspektive lassen sich vor allem diejenigen Sequenzen fassen, die in Tanz und Ästhetik die enge Verbindung zwischen Tanzenden und Umgebung als geometrisch-perspektivische etablieren. Um die Akteur-Umgebungs-Beziehung in den Szenen zu präzisieren, die einem physikalischen Bewegungsmodell folgen, eignet sich die vorgestellte Tradition nicht. Vielmehr verweist der Einsatz der Physical Engine in diesen Szenen der Inszenierung auf die Erfindung des Infinitesimalkalküls.

Leibniz: Notierte Welt im Innen

Ein Teil der Inszenierung »Apparition« ist durch die Darstellung von physikalischen Bewegungsgesetzen geprägt. Während die Körper diese durch den Tanz ausdrücken, wird die Darstellung in den Visualisierungen durch die zweifache Anwendung des Eulerschen Polygonzugverfahrens erzeugt, das auf den Leibnizschen Infinitesimalkalkül zurückgeht. Leonhard Euler[51] hat dieses Verfahren 1768 veröffentlicht. Es gilt als das erste numerische Verfahren, um die Werte einer Stammfunktion zu einer gegebenen Funktion zu berechnen. Dabei schließt es eng an den Infinitesimalkalkül von Leibniz an. Tatsächlich hat Leibniz in einem Artikel von 1693 in der »Acta Erudita« das Verfahren als Veranschaulichung dafür beschrieben, dass die Tangente als Bewegungsgesetz eine Kurve erzeugt.

Leibniz' Infinitesimalkalkül

Gottfried Wilhelm Leibniz[52] entwickelt seinen so genannten Infinitesimalkalkül in den 1670er Jahren. Dieser umfasst eine Methode, um Tangenten zu einer gegebenen Kurve zu finden – also ihre Ableitung zu bilden –, sowie eine Methode, um Kurven zu »quadrieren«, d.h. den Flächeninhalt unter einer Kurve zu berechnen – also eine Stammfunktion zu einer gegebenen Funktion zu bestimmen. Die Entwicklung dieser Methode steht in der Tradition der Untersuchung von Infinitesimalen – unendlich kleinen Zahlen, die seit der Antike zur Bestimmung von Flächeninhalten benutzt wurden.[53]

---

[51] Leonhard Euler, 1707–1783, Schweizer Mathematiker und Physiker.
[52] Gottfried Wilhelm Leibniz, 1646–1716, deutscher Jurist, Mathematiker und Philosoph.
[53] Dabei gab es im Wesentlichen zwei Ansätze: Eudoxos (4. Jh. vor Christus, griechischer Mathematiker) wird die so genannte Exhaustionsmethode zugeschrieben. Das ist ein

Bis zu den 1670er Jahren entstanden eine große Anzahl von Einzelergebnissen, die die Flächeninhalte spezieller Kurven oder ihre Tangenten[54] bestimmen. Doch erst Newton und Leibniz entwickeln eine Methode zur Berechnung von Integralen und Tangenten weitgehend beliebiger Kurven.[55]

Isaac Newton[56] argumentiert dynamisch. Er bezeichnet Variablen als Fluenten (Fließende) und die Veränderung ihrer Werte in der Zeit als Fluxionen oder Geschwindigkeiten. Newton analysiert also Prozesse in der Zeit.

Leibniz hingegen argumentiert statisch und zerlegt Kurven mittels des so genannten charakteristischen Dreiecks in kleine Teile. Das charakteristische Dreieck besteht aus den infinitesimalen Seiten dx (die Differenz zweier ganz nahe nebeneinander liegenden x-Werten), dy (die Differenz der zugehörigen Funktionswerte) und ds, der Basis oder Hypotenuse dieses Dreiecks – darunter wird wahlweise das Stück der Kurve, eine Sekante oder eine Tangente verstanden. Mit dieser Schreibweise wird nach Leibniz die Steigung der Tangente in einem Punkt x einer Kurve durch den Differenzenquotienten $\frac{dx}{dy}$ gegeben:[57]

---

geometrisches Beweisverfahren, mit dem der Flächeninhalt der zu untersuchenden Figur durch endlich viele einfache Flächen approximiert wird. Der zweite Ansatz, die so genannte Indivisiblenmethode, wurde durch Archimedes (287–212 v. Chr., griechischer Mathematiker) entwickelt und beruht auf der Annahme, dass geometrische Figuren aus einer Art unteilbarer Grundelemente zusammengesetzt sind, z.B. Flächen aus Linien. Diese Methode ist konstruktiv, sie liefert also die Größe des Flächeninhaltes, während die Exhaustionsmethode »nur« beweist, dass eine Fläche so groß wie behauptet ist. Allerdings birgt die Annahme der unteilbaren Grundelemente andere Probleme für die griechische Mathematik, unter anderem, dass ein unteilbares Element keine Ausdehnung haben kann, aber Ausdehnung kaum durch die Summe ausdehnungsloser Teile entstehen kann. Die Methoden wurden unter anderem durch Johannes Kepler, Galileo Galilei (1564–1642, italienischer Mathematiker) und Bonaventura Cavalieri (1598–1647, italienischer Mathematiker und Astronom) weiterentwickelt [siehe Heuser, 1991, S. 636–650].

[54] Die Frage der Tangenten oder der Neigung einer Kurve stellt sich in der Mathematik virulent seit der frühen Neuzeit. Wichtige Mathematiker sind in diesem Zusammenhang, Blaise Pascal (1623–1662), Pierre de Fermat (1607 oder 1608–1665) und Isaac Barrow (1630–1677) [siehe Heuser, 1991, S. 652ff.].

[55] Drei Jahre, nachdem Leibniz seine Methode 1684 veröffentlichte, publiziert auch Newton seine Methode. Es schließt sich ein langer Prioritätenstreit an, ob Leibniz Newtons Ideen aus einem Briefwechsel plagiiert habe. Deutsche Darstellungen argumentieren im Allgemeinen, dass die Methoden je unabhängig voneinander entwickelt wurden.

[56] Isaac Newton, 1642–1727, englischer Philosoph und Mathematiker.

[57] Die Herleitung von Leibniz' Differenzenquotienten ähnelt der heutigen Definition des Differentialquotienten: $\lim_{h \to 0} \frac{f(x+h)-f(x)}{h}$. Der entscheidende Unterschied ist, dass Leibniz über keinen Grenzwert-Begriff verfügt – dieser wird erst im 19. Jahrhundert formuliert.

»Apparition«: Die Arbeit der Monade

> Man muß nur ein für allemal festhalten, daß eine Tangente zu finden so viel ist wie eine Gerade zeichnen, die zwei Kurvenpunkte mit unendlich kleiner Entfernung verbindet, oder eine verlängerte Seite des unendlicheckigen Polygons, welches für uns mit der Kurve gleichbedeutend ist. [Leibniz, 1908/1684, S. 7]

Die Fläche unter einer Kurve ist durch die Summe der Rechtecke unter den charakteristischen Dreiecken gegeben, die die gesamte Kurve unterteilen. Die Summe der infinitesimalen Rechtecke mit Flächeninhalt ydx[58] wird von Leibniz durch das stilisierte S-Zeichen $\int$ symbolisiert: $\int ydx$.[59]

Neben der statischen Betrachtung der Kurven ist die Notation eine entscheidende Stärke der Leibnizschen Methode. Diese wird dadurch zu einem Kalkül, das infinitesimale Differenzen und Summen mittels einiger Rechenregeln handhabbar macht – Leibniz selbst rechnet mit den Differentialen dx und dy oft wie mit normalen Variablen.[60]

> Kennt man, wenn ich so sagen soll, den obigen Algorithmus dieses Kalküls, den ich Differentialrechnung nenne, so lassen sich alle andern Differentialgleichungen durch ein gemeinsames Rechnungsverfahren finden, es lassen sich die Maxima und Minima sowie die Tangenten erhalten, ohne daß es dabei nötig ist, Brüche oder Irrationalitäten oder andere Verwicklungen zu beiseitigen, was nach den bisher bekannt gegebenen Methoden doch geschehen mußte. [Leibniz, 1908/1684, S. 6]

Entscheidend für Leibniz Infinitesimalkalkül ist, dass er das charakteristische Dreieck in einer geeigneten Notation zum Differenzenquotienten verallgemeinert und damit das Kontinuum mit dem Diskreten verschränkt. Kurven werden als etwas Statisches behandelt, das mittels einer unbestimmten Einheit, die eigentlich nur in Form ihrer Notierbarkeit existiert, zerlegt werden kann.[61] Die Frage ist nicht mehr, ob Infinitesimale exis-

---

[58] y ist der Funktionswert eines bestimmten Wertes x und dx der infinitesimale Abstand zu einem Nachbarn von x.

[59] Auch hier ähnelt die Herleitung dem heute üblichen Riemann-Integral, wiederum mit dem entscheidenden Unterschied des fehlenden Grenzwertbegriffs. Anschaulich gesprochen approximiert das Riemann-Integral den Flächeninhalt einer Kurve, indem zwei Familien von Rechtecken ausgewählt werden. Es werden nicht nur infinitesimale Rechtecke gewählt, die unter der gegebenen Funktion liegen, sondern auch solche, die jeweils ein Kurvenstück enthalten. Die Kurve liegt also »zwischen« den beiden gewählten Familien von Rechtecken.

[60] Im heutigen Gebrauch der Notation sind dx und dy keine Variablen, sondern eine Schreibweise oder Anweisung, wonach differenziert oder integriert wird. Man kann dx z.B. nicht teilen oder Ähnliches.

[61] Der Mathematiker Heuser argumentiert in seinem Lehrbuch zur Analysis, dass Leibniz die statische Herangehensweise in Anlehnung an Teleskopsummen – Summen, in denen sich bis auf zwei Glieder alle anderen aufheben: $x_0+x_1-x_1+[...]x_i-x_i+[...]+x_{n-1}-x_{n-1}+x_n$ – ent-

tieren oder was sie genau sind. Vielmehr sind sie durch ihre Notier- und Nutzbarkeit zur Analyse von Kurven handhabbar geworden. Die Symbole und ihre Manipulationsregeln ermöglichen, dass sich beliebige Kurven fast wie von selbst ableiten und integrieren lassen:

> Andere gelehrte Männer haben mit vielen Umschweifen das zu erjagen gesucht, was einer, der in diesem Kalkül erfahren ist, auf drei Zeilen ohne weiteres herausbringen kann. [Leibniz, 1908/1684, S. 10]

In diesem Sinne interpretiert die Philosophin Sybille Krämer den Leibnizschen Differenzenquotienten als »operative Vorschrift« [Krämer, 1988, S. 71]. Für den Mathematiker und Wissenschaftshistoriker Herbert Breger sind die Infinitesimale oder Differentiale »Hilfsmittel, um das Fließende des Kontinuums in einen Kalkül zu übersetzen« [Breger, 1990, S. 67]. Dabei, so Breger, haben die Infinitesimale bei Leibniz einen potentialistischen Charakter: Sie sind (zumindest in Leibniz' spätem Denken) ideale, nicht wirklich existierende Zahlen, die kleiner sind als jede angebbare Größe und hilfreich für die Analyse von Kurven.[62]

Leibniz selbst interpretiert in einem Artikel von 1693 die Tangente als ein Bewegungsgesetz, das eine Kurve erzeugt. Sein Kerngedanke dabei ist, dass ein Massepunkt mittels eines Fadens ein kurze Strecke in eine bestimmte Richtung gezogen wird – der Faden übernimmt die Rolle der Hypotenuse von charakteristischen Dreiecken. Der Differenzenquotient erzeugt als Bewegungsgesetz eine Linie – und zwar nach genau derselben Denkfigur, die für das Eulersche Polygonzugverfahren konstitutiv ist (und damit in den Physical Engines von »Apparition« wirksam wird):

> Man beschreibe um B_3 als Mittelpunkt mit dem Faden A_3B_3 als Radius einen einen beliebig kleinen Kreisbogen A_3F. Darauf fasse man den Faden B_3F in F an und ziehe ihn direkt, d.h. seiner eigenen Richtung folgend, bis nach A_4, so daß er von B_3 nach B_4A_4 gebracht wird. [...] Denkt man sich nun, daß man es bei den Punkten B_1, B_2 ebenso gemacht hätte, wie bei dem Punkt B_3, so hätte der Punkt B jedenfalls das Polynom $B_1B_2B_3$ usw. beschrieben, dessen Seiten immer in den Faden fallen. Läßt man jeden Bogen wie A_3F unbegrenzt abnehmen und schließlich verschwinden, wie es bei der von uns beschriebenen

---

wickelt hat. Leibniz überträgt demnach Beobachtungen, die er an Zahlenfolgen macht, auf die Funktionswerte $f(x)$ einer Kurve. Leibniz »zerhackt« die Kurve und »wählt« bestimmte Werte aus, nämlich die Funktionswerte von x und seinem unendlich nahen Nachbarn. Dadurch erhält er eine Folge von Werten, so dass Ergebnisse bezüglich diskreter Zahlenfolgen auf Funktionen übertragen [siehe Heuser, 1991, S. 671f.].

[62] Es gibt allerdings auch Zitate, nach denen Leibniz die Infinitesimale als zwar sehr kleine, aber konkrete, aktuelle Zahlen behandelt. Je nachdem, welche Zitate man auswählt, lassen sich beide Betrachtungsweisen belegen.

stetigen Ziehbewegung geschieht, bei der ein stetiges, aber immer unangebbares Herumdrehen des Fadens stattfindet, so geht offenbar das Polygon in eine Kurve über, deren Tangente der Faden ist. [Leibniz, 1908/1693, S. 27f.]

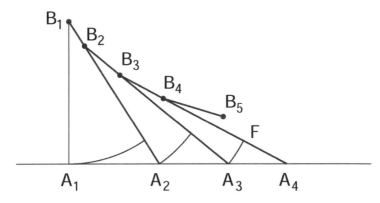

Veranschaulichung der Integration, gezeichnet nach [Leibniz, 1908/1693]

Die Charakteristika des Infinitesimalen sind also folgende: Sie existieren nur als Zeichen (nämlich dx, dy) und sind nicht angebbar im Sinne einer festen Größe. Trotzdem diskretisieren sie das Kontinuum. Sie sind als Differenzenquotienten (interpretiert als Bewegungsgesetz) Erzeugende einer Darstellung, nämlich einer Kurve. Mittels des Infinitesimalkalküls lässt sich deren Integration wie von selbst durch Manipulation von Zeichen durchführen, es braucht keiner herausragenden Gelehrtheit und komplizierten Überlegung mehr.

»Apparition« setzt den Infinitesimalkalkül in Form der Physical Engine ein, um die Grafiken in Bewegung zu versetzen. Mittels des Tangentenverfahrens werden Momentaufnahmen der Bewegungskurven unzähliger Partikel oder Massepunkte berechnet. Dabei erzeugt die Inszenierung einen Wirkungszusammenhang zwischen Tanzenden und den grafischen Elementen – die Tanzenden scheinen die gesamte Umgebung zu beeinflussen – als Impulsgeber für die Bewegung der Grafiken oder deren Störung. Der Infinitesimalkalkül organisiert auf der technischen Ebene das Verhältnis zwischen Tanzenden und Umgebung als Zusammenhang und Störung. In der Performance wird die Umgebung zum Resonanzraum, der die Bewegung vergrößert und weiterführt, indem die Eigenbewegung der grafischen Elemente gestört bzw. angestoßen werden. In dieser Form, so die Interpretation, verknüpft »Apparition« den Infinitesimalkalkül mit Leibniz umfassender Metaphysik – der Monadologie.

Der französische Philosoph Michel Serres fasst in seiner großen Leibniz-Studie die Monadologie als Modell auf, das die zeitgenössischen Wissenschaften einbezieht und metaphysisch vervollständigt. Er untersucht in »Le système de Leibniz et ses modèles mathématiques« [Serres, 1968] die Leibnizsche Philosophie mit Referenz auf seine mathematischen Forschungen bzw. Veröffentlichungen. Dabei behauptet Serres keine Herleitung der Philosophie aus der Mathematik. Vielmehr begreift er die Leibnizsche Denkweise, sein System, als netzartiges Denken der Vielfalt, in dem unterschiedliche und vielfältige Ordnungen erkennbar sind, die auf verschiedene Gebiete angewandt werden. Die Referenzen bilden Geometrie (elementare, projektive und Differentialgeometrie), Theorie der unendlichen Reihen, Infinitesimalkalkül, Funktionentheorie und Kombinatorik. Die monadische Welt ist aber nicht reduzierbar auf die wissenschaftlichen Disziplinen:

> Chaque discipline est donc expressive en son genre, plus ou moins fidèle, mais jamais identique (et l'ensemble des monades n'est jamais la multiplicité sur laquelle elle établit son discours), quoique rigoureuse dans sa région; elle est donc approximante encore, plus ou moins lointaine ou voisine, mais jamais coextensive au monde même des substances. [Serres, 1968, S. 384]

Wo findet sich also die zur Ordnung des Infinitesimalen benachbarte Ordnung in der Monadologie, und wie setzt die Monadologie dieses infinitesimalartige in Bezug zur materiellen Welt?

Leibniz' Monadologie

Nach Leibniz sind Monaden einfache Substanzen, die nicht teilbar sind und weder Ausdehnung noch Gestalt haben: »So sind denn die Monaden die wahren Atome der Natur und – mit einem Wort – die Elemente der Dinge« [Leibniz, 1969/1714, S. 27, Monadologie 3]. Die Monaden sind der Materie untrennbar verbunden, obwohl sie selbst nicht materiell sind. Da die Materie unendlich teilbar ist, füllen die Monaden die ganze Welt aus. Sie sind überall und treten immer als Häufungen auf, aus weiteren Monaden Zusammengesetztes.

> Jedes Stück Materie kann wie ein Garten voller Pflanzen und wie ein Teich voller Fische aufgefaßt werden. Aber jeder Zweig der Pflanze, jedes Glied des Tieres, jeder Tropfen seiner Säfte ist wiederum ein solcher Garten oder ein solcher Teich. [Leibniz, 1969/1714, S. 59, Monadologie 67]

Entscheidend ist, dass die Monaden reines Innen sind: »Die Monaden haben keine Fenster, durch die etwas in sie herein- oder aus ihnen hinaustreten kann« [Leibniz, 1969/1714, S. 29, Monadologie 7]. Ohne Verbindung zu einem Außen, zu anderen Monaden oder zur Materie, tragen die Monaden die Welt in sich, in Form von Perzeptionen:

> Der vorübergehende Zustand, der eine Vielheit in der Einheit oder in der einfachen Substanz einbegreift und repräsentiert, ist nichts anderes als das, was man *Perzeption* nennt. [Leibniz, 1969/1714, S. 31, Monadologie 14]

Dieser Vielheit in der Monade entsprechen »Beziehungen [...], welche die Gesamtheit der anderen zum Ausdruck bringen« [Leibniz, 1969/1714, S. 51, Monadologie 56].

Neben der Fähigkeit zur Repräsentation besitzen die Monaden eine gewisse Tätigkeit, Strebung oder Streben genannt, durch die sich die Perzeptionen verändern. Da auf die Monade als reines Innen keinerlei Wirkung ausgeübt werden kann, entstehen die Strebungen als »die natürlichen Veränderungen aus einem *inneren Prinzip*« [Leibniz, 1969/1714, S. 31, Monadologie 11].

Die Fähigkeit zur Repräsentation und Veränderung ist den Monaden von Gott (vor)gegeben worden, der die einfachen Substanzen durch »blitzartige Ausstrahlungen« [Leibniz, 1969/1714, S. 47, Monadologie 47] erzeugt. Deswegen sind Monaden auch unvergänglich, sie verändern gewissermaßen nur ihre Konstellationen und Beziehungen untereinander. Dabei sind den Monaden Grenzen gesetzt. Sie tragen zwar die ganze Welt in sich, können diese aber nicht oder nur teilweise klar erkennen.

> Nicht im Gegenstande also, sondern in der verschiedenen Art der Erkenntnis des Gegenstandes haben die Monaden ihre Schranken. Verworren reichen sie alle bis ins Unendliche, bis zum Ganzen; sie sind jedoch begrenzt und voneinander verschieden durch die Grade der Deutlichkeit der Perzeptionen. [Leibniz, 1969/1714, S. 53, Monadologie 60]

Alle Monaden erzeugen permanent kleine Perzeptionen, minimale Veränderungen der Darstellungen, deren sie sich aber nicht bewusst werden. Es gibt allerdings Monaden, die aus der Masse der kleinen Perzeptionen bestimmte herausragende distinkte Perzeptionen filtern bzw. konstruieren können, so genannte klare oder deutliche Perzeptionen. Diese Monaden sind Seelen und können sich erinnern und empirische Schlussfolgerungen ziehen.

> Da aber jede deutliche Perzeption der Seele eine unendliche Anzahl undeutlicher Perzeptionen enthält, die das ganze Universum einschließen, so erkennt die Seele die Dinge, die sie perzipiert, nur insofern, als diese Perzeptionen deutlich und abgehoben sind, und ihre Vollkommenheit mißt sich an ihren deutlichen Perzeptionen. Jede Seele erkennt alles, freilich in undeutlicher Weise, so wie

ich etwa, wenn ich am Meeresufer spazierengehe und das gewaltige Rauschen des Meeres höre, dabei auch die besonderen Geräusche einer jeden Woge höre, aus denen das Gesamtgeräusch sich zusammensetzt, ohne sie jedoch voneinander unterscheiden zu können. Unsere undeutlichen Perzeptionen sind eben das Ergebnis der Eindrücke, die das gesamte Universum auf uns ausübt; gleicherweise verhält es sich mit jeder Monade. [Leibniz, 1969/1714, S. 19, Vernuftprinzipien 13]

Das Verhältnis der kleinen Perzeptionen zu den klaren Perzeptionen ist also dadurch charakterisiert, dass in einem automatischen, der Seele nicht einsehbaren Prozess ununterscheidbare Wahrnehmungsereignisse mit dem Ergebnis eines deutlichen Eindrucks zusammenwirken. Die Monaden unterscheiden sich jede von allen anderen, insofern sich ihre klaren Perzeptionen graduell unterscheiden. Leibniz wählt dafür das Beispiel der perspektivischen Konstruktion:

> Und wie eine und dieselbe Stadt, von verschiedenen Seiten betrachtet, immer wieder ganz anders und gleichsam in perspektivischer Vielfalt erscheint, so gibt es auch – zufolge der unendlichen Menge der einfachen Substanzen – gleichsam ebenso viele verschiedene Welten, die jedoch nur die Perspektiven einer einzigen unter den verschiedenen Gesichtspunkten jeder Monade sind.[Leibniz, 1969/1714, S. 53, Monadologie 57]

Neben den Seelen, die klare Perzeptionen entwickeln können, gibt es auserwählte Monaden, die vernünftigen Seelen, die zu wahrer Erkenntnis fähig sind. Die Erkenntnis der notwendigen und ewigen Wahrheiten ermöglicht diesen Geistern reflexive Akte auf der Grundlage ihrer Wahrnehmungen. Die Seelen oder Geister sind also die herrschende Monade eines Körpers, der seinerseits aus Monaden zusammengesetzt ist und diese organisiert. Dabei ist diese Organisation nicht als Wirkung zwischen Monaden und Materie oder untereinander zu verstehen. Vielmehr unterliegen die Monaden mit ihren Perzeptionen und Strebungen (also auch den klaren Perzeptionen und reflexiven Akten) einer Ordnung, die der Ordnung der Welt entspricht:

> Die Seele folgt ihren eigenen Gesetzen und ebenso der Körper den seinen; sie treffen zusammen kraft der zwischen allen Substanzen prästabilierten Harmonie, da sie ja alle Repräsentationen eines und desselben Universums sind. [Leibniz, 1969/1714, S. 63, Monadologie 78]

Durch diese gottgegebene Harmonie korrespondieren die Konstellationen der Monaden untereinander, also ihre jeweiligen Perzeptionen und Strebungen, mit den Phänomenen der materiellen Welt. Die prästabilierte Harmonie gewährleistet, dass der Eindruck von Wechselwirkung zwischen Körperlichem (Äußerlichem) und der inneren Vorstellung entsteht.

»Apparition«: Die Arbeit der Monade

> Nach diesem System wirken die Körper so, als ob es (was eigentlich unmöglich ist) gar keine Seelen gäbe; und die Seelen wirken, als ob es gar keine Körper gäbe; und alle beide tun so, als ob eines das andere beeinflußte. [Leibniz, 1969/1714, S. 65, Monadologie 81]

Fragt man nach der Ordnung des Infinitesimalen in der Monadologie, so fällt zuerst auf, dass die Monaden selbst die Charakteristika des Infinitesimalen erfüllen. Sie verschränken als »wahre Atome«, die die ganze Welt ausfüllen, das Kontinuum mit dem Diskreten. Nur unterschieden durch ihre Perzeptionen, die die Repräsentationen der Welt im absoluten Innen der Monade sind, gehören sie zur Sphäre des Symbolischen. Und sie erzeugen dieses Symbolische automatisch nach einem inneren Prinzip, durch ihre Strebungen.

> Man könnte allen einfachen Substanzen oder geschaffenen Monaden den Namen Entelechien geben, denn sie tragen alle eine bestimmte Vollkommenheit in sich (ἔχουσι τὸ ἐντελές); sie haben eine Art Selbstgenügsamkeit (αὐτάρκεια), die sie zu Quellen ihrer inneren Tätigkeit und sozusagen zu unkörperlichen Automaten macht. [Leibniz, 1969/1714, S. 35, Monadologie 18]

Das heißt, die Monaden »entscheiden« selbst über Strebung und Bewegung, aus sich heraus und für sich selbst; trotzdem unterliegen sie einem inneren Prinzip, das sie lenkt.

Gilles Deleuze vergleicht in seiner Leibnizstudie »Die Falte. Leibniz und der Barock« [Deleuze, 1995] diese regelgeleitete Tätigkeit mit dem Höfischen Tanz:

> Man muß sich die Monaden tanzend denken. Der Tanz aber ist der barocke Tanz, dessen Tänzer Automaten sind: es gibt überall ein »Pathos der Distanz«, wie die unsichtbare Distanz zwischen zwei Monaden (Raum); das Zusammentreffen zwischen ihnen wird Parade oder, insofern sie diese Distanz aufrechterhalten, Entwicklung ihrer jeweiligen Spontanität; Aktionen und Reaktionen weichen einer Verkettung der auf der einen und anderen Seite der Distanz aufgeteilten Posituren [...]. [Deleuze, 1995, S. 115]

Fragt man allerdings danach, was dem Infinitesimal*kalkül* in der Monadologie ähnlich oder benachbart ist, bietet es sich an, das Verhältnis zwischen kleinen und klaren Perzeptionen zu betrachten. Die Parallele der kleinen Perzeptionen zu den Infinitesimalen liegt auf der Hand: Perzeptionen finden ausschließlich als symbolische Darstellung statt, wobei die kleinen Perzeptionen nicht wahrnehmbare Veränderungen (Differenzen) der Darstellung sind. Sie verschränken das Kontinuum mit dem Diskreten – hier allerdings das Diskrete einer bewussten abgrenzbaren Empfindung mit dem kontinuierlichen Fluss der vorstellenden Monade/Seele. Leibniz selbst stellt die Parallele heraus:

Nichts geschieht auf einen Schlag; und es ist einer meiner wichtigsten und bewährtesten Grundsätze, *daß die Natur niemals Sprünge macht.* Ich habe diesen Satz *das Gesetz der Kontinuität* genannt [...]: es enthält in sich, daß man stets durch einen mittleren Zustand hindurch vom Kleinen zum Großen und umgekehrt fortschreitet, sowohl den Graden wie den Teilen nach, – daß niemals eine Bewegung unmittelbar aus der Ruhe entsteht, noch in sie übergeht, außer durch einen kleineren Grad der Bewegung hindurch, wie man auch niemals eine Strecke oder Länge völlig durchlaufen kann, ohne zuvor eine kleinere Strecke zurückgelegt zu haben. [...] Alles dies berechtigt zu dem Schluß, daß auch die *merklichen Perzeptionen* stufenweise aus solchen entstehen, welche zu schwach sind, um bemerkt zu werden. [Leibniz, 1996/1704, S. 13]

Einerseits garantieren die kleinen Perzeptionen als unwahrnehmbare Einheiten den kontinuierlichen (zeitlichen) Übergang von einer klaren Perzeption zur nächsten, andererseits erzeugen unendlich viele kleine Perzeptionen automatisch eine klare Perzeption.

Für Michel Serres ist der Kalkül der Perzeptionen der Infinitesimalkalkül:

A la rigueur, il y aurait deux infraconscients: le plus profond serait structuré comme un ensemble quelconque, pure multiplicité ou possibilité en général, mélange aléatoire de signes; le moins profond serait recouvert des schémas combinatoires de cette multiplicité, il serait déjà structuré comme une mathématique complète, arithmétique, géométrie, calcul infinitésimal [...], nous intégrons sans le savoir des différentielles de bruit, au bord de la mer ou non loin des moulins, de même que nous faisons le compte des battement ou la métrique des proportions. [Serres, 1968, S. 111]

Das »weniger tiefe« Unterbewusste filtert in Form einer vollständigen Mathematik des Infinitesimalkalküls aus der Gesamtheit der kleinen Perzeptionen Verhältnisse von Differentialen (Differenzenquotienten) heraus und integriert diese zu einer klaren Perzeption: »La théorie globale des petite perceptions est un calcul infinitésimal [...]« [Serres, 1968, S. 206].

Die Strebung als eine Art von Bewegung erzeugt die kleinen Perzeptionen und ändert damit unmerklich die klare Perzeption. Der monadische Kalkül, der innere Automatismus, der die klaren Perzeptionen aus den kleinen erzeugt, ist der Infinitesimalkalkül, insbesondere die Integration.[63]

---

[63] Auch Gilles Deleuze analysiert in seiner Studie über Leibniz und den Barock kleine Perzeptionen als Infinitesimale. Allerdings schätzt er das Verhältnis zwischen kleinen Perzeptionen und klaren Perzeptionen anders ein: Für Deleuze sind die klaren Perzeptionen von der Ordnung der Differenzenquotienten – die minimalen Veränderungen in der Seele treten zueinander in ein Verhältnis, das die Schwelle des Bewusstsein überschreitet [siehe Deleuze, 1995, S. 142ff.]. Bernhard Siegert erklärt das Verhältnis

Dass durch diesen Kalkül die materielle Welt wiederum adäquat dargestellt werden kann, ist nach Leibniz das Verdienst Gottes, der von ihm gestifteten prästabilierten Harmonie. So sichert Gott in der Monadologie den Zusammenhang von materieller Welt/Wirklichkeit und Darstellung. Dabei sichert Gott insbesondere die berechnende Darstellung von Bewegung, den Infinitesimalkalkül. Allerdings ist dies kein notwendiges und wahres Gesetz, sondern eine Art willkürliches, von Gott gnädig erlassenes Gesetz:

> Die höchste Weisheit Gottes hat ihn vor allem die passendsten und den abstrakten oder metaphysischen Gründen angemessensten *Bewegungsgesetze* wählen lassen. [...] Nun ist es überraschend, daß man bei Betrachtung der *Wirkursachen* oder der Materie allein diese Bewegungsgesetze, die in unseren Tagen, und zum Teil von mir selbst, entdeckt wurden, nicht beweisen kann. Man muß dazu vielmehr, wie ich erkannt habe, zu den *Zweckursachen* seine Zuflucht nehmen, weil diese Gesetze nicht – wie die logischen arithmetischen und geometrischen Wahrheiten – von dem *Prinzip der Notwendigkeit* abhängen, sondern von dem *Prinzip der Angemessenheit*, d.h. von der durch die Weisheit getroffenen Wahl. Es ist dieses einer der wirksamsten und sinnfälligsten Beweiseder Existenz Gottes, für alle, die imstande sind, diesen Dingen auf den Grund zu gehen. [Leibniz, 1969/1714, S. 17, Vernunftprinzipien 11]

Die prästabilierte Harmonie sichert die Übereinstimmung von Monade und ihrer Perzeption mit den Phänomenen der Welt und des Körpers. Gleichzeitig entsprechen sich Strebung und die Bewegungen in der äußeren Welt, deren Veränderungen. Das heißt, es existiert eine regelhafte Beziehung zwischen Monade und Welt:

> Eine Sache *drückt* (nach meinem Sprachgebrauch) eine andere *aus*, wenn eine konstante und geregelte Beziehung zwischen dem besteht, was sich von der einen und von der anderen aussagen läßt. So drückt eine perspektivische Projektion das ihr zugehörige Gebilde aus. [Leibniz, 1992, S. 341, Brief an Antoine Arnauld. 9. Oktober 1687]

Weil auch die Gesetze des Körpers (als Teil der Welt) mit denen der Seele harmonieren, können die Repräsentationen der Seele als Ausdruck des Körpers gelten.

> »Nun sind aber die Zustände der Seele natur- und wesensmäßige Ausdrücke [expressions] der entsprechenden Zustände der Welt, und insbesondere der Körper, die jeweils ihre eigenen sind.« [Leibniz, 1992, S. 344, Brief an Antoine Arnauld. 9. Oktober 1687]

---

der infinitesimalen Veränderungen der Seele zu den klaren Perzeptionen im Modell von konvergierenden unendlichen Reihen, ein Konzept, das dem Infinitesimalkalkül bei Leibniz eng verbunden ist [siehe Siegert, 2003, S. 180–189].

Das heißt: Zwischen der Monade, ihren Perzeptionen und der materiellen Welt besteht eine Ausdrucksbeziehung. Die Perzeptionen als Zustand und Ausdruck der Monade sind gleichzeitig Ausdruck der Welt und dabei insbesondere Ausdruck des der Monade zugehörigen Körpers. Strebung als Veränderung der Perzeptionen und Bewegung in der äußeren Welt stehen damit auch in einer Ausdrucksbeziehung. Dabei lässt sich der Infinitesimalkalkül als mathematischer Modus der monadischen Perzeption lesen. Die Strebung, die mit der Bewegung/Veränderung der äußeren Welt harmoniert, filtert und integriert in einem automatischen Vorgang kleine Perzeptionen zu einer klaren Perzeption.

Der Tanz der Monade

Zusammenfassend lässt sich »Apparition« präzise als performative Versinnlichung und mathematische Zuspitzung des Verhältnisses von Monade, Bewegung und Perzeption interpretieren: Dabei entspricht die Sichtanlage von »Apparition« dem Innenraum der Monade, der in Form eines Gesichtspunkts der perspektivischen Projektion strukturiert ist. Der Tanz erzeugt darin symbolische Repräsentationen (Visualisierungen von Verrechnungen), die die Welt in der Monade als Dar- oder Vorstellungen ausdrücken. In diesem Sinne besetzt der Tanz die Stelle der monadischen Strebung, durch die die Perzeptionen/Projektionen verändert werden. Die Tanzenden erscheinen in dieser metaphorischen Lesart als Monaden bzw. die ihnen zugehörigen Körper.

»Apparition« inszeniert eine Situation, in der die Tanzenden ihre Umgebung zu bestimmen scheinen bzw. die Umgebung den Tanz zu vergrößern scheint. Dabei ist der Bezug zwischen Tanzenden und Visualisierungen durch die doppelte Struktur von Zusammenhang und Unterbrechung charakterisiert. Die Tanzenden gehen einerseits ganz in den Visualisierungen auf und sind andererseits und gleichzeitig völlig von ihnen unterschieden. Sie vergrößern ihre Bewegung in die Visualisierungen hinein und stören damit gleichzeitig deren Eigenleben. Ähnlich stellt sich der Zusammenhang zwischen Monade und Perzeption dar: Einerseits ist die Monade nichts als Perzeption und Strebung, Veränderung der Perzeption. Andererseits unterliegt ihre Strebung im Modus der prästabilierten Harmonie einer Ordnung, die die Übereinstimmung von äußerer Welt und dem Innenraum garantiert. Die Monade ist Unterbrechung des Zusammenhangs als reiner Innenraum und steht doch mit dem ganzen Universum in Verbindung.

Der Bühnenraum von »Apparition« zitiert als Sichtanlage die barocke Kulissenbühne, die das Problem von Wahrnehmung und Erkenntnis im Modus von Innenraum und Konstruktion von Sichtbarkeit und Welt aufgreift. Gleichzeitig erscheinen in diesem Raum sowohl die verräumlichte Zentralperspektive als auch der Infinitesimalkalkül als Techniken der Welterzeugung. Vor dem Hintergrund dieser Verschränkung lässt sich der Bühnenraum als Innen der Monade auffassen.

Die Projektionen sind als symbolische Darstellungen nicht dem Außen zugehörig, sondern den Tanzenden. Sie nehmen strukturell den Platz der klaren Perzeptionen der Monade(n) ein, die in einem automatischen Vorgang erzeugt werden und der Erkenntnis der Monade nicht zugänglich sind. Die Verrechnungen setzen in »Apparition« am Bitmapbild an, das als gerechnetes Bild selbst schon Repräsentation, Symbolisches ist. Die Berechnungen der Projektionen entsprechen entweder dem Verfahren der verräumlichten Zentralperspektive, wie im Beispiel der sich verschiebenden Linien auf Leinwand und Körper. Oder sie folgen der Verrechnungslogik des Infinitesimalkalküls, bei den Darstellungen von fliegenden Partikeln oder beweglichen Seilen – beide lassen sich in einer mathematisch enggeführten Lesart der Monadologie als Erzeugungsmodi der Perzeptionen interpretieren.

Der Tanz in »Apparition« entspricht strukturell der Strebung der Monade – er verändert die Projektionen, die den Status von klaren Perzeptionen haben. Dabei ist entscheidend, dass die Strebung als monadische Bewegung in der Monadologie gewissermaßen doppelseitig ist. Einerseits ist sie spontan und selbstbestimmt, andererseits unterliegt sie einem inneren Prinzip, das die Übereinstimmung der Perzeption mit der äußeren Welt der Materie garantiert. Auf ähnliche Weise wie die Strebung der Monade und die Bewegungen in der äußeren Welt dem Prinzip der prästabilierten Harmonie unterliegen, verkörpert der Tanz die Verrechnungsprinzipien der Projektionen. Der Tanz erscheint als auslösende, impulsgebende Bewegung und unterliegt doch der verborgenen Ordnung, innerhalb der die Projektionen erzeugt werden.

Genau dadurch nehmen die Tanzenden eine Art monadische Subjektinstanz ein: Monaden sind nichts anderes als ihre Perzeptionen, die Repräsentation von Welt. Gleichzeitig immaterieller Punkt und Perzeption sowie deren Ursprung und veränderndes Prinzip, drücken sie die Welt aus. Ähnlich ist die Position der tanzenden Körper in »Apparition«: *Erstens* erscheinen sie als Erzeugende der Projektion und *zweitens* werden sie den Visualisierungen oft gleichgesetzt. Dies geschieht durch Körperprojektionen oder durch die Darstellung von

Kraft sowie Dynamik, die sowohl Körper als auch Grafiken bestimmen. Die Art der Darstellung erzeugt gleichzeitig eine Ausdrucksbeziehung zwischen Körpern und Projektionen, die wiederum der Beziehung zwischen Monade, Perzeption und Welt entspricht. Insofern könnte man sogar sagen, dass den Tänzern eine innere Subjektinstanz zugesprochen wird, die sich gleichermaßen im Körper wie in den Projektionen durch die Bewegung ausdrückt.

Auf der Ebene der Inszenierung (nicht der metaphorischen Interpretation) stiftet genau der Tanz diese enge Verbindung zwischen den Akteuren und den Projektionen. Er visualisiert verschiedene Aspekte oder Prinzipien der Verrechnung. Durch Bewegungsqualität und Choreografie werden Analogien zwischen den Körpern und den Visualisierungen erzeugt: Der Tanz unterstreicht die Geometrizität der Körper und stellt die Räumlichkeit der dargestellten Szenerie aus. Er lässt den Eindruck entstehen, die Körper unterlägen derselben Kraft wie die Grafiken oder die körperlichen Bewegungen und der Flug der Partikel wären in ihrer Dynamik vergleichbar. Als Darstellung einer verborgenen symbolischen Ordnung schafft der Tanz eine geregelte Beziehung zwischen Körper und Visualisierungen, in der letztere zum Ausdruck der Körper werden können: Als geometrische Elemente, als Pole von Anziehung und Abstoßung sowie als Impulsgeber von Bewegungen in der Projektion.

Die Tanzenden performen die Beziehungen, die als verborgenes symbolisches System den Phänomenen des Sichtbaren zu Grunde liegen. Dadurch binden sie die Darstellungen an die Körper, beglaubigen die verborgene Ordnung performativ und werden zum Subjekt dieser welterzeugenden Ordnung. Die Performance der verborgenen Ordnung (symbolische Verrechnungen) macht die Tanzenden zu den Subjekten dieser Ordnung.

»Apparition« kombiniert Verfahren, die als Analysemethoden, Zeichenpraktiken und Darstellungsweisen auf Fragen von Wahrnehmung und Erkenntnis zielen, wie sie im Barock relevant wurden. Diese Verfahren werden technisch-inszenatorisch an die körperlichen Bewegungen der Tanzenden gekoppelt, wodurch diese als Erzeugende ihrer Umgebung erscheinen. Vor der historischen Kontextualisierung wird deutlich, wie die Analysemethoden als Zeichen- und Darstellungspraktiken bestimmten Wissensformen und Weltmodellen zugehörig sind: *Zum einen* verknüpfen sich Augenmodell und Geometrie mit der verräumlichten Zentralperspektive und deren Darstellungskonventionen zu einer kulturellen Praxis der barocken Kulissenbühne. In dieser Form bindet die Barockbühne das subjektlose Sehen als einen Prozess von erkenntnisgeleiteter Zeichenkonstruktion an den Menschen zurück. *Zum anderen* werden die Bewegungsgesetze der klassischen Mechanik in der Zeichenpraxis des Infinitesimalkalküls handhabbar. Damit wird auch das unendlich Kleine symbolisch manipulierbar, welches sich aber dem barocken Wissen entzieht. Vor dieser Folie ist die Monadologie ein Modell, das das im Kalkül handhabbare, aber dem Subjekt nicht zugängige unendlich Kleine an den Menschen zurückbindet.

»Apparition« zitiert die Verfahren als welterzeugende und koppelt sie inszenatorisch an den Tanz. Indem die Tanzenden sich diese Konstruktionsverfahren aneignen, werden sie zu (monadischen) Subjekten, die ihre Umgebung nach ihnen verborgenen Regeln erzeugen. Die Inszenierung macht die zunächst nicht zugängliche Ordnung der computergestützen Verrechnungen dem Körper verfügbar – als wirksame Bewegung in einem spezifischen Wissen von Welt und Subjekt. Indem sich die körperliche Bewegung den Verfahren in der Darstellung unterwirft und die den Verfahren zugehörigen Welt- und Wissensmodelle aktualisiert, wird Bewegung zur wirksamen Tätigkeit von Subjekten.

»Hier«: Kalkül des Blicks

Idee, Konzept	Martin Slawig, Elke Utermöhlen
Performance	Elke Utermöhlen
Konstruktion und Programmierung	Martin Slawig
Premiere	05.07.2005 im LOT-Theater Braunschweig
Dauer	45 Minuten

Der dunkle Raum wird von einer großen, zylinderartigen Papierinstallation beherrscht. Neun Papierbahnen hängen an einer Metallkonstruktion von der Decke. Jeweils etwa 1 m breit und 3 m lang enden sie etwa 1 m über dem Boden. Auf je drei dieser Bahnen wird ein Video projiziert: Eine aus der Vogelperspektive gefilmte Schwarz-Weiß-Aufnahme eines Körpers in Sitzposition, der augenscheinlich an einem Seil hängt. Die Figur pendelt hin und her, begleitet von leisem Sound, einer Art rhythmischen Rauschens, der ab und zu von etwas höheren Beats begleitet wird.

Das Publikum bewegt sich weitgehend frei im Raum. Es kann auf Stühlen an der Wand Platz nehmen oder um den hängenden Zylinder herum gehen, der als »Bühnenraum« allerdings nicht betreten wird. Durch die schmalen Lücken zwischen den Papierbahnen ist erkennbar, dass die projizierte Figur die Performerin ist, die im Inneren des Zylinders an einem Seil hängt.

Nach einer Weile beginnt sich die Akteurin zu bewegen. Sie ändert ihre Stellung und verharrt einen Moment, bevor sie sich neu »platziert«: Die Positionen zitieren unterschiedliche Sitz- oder Liegehaltungen, z.B. wenn die Performerin die Beine übereinanderschlägt und die Hände auf den Knien faltet oder sich mit in die Hüfte gestemmten Händen umschaut. Nach und nach kommt auch Bewegung in die Papierkonstruktion: Einzelne Bahnen drehen sich auf, geben den Blick in das Innere des Zylinders und auf die Performerin frei. Spätestens jetzt ist zu sehen, dass das projizierte Körperbild der Akteurin wesentlich größer ist als sie selbst. Durch die wechselnden Stellungen der Papierbahnen werden die projizierten Videobilder gleichzeitig fragmentiert und verzerrt, teilweise erscheinen gespiegelte Fragmente auf den gegenüber liegenden Papierbahnen. Projektionen, Stellungen der Papierbahnen und Sound formen eine sich verändernde und veränderbare Umgebung der schwebenden Akteurin.

In der Performance »Hier« (inter)agiert eine Performerin in und mit einer Umgebung, die vollständig durch ihren Körper und dessen Bilder bestimmt ist. Die Akteurin schwebt im Mittelpunkt einer installativen Anordnung, auf deren Wände Aufnahmen ihres Körpers projiziert werden. Diese Visualisierungen sind aus der Vogelperspektive aufgenommene und manipulierte Videobilder. Sie ändern sich in den verschiedenen Phasen der Performance: Zu Beginn zeigen die Visualisierungen ein fotorealistisches Schwarz-Weiß-Video. Später werden grünliche Körperkonturen projiziert, wobei deren Bewegungen im Vergleich zu den Bewegungen der Performerin teils verzögert und eher holprig erscheinen. Am Ende der Performance ist ein grob gerastertes Bild des Körpers zu sehen, das sich in bestimmten Momenten auflöst: helle Flecken bewegen sich autonom über die Papierbahnen.

Das Verhältnis zwischen der Akteurin und ihrer Umgebung ist in der Performance als Verhältnis zwischen Körper, Körperbild und Raum inszeniert, das sich durch Bewegung verändert. Die unterschiedlichen Stellungen der Papierbahnen ermöglichen einerseits Einblicke auf Teile der Performerin und fragmentieren und verzerren andererseits die Projektionen.

Der Raum selbst ist vorrangig ein visueller Raum. Die Performerin kann ihn beispielsweise nicht durchmessen und die Stellungen der Wände erzeugen nur in einigen Momenten einen vom Außen abgegrenzten Innenraum. Die Funktion der Papierbahnen besteht eher in der Manipulation des zu Sehenden: Sie verdecken die Performerin, zeigen als Projektionsflächen gleichzeitig die Visualisierungen ihres Körpers und verzerren diese durch ihre Stellungen. Insofern lässt sich der Performanceraum als eine Anordnung verstehen, die den Körper einer spezifischen Sichtbarkeit aussetzt – einer medientechnischen Sichtbarkeit, die durch Projektion und Transformation der Körperbilder mittels Verrechnung und Steuerung hergestellt ist.

Das Verhältnis zwischen Performerin und Umgebung ist ein Verhältnis zwischen dem sich bewegenden Körper und seiner medientechnisch konstituierten Sichtbarkeit. Das Verhältnis realisiert sich als verräumlichte Collage aus Körper und Körperbildfragmenten. Die Collagen verändern sich durch Bewegung: *Erstens* durch die Bewegung der einzelnen Zuschauer, die immer neue Blickpunkte einnehmen (können). *Zweitens*

»Hier«: Kalkül des Blicks 89

durch die Bewegungen der Papierbahnen und deren wechselnde Drehpositionen, die Einblicke, Fragmentierungen und Verzerrungen immer neu bestimmen. *Drittens* ändern die Bewegungen der Performerin Form, Flächigkeit und Ausrichtung der Darstellungen des Körperbildes.

Dabei sind die Bewegungen der Papierbahnen den Bewegungen der Performerin schwer zuzuordnen: Teilweise scheinen sie sich völlig unabhängig von dieser zu bewegen – während die Akteurin in einer Position verharrt und sich abgesehen vom Pendeln des Seiles nicht bewegt, drehen sich die Bahnen der Konstruktion. Die Bewegung der Papierbahnen scheint autonom zu sein. In anderen Momenten drehen sich Bahnen während oder kurz nach großen Bewegungen der Akteurin, manchmal bewegt sich auch nur die Performerin, während die Bahnen in ihrer Position bleiben. Insofern ist nicht erkennbar, ob und wie die performative Bewegung die Stellungen der Papierbahnen beeinflusst. Vielmehr korrespondiert sie oft stärker mit der Dynamik oder Lautstärke des Sounds als mit den Drehungen der Bahnen. Entscheidend ist aber, dass die körperliche Bewegung dem Raum eine gewisse Qualität zuweist und ein spezifisches Verhältnis zwischen Körper und Umgebung nahe legt – z.B. wenn die Performerin, wie in der beschriebenen Anfangssequenz, Sitz- und Liegepositionen einnimmt.

Die körperliche Bewegung gestaltet einerseits die Visualisierungen auf der Ebene von Bildlichkeit – als Form und Ausrichtung des Körpers – und baut andererseits Bezüge zu den verräumlichten Projektionen auf. Insofern erscheint die performative Bewegung als Intervention in die KörperBildCollagen – als Eingriff des Körpers in seine Sichtbarkeit. »Hier« fragt also, wie sich ein Körper unter der Bedingung einer medientechnisch hergestellten und computergesteuerten Sichtbarkeit als sichtbarer oder gesehener Körper konstituiert. Dabei ist entscheidend, dass der Performerin diese Sichtbarkeit in Form von KörperBildCollagen nur bedingt verfügbar ist. Durch ihre Bewegungen verleiht die Performerin der Umgebung bestimmte Qualitäten und beeinflusst durch ihre Stellungen die Visualisierungen in Form und Flächigkeit – sie scheint aber nur geringen Einfluss auf die Drehungen selbst zu haben.

Die Berechnung der Visualisierungen und die Steuerung der Papierbahnen basieren auf Verfahren, die im Rahmen von Automaten- und Codierungstheorie erfunden wurden. Der Einsatz der Verfahren in »Hier« verweist auf ihre Grenzen – in dieser Setzung wird der Aspekt der Unverfügbarkeit im Verhältnis zwischen Körper und Sichtbarkeit als Unberechenbarkeit und falsche Codierung lesbar. Ein Modell, das die Frage nach Subjekthaftigkeit in einer unverfügbaren Sichtbarkeit stellt, ist das Auge-Blick-Modell von Jacques Lacan. Auf metaphorischer Ebene wird das Verhältnis von Performerin und ihrer Umgebung in »Hier« als eine Versinnlichung dieses Modells lesbar.

Die Inszenierung nutzt die Verfahren der Programmierung – einen zellulären Automaten sowie die »Codierung der Differenzen« –, um einen Raum der berechneten Sichtbarkeit zu erzeugen. In dieser Verknüpfung wird deutlich, dass die Modelle und Verfahren auf je unterschiedliche Weise Anschaulichkeit, die Formalisierung von Bildlichkeit und die Veranschaulichung des Formalisierten thematisieren. In dieser Form zielt »Hier« auf einen kulturhistorischen Kontext, der sich als epistemologische Gegenüberstellung von Anschauung und Formalisierung beschreiben lässt.

»Hier« installiert einen Raum der Sichtbarkeit, der das Lacansche Modell als medientechnische Sichtbarkeit fasst, in welcher der Blick als unverfügbares Konstituens Verrechnung und unverfügbare Steuerung ist. Das Subjekt der Sichtbarkeit kann in einem solchen Raum der datenförmigen Sichtbarkeit schalten und gestalten. Um sich zu situieren, kann es zwischen unterschiedlichen Modi der Unverfügbarkeit und Störung schalten und auf der Ebene von Anschauung die Visualisierungen und die Qualitäten des Raums gestalten.

Szenenanalyse

Das Verhältnis von Akteurin und Visualisierungen wird anhand dreier etwa dreiminütiger Sequenzen detailliert analysiert, die beispielhaft für die Ästhetik der Körperbilder und der performativen Bewegungen sind. Die genaue Beschreibung der technischen Steuerung erlaubt zu bestimmen, wie Bewegung als Interaktion hergestellt wird: einerseits durch die Verrechnung von Videodaten als Steuerung und andererseits durch die Ästhetik der Bewegung. Indem das Verhältnis zwischen menschlichem Körper und Visualisierungen technisch und ästhetisch beschrieben wird, lässt sich der genaue Stellenwert der Bewegung bestimmen.[64]

---

[64] Grundlage für die Szenenanalyse waren ein Aufenthalt während der Probezeit bei blackhole-factory in Braunschweig vom 10. bis 12.06.2005, die Besuche der Premiere am 05.07.2005 im LOT-Theater Braunschweig und zweier Aufführungen in Berlin am 14. und 15.10.2005 im Berliner medien/kunst/labor tesla, das von April 2005 bis Ende 2007 existiert hat. Neben Diskussionen während der Probezeit, einem öffentlichen Gespräch im tesla salon (13.10.2005) und der Erinnerung an die Performances ist der Videomitschnitt von der Generalprobe am 04.07.2005 in Braunschweig die Grundlage der Szenenanalyse. Dabei besteht das grundsätzliche Problem, dass das Video von einem Standpunkt aus gefilmt wurde, während die Zuschauer sich frei im

Martin Slawig und Elke Utermöhlen von blackhole-factory haben für »Hier« eine Struktur entwickelt, in der erstens ein (ungefährer) Zeitplan für den Wechsel der Visualisierungen festgelegt wurde und zweitens bestimmte Schlüsselereignisse als Zeichen für einen solchen Wechsel vereinbart wurden. Im Probenprozess wurde ein Bewegungsvokabular für die jeweilige Visualisierungsästhetik entwickelt und eine Dramaturgie der einzelnen Teile vereinbart. Im Rahmen dieser Festlegungen improvisiert Elke Utermöhlen – dabei bezieht sie sich für die Rhythmik und die Impulse ihrer Bewegungen teilweise auf den Sound, teilweise auf die Projektionen und teilweise auf die Bewegungen und Positionen der Papierbahnen, die sie in ihrer Stellung wahrnehmen kann.[65] Während es für die Zuschauer schwer nachvollziehbar ist, ob die Bewegungen der Papierbahnen auf die Bewegungen der Performerin reagieren oder anders gesteuert werden, merkt Elke Utermöhlen meistens, ob sie die Installation bewegt oder ob sich die Papierbahnen autonom bewegen.

Performanceraum

Technische Grundlage für die Erzeugung der KörperBildCollagen und deren Veränderung sind die installative Anordnung der Papierbahnen und deren Steuerung sowie die Visualisierungen der Performerin, die durch die Manipulation der Videoaufnahmen entstehen.

Die zylinderartige Bühnenkonstruktion besteht aus neun Papierbahnen, die jeweils an einer Leiste befestigt sind. Jede der waagerechten Leisten ist durch eine Achse mit einem Scheibenwischermotor verbunden, der an einer großen Metallkonstruktion befestigt ist: ein Neuneck mit stabilen Querverstrebungen. Die Scheibenwischermotoren werden einzeln angesteuert und können die Bahnen um 180 Grad drehen. Dabei verlaufen die Bahnen in der Grundstellung parallel zu den Kanten der Trägerkonstruktion und erzeugen eine Art geschlossenen Zylinder.

In der Mitte des Metallrings ist ein Kletterseil befestigt, an dem die Performerin hängt. Sie trägt einen Klettergurt, der mittels eines Karabinerhakens am Seil befestigt ist und zwar so, dass sie aufsteigen und sich abseilen kann. Ein Hilfsseil unterstützt sie dabei, sich in unterschiedliche

---

Raum bewegt haben. Die eigene Erfahrung mit »Hier« stützt sich also auf Erinnerung, während die detaillierten Beschreibungen von Bewegungen und Raumkonstellationen auf der Aufzeichnung der Performance beruhen.

[65] In der Analyse wird nur oberflächlich auf den Sound eingegangen. Bezogen auf die Rezeption des Stücks baut der Ton vor allem eine bestimmte Atmosphäre auf, wobei die Geräusche teilweise zu den Bewegungen der Performerin korrespondieren.

92 »Hier«: Kalkül des Blicks

Bühnenkonstruktion »Hier« © www.martin-kroll.de

Positionen zu begeben und zu stabilisieren. Neben dem Kletterseil ist die Kamera befestigt, die genau so ausgerichtet ist, dass sie den inneren Raum des Zylinders aufnimmt, ohne dass die Papierbahnen (egal in welcher Stellung) ins Bild ragen. Das Bild der Videokamera wird an einen Computer geschickt und dort mittels einer Programmierung in Max/Msp und Jitter[66] weiter verrechnet – zur Herstellung der Visualisierungen und zur Steuerung der Papierbahnen.

Das Videobild wird in Jitter auf zwei unterschiedliche Weisen weiter verarbeitet: *Erstens* wird es durch verschiedene Verfahren modifiziert an die Beamer gesendet. *Zweitens* wird das Bild zur Steuerung der

---

[66] Max/MSP ist eine objektorientierte Programmierumgebung mit grafischer Oberfläche, um interaktive Soundmanipulationen zu erstellen, welche MIDI- und Audiodaten verarbeiten. Jitter ist die dazugehörige Erweiterung, um Echtzeitbearbeitung von Video zu programmieren. Die eigenen Anwendungen werden in so genannten Patches programmiert. Objekte (d.h. Programmierbefehle) sind als Boxen dargestellt, die mittels Strichen verbunden werden, siehe www.cycling74.com, letzter Zugriff 20.04.2011.

Papierbahnbewegung eingesetzt. Dazu wird es in ein Bitmapbild[67] aus 60×60 Pixeln umgerechnet – in diesem Bild erscheint die (von oben gefilmte) Silhouette der Performerin als Ansammlung von relativ großen, weißen Quadraten.

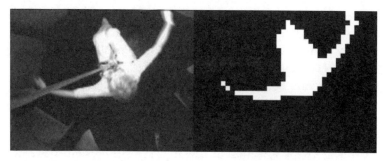

Videostill und Bitmapdarstellung der Performerin © blackhole-factory

Mit Hilfe dieses Bitmapbildes werden die Papierbahnen durch zwei unterschiedliche Methoden gesteuert: die eine basiert auf dem dynamischen Differenzbild[68] als Differenzbildung aufeinander folgender Bitmapbilder. Die zweite nutzt das »Game of Life«, ein spezielles Programm, das zur Klasse der zellulären Automaten[69] gehört. Zusätzlich wird das dynamische Differenzbild als Schalter zwischen den zwei Steuerungsarten genutzt.

Differenzbild als Steuerung der Papierbahnen Um die Papierbahnen zu steuern, wird das Differenzbild in neun spitzwinklige Felder aufgeteilt, die in der Mitte zusammentreffen. Anschaulich gesprochen ähneln sie der Form von Kuchenstücken, nur dass das Differenzbild nicht rund ist. Jedes Feld ist der Papierbahn zugeordnet, die seinen »Rand« bildet. Die Anzahl der 1-Einträge in einem solchen »Kuchenstück« bestimmt die Drehposition der zugehörigen Papierbahn – je größer die Veränderung in dem Feld des Bitmapbildes ist, desto stärker dreht sich die entsprechende Papierbahn auf. Das heißt, die Änderung der Veränderung im Bitmapbild der Performerin bewegt die Papierbahnen.[70]

---

[67] Zum Bitmapbild siehe S. 23.
[68] Zum dynamischen Differenzbild siehe S. 24.
[69] Zu zellulären Automaten siehe S. 25.
[70] Bewegt die Performerin z.B. in einer bestimmten Geschwindigkeit ihre Hand in einem solchen Bildbereich hin und her, so dass die Anzahl der sich ändernden Pixel konstant bleibt, würde sich die zugehörige Papierbahn *nicht* bewegen.

Game of Life als Steuerung der Papierbahnen Beim »Game of Life« haben die Zellen eines Gitters zwei Zustände: schwarz oder weiß in der Bilddarstellung bzw. 0 oder 1 in der numerischen Darstellung. Oft werden die Zustände der Zellen auch als lebend oder tot bezeichnet. Die Nachbarschaft einer Zelle besteht aus den 8 Zellen, die sie an den Kanten und Ecken berühren. Eine Zelle wechselt von Zustand 0 zu 1, wenn sie genau drei benachbarte Zelle mit Zustand 1 hat. Eine Zelle bleibt im Zustand 1, wenn zwei oder drei ihr benachbarte Zellen mit 1 belegt sind. Das heißt, wenn eine Zelle im Zustand 1 weniger als zwei oder mehr als drei benachbarte Zellen im Zustand 1 besitzt, wechselt sie zum Zustand 0.

In der Performance »Hier« ist der Zellraum des »Game of Life« ein 60 × 60-Gitter. Schaltet sich das Programm ein, so nutzt es das Bitmapbild der Performerin als Eingabe. In jedem Verarbeitungsschritt berechnet »Game of Life« die neuen Zustände aller 3600 Zellen.[71] Dabei kann sich die Verteilung der 1-Einträge sehr plötzlich und »unerwartet« ändern.

Videostill der Perforerin und »Game of Life« © blackhole-factory

Die Drehungen der Papierbahnen werden nach dem gleichen Prinzip wie durch das Differenzbild gesteuert: Das Bild, das den Zustand des »Game of Life« zu einem bestimmten Zeitpunkt symbolisiert, ist in neun spitzwinklige Felder aufgeteilt. Die Anzahl der 1-Einträge in diesen Bereichen legt die Position der zugehörigen Papierbahn fest.

Differenzbild als Schalter Das dynamische Differenzbild dient zusätzlich dazu, zwischen den beiden vorgestellten Steuerungsmethoden hin und her zu schalten. Zentral für diese Schaltfunktion ist ein Schwellenwert für die Anzahl der weißen Pixel im Differenzbild: liegt die durch-

---

[71] Die Zellen am Rand erhalten als Nachbarschaft die Zellen am gegenüberliegenden Rand, das Gitter wird quasi zu einem Donut, mathematisch: Torus, verklebt.

schnittliche Anzahl der weißen Pixel in den letzten zehn Differenzbildern über diesem Wert, wird das dynamische Differenzbild zur Steuerung der Papierbahnen benutzt. Wenn die durchschnittliche Anzahl 1500 Millisekunden lang unter dem Schwellenwert liegt, so übernimmt das »Game of Life« die Steuerung der Papierbahnen.[72]

In einigen Phasen der Performance fungiert die Differenzmatrix auch als Schalter zwischen unterschiedlichen »Raumkonstellationen«. Dies sind Stellungen aller Papierbahnen, die vorher festgelegt wurden, z.B. wenn alle Bahnen parallel zueinander ausgerichtet sind oder sie alle quer zu ihrer Grundstellung stehen und so einen Stern als Grundriss formen. Immer, wenn die durchschnittliche Anzahl der weißen Pixel im Differenzbild über dem Schwellenwert liegt, bewegen sich alle Papierbahnen in die neue Position.

Während die Papierbahnen wie beschrieben gesteuert werden, werden ihre Bewegungsgeräusche genutzt, um den Sound der Performance zu erzeugen: An jeder Bahn ist ein Kontaktmikrofon befestigt, das das Rascheln und Knistern des Papiers aufnimmt. Außerdem erzeugen die Mikrofone eine Art grundsätzliche Geräuschkulisse, die aus (weißem) Rauschen und Störgeräuschen besteht. Die neun Audio-Signale werden durch eine Max/MSP-Programmierung manipuliert und erzeugen eine Vier-Kanal-Ausgabe. Im Wesentlichen besteht die Programmierung aus unterschiedlichen Audioeffekten, z.B. der Anwendung von Echo oder der so genannten Granularsynthese.[73]

Auf der technischen Ebene ist entscheidend, dass die Performerin nur bedingt die Kontrolle über die Stellungen der Papierbahnen und damit auf die entstehenden KörperBildCollagen hat. Bewegt sie sich viel, ist für sie schwer einzuschätzen, in welchen Bereichen des Kamerabildes sie Änderungen erzeugt. Bewegt sie sich wenig, verliert sie gegebenenfalls ganz die Kontrolle über die Papierbahnen, der zelluläre Automat »übernimmt«.

Die Intention von blackhole-factory ist bei dieser technischen Anordnung, dass die Bewegungen der Papierbahnen eine Art Eigenleben führen sollen, das zwar noch einen gewissen Bezug zur Performerin hat, aber für den Zuschauer und die improvisierende Akteurin eigenständig

---

[72] Diese zusätzliche Zeitschranke bewirkt, dass die Performerin kurze Bewegungspausen machen kann, ohne dass sich das »Game of Life« einschaltet.
[73] Granularsynthese bezeichnet eine Samplingmethode, bei der vorhandene (digitale) Klänge in extrem kurze Fragmente (so genannte Grains) zerlegt werden und diese zu neuen Klangereignissen verarbeitet und gemischt werden.

erscheint. Dadurch, so Martin Slawig, kann eine tatsächliche Beziehung zwischen der Performerin und dem »System« entstehen:

> The system grasps some impulses and uses them to control the motors. The performer doesn't know how the motors will react. When she is performing a big movement or pausing, she doesn't know if there will be a big reaction, a small one or none at all. In this way, we try to establish a kind of relationship between this system which is controlling the room and the person inside. [Slawig und Utermöhlen, 2005]

Auf technischer Ebene ist die Beziehung zwischen Performerin und ihrer Umgebung also durch die Verrechnung des Silhouettenbildes bestimmt. Das Entscheidende an dem Einsatz des Bitmapbildes als Schnittstelle zwischen Performerin und computergesteuerter Bewegung ist folgendes: Die Performerin kann zwar das Bild verändern, aber sie kann die Steuerung nicht kontrollieren, weil die Wirksamkeit des Bitmapbildes nur bedingt an Gestalt und Bewegungen des Körpers gebunden ist. Die Videoaufnahme der Performerin wird abstrahiert und in der Verrechnung dereferenziert – das Bild wird nicht als Darstellung des Körpers behandelt, sondern als Verteilung von hellen und dunklen Flächen und deren Veränderung. Ob als Anfangsbelegung für »Game of Life« oder als Eingabe für Differenzbildung – die Verteilung der Farbwerte und ihre Änderung entscheidet über die Drehung der Papierbahn, nicht der Körper und dessen intentionale Bewegung.

In dieser Anordnung schwebt die Performerin und schafft Kohärenzen in dem splitternden, collagierenden, nicht-beherrschbaren visuellen Raum. Im Folgenden werden drei Abschnitte untersucht, die mit den unterschiedlichen Visualisierungen arbeiten: mit der fotorealistischen Darstellung sowie den Projektionen von Konturen und Quadraten.

Fotorealismus

Im ersten Drittel der Performance hängt und bewegt sich die Performerin inmitten fotorealistischer Darstellungen ihrer selbst. Die Videoaufnahmen der Kamera werden als leicht braunstichige, schwarz-weiße Bilder projiziert – die Manipulation des Videos beschränkt sich auf die Festlegung der Bildauflösung, der Farbigkeit und den Kontrasten im Bild. Zu Beginn der Inszenierung, wenn die Papierbahnen einen annähernd geschlossenen Zylinder bilden, ist die Akteurin in den Projektionen gut erkennbar. Im Verlauf der Szene verliert sich dieser geschlossene Bildeindruck. Der Sound in dieser Szene ist zu Anfang vor allem durch leises rhythmisches Knistern charakterisiert, das von höheren Beats begleitet wird – diese haben zu Beginn der Sequenz immer dieselbe Tonhöhe, wandeln sich aber im Laufe der Szene zu kurzen Tonfolgen. Wenn sich die Papierbahnen bewegen, ertönt in einer höheren Tonlage ziemlich laut eine rhythmische Sequenz eines pfeifenden Tons. In unregelmäßigen Abständen sind diese Sounds oft kurz nach einer Papierdrehung zu hören, aber auch unabhängig davon. Insgesamt erinnert die akustische Atmosphäre an das Zusammenspiel verschiedener Perkussionisten; unterschiedliche Rhythmen, Beats und abstrakte Schlaginstrumente spielen zusammen.

Die Performerin wechselt in dieser Sequenz zwischen unterschiedlichen Stellungen, die an Sitz- und Liegehaltungen erinnern. Zu Beginn der Performance hängt sie in sitzender Haltung am pendelnden Seil, die Unterschenkel sind leicht unter die waagerechten Oberschenkel gezogen, die Hände fassen das Seil vor dem aufgerichteten Oberkörper. Nach einer Weile nimmt sie andere Sitzhaltungen ein, z.B. schlägt sie die Beine übereinander. Sie hält die Positionen kurz und ändert sie in gleichmäßigen Bewegungen. Dabei werden die Stellungen der Performerin nach und nach größer in dem Sinne, dass sie Arme und Beine weiter vom Körper (und Seil) wegstreckt und sie Haltungen einnimmt, die Liegepositionen zitieren. Wenn sich kurz darauf die Papierbahnen zu bewegen beginnen, werden Blicke auf die Performerin freigegeben und gleichzeitig die Visualisierungen fragmentiert und verzerrt: einzelne Körperteile erscheinen unnatürlich verlängert, hier und da sieht man Flecken oder längliche Formen, die schwierig zuzuordnen sind.

Die Performerin hält ihre Positionen nun für kurze Zeit (zwischen zwei und zehn Sekunden) und ändert sie mit flüssigen, schnellen Bewegungen. Diese gehen mit starken Veränderungen in den Visualisierungen einher: oft ändert sich die gesamte Form und Ausrichtung des Körperbildes in den Projektionen – beispielsweise von einer diagonal gestreckten Liegehaltung zu einer im Bild eher kreisförmig erscheinenden Sitzhaltung. Die Positionen sind oft durch geometrische oder winklige Formen charakterisiert, wenn Arme und Beine z.B. Geraden bilden oder annähernd rechtwinklig gebeugt sind.

Zeitweise hängt die Performerin in einer Position nicht ganz ruhig, sondern bewegt Arme oder Beine, manchmal auch den Kopf, ohne dass sich ihre Stellung grundlegend ändert. Diese Bewegungen lassen sich schwer charakterisieren, sie werden sowohl langsam, als auch schnell ausgeführt, nahe am Körper oder mit ausgestreckten Gliedern. Gemeinsam ist ihnen ihre Winkligkeit: teilweise scheinen die Bewegungen so organisiert zu sein, dass sich genau ein Gelenk beugt oder dreht. In anderen Momenten scheint ein Gelenk die Bewegung zu führen, auch wenn mehrere daran beteiligt sind, z.B. wenn die Performerin das Knie eines gestreckten Beins so in Richtung Oberkörper zieht, dass das Hüftgelenk mit einknickt.

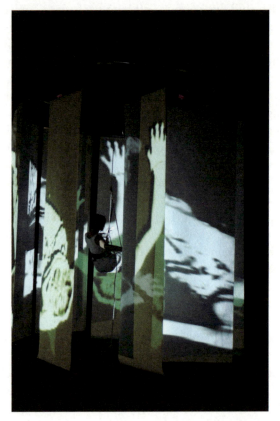

Szenenbild aus »Hier« © www.martin-kroll.de

Für die Zuschauer sind die Bewegungen der Performerin je nach Stellung der Papierbahnen häufig nur als Änderung der Visualisierung wahrnehmbar. *Einerseits* ändert sich Form und Ausrichtung des Körperbildes in den Projektionen, wobei bestimmend ist, wie die Körperhaltung in Bezug auf die Kamera ausgerichtet ist. Je nachdem erscheint die Figur im Bild senkrecht, diagonal oder waagerecht, auf dem Kopf stehend oder auf den Füßen. Dabei lässt die Ausrichtung des Körperbildes in den Visualisierungen für die Zuschauer wenig Rückschlüsse auf die tatsächliche Ausrichtung der Performerin im Raum zu. Zwar lässt sich meist zuordnen, ob die Akteurin eine Sitz- oder Liegehaltung annimmt, schwer entscheidbar ist aber, wohin ihre Füße und ihr Kopf zeigen. Die Schichtung der Ansichten der Performerin, als Zuschaueransicht und als gefilmte Topview, erschweren die räumliche Verortung des sich bewegenden Körpers. *Andererseits* werden je nach Stellungen der Papierbahnen Fragmente der Körperdarstellung anamorphotisch verzerrt und erscheinen teilweise einander überlagernd und sogar gespiegelt. Für die Zuschauer entstehen Collagen von Körper und verräumlichten Körperbildfragmenten. Diese Collagen ändern ihre konkreten Zusammensetzung auf zwei Arten: Entweder verändern die Bewegungen des Körpers Form und Ausrichtung des Körperbildes, oder die Papierbahnen drehen sich in neue Stellungen, wodurch sie die Projektionen anders verzerren. Auf den Bahnen erscheinen Flecken und Streifen unterschiedlicher »Sättigung« oder Helligkeit. Diese sind teilweise als Körperteile erkennbar, teilweise aber schwierig oder gar nicht zuzuordnen.

Dabei korrespondieren die Drehungen der Papierbahnen zeitweise mit den Bewegungen der Akteurin: Wenn sie in einer Körperstellung verharrt und kleine, wenig raumgreifende Bewegungen mit Armen oder Beinen macht, drehen sich die Papierbahnen kaum. Wenn die Performerin in einer großen, die Visualisierung stark verändernden Bewegung eine neue Position einnimmt – oder auch durch die Drehung am Seil ihre Ausrichtung im Bild wechselt –, dann bewegen sich oft etwa eine Sekunde später eine oder mehrere der Papierbahnen. Beispielsweise gibt es eine etwa halbminütige Sequenz, in der die Akteurin in einer Liegeposition hängt (den Rücken zu Boden gewandt). Sie winkelt einmal das linke Bein an, streckt in einem anderen Moment den rechten Arm aus und dreht sich insgesamt um die Seilachse. In 30 Sekunden dreht sich der Körper in den Projektionen um etwa 90 Grad, aus der Senkrechten mit Füßen nach oben in eine Horizontale. Während dieser Zeit drehen sich nacheinander verschiedene Papierbahnen um fast 90 Grad auf und wieder zu. Teilweise besteht ein solcher Zusammenhang zwischen körperlicher Bewegung und Drehungen der Papierbahnen aber nicht. Auch nach raumgreifenden Bewegungen oder Drehungen in den Visualisierungen bewegt sich keine der Papierbahnen, während umgekehrt die Bahnen sich drehen, wenn die Performerin eine Position hält und sich nicht bewegt.

Zusammenfassend lässt sich feststellen: Das Verhältnis der Performerin zu ihrer Umgebung als Verhältnis von Körper zu verräumlichten Körperbildern, ist in dieser Szene durch zweierlei charakterisiert. *Einerseits* etabliert »Hier« in der ersten Sequenz ein »Paradox der Sichtbarkeit«: Entweder bilden die Visualisierungen einen geschlossenen Bildeindruck, dann ist die Performerin nicht zu sehen. Oder der Körper der Akteurin ist sichtbar, dann sind die Visualisierungen nicht oder nur rudimentär und verzerrt zu sehen. *Andererseits* realisiert sich das Verhältnis von Körper und Körperbildern für den Zuschauer als Ansichten in Form von KörperBildCollagen. Diese Collagen sind in der Anfangssequenz durch die Schichtung verschiedener Körperansichten sowie deren Fragmentierung und Verzerrung geprägt. Die unterschiedlichen Seitenansichten, die die Zuschauer je nach ihrem Standpunkt und der Raumausrichtung der Performerin von dieser haben, überlagern sich mit den Aufnahmen des hängenden Körpers aus der Vogelperspektive. Auffällig ist dabei, dass durch diese Schichtung der Perspektiven die Wahrnehmung der Zuschauenden in Bezug auf die räumliche Ausrichtung der Performerin verunsichert wird. Es ist schwierig, die Körperausrichtung im Bild der Ausrichtung der Akteurin im Raum zuzuordnen. Der Raum ist weniger durch geometrische Eigenschaften wie oben und unten, rechts und links, innen und außen bestimmt. Vielmehr wird er als visueller Raum konturiert, als ein Raum, in dem es um die Sichtbarkeit und Kohärenz des Körpers und seiner Darstellung geht.

Diese Sichtbarkeit des Körpers ist sowohl durch das Verhältnis von Ansicht und zentralperspektivischer Darstellung des Körpers als auch durch die Fragmentierung, anamorphotische Verzerrung und Spiegelung der Körperbilder geprägt. Die Stellungen der Papierbahnen zersplittern und überlagern Visualisierungen und Körper zu einem kaleidoskopartigen Ganzen von formhaften Flächen und erkennbaren Körperteilen. Die KörperBildCollagen abstrahieren den Körper in seiner Sichtbarkeit: Welche Verzerrungen und Spiegelungen von Körperbildfragmenten sind noch erkennbar? In diesem Sinne ist das Verhältnis zwischen Körper, seinen Visualisierungen und deren verräumlichten Collagierungen durch eine brüchige Schichtung von Perspektiven und Abstraktion gekennzeichnet.

Die Bewegung der Performerin und die Drehungen der Papierbahnen erscheinen in diesem Verhältnis vor allem als Veränderung der Collagen. So werden beispielsweise neue Körperteile erkennbar oder es tauchen neue Symmetrien auf. Die Bewegung der Papierbahnen scheint dabei teilweise autonom und teilweise von den Bewegungen der Performerin angestoßen zu sein. In der Wahrnehmung der Zuschauer verändert die Bewegung der Performerin auf zwei Weisen die Collagen: Erstens erscheint ihre Bewegung als Impuls für Drehungen der Papierbahnen, auch wenn die direkte Zuordnung zwischen körperlicher Bewegung und Drehung, wie erläutert, schwierig ist. Zweitens ändern die Bewegungen der Performerin in der Visualisierung das Körperbild in Form und Flächigkeit und dadurch auch die KörperBildCollagen.

Darüber hinaus verleiht die Bewegung der Performerin dem Raum eine bestimmte Beschaffenheit. Indem die Akteurin sitzende und liegende Stellungen einnimmt, weist sie dem Raum (vorläufig) eine Geometrizität zu – es ist ein Raum, in dem sich der Körper platzieren will. Die winkligen Bewegungen erwecken den Eindruck, den Raum vermessen zu wollen. Durch die Dramaturgie der Bewegungen, die Steigerung der Dynamik und Vergrößerung der Haltungen wird dieser Eindruck noch verstärkt. Wenn man so will, erzeugt die Bewegung den Körperraum als geometrischen Raum und versucht, diesen mit dem visuellen Raum in Einklang zu bringen. In den folgenden Sequenzen wird die Bewegung andere Räume etablieren.

Konturen

Nach etwa einem Drittel der Performance, nach ca. 13 Minuten, ändern sich die Visualisierungen langsam.

Szenenbild aus »Hier« © www.martin-kroll.de

Die Silhouette hinterlässt grünliche Spuren, die sich nach kurzer Zeit auflösen: die Konturen des Körperbildes bleiben wie ein Nachbild stehen. Nach und nach wird die fotorealistische Darstellung des Körpers ausgeblendet. Zu sehen sind grüne Konturen der Silhouette, die den Körper der Performerin minimal verzögert darzustellen scheinen. Manchmal sind doppelte Konturlinien zu sehen, meist aber nur eine relativ dicke Linie, die sich leicht ruckhaft bewegt.

Die Visualisierungen werden technisch durch die Kombination unterschiedlicher Verfahren hergestellt. Grundlage ist das Verfahren des dynamischen Differenzbildes: allerdings werden hier nicht mehr Bitmapbilder verglichen, sondern die Unterschiede zwischen zwei Grauwertbildern bestimmt, die eine halbe Sekunde auseinander liegen. Alle halbe Sekunde wird ein Videobild als Grauwertbild gespeichert und von dem zuvor gespeicherten Bild subtrahiert. Das zugehörige Differenzbild zeigt also Unterschiede zwischen Zuständen, die eine halbe Sekunde auseinander liegen, es werden aber dadurch keine Aussagen darüber gemacht, was sich in diesem Zeitraum alles verändert hat.

Pro Sekunde liegen zwei Differenzbilder vor. Diese werden mittels Farbverschiebung manipuliert: die dunklen Werte bis zu den mittleren Grauwerten werden verstärkt, während die helleren Werte bis hin zu Weiß invertiert werden (in dunklere Werte umgewandelt werden) – dadurch werden die Konturlinien im Bild verstärkt. Der grünliche Effekt entsteht durch einen Grünfilter. Das Programm Jitter blendet nun in ein bzw. zwei Stufen von dem einen zum anderen Bild – das erste Differenzbild wird durchsichtig, das zweite wird deutlicher. Das heißt, es sind fünf verschiedene Bilder pro Sekunde zu sehen: das erste Differenzbild, eine Mischung zwischen erstem und zweiten Differenzbild (die Überblendung), das zweite Differenzbild und zwei Bilder, die in denen sich je unterschiedlich das zweite und dritte Differenzbild überlagern (die zwei Stufen der Überblendung). Dabei werden diese fünf Bilder je fünf Mal wiederholt, um die üblichen 25 Frames pro Sekunde zu erhalten. Durch dieses Verfahren entsteht der ruckelnde und etwas verfremdete Bewegungseindruck der grünen Konturen in den Visualisierungen. Zusätzlich beziehen sich die Darstellungen auf zurückliegende Bewegungsmomente der Performerin, so dass sich der Eindruck von verzögerten Bewegungen in den Visualisierungen ergibt.

An den Visualisierungen ist zunächst der starke Helligkeitsunterschied auffällig: Manchmal sind die Projektionen sehr dunkel, nur wenige grünliche Linien sind zu sehen, dann wieder erscheinen viele Linien oder sogar helle Flächen, insbesondere wenn die Performerin sich schnell bewegt. Dabei sind die Linien nur teilweise als Konturen der Performerin erkennbar. Gerade wenn viele Papierbahnen offen stehen, hat man den Eindruck eines bewegten Liniendurcheinanders, in dem immer wieder Gliedmaße erkennbar werden. Gleichzeitig erscheinen die Linien als eine Textur des menschlichen Körpers, wenn sie auf die Performerin selbst projiziert werden.

Insgesamt pendeln die Linien auf den Bahnen von oben nach unten, manchmal scheint es auch, als weiten sie sich aus und ziehen sich zusammen. Technisch ist dieser Effekt durch die Stellungen der Papierbahnen und das Pendeln des Seiles zu erklären. Auffällig ist aber, dass bei den fotorealistischen Darstellungen der Eindruck des Zusammenziehens und Ausweitens nicht so stark ist, weil man dort wesentlich besser die Darstellung auf den pendelnden Körper beziehen kann.

In der Übergangsphase von den fotorealistischen Darstellungen zu den Konturenvisualisierungen ändert sich der Sound. Unterbrochen durch relativ lange Phasen der Stille sind Geräusche zu hören, die teilweise trommelartig erscheinen, sich teilweise auch wie extrem verstärktes Rascheln anhören, oder wie Sand, der auf Metall fällt. Es erinnert ein wenig an eine Mischung aus Trommelwirbel, leisem Donnergrollen und Meeresrauschen. Im Laufe dieses mittleren Teils sind die Pausen und Geräuschsequenzen ganz unterschiedlich lang.

Auch die Performerin ändert die Art ihrer Bewegung. Ihre Haltungen und Bewegungen sind durch sehr geringe oder fehlende Körperspannung charakterisiert. Rücken und Gliedmaßen sind nicht gestreckt, die Gelenke sind leicht gebeugt. So begibt sich die Performerin zu Beginn der Sequenz in eine horizontale Position, in der Arme und Beine locker nach unten hängen. Das Seil dreht sich leicht, pendelt allerdings kaum. Ab und an hebt sie einen Körperteil leicht an, Arm, Bein, Kopf, Oberkörper, lässt ihn dann aber wieder fallen. Auch wenn sie nach etwa zwei Minuten anfängt, alle drei bis fünf Sekunden die gesamte Körperhaltung zu ändern, arbeitet sie mit der Schwerkraft. Langsam, mit minimaler Spannung richtet sie z.B. den Oberkörper auf und lässt ihn dann in eine neue Position fallen. Gerade bei solchen großen Bewegungen fällt auf, dass die Visualisierungen verzögert und holprig erscheinen.

Die Bewegungen der Performerin erzeugen oft starke Veränderungen in den Visualisierungen. Wenn sie zu Beginn der Sequenz sehr ruhig hängt und sich nur leicht im Raum dreht, bleiben die Projektionen sehr dunkel. Bei den größeren Bewegungen, insbesondere wenn der Körper recht schnell in eine neue Position fällt, sind mehr Konturen, manchmal auch ausgefüllte Flächen zu sehen. Der Bezug zwischen den Bewegungen der Performerin und den Drehungen der Papierbahnen bleibt auch hier unklar. Solange die Akteurin einzelne Gliedmaßen anhebt, bleiben die Papierbahnen im Wesentlichen in ihren jeweiligen Positionen: sie sind fast alle aufgedreht und einzelne Bahnen bewegen sich leicht. Wenn die

Bewegungen der Performerin ausladender werden, drehen sich nach einer Weile auch die Papierbahnen stärker. Sie verändern nacheinander ihre Position so, dass sie alle parallel zueinander ausgerichtet sind. In dieser Konstellation bleiben die Bahnen etwa eine halbe Minute stehen und bewegen sich dann weiter.

In der folgenden Phase wechseln die Papierbahnen zwischen vorher definierten Stellungen, die sich als Raumkonstellationen beschreiben lassen. Es gibt eine Liste unterschiedlicher Räume: Beim »Stern« zeigt jeweils eine Kante jeder Papierbahn zum Mittelpunkt der Konstruktion. Das »Fünfeck« hat vier Seiten aus zwei Bahnen, die je eine gerade Fläche bilden, die fünfte Seite besteht aus einer einzelnen Bahn. Es gibt zwei definierte »Parallelkonstellationen«, in denen alle Bahnen zueinander parallel verlaufen. Die beiden Parallelstellungen unterscheiden sich durch ihre Gesamtausrichtung, die um 90 Grad gedreht ist. Die letzte Konstellation lässt sich als »Prospekt« bezeichnen: drei Bahnen stehen zueinander parallel und bilden eine fast geschlossene Fläche, während die anderen sechs Bahnen geöffnet sind.

Der Wechsel zwischen den Raumkonstellationen wird durch das Differenzbild als Schalter gesteuert.[74] Wird der Schwellenwert überschritten, wählt ein Zufallsgenerator eine neue Raumkonstellation aus der Liste. Dabei drehen sich die Papierbahnen nacheinander in die neue Stellung, was etwa eine halbe Minute dauert. Bevor sich eine Konstellation wieder auflöst, bleibt sie ihrerseits eine halbe Minute stehen. In der aufgezeichneten Performance nehmen die Bahnen zu Beginn dieser Sequenz eine der Parallelstellungen ein und drehen sich danach zu dem Fünfeck. Auf diese Konstellation folgt die andere Parallelstellung und zu guter Letzt die Sternstellung.

Sobald die Papierbahnen sich das erste Mal stärker drehen und die Parallelkonstellation bilden, ändert die Performerin ihre Bewegungsqualität. Sie bewegt sich, als würde sie – langsam strampelnd – nach ihrem Gleichgewicht suchen. Der Körper befindet sich meist in aufgerichteter Stellung. Die leicht gebeugten Arme werden in den Schultergelenken bewegt, die Arme beschreiben große runde Bewegungen um Kopf und Oberkörper. Die Beine machen gleichmäßige Paddelbewegungen, auch sie sind leicht gebeugt. Der Körper bewegt sich leicht nach rechts und links aus dem Gleichgewicht – ein wenig erinnert es an Bewegungen unter Wasser. Es gibt auch kurze Momente, in denen die Akteurin eine horizontale Lage einnimmt oder sich bewegungslos eng am Seil hält.

---

[74] Zum Differenzbild als Schalter siehe S. 94.

Szenenanalyse 105

Für die Zuschauenden ist in dieser Sequenz der wechselnden Raumkonstellationen kaum ein Bezug zwischen den Aktionen der Performerin und den Drehungen der Papierbahnen herzustellen. Starke Drehungen der Bahnen wechseln mit Stillstand, obwohl die Akteurin ihre großen Bewegungen regelmäßig und zügig ausführt. Die performative Bewegung ist hier kaum als Impuls für die Bahndrehungen erkennbar. Umgekehrt erscheinen die Drehungen nicht autonom, weil die Bahnen offenkundig Raumkonstellationen bilden. Dadurch tritt die Beziehung zwischen den Bewegungen der Performerin, ihrer Darstellung in den Projektionen und den jeweiligen Verzerrungseffekten der Konstellationen in den Vordergrund.

Insgesamt sind die Helligkeitsunterschiede in den Visualisierungen nicht so stark wie zu Beginn der Sequenz. Es sind immer Konturlinien zu sehen, die sich fast durchgängig bewegen. Einerseits verändert sich permanent die Form der Silhouettendarstellung, da die Visualisierungen die großen Bewegungen der Performerin als Überblendung der Veränderung »nachvollziehen«. Andererseits bewegen sich die Linien in den Visualisierungen meist auf und ab, was dem Pendeln des Seils entspricht, an dem die Performerin hängt.

Auffällig ist, dass die verschiedenen Raumkonstellationen die Silhouettendarstellung je anders verzerren und unterschiedliche Formen der Sichtbarkeit von menschlichem Körper und seiner berechneten Darstellungen herstellen. Die parallele Ausrichtung aller Bahnen reaktualisiert gewissermaßen das Paradox der Sichtbarkeit. Auf den Bahnen, die quer zur Projektionsrichtung stehen, ist die Silhouette größtenteils gut erkennbar, aber dahinter ist die Akteurin nicht zu sehen. Umgekehrt sind die Visualisierungen auf den Bahnen, die längs zur Projektionsrichtung stehen, nur als abstrakte Linien und Flächen zu sehen. Anders wirkt die Projektion der Konturendarstellung, wenn die Bahnen ein Fünfeck bilden: Die Performerin selbst ist kaum zu sehen, während in den Projektionen sehr unterschiedliche Grade von Erkennbarkeit der Silhouette entstehen. Hält sich die Performerin eng am Seil, ist die Konturenfigur gut als Körperdarstellung erkennbar. Macht sie ausladende und schnelle Bewegungen, löst sich das Körperbild immer wieder auf: Die Silhouette ist auf den einzelnen Wänden des Fünfecks nur fragmentarisch zu sehen und wird beispielsweise von schrägen Geraden durchkreuzt, die verzerrte Konturlinien der benachbarten Projektion sind. Gerade wenn sich bei schnellen Bewegungen Konturlinien scheinbar verdoppeln und die inneren Flächen der Silhouette heller werden, entsteht ein kaleidoskopartiger Eindruck von sich kreuzenden, schwer erkennbaren Formen.

Wenn die Bahnen zum zweiten Mal eine Parallelkonstellation bilden, beginnt die Performerin am Seil hochzuklettern, bis sie fast auf der Höhe der oberen Kanten der Papierbahnen verharrt. Während dieses Aufstiegs von zwei Metern macht sie Pausen und nimmt unterschiedliche Positionen ein, wobei die Papierbahnen sich zu einer Sternkonstellation ausrichten. Wenn die Akteurin oben angelangt ist, nimmt sie eine Sitzposition mit ausgestreckten Beinen ein und bewegt nur noch die Arme. Die Visualisierungen erscheinen nun meist als abstraktes Linienmuster. Auch kleine Bewegungen ändern viel in den projizierten Linien, in denen manchmal ein Körperteil erkennbar ist. Die Bahnen selbst scheinen wieder auf die Bewegungen der Performerin zu reagieren. Sie drehen sich in geringem Maße, insgesamt bleiben sie eher offen stehen.

In der beschriebenen Szene ist das Verhältnis zwischen Performerin und Umgebung durch die Überlappung von Perspektiven, vor allem aber durch die Schichtung von Zuständen und die Grade der Abstraktion der Visualisierungen charakterisiert. Besonders im ersten Teil der Sequenz ist die Zeitlichkeit zentral, wenn eine Bewegung der Performerin etwas zeitverzögert in den Visualisierungen erkennbar ist – sei es durch rhythmische Korrelation der Veränderung abstrakter Linienmuster oder durch ein plötzlich erkennbares Körperteil, das eine Bewegung nachvollzieht. Das Körperbild erscheint dabei als zeitlich versetzte Spur. Diese Lesart legt vor allem der Übergang zwischen den beiden Modi der Visualisierungen nahe: Die fotorealistische Darstellung des Körpers hinterlässt Konturlinien als Spuren, bevor sie ausgeblendet wird. Vordergründig verweisen die Konturenvisualisierungen damit auf zwei etablierte Bildtraditionen. Zum einen lassen sie sich auf den Film als verzeitlichte Optik beziehen. Zum anderen zitieren sie die Konvention, Gegenstände durch Umrisslinie und Form darzustellen. Vor dem Hintergrund ihrer technischen Konstruktion wird deutlich, dass die Konturenvisualisierungen nicht so sehr Spuren sind als Verarbeitungszustände von Darstellungen. Als Überblendungen von Differenzbildern zeigen die Konturenvisualisierungen berechnete Linien und nicht einfach Abstraktionen von aufgenommenen Bildern. Darüber hinaus erscheinen die Bewegungen in der Körperdarstellung holprig und diskontinuierlich. Im Vergleich mit der körperlichen Bewegung erwecken sie den Eindruck einer gesteigerten Künstlichkeit. Zusätzlich erzeugt die anamorphotischen Verzerrung durch die Papierbahnstellung ein Verhältnis von Abstraktion und Erkennbarkeit zwischen Körper und seiner berechneten Darstellung.

Die Bewegung der Performerin erscheint im Verhältnis zu den KörperBildCollagen *erstens* als das, was die Sichtbarkeit überhaupt erst herstellt. Wenn die Akteurin sich kaum bewegt, erscheinen nur wenige Linien in der Projektion, der Raum bleibt relativ dunkel. *Zweitens* erzeugt die Bewegung Veränderungen in den Visualisierungen und zwar vor allem auf der Ebene von Form und Erkennbarkeit der Körperbilder. Gerade im zweiten Teil der Szene – wenn die Papierbahnen zwischen Raumkonstellationen wechseln – ändert die Bewegung nicht die Collagen, sondern gestaltet die Visualisierungen. Diese Gestaltung ist weniger eine Formgebung der Konturendarstellungen, die ja eigene Berechnungen sind. Vielmehr erscheint die körperliche Bewegung als etwas, das in den Linienmustern eine gewisse Erkennbarkeit hervorruft, weil hier und da einzelne Körperteile identifizierbar sind. Oder die Bewegung zerstört jegliche Erkennbarkeit, wenn große Bewegungen mit so starken Veränderungen in den Visualisierungen einhergehen, dass die Körperbilder sich auflösen. *Drittens* bestimmt die performative Bewegung die Beschaffenheit des Raumes. Indem die Performerin sich in dieser Sequenz vorrangig auf Schwerkraft bzw. Formen von verminderter Schwerkraft bezieht, erzeugt sie den Raum als Raum der Schwerkraft.

Quadrate

Im letzten Drittel der Performance wechseln die Projektionen zwischen flächendeckenden Mustern bewegter Quadrate und Häufungen weißer Flächen. Zu Beginn der Szene bleibt der Sound wie im vorangegangenen Teil: Unterbrochen von Pausen ist gedämpftes Donnergrollen zu hören. Nach und nach werden diese Geräusche von Klaviertönen begleitet, das Grollen wird leiser. Akkorde und schnelle Klavierläufe in verschiedenen Tonhöhen werden von unterschiedlich langen Pausen unterbrochen.

Szenenbild aus »Hier« © blackhole-factory

Die Visualisierungen wechseln zwischen dem grob gerasterten Bitmapbild der Performerin und der Darstellung des »Game of Life«: Bewegt sich die Akteurin so viel, dass die Papierbahnen durch die Differenzmatrix gesteuert werden, so zeigt die Projektion ihr Bitmapbild. Dabei bilden die weißen Quadrate meist eine zusammenhängende Fläche in der Mitte der Papierbahnen, in der sich manchmal der aus der Vogelperspektive aufgenommene Körper erkennen lässt.

Bewegt sich die Akteurin wenig oder gar nicht, so übernimmt das »Game of Life« die Steuerung und seine Zustände werden in der Projektion visualisiert. Das Silhouettenbild löst sich auf, seine Bildelemente werden autonom, die weißen Quadrate bewegen sich in kleinen Gruppen oder Mustern über die Papierbahnen. Das Bitmapbild der Akteurin ist dabei die Eingabe für das »Game of Life«: die weißen Quadraten sind die »lebenden« Zellen des Ausgangszustands. Die Berechnungen des Automaten verändern in jedem Schritt die Verteilung der »lebenden« Zellen. Die Projektionen der sich ändernden Muster zeigen diese aufeinander folgenden Zustände, wobei pro Sekunde 25 Rechenschritte durchgeführt werden.

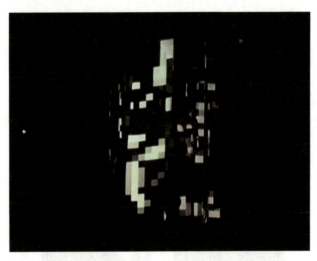

Szenenbild aus »Hier« © blackhole-factory

Das entscheidende Merkmal der Visualisierungen ist der starke Eindruck von Bewegung, der durch die plötzlichen Veränderungen in der Verteilung der weißen Flächen erzeugt wird. Neben der Bewegung der hellen Flächen in den abstrakten Mustern des »Game of Life« sind die Projektionen durch den abrupten Wechsel zu der Bitmapdarstellung geprägt. Bewegt sich die Performerin, ballen sich die hellen Flächen im Zentrum der Projektionen gewissermaßen zusammen, um sich dann plötzlich über die gesamten Papierbahnen zu verteilen. Meist werden die weißen Flächen im Ablauf des »Game of Life« schnell weniger, der Raum wird dunkler, ein unbewegtes Muster einiger weniger »Pixel« entsteht. Manchmal erscheinen aber nach einer solchen Phase auf einen Schlag wieder zahlreiche weiße Bildelemente, die sich z.B. von unten nach oben über die Papierbahnen bewegen. Der abrupte Wechsel in den Verteilungen der hellen Flächen erzeugt große Unterschiede in der Helligkeit des Raumes. In vielen Momenten ist die Akteurin kaum sichtbar, bis sie plötzlich von hellen Rechtecken umgeben ist, die sie beleuchten.

Die Projektionen sind darüber hinaus dadurch gekennzeichnet, dass sie kaum als Abbildungen des Körpers erkennbar sind. In der vermeintlichen Autonomisierung des Silhouettenbildes verliert sich jeder Bezug zum Körperbild. Aber auch die Silhouettendarstellungen sind schwierig auf den tatsächlichen Körper zu beziehen, wenn die Stellungen der Papierbahnen die Darstellungen stark fragmentieren und verzerren. Dabei fällt auch auf, dass der Effekt der Fragmentierung während der Visualisierung des zellulären Automaten kaum wahrnehmbar ist. Zwar erscheinen die Bildelemente in unterschiedlichen Helligkeitsstufen und oft rechteckig verzerrt. Diese Effekte lassen sich aber kaum auf die Stellungen und Drehungen der Papierbahnen zurückführen. Es entsteht vielmehr der Eindruck eines Raumes, der durch helle Flächen strukturiert ist und sich durch deren Bewegung und die plötzlichen Wechsel der abstrakten Muster und Flächigkeiten verändert.

Der Eindruck der starken Wechsel und Veränderung wird durch die Bewegungsästhetik und -dramaturgie der Performerin verstärkt. Nachdem sich die Performerin zu Beginn der Szene vom oberen Rand der Papierbahnen zur Mitte heruntergelassen hat, wechselt sie zwischen schnellen, teilweise ruckartigen Bewegungen und Ruhepositionen. Die Positionen sind meist Sitzstellungen. Sie sind, ähnlich wie in der ersten Sequenz der Performance, durch Winkel charakterisiert. Oft bilden Unter- und Oberarm einen annähernd rechten Winkel, oder die Beine sind in winkliger Schrittstellung gehalten. Auffällig ist eine Art abwartender Sitzhaltung, in der die Beine leicht unter den Körper gezogen sind und die Arme vor dem Körper verschränkt werden bzw. nah am Seil gehalten werden. Die Performerin wirkt ein bisschen, als würde sie sich die abstrakten, autonom bewegenden Muster anschauen, bevor sie mit einer schnellen Bewegung selbst aktiv wird.

Die Akteurin bewegt sich zügig bis schnell. Arme und Beine sind gestreckt oder deutlich gebeugt und lösen oft die Bewegungen aus. Beispielsweise führt die Performerin einen gestreckten Arm vor sich und knickt ihn und die Beine dann gleichzeitig ein, wobei der Körper leicht zur Seite kippt. Charakteristisch ist, dass die Bewegungen oft abrupt arretiert werden.

Insgesamt macht die Performerin in der Sequenz meist nur sehr kurze Bewegungen (Phasen von ein bis zwei Sekunden), bevor sie längere Zeit in einer Position verharrt. Nach einer Weile streut sie ab und an auch längere Bewegungssequenzen ein. Gegen Ende der Szene nehmen diese längeren Sequenzen zu: mit diesen Bewegungen seilt sich die Akteurin ab, wobei sie immer wieder Pausen macht. Die kurzen und abrupt endenden Bewegungen erzeugen den Effekt, dass die Darstellung der Silhouette nur sehr kurz in den Visualisierungen erscheint. Für einen Moment klumpen sich alle weißen Flächen in einer schnellen Bewegung zusammen und verteilen sich dann wieder über den Raum, bilden abstrakte Muster, die sich bewegen, verharren oder plötzlich verschwinden. Gerade durch den Wechsel zwischen abwartender, zuschauender Haltung und zackigen Bewegungen entsteht der Eindruck, als übernehme die Performerin in den Bewegungen kurzzeitig die Kontrolle über die Visualisierungen, bevor sie diese wieder sich selbst überlässt. Die körperliche Bewegung erscheint als Befehl an die Verteilung der Flächen in der Visualisierung. Sie erscheint teilweise auch als Impuls für die Drehungen der Papierbahnen, weil oft kurz nach dem Erscheinen der Silhouette in den Visualisierungen ein oder zwei Bahnen in Bewegung geraten.

Das Verhältnis zwischen Projektionen und Performerin ist in dieser Szene durch Wechsel geprägt: Wechsel zwischen hell und dunkel, Wechsel zwischen Silhouettendarstellung und abstrakten Mustern des »Game of Life« und Wechsel zwischen Bewegungen der Performerin und Eigenbewegungen der Bildelemente während der Bewegungslosigkeit des Körpers. Die Akteurin hängt still inmitten sich bewegender abstrakter Muster, die leicht verzerrt erscheinen und durch die Projektionen wandern. Insofern diese Muster Verrechnungszustände des Körperbildes sind, sind die entstehenden KörperBildCollagen Überlappungen unterschiedlicher Zustände. Die grobe Auflösung des Bitmapbildes und die Stellungen der Papierbahnen führen dazu, dass der Körper in der Darstellung kaum erkennbar ist. Die Darstellung des Körpers durch helle Flächen führt in der Fragmentierung zur Abstraktion. Als Zustand von Verrechnungsschritten resultiert die Körperdarstellung in abstrakten Mustern. Das »Game of Life« löst das Körperbild auf, versetzt es in immer neue Zustände und abstrahiert es. Insofern ist das Verhältnis zwischen Körper und seiner Sichtbarkeit durch die Schichtung von Zuständen und die daraus resultierende Überlappung von Abstraktionen charakterisiert. Es ist durch Befehl, Messung und Verrechnung geprägt. Die Bewegung ist in dem Verhältnis vorrangig Eingriff in die Visualisierungen. Die körperliche Bewegung verändert massiv die Verteilung der Flächen in den Projektionen. Als Impuls für die Drehungen der Papierbahnen ist sie kaum erkennbar. Vielmehr erscheint die performative Bewegung gerade durch ihre Schnelligkeit und Abruptheit als Befehl, als Möglichkeit, die Verfügungsgewalt über die Visualisierungen zu erlangen. Unterstützt wird dieser Eindruck vor allem durch die abwartenden Sitzpositionen, die die Performerin als Zuschauerin der Auflösung und Autonomisierung ihres Körperbildes erscheinen lassen.

Auch das Ende der Performance legt diese Lesart nahe: nachdem sich die Akteurin abgeseilt hat, verlässt sie die Papierkonstruktion, den Raum der Performance. Die Installation läuft nun einige Minuten autonom. Während der Performance wurden immer wieder kurze Clips von der Akteurin in eine Datenbank gespeichert. Nun wählt der Computer per Zufallsgenerator einzelne dieser Sequenzen aus, die projiziert werden und Grundlage der Papierbahnsteuerung sind: Die Installation steuert sich selbst.

Szenenanalyse: Auswertung

»Hier« etabliert einen visuellen Raum, in dem ein bewegter Körper und seine Körperbilder zueinander ins Verhältnis gesetzt werden. Unterschiedliche Formen der Körperdarstellung werden in der installativen Anordnung verräumlicht, fragmentiert und verzerrt. In der Wahrnehmung der Zuschauer verschränken sich die Projektionen mit den Einblicken auf die Performerin zu KörperBildCollagen. Sowohl die Bewegungen der Performerin als auch die Drehungen der Papierbahnen verändern diese Collagen je in ihrer konkreten Erscheinung.

Die Körperbilder, ihre verräumlichte Schichtung in den Collagen und deren Veränderung werden durch die Bühne als installative Anordnung, die Verrechnung der Videoaufnahmen und die technische Steuerung der Papierbahnen sowie die Ästhetik und Dramaturgie der performativen Bewegung erzeugt.

Die *installative Anordnung* mit den beweglichen Papierbahnen, Kamera und Beamern organisiert einerseits die Überlagerung von Seitenansichten der Performerin mit der Vogelansicht der Körperbilder. Andererseits ist sie die Grundlage für die Fragmentierung und Verzerrung der Projektionen und lässt die KörperBildCollagen erst entstehen.

Grundlage für die Collagen sind die Visualisierungen, die durch *Manipulation und Verrechnung der Videobilder* erzeugt werden. Die Verrechnung der Bilddaten und die Ästhetik der Darstellungen verweisen dabei auf verschiedene Modi der Bildlichkeit bzw. Optik: *Erstens* verweist sie auf die zentralperspektivische Konstruktion bzw. die korrelierende Strahlenoptik. *Zweitens* markieren die Konturenvisualisierungen die Umrisslinie als Konstituens von Bildlichkeit und zitieren eine verzeitlichte Optik des Filmischen, die sich aber vor dem Hintergrund der technischen Verrechnungen als Berechnung von Zuständen erweist. Und *drittens* zitieren die Visualisierungen Farbflächen bzw. Bildpunkte als erzeugende Elemente von Bildern. Als optisches Modell korreliert diese Manipulation des Bildes mit einer Optik, die nach dem Modell von Messung und Verrechnung von Signalen bzw. Werten gedacht wird.

Je nach Art der Visualisierungen betonen die KörperBildCollagen unterschiedliche Aspekte der Beziehung zwischen einem Körper und seiner Darstellung. Perspektive, Zeitlichkeit und Verrechnung werden geschichtet: Die KörperBildCollagen verschränken Seitenansichten und Vogelperspektive sowie verschiedene (zeitliche) Zustände (auf unterschiedliche Art und Weise weiter verarbeitete Momentaufnahmen) und erzeugen wechselnde Grade der Abstraktion oder Erkennbarkeit für die Zuschauer. Durch die Bewegungen der Performerin und die Drehungen der Papierbahnen ändern die Collagen sich ununterbrochen in ihrer Zusammensetzung, in der Ansicht, die sie bieten.

Die Verrechnung der Videoaufnahmen ist auch die technische Grundlage für die Drehungen der Papierbahnen. Entscheidend dafür ist, dass das Videobild der Performerin als dereferenzierte Farbwertverteilung verrechnet wird. Zunächst in ein sehr grobes Bitmapbild[75] gewandelt, wird die Darstellung des Körpers nur mehr als Verteilung von Farbwerten auf einer Fläche bzw. deren Veränderung behandelt. Die unterschiedlichen Verrechnungsverfahren des Bitmapbildes korrespondieren mit der Unkontrollierbarkeit bzw. Beeinflussbarkeit der Umgebung durch die Performerin. Scheinen sich die Papierbahnen autonom zu bewegen, so bildet das Bitmapbild der Performerin die Eingabe für das »Game of Life« – ein Programm, dessen Zustände sich unerwartet verändern. Wenn die Performerin den Bahnen Impulse zu geben scheint, so steuert die Änderung der Veränderung von Farbwerten in der Bildfläche die Drehungen der Papierbahnen. Beide Arten der Steuerung entziehen sich der intentionalen Verfügbarkeit der Performerin.

---

[75] Zum Bitmapbild siehe S. 23.

Die *Ästhetik und Dramaturgie der performativen Bewegung* bestimmt zweierlei: Zum einen beeinflussen die Haltungen und Bewegungen der Akteurin die Ausrichtung und Form des Körperbildes in den Collagen. Zum anderen und entscheidender legen sie bestimmte Qualitäten des Raumes nahe. So weist die Art der Bewegung als vermessende Bewegung zusammen mit den Haltungen des Sitzens und Liegens dem Raum im ersten Teil eine gewisse Geometrizität zu. Im zweiten Teil verweist die Bewegung auf Schwerkraft und Schwerelosigkeit und unterstützt durch ihre Gleichmäßigkeit die Wahrnehmung von Kontinuität im Gegensatz zu den diskontinuierlichen Bewegungen in den Visualisierungen. Gleichzeitig erscheint die Bewegung als das, was überhaupt erst Sichtbarkeit schafft sowie Erkennbarkeit oder Abstraktion der Körperdarstellung. Und im letzten Teil tritt die Bewegung als Befehl auf, während die Positionen die Akteurin oft als Zuschauende erscheinen lassen. Gerade die Dramaturgie und Ästhetik der Bewegung rückt das Prinzip des Wechsels zwischen Zuständen in den Mittelpunkt.

Die Performerin weist in ihren Bewegungen und Haltungen ihrer Umgebung bestimmte Qualitäten zu und schafft damit Bezüge zwischen sich und ihren Körperbildern. Sie bestimmt den Modus der Sichtbarkeit als geometrische, (dis-)kontinuierliche oder signalverarbeitende. Insofern sie Teil der KörperBildCollagen ist, erscheint die Akteurin als Körper, der sich in einem visuellen Raum in seiner Sichtbarkeit zu konstituieren versucht.

Die medientechnische Sichtbarkeit und der sich bewegende Körper bilden in gewisser Weise gegensätzliche Pole: Während die Verrechnung der Bilddaten zur Steuerung der Papierbahnen das Videobild sowohl im Modus der Differenzmatrix als auch im Modus des »Game of Life« dereferenziert, schafft die performative Bewegung Referenzen und Korrespondenzen und bestimmt damit, von welcher Art Raum und Sichtbarkeit sind. Gleichzeitig bedingt die Verrechnung eine gewisse Unverfügbarkeit der Steuerung (für die Performerin), während die performative Bewegung wiederum Bezüge zu den verräumlichten Projektionen schafft. Die Medientechnik entzieht dem Körperbild Bedeutung und sich selbst der Verfügbarkeit, die performative Bewegung schafft Bezüge und konstituiert damit einen ästhetischen Assoziationsraum. Auf der Ebene der Darstellung treffen sich beide: Visualisierungen und Bewegung verweisen auf bestimmte Formen von Optik und Bildlichkeit.

Die Performerin beschreibt ihren Umgang mit der Umgebung und wie sie in der kontrollierten Improvisation Atmosphären und Interaktion erzeugt:

So I have my plan of how to deal with the situation. For example how to achieve an equilibrium and how to influence the space with movements to change the atmosphere. I am giving input with my body movements: by freezing or making faster, bigger or smaller movements. I am also influenced by what I am producing with my movements. For example, I am strongly influenced when the sounds speed up, because I did something. Or when all the walls are open and the space feels totally different then. So this is like feedback. What I am doing in the performance is like checking out this room. Climbing up and going down, trying to lay down and being very big or very small to find out what happens when I am there. [Slawig und Utermöhlen, 2005]

Allerdings inszeniert »Hier« nur vordergründig eine Situation des Feedbacks – im technischen Sinne hieße dies, dass die Performerin Teil eines Regelkreises ist, in dem ein Prozess so lange stattfindet, bis ein gewünschter Wert erreicht ist. Auf einer metaphorischen Ebene wäre die Performerin dasjenige Steuerelement, das einen gewünschten Sollwert mit einem Istwert vergleicht und regelt, ob und wie lange ein Prozess läuft. Die Unkontrollierbarkeit der Steuerung verhindert aber genau dieses Verhältnis zwischen Performerin und Umgebung. Die Akteurin ist als Mittelpunkt und Inhalt der Visualisierungen Teil eines Systems, das sie nicht kontrollieren kann:

> I think this is the conflict in this performance: to try to control existence while it is not possible to control it. Maybe sometimes it is possible to control a little part of it. So sometimes I can see the rope is turning around and when I lay down my projected image will turn around like that. And I do that, when I think it is really attractive and maybe then I stay like that. It is in these brief moments I decide »now I have a very fine moment to show this«. But what I think is a beautiful moment, is not necessarily the most interesting point for the audience. I think the most interesting thing is the difference between the physical being and the environment. [Slawig und Utermöhlen, 2005]

Differenz, Kontrolle bzw. Unkontrollierbarkeit – »Hier« inszeniert eine Situation, in der das Verhältnis zwischen Körper und Körperbildern vordergründig als eines der Regelung und des Regelkreises erscheint, aber zutiefst durch die Verschiedenheit von Bild und Körper sowie durch die Unverfügbarkeit der KörperBildCollagen strukturiert ist. Es geht um den Körper in einer medientechnisch hergestellten und gesteuerten Sichtbarkeit, die sich der (menschlichen) Kontrolle entzieht.

Technisch wird diese Unkontrollierbarkeit bzw. Beeinflussung durch zwei Verfahren erzeugt, die ungefähr zwischen 1945 und 1975 entwickelt und erforscht wurden: Ein zellulärer Automat steuert die autonomen Bewegungen der Papierbahnen, während das Differenzbild Grundlage für die Beeinflussung der Drehungen durch die Akteurin ist.

Die Erfindung und frühe Erforschung von zellulären Automaten zielt im Kontext von Automatentheorie auf die Fragen von Komplexität und Vorhersagbarkeit. Als solche bewegt sie sich im Diskurs der (Un-) Berechenbarkeit, der seinerseits im epistemologischen Kontext der Gegenüberstellung von Anschaulichkeit und Formalisierungen situiert ist. Das Differenzbild formalisiert als »Codierung der Differenzen« seinerseits Bildlichkeit unter dem Vorzeichen von Codierung und schlägt in seiner Entwicklung den Bogen vom Hartleyschen Informationsbegriff zur Verrechnung und Adressierung von Werten. Das Modell, das die Formalisierung der Sichtbarkeit unter der Bedingung der Unverfügbarkeit untersucht, ist Lacans Auge-Blick-Modell: »Hier« lässt sich als dessen performativ zugespitzte Versinnlichung lesen.

Zelluläre Automaten: Berechenbarkeit zwischen Spiel und Bild

Das »Game of Life«, das die autonomen Bewegungen der Papierbahnen in der Performance »Hier« steuert, bildet in gewisser Weise einen Höhe- und Abschlusspunkt der Erfindung und frühen Untersuchung zellulärer Automaten[76]. John von Neumann[77] stellt das Konzept erstmals im Kontext seiner Automatentheorie vor. Er führt es als Beispiel eines in gewisser Weise komplizierten Automaten an, welcher die Eigenschaft der Universalität im Sinne einer Turingmaschine[78] mit der Eigenschaft der Selbstreproduktion verbindet. Stanislaw Ulams[79] systematische Untersuchungen ab den späten 1950er Jahren zielen darauf, die Regelhaftigkeit der deterministischen Prozesse zu erkennen und die Zustände oder Eigenschaften beliebiger zellulärer Automaten vorherzusagen. In diesen Untersuchungen erhalten die Automaten einen Zwischenstatus zwischen mathematischem Objekt und Bild, dessen Eigenschaften weder intuitiv (in Form von Vermutungen) noch mathematisch-geometrisch zu fassen sind. John Conway[80] stellt 1970 das »Game of Life« vor, das beide Ansätze in gewisser Weise verbindet: Mit den Regeln des

---

[76] Zu zellulären Automaten siehe S. 25.
[77] John von Neumann, 1903–1957, US-amerikanischer Mathematiker österreichisch-ungarischer Herkunft.
[78] Eine Turingmaschine ist ein theoretisches Maschinenkonzept, das in den 1930er Jahren erfunden wurde. Zu Turingmaschine, Universalität, Halteproblem, Unberechenbarkeit und Unentscheidbarkeit siehe den folgenden Abschnitt »Grenzen der Formalisierung« ab S. 118.
[79] Stanislaw Ulam, 1909–1984, US-amerikanischer Mathematiker polnischer Herkunft.
[80] John Horton Conway, geboren 1937, englischer Mathematiker.

»Game of Life« lässt sich eine universelle Turingmaschine simulieren, es gibt Zellbelegungen (Muster), die sich selbst reproduzieren, und es gibt Muster, die niemals einen stabilen oder periodischen Endzustand erreichen: d. h. der Automat läuft endlos weiter, ohne dass der gesamte Zellraum jemals denselben Zustand zwei Mal einnimmt. Im Allgemeinen ist unvorhersehbar, wie sich ein gegebenes Anfangsmuster entwickelt.

Die Erfindung und frühe Erforschung zellulärer Automaten bewegt sich zwischen (Un-)Berechenbarkeit und Intuition: Universalität, Halteproblem und Unvorhersagbarkeit verweisen auf das Konzept der (Un-)Berechenbarkeit. Als verbildlichter Prozess richten sich die zellulären Automaten bei Stanislaw Ulam an die Anschauung und an die geometrisch-mathematische Intuition. Zelluläre Automaten sind in dieser Perspektive mathematische Objekte (Prozesse), die zusammen mit anderen Rechenverfahren die Frage nach den Grenzen des Formalisierbaren neu stellen.[81]

Zelluläre Automaten wurden zu einem Zeitpunkt erfunden, als zwar klar war, dass es unberechenbare Probleme gibt, aber noch nicht bekannt war, wie diese Probleme im Allgemeinen aussehen. Seit Gödels Unvollständigkeitssatz wusste man, dass das klassische Paradox des Lügners unentscheidbar ist – offen blieb, ob alle unentscheidbaren Probleme von derselben Art sind. Das »Game of Life« ist eines der frühen Beispiele, die zeigen, dass auch einfache Rechenvorschriften Halteprobleme erzeugen können – die algorithmische Variante von Unentscheidbarkeit.

In dieser Sichtweise sind zelluläre Automaten genau zwischen der Sphäre des Anschaulichen oder der Anschauung und der Sphäre der (prozessualen) Formalisierungen[82] situiert. Dabei lässt sich diese Ge-

---

[81] Neben dieser Sichtweise auf die Frühgeschichte der zelluläre Automaten ließe sich auch eine andere Geschichte betrachten: Es gibt einen pragmatischen Ansatz, zelluläre Automaten zur numerischen Lösung von Differentialgleichungen zu nutzen. Dabei werden die Übergangsfunktionen der Automaten so modelliert, dass sie den lokalen Eigenschaften der untersuchten Systeme möglichst genau entsprechen. Darüber hinaus dienen zelluläre Automaten als Modelle für Systeme, deren globales Verhalten aus lokalen Wechselwirkungen zwischen Teilchen besteht. Die theoretisch plausiblen, aber experimentell nicht nachweisbaren Wechselwirkungen werden als zelluläre Automaten programmiert und deren Verhalten wird mit dem beobachtbaren Verhalten des untersuchten Systems verglichen. Das heißt, hier werden die zellulären Automaten als ein Instrument der Simulation eingesetzt. Siehe z. B. [Gerhardt und Schuster, 1995] und [Wolfram, 2002].

[82] Üblicherweise wird diese Konstellation als Gegenüberstellung von Anschauung und dem Symbolischen bezeichnet. Da der Begriff des Symbols die Kategorie von Bedeutung einschließt, der Symbolismus das Symbol wiederum in einem speziellen Zusammenhang begreift und das Symbolische ein Fachbegriff der Lacanschen Psychoanalyse ist, wurde hier der Begriff der Formalisierung gewählt. Er soll ausdrücken, dass verschiedene Phänomene durch bestimmte Regelsysteme erfasst werden, welche unabhängig von

genüberstellung als allgemeine epistemische Konstellation einer Epoche beschreiben, die spätestens im letzten Drittel des 19. Jahrhunderts einsetzt:

> Man kann sagen, dass die ›Krise der Anschauung‹, die Hans Hahn 1933 als Versagen der Anschauung und als breiten Vertrauensverlust in die Anschauung für die Mathematik charakterisierte, die sedimentierten epistemologischen und ontologischen Selbstverständlichkeiten, unter deren Hypnose eine ganze Kultur bislang agierte, ins Jetzt ihrer Erkennbarkeit brachte. Krisenhaft manifestierte sich die Drift in die Unanschaulichkeit, Undarstellbarkeit und Ungewissheit, die sich mathematischer, logischer und physikalischer Entwicklungen ebenso verdankte wie technischer Medien. [Hörl, 2008, S. 380]

Elektromagnetismus und Feldtheorie, Relativitäts- und Quantentheorie lassen das Primat der Anschauung wanken. Erkenntnis über die Welt ist nicht durch anschauliches Denken erreichbar, sondern durch die Anwendung formaler Prozesse: Die Welt ist durch Formalisierungen anschreibbar, die sich der Vorstellung entziehen. Bernhard Siegert führt in der »Passage des Digitalen« aus, wie technische Medien auf einer Deterritorialisierung des Analytischen und dem Ende der klassischen Repräsentation gründen.

> Allein, es ist der Riß der transzendentalen Einheit von Funktionsbegriff und Darstellbarkeit, Zeichen und Kontinuum, Schrieb und Natur, der die Passage des Digitalen entriegelte, durch die es elektrische Medien gibt. Die Graphismen des Signals – willkürliche Funktionen, oszillierende Reihen, Rechteck und Sägezahnkurven, digitale Operatoren – erschienen als Effekte einer deterritorialisierten Zeichenpraxis. [Siegert, 2003, S. 17]

Der Riss tritt nach Siegert in der Mathematik mit der Einführung der imaginären Zahlen auf und wird mit der Fourieranalyse[83] zu Beginn des 19. Jahrhunderts offenbar. Die technischen Medien, die in diesem Auseinandertreten entstehen, operieren mit dem Unanschaulichen und teilweise Unerklärlichen – bis zur Relativitätstheorie gab es keine schlüssige Theorie der Elektrizität. Entsprechend bilden sich um diese Medien Diskurse und Praktiken aus, die dieses Unanschauliche handhabbar ma-

---

Bedeutung sind. Ein entscheidendes Merkmal der hier betrachteten Formalisierungen ist, dass es auszuführende Regelsysteme sind: Vorschriften, die im Prozess der Anwendung wirksam werden. Die neuzeitlichen Formalisierungen der Zentralperspektive im Bereich der Geometrie und der Analyse von Funktionen durch das Infinitesimalkalkül fallen explizit nicht unter diesen eng gefassten Begriff der Formalisierungen.

[83] Der französische Mathematiker und Physiker Jean-Baptiste Joseph Fourier (1768–1830) stellt 1807 das Verfahren der Fourieranalyse vor. Dies besagt, dass jede hinreichend »glatte« periodische Funktion als unendliche Reihe trigonometrische Funktionen (d.h. als Summe von Cosinus- und Sinusfunktionen) darstellbar ist.

chen.[84] Erich Hörl zeigt in »Die heiligen Kanäle« [Hörl, 2005], wie im späten 19. Jahrhundert Kommunikation als ein kollektives Imaginäres des Archaischen entworfen wurde. In der Lücke zwischen Handhabbarkeit der Elektrizität in technischen Medien und ihrer Unanschaulichkeit und Nicht-Erklärbarkeit spannt sich der Bogen zwischen dem Archaischen und dem Modernen in der Heiligung der Kanäle.

Auf dem Feld der Mathematik markieren Analysis, Mengenlehre und logische Kalküle den Umbruch von Darstellbarkeit und Vorstellung zum Prozessieren von bedeutungslosen Symbolen (und Signalen). Allerdings stellt sich heraus, dass der Formalismus als mathematische Methode erkenntnistheoretisch beschränkt ist. Zelluläre Automaten sind Teil dieser Mathematikgeschichte, die an der Grenze des Formalismus, am Ort von Unentscheidbarkeit und Unberechenbarkeit, die mathematisch geschulte Anschauung als Intuition wieder einführen.

Grenzen der Formalisierung

Die Frage danach, was durch mathematische Methoden berechenbar ist, gründet im so genannten Hilbert-Programm der 1910er und 20er Jahre, welches eine mögliche Lösung des Grundlagenstreits der Mathematik um 1900 sein will. Der Gödelsche Unvollständigkeitssatz zeigt, dass sich nicht die gesamte Mathematik mittels des Hilbert-Programms erfassen lässt. Damit stellt sich die Frage von Entscheid- und Berechenbarkeit.

Um 1900 bricht ein Streit um die Grundlagen der Mathematik aus. Nachdem mit der Entdeckung nichteuklidischer Geometrien[85] das uneingeschränkte Vertrauen in die Geometrie als mathematisch anschauliche Begründungsdisziplin erschüttert war, treten im 19. Jahrhundert Mengenlehre und Arithmetik deren Nachfolge an. Georg Cantor[86] baut ab den späten 1870er Jahren bis Ende der 1890er Jahre die Mengenlehre zur Grundlage der gesamten Mathematik aus. Die Veröffentlichungen

---

[84] Wolfgang Hagen hat in unterschiedlichen Arbeiten überzeugend argumentiert, wie gerade die Unerklärbarkeit solcher Technologien wie Telegrafie und Fotografie ihre diskursive Aufladung insbesondere durch spiritistische Ontologien ermöglichen, z.B. in [Hagen, 2002] und [Hagen, 2008].

[85] Nichteuklidische Geometrien sind Geometrien, in denen das Parallelenaxiom nicht gilt. Dieses besagt, dass es in der Ebene zu einer gegebenen Gerade und einem gegebenen Punkt genau eine Linie gibt, die den gegebenen Punkt durchläuft und die gegebene Gerade nicht schneidet, d.h. parallel dazu verläuft. Im Jahre 1826 entdeckten (und veröffentlichten) Carl Friedrich Gauß (1777-1855) und Nikolai Iwanowitsch Lobatschewski (1792-1856) unabhängig voneinander Beispiele von Geometrien, in denen dieses Postulat nicht gilt.

[86] Georg Cantor, 1845-1918, deutscher Mathematiker.

so genannter Antinomien der Mengenlehre zeigen, dass auch diese Verankerung fragwürdig ist. Vereinfacht ausgedrückt sind Antinomien Aussagen, die in sich widersprüchlich sind. Die bekannteste ist das so genannte Lügner-Paradox, das in seiner kürzesten Fassung lautet: »Dieser Satz ist falsch.« Seit der Antike bekannt, wird es oft dem Kreter Epimenides[87] zugeschrieben, der gesagt haben soll: »Alle Kreter lügen.« Die 1903 von Bertrand Russell[88] beschriebene Russell-Menge bzw. Russell-Klasse R ist definiert als Menge aller Mengen, die sich selbst nicht als Element enthalten. Das heißt, R ist genau dann Element seiner selbst, wenn es sich selbst nicht als Element enthält – ein unauflösbarer Widerspruch. Eine Mengenlehre, die solcherlei Konstruktionen zulässt, kann schwerlich die gewünschte Widerspruchsfreiheit der Mathematik sichern.

In der Folge entstehen verschiedene Schulen, die unterschiedliche metamathematische und logische Forderungen formulieren, um solchen Widersprüchen zu entgehen. Eine dieser Schulen ist der so genannte »Formalismus«.[89] David Hilbert[90] stellt die Forderung auf, dass alle mathematischen Theorien oder Disziplinen auf ein formales, axiomatisches System zurückgeführt werden sollen, d.h. jede Aussage einer Theorie soll mittels wohldefinierter Regeln aus den gegebenen Axiomen abzuleiten sein. Die Gültigkeit der Theorie wäre dann durch die Widerspruchsfreiheit des formalen Axiomensystems gesichert. Diese Widerspruchsfreiheit müsse, so der zweite Schritt des Hilbertschen Programms, durch finitistische Methoden bewiesen werden, also durch endlich viele Manipulationsschritte von endlich langen Zeichenfolgen.[91]

In der Folge werden viele Gebiete der Mathematik und insbesondere der Logik nach dem Hilbert-Programm modernisiert. Die Sicherung der gesamten Mathematik im Formalismus erleidet 1931 einen herben

---

[87] Epimenides lebte im 7./6. Jahrhundert vor Christus, er war Philosoph und Priester.
[88] Bertrand Russell, 1872–1970, englischer Philosoph und Mathematiker.
[89] Die anderen beiden vorherrschenden Richtungen werden meist als »Logizismus« und »Intuitionismus« (oder »Konstruktivismus«) bezeichnet [siehe Schulz, 1997]. Die Schule des Logizismus versucht alle mathematischen Begriffe logisch zu begründen und gerät mit der Entdeckung der Antinomien in arge Bedrängnis. Die Intuitionisten gehen davon aus, dass mathematische Objekte durch die Intuition gefasst werden und Mathematik eine formale Entsprechung des prozessierenden Denkens sei. Insbesondere fordert der Intuitionismus, dass mathematische Objekte und ihre Manipulation finitistisch sein müsse. Die Grenzen zwischen den mathematischen Positionen sind fließend. Logizismus und Formalismus unterscheiden sich darin, dass ersterer stärker ontologisch ausgerichtet ist, während sich für den Formalismus die Frage nach der Existenz der mathematischen Gegenstände nicht stellt, sie existieren nur als Zeichen.
[90] David Hilbert, 1862–1943, deutscher Mathematiker.
[91] Zum Hilbert-Programm siehe auch [Krämer, 1988] und [Schulz, 1997].

Schlag: Gödel[92] formuliert seinen Unvollständigkeitssatz [Gödel, 1931]. Dieser besagt, dass in einem axiomatischen System, welches die Theorie der natürlichen Zahlen[93] formalisiert, nicht alle wahren Sätze abgeleitet werden können.

> Es wird im Kontext der Arithmetik, der Zahlentheorie, nachgewiesen, daß die Mittel der Mathematik, das Finden von Beweisen, seine Grenzen hat: jedes Beweissystem für die wahren arithmetischen Formeln ist notwendigerweise unvollständig. Das heißt, es bleiben immer Formeln übrig, die zwar wahr, aber nicht als solche beweisbar sind. [Schöning, 1992, S. 132]

Diese Formeln sind dementsprechend nicht entscheidbar. Aus dem Beweis folgt auch, dass ein vollständiges axiomatisches System widersprüchlich wäre: Das bedeutet, in einem solchen System gibt es einen beweisbaren Satz, dessen Gegenteil auch wahr ist, also aus den Axiomen ableitbar.

Im Beweis seines Satzes konstruiert Gödel zunächst ein formales axiomatisches System, das fähig ist, die Aussagen der Zahlentheorie auszudrücken. Ein formales axiomatisches System besteht aus einer Menge von Zeichen, die nach bestimmten Regeln zu Zeichenfolgen kombiniert werden dürfen. Es gibt endlich viele ausgezeichnete Zeichenfolgen, die als Axiome bezeichnet werden, und es gibt endlich viele Regeln, wie aus gegebenen Zeichenfolgen neue Zeichenfolgen konstruiert werden dürfen. Eine Zeichenfolge, die durch solcherart erlaubte Manipulationen aus ein oder mehreren Axiomen erzeugt werden kann, heißt Theorem. Entscheidend ist, dass die Zeichen und Zeichenfolgen des formalen axiomatischen Systems zunächst keine Bedeutung haben. Bedeutungslose Zeichen werden nach festgelegten Regeln umgeformt. Bedeutung erhalten die Zeichenfolgen erst durch eine so genannte Interpretation: den Zeichen werden bestimmte (mathematische) Begriffe zugeordnet, wodurch die Zeichenfolgen gewissermaßen aussprechbar und zu (mathematischen) Aussagen und Sätzen werden. Bei Gödels Unvollständigkeitsbeweis werden die Zeichen so interpretiert, dass die ableitbaren Zeichenfolgen Aussagen der Zahlentheorie bilden.

Gödel bildet die Zeichen des definierten formalen System eineindeutig (isomorph) auf natürliche Zahlen ab, d.h., die Zeichenfolgen des formalen Systems entsprechen Zahlenfolgen. In einem zweiten Schritt werden diese Zahlenfolgen jeweils eineindeutig einer natürlichen Zahl

---

[92] Kurt Friedrich Gödel, 1906–1978, US-amerikanischer Mathematiker österreichisch-ungarischer Herkunft.

[93] Die Theorie der natürlichen Zahlen umfasst die mathematischen Sätze, die sich über positive ganze Zahlen inklusive der Null mit den Verknüpfungen Addition und Multiplikation herleiten lassen.

zugeordnet, einem Primzahlpotenzprodukt. Die Ableitungsregeln des formalen Systems werden primitiv-rekursiven Funktionen zugeordnet.[94] Durch dieses Verfahren, Gödelisierung genannt, entsprechen Axiome, Ableitungsregeln und die ableitbaren Theoreme des formalen Systems genau bestimmten Zahlen und deren Relationen untereinander – logisches Schließen entspricht der endlichen Anwendung rekursiver Funktionen.

Es gibt also Beziehungen zwischen drei Feldern. *Erstens* gibt es die Menge der natürlichen Zahlen mit der Verknüpfung der Addition, Multiplikation und Rekursion. Die in der natürlichen Sprache formulierte Zahlentheorie versammelt *zweitens* Aussagen und Beweise über die natürlichen Zahlen und ihre Relationen untereinander, beweisbare Tatsachen, die für alle natürlichen Zahlen oder eine Teilmenge (wie z. B. »alle geraden Zahlen sind durch 2 teilbar«) gilt. Die Beziehung zwischen den Zahlen und der Theorie ist zwar eine mathematisch geregelte, aber (vorerst) keine mathematisch beschreibbare. An dieser Stelle kommt *drittens* das formale axiomatische System ins Spiel, dessen Interpretation genau die Zahlentheorie ist. Damit entsprechen bestimmte Zahlen durch zwei isomorphe (eineindeutige) Abbildungen Aussagen der Zahlentheorie: Die so genannten metamathematischen Sätze, welche bestimmen, wie zahlentheoretische Aussagen (Wahrheiten über ganze Zahlen und ihre Relationen untereinander) geschlussfolgert werden können, werden zu Zahlen und ihren Relationen untereinander. Zahlentheorie wird zur Verrechnung ganzer Zahlen, die Theorie, die von Zahlen handelt, wird in den Zahlen rechenbar.

Nun konstruiert Gödel eine wohldefinierte (d. h. syntaktisch zulässige) Zahl, die zur einer wohldefinierten Menge nicht-beweisbarer (also nach den zulässigen Regeln nicht herleitbarer) Zeichenfolgen gehört. Entscheidend ist, dass diese Zeichenfolge in ihrer Interpretation bedeutet: »Diese Aussage ist nicht beweisbar.« Sie ist also aus den Axiomen und Schlussfolgerungsregeln nicht herzuleiten.

---

[94] Bei Gödel heißen diese Funktionen noch rekursive Funktionen. Sie entsprechen aber dem späteren Konzept der primitiv-rekursiven Funktionen. Primitiv-rekursive Funktionen umfassen bestimmte konstante Funktionen (z. B. die Nullfunktion), die identische Abbildung und die Projektion sowie die Nachfolgerelation – die eine natürliche Zahl auf ihren Nachfolger abbildet. Weiterhin ist die Einsetzung einer primitiv-rekursiven Funktion in eine andere wieder primitiv-rekursiv und: jede Funktion, die durch die Operation der (primitiven) Rekursion aus gegebenen primitiv-rekursiven Funktionen entsteht, ist selbst primitiv rekursiv; im Wesentlichen bedeutet dies, dass eine ($n+1$)-stellige Funktion auf eine n-stellige Funktion zurückgeführt wird [siehe Schöning, 1992, S. 105f.].

Angenommen, die definierte Zahl wäre mittels der erlaubten Verknüpfungen aus den Zahlen herleitbar, welche den Axiomen entsprechen. Dann ließe sich eine Aussage beweisen, die besagt, dass sie nicht beweisbar ist, d.h. es entsteht ein Widerspruch. Die Konstruktion des Widerspruchs basiert genau darauf, dass der Inhalt der Aussage durch das Verfahren der Gödelisierung mit der Konstruktion der Aussage übereinstimmt. Wenn sich die Zahl nicht herleiten lässt, dann gibt es eine Aussage, die wahr ist, aber nicht beweisbar: Das System ist unvollständig. Einfach ausgedrückt bedeutet der Gödelsche Unvollständigkeitssatz also: Ein formales System, das ausreichend mächtig ist, ist entweder widersprüchlich oder unvollständig.

Gödel selbst sieht in seinem Ergebnis das Hilbert-Programm nicht gescheitert. Er hat bewiesen, dass ein formales System, das innerhalb der Arithmetik darstellbar ist, nicht aus sich selbst heraus begründet werden kann. Die metalogische Forderung der Widerspruchsfreiheit lässt sich bewiesenermaßen innerhalb des formalen Systems nicht beweisen. Möglicherweise, so Gödel, ließe sich der Beweis der Widerspruchsfreiheit in einem System führen, das nicht gödelisierbar ist und damit nicht isomorph zur Arithmetik [siehe Gödel, 1931, S. 196–197].

Im Anschluss an Gödels Unvollständigkeitssatz wächst das mathematische Interesse am Konzept der Entscheidbarkeit und der rekursiven Funktionen. Die Gödelsche Gleichsetzung von logischem Schlussfolgern in endlicher Zeit und Berechnung durch die endliche Anwendung rekursiver Funktionen führt zu verschiedenen Ansätzen, um das Konzept der Berechenbarkeit mathematisch genauer zu fassen. In den 1930er Jahren wurden unterschiedliche Berechenbarkeitskonzepte formuliert. Unter anderem definiert Alan Turing[95] Berechenbarkeit mittels mechanischer Rechenmethoden. 1936 veröffentlicht er sein Konzept der Turingmaschine in dem Artikel »On computable numbers, with an application to the Entscheidungsproblem« [Turing, 1936].

Eine Turingmaschine kann man sich als einen Automaten vorstellen, der aus einem unendlichen Speicherband und einem sich darüber bewegenden Lese-Schreib-Kopf besteht. Auf den Feldern des Bandes stehen Zeichen aus einem endlichen Alphabet (einer Symbolmenge). Dabei sind nur endlich viele der Bandfelder mit Symbolen ungleich dem Leerzeichen beschriftet. Der Lese-Schreib-Kopf liest das Zeichen, über dessen Feld er sich befindet, schreibt ein (anderes) Zeichen hinein und bewegt sich ein Feld weiter nach links oder rechts. Eine Turingmaschine hat einen

---

[95] Alan M. Turing, 1912–1954, englischer Mathematiker und Kryptoanalytiker.

Anfangszustand (das Band mit den Einträgen und der Lesekopf, der an einer bestimmten Stelle steht) und arbeitet nach einer fest gelegten Überführungsfunktion das Band bzw. Teile davon ab, bis sie nach endlich vielen Schritten einen Endzustand erreicht.

Eine Funktion ist Turing-berechenbar, wenn es eine Turingmaschine gibt, die für jedes Argument aus dem Definitionsbereich der Funktion nach endlich vielen Schritten anhält und den zugehörigen Funktionswert, also das Ergebnis, ausgibt. Eine Menge A endlicher Zeichenfolgen heißt entscheidbar, wenn es eine Turingmaschine gibt, die für jede endliche Zeichenfolge als Anfangszustand nach endlich vielen Schritten terminiert. Falls die Zeichenfolge ein Element aus A ist, gibt die Turingmaschine 1 aus, falls nicht, 0.

Eine universelle Turingmaschine ist eine Turingmaschine, die alle anderen Turingmaschinen simulieren kann. Für jede Turing-berechenbare Funktion »verhält« sich die universelle Turingmaschine so, wie die Turingmaschine, welche die gegebene Funktion berechnet. Die universelle Turingmaschine führt dieselben Verarbeitungsschritte durch und liefert dasselbe Ergebnis. Das heißt, dass eine universelle Turingmaschine für eine beliebige Turing-berechenbare Funktion die richtige Lösung liefert. Entscheidend ist nun, dass Turing die Grenzen dieses Berechnungsmodell zeigt. Turing weist nach, dass eine universelle Maschine immer ein Halteproblem hat: Es ist immer möglich, eine syntaktisch zulässige Eingabe zu konstruieren, für die eine universelle Turingmaschine nicht terminiert.

Das Halteproblem basiert auf einer selbstbezüglichen Fragestellung: Kann eine universelle Turingmaschine immer entscheiden, ob eine gegebene spezielle Turingmaschine für eine bestimmte Eingabe terminiert (oder unendlich weiterläuft)? Die Frage ist, ob die folgende Menge I aus Null-Eins-Folgen entscheidbar ist: I enthält genau die Null-Eins-Folgen, für die gilt: Für jede dieser Folgen existiert eine Turingmaschine, welche bei der Eingabe der Folge terminiert.[96]

Das Wesentliche an der Turingschen Konstruktion ist, dass jede spezielle Turingmaschine als Zeichenfolge aus Nullen und Einsen codierbar ist.[97] Ähnlich wie durch die Gödelisierung Aussagen über Zahlen rechenbar werden, werden durch diese Codierung Aussagen über Turingmaschinen in einer Turingmaschine prozessierbar. Wenn die oben definierte Menge I entscheidbar ist, dann lässt sich eine Turingmaschine

---

[96] Die Menge lässt sich in mathematischer Notation so schreiben: $I := \{i \in \{0,1\}^* \mid \exists$ eine Turingmaschine T, die bei der Eingabe i terminiert$\}$.
[97] Zur Konstruktion siehe [Turing, 1936] und [Schöning, 1992, S. 118f.].

konstruieren, die genau dann terminiert, wenn die Eingabe kein Element aus *I* ist.[98] Dieser Widerspruch zeigt, dass das spezielle Halteproblem nicht entscheidbar ist.[99]

Zentral ist, dass mit Erfindung der unterschiedlichen Berechenbarkeitskonzepte[100] auch deren Äquivalenz gezeigt wird. Wenn etwas nach einem Konzept berechenbar ist, dann ist es auch nach dem anderen Konzept berechenbar. Allerdings sind bisher noch keine mathematisch relevanten Probleme bekannt, die nicht berechenbar sind – außer den Problemen, die dem Paradox des Lügners folgen und auf denen Gödels Unentscheidbarkeitssatz beruht.

Unabhängig voneinander formulieren Alonzo Church und Alan Turing die These, die heutzutage als Church-Turing-These firmiert: Genau das, was intuitiv berechenbar ist, ist auch im Sinne der exakt formulierten Berechenbarkeitskonzepte berechenbar:

> Die durch die formale Definition der Turing-Berechenbarkeit [...] erfasste Klasse von Funktionen stimmt genau mit der Klasse der im intuitiven Sinne berechenbaren Funktionen überein. [Schöning, 1992, S. 88]

Die Situation Mitte der 1930er Jahre stellt sich also folgendermaßen dar: Die Erkenntnismöglichkeit innerhalb ausreichend komplexer formaler Systeme ist nach dem Gödelschen Unvollständigkeitssatz beschränkt. Alle bekannten exakten Begriffe von Berechenbarkeit sind einander äquivalent, d.h., es scheint auf der Ebene von formalen Systemen keine Möglichkeit zu geben, die Grenze des Berechenbaren zu erweitern. Die Sphäre der prozessualen Formalisierungen ist begrenzt.

Unklar ist in dieser Situation allerdings, wie die unberechenbaren Probleme oder Halteprobleme aussehen. Bekannt ist, dass Probleme von der Art des Lügner-Paradox unentscheidbar sind. Unklar ist, ob alle unentscheidbaren Probleme auf das Lügner-Paradox rückgeführt

---

[98] Die Argumentation funktioniert so: Angenommen *I* ist entscheidbar. Dann gibt es eine Turingmaschine M_i, die für jede endliche (0,1)-Folge terminiert und 1 ausgibt, falls *i* ∈ *I* oder 0 ausgibt, falls *i* ∉ *I*. Dann definiert man eine Turingmaschine *T*, die immer dann stoppt, wenn M_i 0 ausgibt und sonst unendlich weiterläuft. Diese Turingmaschine stoppt genau dann, wenn ihre Eingabe *i* kein Element der Menge *I* ist. Das ist ein Widerspruch zur Definition von *I*, die ja genau alle Eingaben enthält, für die eine terminierende Turingmaschine existiert.

[99] Tatsächlich ist das Problem semi-entscheidbar, d.h. man kann eine Turingmaschine konstruieren, die genau dann terminiert, wenn *i* ∈ *I*. Der Erkenntnisgewinn ist allerdings gering, weil bei einer noch nicht angehaltenen Maschine unklar ist, ob sie unendlich weiterläuft oder irgendwann anhalten wird.

[100] Neben dem Konzept der rekursiven Funktionen und der Turingmaschine formuliert der US-amerikanische Mathematiker Alonzo Church (1903–1995) das λ-Kalkül als Berechenbarkeitsmodell.

werden können. An dieser Stelle setzt die Church-Turing-These ein: Wenn die mathematische Intuition annimmt, ein Problem sei mit endlich vielen (ausreichend einfachen) Rechenschritten lösbar, dann ist es auch im exakten Sinne berechenbar. Das heißt, in gewisser Weise erlaubt die von Church und Turing bemühte Intuition, Probleme in den Blick zu nehmen, von denen noch nicht bekannt ist, ob sie zur Sphäre des Entscheid- und Berechenbaren gehören.

In dieser Sichtweise ist die Church-Turing-These im Kontext der epistemologischen Gegenüberstellung von Formalisierung und Anschauung eine gewisse »Versöhnung« des anschaulichen Denkens mit dem formal prozessierenden Denken. Dabei lässt sich die mathematisch geschulte Intuition, die auf den Prozess des Berechnens zielt, als prozessual zugerichtete Anschauung auffassen. Diese Intuition oder Anschauung sichert den Ein- und Ausschluss in die Sphäre dessen, was durch Formalisierung wissbar ist. Da die unberechenbaren Probleme zwar grundlegend sind, aber in der mathematischen Praxis nicht oft auftreten, scheint die Sphäre des Berechenbaren immer ausreichend praktikabel zu sein.

Zelluläre Automaten sind Beispiele dafür, dass einfache (rekursive) Regeln, die keinesfalls auf Widersprüche nach dem Prinzip des Lügner-Paradox zielen, Prozesse erzeugen, die nicht vorhersehbar, für das Wissen nicht zugänglich sind.

Von Neumann: Universalität trifft Selbstreproduktion

Die Erfindung von zellulären Automaten wird John von Neumann zugeschrieben. 1948 stellt er einem kleinen Kreis von Kollegen am »Institute for Advanced Study« das Konzept eines sich reproduzierenden Automaten vor.[101] In dem Gedankenspiel befindet sich ein Roboter in einem Raum, in dem Bauteile seiner selbst herumschwimmen oder -schweben. Es geht um die Frage, ob und wie sich dieser Roboter selbstorganisiert nachbauen kann. Zur Vereinfachung der Problemstellung schlägt Stanislaw Ulam eine Formalisierung mittels Zellraum oder Gitter, Nachbarschaften und Übergangsfunktion vor: damit fallen vorerst alle Probleme der Mechanik und tatsächlichen Konstruktion weg, und die Frage der Selbstreproduktion reduziert sich auf den Aspekt ihrer logischen Organisation.

---

[101] Siehe [von Neumann, 1966, S. 81] und [von Neumann, 1967/1948].

Der entscheidende Kontext für die Entwicklung des ersten zellulären Automaten ist John von Neumanns Interesse an den theoretischen Grundlagen praktisch zu bauender Rechenautomaten. Von den späten 1940er Jahren bis ca. 1953 arbeitet von Neumann an einer zu entwickelnden Automatentheorie. Diese soll *erstens* die Zuverlässigkeit der Rechenmaschinen handhabbar machen. Zuverlässigkeit meint einerseits Rundungsfehler, die durch die Darstellung von Dezimalzahlen in endlichen Bitwörtern entstehen und das Endergebnis verfälschen können. Andererseits geht es um die Fehlerwahrscheinlichkeiten der elektronischen Bauteile, d.h. der Elektronenröhren, die falsche Ergebnisse erzeugen können. *Zweitens* soll die Automatentheorie Fragen der Laufzeit behandeln, um Lösungen praktikabel zu gestalten und die Fehlertoleranz der Röhren festzulegen. *Drittens* geht es von Neumann um die Untersuchung des logischen Aufbaus der Rechenmaschine im Sinne von Komplexität bzw. Kompliziertheit.[102] Für den zuletzt genannten Punkt entwickelt er den selbstreproduzierenden Automaten.[103] An dem Entwurf arbeitet er etwa ein Jahr intensiv, führt ihn aber nicht zu Ende. Arthur W. Burks[104] veröffentlicht, vervollständigt und kommentiert von Neumanns Überlegungen und Berechnungen 1966 [siehe von Neumann, 1966].

Für von Neumann ist die Kompliziertheit von Automaten durch zwei Eigenschaften charakterisiert: Universalität als Eigenschaft einer Turingmaschine und Selbstreproduktion als Eigenschaft lebender Organismen.

---

[102] Von Neumann spricht sowohl von »complex« als auch von »complicated automaton«.

[103] Der Einsatz des zellulären Automaten für unvorhersehbares Verhalten in der Inszenierung »Hier« legt diesen Blickwinkel nahe, selbstverständlich lassen sich auch andere Kontexte eröffnen. Claus Pias Rekonstruktion verortet »eine Art zellulärer Automat *avant la lettre*« [Pias, 2000, S. 208] in der numerischen Meteorologie von Fry Richardson und verfolgt damit den pragmatischen Strang der Entwicklung zellulärer Automaten zur Lösung partieller Differentialgleichungen. Wolfgang Hagen schließt aus von Neumanns Anwendungen probabilistischer Methoden zur Abschätzung der Fehlertoleranz von Röhren, dieser verfolge »eine ganz andere, alte, aber sehr tiefliegende, bereits in seiner Mathematik der Quantenmechanik angelegte epistemologische Spur: nämlich die einer automatischen, selbstgenerischen Maschine vom Typ eines quasi-›bewußten‹, alle Entropien der Unentscheidbarkeit hinter sich lassenden, selbst-korrigierenden Automaten.« [Hagen, 2004, S. 201]. Beide Kontexte (Differentialgleichungen und probabilistische Überlegungen) sind mit Sicherheit entscheidend für von Neumanns Interesse an und Beschäftigung mit Rechenmaschinen. Tatsächlich wollte von Neumann ausgehend von dem ersten Entwurf des zellulären Automaten, diesen sowohl zu einem kontinuierlichen Modell erweitern, das mit partiellen Differentialgleichungen arbeiten sollte, als auch zu einem probabilistischen Modell. Der existierende Entwurf legt als Untersuchung der logischen Struktur die Grundlagen dafür.

[104] Arthur W. Burks, 1915–2008, US-amerikanischer Mathematiker.

Sein zellulärer Automat verbindet beides: Reproduktionsfähigkeit als Eigenschaft von Komplexität trifft auf Universalität als Eigenschaft von Komplexität.

Von Neumann konzipiert einen zellulären Automaten mit 29 Zuständen und einer recht komplizierten Übergangsfunktion. Die Anfangsbelegung der Zellen (das Anfangsmuster) ist so konzipiert, dass sie einer Turingmaschine gleicht: Es gibt eine Menge von Zellen, die ein unendliches Band (mit nur endlich vielen Zellen im Nicht-Null-Zustand) repräsentieren; andere Zellen repräsentieren und funktionieren wie ein Lese-Schreib-Kopf, wieder andere bilden die so genannte Memory Control, die Constructing Unit und einen Konstruktionsarm, der in einen anderen Bereich des Gitters führt.

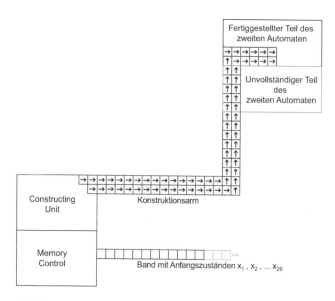

Zellulärer Automat gezeichnet nach [von Neumann, 1966]

Der entscheidende Punkt ist, dass für von Neumann der Automat aus Anfangsmuster und Übergangsfunktion besteht. Das Gitter mit den Nachbarschaftsbeziehungen ist quasi der »Lebensraum« des Automaten. Dementsprechend ist ein selbstreproduzierender Automat ein (endliches) Anfangsmuster, das sich nach einer endlichen Laufzeit vervielfacht hat, also an mindestens zwei Stellen des Gitters auftritt. Das heißt, von Neumann konstruiert eine Menge möglicher Zustände einer Zelle und die Übergangsfunktion so, dass er passend dazu eine Anfangsbelegung der

Gitterzellen formulieren kann, welche sich nach einer gewissen Laufzeit des zellulären Automaten verdoppelt hat.[105]

Setzt sich der zelluläre Automat in Gang, »liest« die so genannte Memory Control eine bestimmte Zelle des Bandes aus und schickt ein entsprechendes Signal an die Constructing Unit. Diese sendet das Signal an den Konstruktionsarm, der im Zielgebiet des Gitters die betreffende Zelle in den gewünschten Zustand versetzt und damit eine Zelle des originalen Automaten kopiert hat. Wenn der Automat fertig konstruiert ist, wird in einem zweiten Vorgang das gesamte Band des selbstreproduzierenden Automaten in das neue Exemplar hineinkopiert: Ein neuer selbstreproduzierender Automat ist konstruiert.

Arthur Burks vervollständigt die Konstruktion nach dem Vorhaben von Neumanns: Ähnlich dem Konzept der Konstruktionseinheit konstruiert er eine Zellmenge als Automaten, der Turing-universell ist [siehe von Neumann, 1966, S. 266–270].

Das Besondere an von Neumanns zellulärem Automaten ist, dass dieser die logische Struktur der Turingmaschine (als Modell von Rechnen und Berechenbarkeit) mit der konstruktiven Struktur der Rechenmaschine (als Automat, der Signale durch die Verschaltung von Röhren prozessiert) koppelt. Arthur Burks kommentiert:

> In this cellular structure, self-reproduction is a special case of construction, and construction and computation are similar activities. [von Neumann, 1966, S. 296]

Tatsächlich sieht von Neumann in automatentheoretischen Vorträgen von 1949 in dieser Selbstbezüglichkeit die entscheidende Grundlage, um überhaupt eine umfassende Automatentheorie aufbauen zu können (damals noch bezogen auf den selbstrekonstruierenden Roboter):

> A complete discussion of automata can be obtained only by taking a broader view of these things and considering automata which can have outputs something like themselves. [...] one imagines automata which can modify objects similar to themselves. [von Neumann, 1966, S. 75]

Von Neumann koppelt also Selbstreproduktion und Universalität in einer selbstbezüglichen Struktur. Es liegt nahe, dass er den zellulären

---

[105] Damit begründet von Neumann eine bestimmte Tradition der Verwendung von zellulären Automaten, nämlich eine Übergangsfunktion so zu bestimmen, dass der resultierende zelluläre Automat bei bestimmten Anfangszuständen gewünschte Eigenschaften hat. Insbesondere begründet er damit den Forschungszweig des künstlichen Leben/Artificial Life (und die Benutzung der zellulären Automaten als Modelle für parallel arbeitende Rechenmaschinen).

Automaten als das geeignete Modell für eine allgemeine Automatentheorie ansieht: Als Automaten, die auf Automaten operieren, besitzen sie ein ähnliche Selbstbezüglichkeit, wie die Gödelisierung sie für die Arithmetik und wie die Konstruktion Turings sie für Turingmaschinen herstellt. Der zelluläre Automat ist in der Reproduktion selbstbezüglich (er verarbeitet sich selbst) und verbindet als Turing-universeller Automat diese Eigenschaft mit logischer Komplexität.

Es lässt sich spekulieren, dass sich von Neuman durch seinen zellulären Automaten neue Erkenntnisse über das Halteproblem verspricht.[106] In einer gewissermaßen automatentheoretischen oder konstruktivistischen Interpretation des Gödelschen Unvollständigkeitssatzes schreibt von Neumann:

> It is connected with the theory of types and with the result of Gödel. The feature is just this, that you can perform within the logical type that's involved everything that's feasible, but the question of whether something is feasible in a type belongs to a higher logical type. It's connected with the remark I made earlier [...]: that it is characteristic of objects of low complexity that it is easier to talk about the object than produce it and easier to predict its properties than to build it. But in the complicated parts of formal logic it is always one order of magnitude harder to tell what an object can do than to produce the object. The domain of the validity of the question is of a higher type than the question itself. [von Neumann, 1966, S. 51]

Von Neumann hat seinen Automaten genau so konstruiert, dass er eigentlich einfacher zu bauen, als vorherzusagen ist. Insofern er aber das Verhalten vorhersagen kann (der Automat wird sich verdoppeln), scheint der zelluläre Automat genau an der Grenze zwischen Vorhersagbarkeit und Machbarkeit zu liegen.

In seiner systematischen Untersuchung einfacher zellulärer Automaten knüpft Stanislaw Ulam in den 1960er Jahren an diese Sichtweise an. Ulam versucht allgemeine Eigenschaften der einfach zu konstruierenden Prozesse zu finden und zu beweisen – und scheitert daran.

---

[106] Diese Sichtweise widerspricht der von Wolfgang Hagen. Hagen stützt seine Argumentation zentral darauf, dass von Neumann Anfang der 1930er Jahren ein probabilistisches Matrizenkalkül erfunden hatte, dass im Kontext von Quantenmechanik gewissermaßen den Beobachter eliminiert und damit das Nicht-Wissen aus quantentheoretischen Prozessen herausrechnet. Das probabilistische Modell des zellulären Automaten weist allerdings eher in Richtung der so genannten Fuzzy-Logik, die die zweiwertige Menge durch eine Art Gewichtung auf das Einheitsintervall [0,1] erweitert, und partizipiert nicht vorrangig an der Quantenmechanik.

Ulam: Regellose Musterbildung

Stanislaw Ulam umreißt das Konzept der zellulären Automaten (die er aber nicht als solche bezeichnet) 1950 in einem Vortrag [siehe Ulam, 1974/1952]: Er diskutiert darin verschiedene Anwendungen von probabilistischen Methoden auf physikalische Fragen bzw. deren mathematische Formalisierungen. Bei der Anwendung der probabilistischen Methoden geht es insbesondere um Systeme mit unendlich vielen Elementen, die untereinander interagieren und üblicherweise mit partiellen Differentialgleichungen beschrieben und gelöst werden. In diesem Kontext stellt er zelluläre Automaten als eine mögliche Modellierung von unendlich vielen, lokal interagierenden Elementen vor. Neben der im Artikel vorgestellten Methode, solche Aufgaben durch partielle Differentialgleichungen zu beschreiben und mittels Wahrscheinlichkeitsabschätzungen zu lösen, könnten (so Ulam) zelluläre Automaten praktikable Lösungswege eröffnen.[107] Er diskutiert die Zielsetzung des Konzepts der zellulären Automaten im Kontext der Automatentheorie. Dabei folgt seine Darstellung im Wesentlichen dem Entwurf von Neumanns, d.h. es geht um selbstreproduzierende Muster und universelle Automaten.

Ulam rückt, ähnlich wie von Neumann, die zellulären Automaten in den Kontext des Gödelschen Unvollständigkeitssatzes:

> Metamathematics introduces a class of games – »solitaires« – to be played with symbols according to given rules. One sense of Gödel's theorem is that some properties of these games can be ascertained only by playing them. [Ulam, 1974/1952, S. 328]

Aufgefasst als Spiel könnten die zellulären Automaten neue Erkenntnisse für die metamathematische Theorie liefern, da sie dieser Theorie strukturell ähnlich sind: »one generates, by given rules from given classes of symbols, new such classes« [Ulam, 1974/1952, S. 336].

---

[107] Es ist irritierend, dass Ulam zelluläre Automaten in einem Vortrag über probabilistische Methoden vorstellt, da diese vorerst streng deterministisch sind. Ulam sagt, die Übergangsfunktion könnte »random decisions« beinhalten, geht aber darauf nicht weiter ein. Allerdings ist Ulam der Ansicht, zelluläre Automaten könnten Lösungen für die im Vortrag diskutierte Probleme bieten. Darüber hinaus könnte Ulam die Intention gehabt haben, nach von Neumanns Vorstellung des Konzepts 1949 nun selbst damit in Verbindung gebracht zu werden. Insbesondere war bis 1952 noch nichts über zelluläre Automaten veröffentlicht worden. In vielen populärwissenschaftlichen Darstellungen wird behauptet, dass Ulam in den 1940er Jahren zu Kristallwachstum geforscht habe und in diesem Kontext am Konzept der zellulären Automaten gearbeitet habe. Weder in seiner Autobiografie [Ulam, 1976] noch in Ulams vorliegenden Artikeln sind Hinweise auf diesen Zusammenhang zu finden.

Ende der 1950er Jahre untersucht Ulam, welche allgemeinen Eigenschaften einfache zelluläre Automaten haben. In dem Artikel »On some mathematical problems connected with patterns of growth of figures« [Ulam, 1970/1962] stellt er vor, wie sich unterschiedliche Anfangsmuster unter gegebenen (einfachen) Regeln entwickeln. Zelluläre Automaten sind für ihn weniger ein Instrument zur Erzeugung bestimmter Eigenschaften, vielmehr untersucht er sie als Prozesse, in denen Symbole (Zellen eines bestimmten Zustands) nach festgelegten Regeln Strukturen erzeugen. Dabei folgt er der so genannten »heuristischen Methode«, die von Neumann und Ulam Anfang der 1950er Jahre diskutiert haben, um den Einsatz von Computern zur mathematischen Theoriebildung fruchtbar zu machen: Für Gleichungen (z.B. partielle Differentialgleichungen oder Gleichungssysteme), deren allgemeine Lösungen unbekannt sind, werden zahlreiche spezielle Lösungen oder Werte numerisch berechnet. Diese Beispiele sollen dem Mathematiker helfen, eine allgemeine Lösung zu formulieren (zu vermuten), die dann mathematisch korrekt bewiesen wird [siehe von Neumann, 1966, S. 3f. und S 33f.].

Ulam definiert einen zellulären Automaten mit relativ einfacher Übergangsfunktion und »schaut«, welchen Verlauf der Automat für unterschiedliche Anfangsbedingungen (in diesen einfachen Fällen ein oder zwei belegte Zellen) und einer gewissen Anzahl von Schritten nimmt. Dabei muss man das »Schauen« wörtlich nehmen: Ulam lässt den zellulären Automaten auf den Computern des »Los Alamos Scientific Laboratory« programmieren und schaut sich die Ergebnisse an, d.h. die Zellbelegung nach n Schritten, um Vermutungen über globale geometrische Eigenschaften aufzustellen.

Das Problem dabei ist, dass es schwierig ist, solche Eigenschaften überhaupt zu erkennen.[108] Es entstehen

complicated and in general nonperiodic structures whose properties are more difficult to establish, despite the relative simplicity of our recursion relations. [Ulam, 1970/1962, S. 219]

Darüber hinaus waren viele der erkennbaren Eigenschaften für Ulam nicht beweisbar. Sieben Jahre später, nach weiteren Berechnungen für eine größere Anzahl von Schritten und unterschiedlichen Modifikationen der einfachen Wachstumsregeln schreiben Ulam und Schrandt:

---

[108] Dabei muss man beachten, dass es darum, geht allgemeine Eigenschaften eines gegebenen zellulären Automaten zu formulieren: d.h. die Eigenschaften müssen für möglichst viele oder alle Anfangsbedingungen gelten.

> Our examples show both the complexity and the richness of forms obtained from starting with a simple geometrical element (a square or a cube!) and application of a simple recursive rule. The amount of »information« contained in these objects is therefore quite small, despite their apparent complexity and unpredictability. [...] It appears to us that the geometry of objects defined by recursions and iterative procedures deserves a general study – it produces a variety of sets different from those defined by explicit algebraic or analytical expressions or by the usual differential equations. [Schrandt und Ulam, 1970/1967, S. 233]

Ulam untersucht die zellulären Automaten bzw. das Wachstum geometrischer Figuren im Hinblick darauf, allgemeines Wissen über die Effekte der Prozesse zu formulieren. Um Vermutungen darüber aufzustellen, betrachtet er diese als bildliche Muster. In Ulams systematischer Untersuchung werden zelluläre Automaten zu einem Mittelding zwischen mathematischem und grafischem Objekt. Entscheidend ist dabei, dass die vermutete Regelhaftigkeit weder bildlich-geometrisch noch formalistisch-mathematisch in den Griff zu kriegen ist. Weder aus den rekursiven Konstruktionsregeln der Übergangsfunktion noch aus den bildlichen Objekten lassen sich allgemeine Erkenntnisse über die Prozesse formulieren. Zelluläre Automaten sind Prozesse, die zwar einfach konstruierbar, aber offensichtlich nur schwer analysierbar sind.

Ulams Forderung nach einer eigenständigen mathematischen Untersuchung dieser mathematisch-grafischen Objekte legt die Vermutung nahe, dass er die einfachen zellulären Automaten grundsätzlich für voraussagbar hält. Im Bild der Solitär-Spiele gefasst, gehören sie nach Ulam zu den Spielen, über die sich prinzipiell Aussagen treffen lassen, bevor man sie spielt. Bezogen auf die Church-Turing-These, scheint Ulam die von ihm definierten rekursiven Regeln für so einfach zu halten, dass sie ihm »intuitiv« als berechenbar erscheinen. John Conway wird mit dem »Game of Life« diese Intuition widerlegen.

Game of Life

Im Oktober 1970 wird John Conways »Game of Life« der Öffentlichkeit vorgestellt und recht schnell ausgesprochen populär. Martin Gardner erklärt in seiner Kolumne »Mathematical Games« in der Zeitschrift »Scientific American« die Spielregeln[109] und berichtet:

---

[109] Zu den Regeln siehe S. 94.

Zelluläre Automaten: Berechenbarkeit zwischen Spiel und Bild 133

Conway chose his rules carefully, after a long period of experimentation, to meet three desiderata:
1. There should be no initial pattern for which there is a simple proof that the population can grow without limit.
2. There should be initial patterns that *apparently* do grow without limit.
3. There should be simple initial patterns that grow and change for a considerable period of time before coming to end in three possible ways: fading away completely (from overcrowding or becoming too sparse), settling into a stable configuration that remains unchanged thereafter, or entering an oscillating phase in which they repeat an endless cycle of two or more periods.

In brief, the rules should be such as to make the behavior of the population unpredictable. [Gardner, 1970, S. 120]

John Conway hat etwa zwei Jahre mit den Regeln experimentiert, um diese Unvorhersehbarkeit der Musterentwicklung zu erreichen. Im Gegensatz zu Ulam ist Conway nicht auf der Suche nach Regelhaftigkeit, sondern nach Unvorhersagbarkeit. Der Legende nach verwandelt sich in dieser Zeit der Gemeinschaftsraum der mathematischen Fakultät der Universität Cambridge, wo Conway arbeitet, zeitweise in ein großes Spielfeld:

> Zunächst genügte noch der große Kaffeetisch, um die notwendigen Spielsteine zu plazieren, mit denen man sich den Grundzügen des zellulären Spiels annäherte. Doch bald schon mußten die Spieler auf den Fußboden ausweichen und stießen auch dort schnell an die Grenzen des Raums. [Gerhardt und Schuster, 1995, S. 34]

Wenn genug Rechenzeit zur Verfügung steht, benutzt Conway auch einen Computer, um die Entwicklungen einzelner Muster zu verfolgen. 1970 sind die Regeln so ausgereift, dass eine gewisse Unvorhersagbarkeit gesichert scheint. Darüber hinaus macht Conway offene Fragen publik:

> Conway conjectures that no pattern can grow without limit. Put another way, any configuration with a finite number of counters cannot grow beyond a finite upper limit to the number of counters on the field. This is probably the deepest and most difficult question posed by the game. Conway has offered a prize of $50 to the first person who can prove or disprove the conjecture before the end of the year. One way to disprove it would be to discover patterns that keep adding counters to the field: a »gun« (a configuration that repeatedly shoots out moving objects such as the »glider«, to be explained below) or a »puffer train« (a configuration that moves but leaves behind a trail of »smoke«). [Gardner, 1970, S. 121]

Im November 1970 gewinnt eine Gruppe des »Massachusetts Institute of Technology« (MIT) um R. W. Gosper[110] den Preis – sie haben eine so

---

[110] R. William Gosper, geboren 1943, US-amerikanischer Mathematiker.

genannte »Gleiterkanone« konstruiert, ein Muster, das nach jeweils 30 Verrechnungsschritten einen »Gleiter« aussendet. Ein Gleiter selbst ist ein Muster aus fünf Zellen, das nach jedem zweiten Schritt gespiegelt, um 90 Grad gedreht und eine Zeile und Spalte verschoben auftritt und sich dadurch diagonal durch das Gitter bewegt.

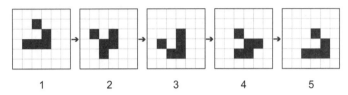

Darstellung eines Gleiters in aufeinander folgenden Zuständen

Die Gleiterkanone erzeugt also in einem unendlichen Gitter ein grenzenlos wachsendes Muster, indem sie immer wieder neue Gleiter aussendet, welche diagonal durch den Zellraum wandern. Gleiterkanone, Gleiter und ein Muster, das »Fresser« genannt wird, sind die Grundelemente, um im »Game of Life« einen Computer bzw. eine universelle Turingmaschine zu simulieren.

Ähnlich wie in der Konstruktion John von Neumanns simuliert »Game of Life« einen Computer durch seine Zellbelegungen. Grundlage dafür sind mehrere geordnete Abfolgen von Gleitern, welche jeweils einem Impuls oder Bit entsprechen – d.h. die Abfolge der Gleiter kann als Bitwort gelesen werden, als Folge von Einsen (Gleiter) und Nullen (kein Gleiter), also als Code. Durch Zusammenstöße von Gleitern lassen sich logische Schaltungen simulieren: Es gibt unterschiedliche Reaktionen beim Aufeinandertreffen von Gleitern, sie können sich z.B. gegenseitig auslöschen oder voneinander abprallen. Mittels Gleiterflotten (also vielen Gleitern) und Blöcken[111] lässt sich ein Speicher mit Registern simulieren. Mit Hilfe dieser grob skizzierten Bausteine lässt sich eine universelle Turingmaschine im »Game of Life« simulieren, deren Eingaben aus Zellbelegungen besteht. Die Lösung eines Problems sind Gleiterfolgen (Bitwörter), die nach der »Ausgabe« gelöscht werden.[112]

Das Argument für die allgemeine Unvorhersehbarkeit der Musterentwicklung ist der Rückbezug auf das spezielle Halteproblem der Turingmaschine. Da eine universelle Turingmaschine *erstens* nicht für

---

[111] Ein Block besteht aus vier Zellen im »lebenden« Zustand, die ein Quadrat bilden.
[112] Die Konstruktion ist in [Berlekamp et al., 1984, S. 136-153] dargestellt.

jedes Problem vorhersagen kann, ob dieses berechenbar ist, und da sich *zweitens* jedes Problem als Zellbelegung für die von »Game of Life« simulierte universelle Turingmaschine darstellen lässt, »gibt es auch kein Verfahren, das anzeigt, ob eine gegebene LIFE-Konfiguration schließlich abstirbt oder nicht« [Berlekamp et al., 1984, S. 153].

»Game of Life« vereinigt also die Stränge, die in der frühen Erforschung der zellulären Automaten entscheidend sind: Universalität, Selbstreproduktion und Nicht-Regelhaftigkeit (bzw. Nicht-Berechenbarkeit) als bewiesene Eigenschaft.[113]

Die Erfindung und frühe Erforschung zellulärer Automaten bis hin zum »Game of Life« findet im Kontext von Automatentheorie, metamathematischen Fragestellungen und dem neuen Feld des »Artifical Life«, des Entwurfs künstlichen Lebens, statt. Alle diese Themenbereiche werden schon bei von Neumanns Entwurf seiner Automatentheorie beschrieben. Dabei scheint der zelluläre Automat von Neumanns als selbstbezüglicher, universeller und selbstreproduzierender Automat auf den Grenzbereich der Vorhersagbarkeit zu zielen. In Ulams Forschung werden zelluläre Automaten zu einem Objekt des Wissens, das zwischen dem mathematisch formalen Prozess der Rekursion und einem bildlichen Objekt situiert ist. In beiden Formen entziehen sie sich der Vorhersehbarkeit. Dass einfach erscheinende rekursive Verfahren im Allgemeinen tatsächlich nicht (Turing-)berechenbar sind, zeigt dann das »Game of Life«. Zwar ist seit Gödel und Turing bekannt, dass es solche Prozesse gibt. Der entscheidende Punkt ist, dass bis in die späten 1960er Jahre kaum praktisch relevante Phänomene der Unberechenbarkeit auftauchen. In diesem Kontext ist »Game of Life« eines der Beispiele, die vor Augen führen, dass extrem einfache Rekursionen unberechenbar und nicht vorhersehbar sind.[114]

---

[113] Üblicherweise wird in den einschlägigen Publikationen und Internetbeiträgen behauptet, dass es im Allgemeinen unentscheidbar ist, ob ein beliebiges Anfangsmuster terminiert, bzw. dass es keinen Algorithmus gibt, der bei zwei beliebigen Mustern in allen Fällen entscheiden kann, ob eines der Muster aus dem anderen entstehen kann oder nicht. Stephen Wolfram behauptet in seiner umfassenden Übersicht über so genannte simple Programme, dass in zweidimensionalen zellulären Automaten (wie es »Game of Life« ist), »even questions about a single step are often undecidable« [Wolfram, 2002, S. 1138]. Ich habe dazu leider keine belastbaren Beweise gefunden.

[114] In letzter Zeit erleben zelluläre Automaten gerade aus diesem Grunde eine gewisse Renaissance, sowohl im künstlerischen Bereich als auch als »Welterklärungsmodell«. In Dietmar Daths Roman »Dirac« werden 100.000 Euro geboten, um ein Verfahren zu finden, welches schneller als ein bestimmter zellulärer Automat große Zahlen ver- und entschlüsselt [Dath, 2006]. Stephen Wolfram erhebt das Prinzip, dass einfache Rekursionen unberechenbar sein können, zum »Welterklärungsmodell« [Wolfram, 2002]. In großem Rundumschlag werden so genannte »simple Programme«, deren

Während die zellulären Automaten in der frühen Phase ihrer Erforschung die Formalisierung und ihre Grenzen im Modus von Bildlichkeit und Anschaulichkeit thematisieren, laboriert die noch junge Fernsehtechnologie an der Formalisierung von Bildlichkeit unter dem Vorzeichen der Effizienz.

Differenzbild: Schalten und codieren

Das Differenzbild wird in der Performance »Hier« als Schalter zwischen der Steuerung der Papierbahnen durch »Game of Life« und durch das Differenzbild selbst eingesetzt.[115] Zusätzlich fungiert es in einigen Sequenzen der Performance als Schalter zwischen unterschiedlichen Konfigurationen der Papierbahnen, wie z.B. die Parallelstellungen und das Fünfeck in der zweiten analysierten Szene. Diese beiden Steuerungen beruhen auf dem Prinzip einer Schwellenwertfunktion. Außerdem wird das Differenzbild als ein eigenes Steuerungsprinzip eingesetzt, in dem die 1-Einträge der Matrix in verschiedenen Bereichen des Bildes (den Tortenstücken) addiert werden und die zugehörige Papierbahnstellung bestimmen. Die Änderungen zwischen aufeinander folgenden Bildern werden also unterschiedlich weiter verrechnet.

Wird das Differenzbild als Schalter eingesetzt, funktioniert es nach dem Prinzip einer Schwellenwertfunktion. Die mathematische Funktion, die dieses Prinzip erstmals formalisiert, ist die Heaviside-Funktion. Sie macht die Unstetigkeit mathematisch handhabbar. In der modernen Fassung lautet sie:

$$\sigma(x) = 1, \text{ falls } x \geq 0 \text{ und } \sigma(x) = 0 \text{ sonst.}$$

Heaviside[116] selbst hat sie für $x = 0$ nicht definiert. Die Schwellenwertfunktion schaltet zwischen zwei Zuständen und diskretisiert das Reelle in Abhängigkeit von einem Ereignis. Bernhard Siegert beschreibt die Heaviside-Funktion als mathematische Formalisierung des »Relais-Prinzips«:

> Das Relais [...] differenziert zwischen dem Zeichen bzw. dem Signal einerseits und der Batterie bzw. der Energie andererseits. Die Idee des Relais ist, die Energie gar nicht mehr zu übertragen, sondern bereits beim Empfänger in einem Empfängerstromkreis bereitzuhalten, in den auch der Schreibapparat

---

herausragendes Beispiel die zellulären Automaten sind, zur Weltformel in dem Sinne, dass sie Grundlage aller naturwissenschaftlichen Modellierungen sein sollen.
[115] Zur Erklärung der Steuerungsprinzipien siehe S. 93f.
[116] Oliver Heaviside, 1850–1925, englischer Mathematiker und Physiker.

eingeschaltet ist. Die einzige Arbeit, die das auf der Leitung ankommende Signal noch verrichten muß, ist, das Relais zu betätigen und dadurch die beliebig großen Energien der Batterie auszulösen. [...] Ursache und Wirkung stehen nicht mehr in einem proportionalen Verhältnis. [Siegert, 2003, S. 373]

Das proportionale Prinzip von Ursache und Wirkung wird durch das Prinzip des Auslösens flankiert – der Umbruch zur Ära der Signalverarbeitung beginnt.

Im Modus der Schwellenwertfunktion wird die Performerin in »Hier« zum schaltenden, befehlenden Subjekt, das zwischen zwei Prinzipien wählt: zwischen den autonomen Drehungen der Papierbahnen und der Möglichkeit der Intervention.

Heavisides Symbol 1 ruft abhängig vom Ereignis t den mathematischen Ausdruck als solchen ins Sein, es ist ein Existenzoperator, die Operationalisierung des göttlichen »fiat« oder des für den mathematischen Diskurs so unverzichtbaren »es sei«. Es bezeichnet innerhalb des symbolischen Ausdrucks das Subjekt, das diesen Ausdruck behauptet, befiehlt oder ins Sein ruft. [Siegert, 2003, S. 375]

Als Steuerung für die Drehung der Papierbahnen verweist das Differenzbild auf den historischen Kontext seiner Entstehung: Es ist als ein Codierungs- und Komprimierungsverfahren für Fernsehsignale entwickelt worden. Damit schlägt der Einsatz des Differenzbildes in der Inszenierung »Hier« den Bogen vom Beginn der Ära der Signalverarbeitung zu deren Umbruch in die Digitalisierung, wenn nicht mehr Spannungen übertragen, sondern Werte verarbeitet und adressiert werden.

Das Differenzbild ist eine Vereinfachung des so genannten »Interframe Differential Coding« oder der »Codierung der Differenzen«. Die Idee ist, dass nur die Änderung der Farbwerte einzelner Bildpunkte übertragen werden und der Empfänger diese Änderungen auf ein Referenzbild anwendet.

Das »Interframe Differential Coding«-Verfahren wurde in den frühen 1950er Jahren untersucht.[117] Es geht darum, die für den Bildaufbau benötigte Signalmenge zu reduzieren, die zum Empfänger übertragen wird.

Beim Fernsehempfang (schwarz-weiß) wird eine Kathodenstrahlröhre so angesteuert, dass sie 25 Mal pro Sekunde ein Bild aufbaut. Vereinfacht ausgedrückt funktioniert der Bildaufbau so, dass ein Elektronenstrahl

---

[117] Allerdings gab es wohl schon vorher Überlegungen, wie man die Übertragungsmenge von Fernsehbildsignalen reduzieren kann. F. W. Mounts verweist in [Mounts, 1969, S. 2554, Fußnote 1] auf das britische Patent Nr. 341811 von 1929 und Fritz Schröter bemerkt in [Schröter, 1953, S. 67, Fußnote 4], dass er 1936 ein Differenzbildverfahren vorgeschlagen habe, das mit dem französischen Patent Nr. 825833 geschützt ist.

eine Phosphorschicht beschießt und diese dadurch zum Leuchten bringt. Der Elektronenstrahl wird von einer Glühkathode ausgesendet und tastet die Schicht zeilenweise ab. Der Bildaufbau ist also ein zeitlicher Vorgang, für den die Position des Strahls (Zeitpunkt x in der Zeile y) und die Stärke des Beschusses entscheidend sind, wobei Letztere die Helligkeit des Bildpunktes bestimmt. Die Position des Strahls wird durch elektromagnetische Auslenkung bestimmt, seine Stärke durch die Spannung an der Glühkathode. Elektrische Spannungen regeln Auslenkung und Intensität des Elektronenstrahls, der das Bild aufbaut. Die Häufigkeit des Bildaufbaus ist einerseits der Phosphorschicht geschuldet, die nur eine gewisse Zeit lang leuchtet, und andererseits der visuellen Wahrnehmung des Rezipienten – bei geringerem Bildaufbau erscheint ein Flimmern auf dem Schirm.

Der entscheidende Punkt der Fernsehtechnik der 1940er und 50er Jahre ist, dass für jeden Bildaufbau alle Bildsignale an den Empfänger gesendet werden: eine große Menge von Signalen, für die der Kanal eine große Bandbreite zur Verfügung stellen muss. Im Sinne von Ressourcen ist eine Ersparnis, eine Minimierung der zu sendenden Signale wünschenswert. Die Idee des »Interframe Differential Coding« ist, nur die Änderungen zwischen aufeinander folgenden Bilder zu senden und zu verarbeiten. Voraussetzung dafür ist allerdings, dass der Empfänger über einen Bildspeicher verfügt: Wenn nur Änderungen gesendet werden, muss der Empfänger das zu ändernde Bild kennen, d.h. die Signale, die die Röhre zum Bildaufbau braucht, müssen gespeichert und abrufbar sein. Genau das ist erst mit elektronischen Bildspeichern möglich, die Ende der 1940er Jahre entwickelt wurden [siehe Berz, 1999].

Nach der Einführung elektrischer Bildspeicher werden verschiedene Ansätze zur Verringerung der zu übertragenden Bildsignale erprobt. In Deutschland wird ein Bildspeicher vorgestellt, der erlaubt, dass nur einzelne Bildpunkte in ihrer Helligkeit aktualisiert und nicht alle Rasterpunkte ständig neu abgetastet werden müssen [siehe Schröter, 1953]. Über den Kanal müssen also nur die Veränderungen gesendet werden, bzw. – so der Vorschlag – die absoluten Bildsignale, wenn der Abtaststrahl eine Veränderung der Bildpunkthelligkeit feststellt. Es geht Schröter um die Verringerung der Kanalkapazität, der zu nutzenden Bandbreite. Im englischsprachigen Raum wird die Codierung der Differenzen in den frühen 1950er Jahren auf einzelne Bilder angewandt, d.h. es werden die Differenzen zwischen den Werten benachbarter Bildpunkte gemessen und übertragen. In eigens entworfenen Schaltkreisen oder mittels optischer Apparate wird die Differenz zwischen

Signalamplituden benachbarter Bildpunkte gefiltert und statistisch ausgewertet.[118] Das Ziel ist, Bilder als Nachrichten im »shannonschen Sinne« behandeln zu können.

Die mathematische Theorie der Kommunikation von Claude Elwood Shannon[119] fasst Information statistisch als (Un-)Wahrscheinlichkeit des Auftretens einer Nachricht aus einer Nachrichtenquelle auf. In einem shannonschen Kommunikationssystem gibt es eine Quelle, die Nachrichten erzeugt, einen Transmitter, der die Nachrichten in Signale umwandelt, die über einen Kanal gesendet werden, eine Rauschquelle, die die gesendete Nachricht verfremden kann, einen Receiver, der die empfangenen Signale zurück in die Nachricht verwandelt sowie einen Empfänger der Nachricht [siehe Shannon, 1993/1948, S. 6f.]. Nachrichten können aus Zeichenfolgen oder (kontinuierlichen) Funktionen bestehen, die entstehenden Signale sind durch diskrete oder kontinuierliche Funktionen anschreibbar. Entsprechend des Modells des Kommunikationssystems ist ein Signal für Shannon der zeitabhängige Verlauf einer physikalischen Größe. Shannons Hauptaugenmerk liegt auf der Optimierung der Nachrichtenübertragung. Es geht ihm darum, die Signale möglichst schnell und günstig über den Kanal zu schicken und dabei garantieren zu können, dass die empfangene Nachricht der gesendeten entspricht. Der Schlüssel für eine mathematische Behandlung dieser Optimierung ist der Informationsbegriff.

Shannon entwickelt seinen Informationsbegriff am diskreten Modell. Entscheidend ist, dass die Quelle die Nachrichten aus einer endlichen Menge von Symbolen erzeugt, d.h. der Vorgang lässt sich als Auswahl von Zeichen verstehen. Entsprechend ist den einzelnen Symbolen der Quelle eine Auswahlwahrscheinlichkeit zugewiesen. Die Information eines Zeichens ist nun umso geringer, je höher die Wahrscheinlichkeit seiner Auswahl ist.

Shannon verallgemeinert damit einen Informationsbegriff aus den späten 1920er Jahren. Ralph Hartley[120] definiert die Information einer Nachricht als »the logarithm of the number of possible symbol sequences« [Hartley, 1928, S. 540]. Auch Hartley geht es um die Effizienz der Übertragung – er fragt sich, wie viele Symbole bzw. elektrische Signale in wie kurzer Zeit über eine elektrische Leitung und deren Frequenzbandbreite geschickt werden können.

---

[118] Siehe [Kretzmer, 1952] und [Harrison, 1952].
[119] Claude Elwood Shannon, 1916–2001, US-amerikanischer Mathematiker.
[120] Ralph Vinton Lyon Hartley, 1888–1970, US-amerikanischer Elektroingenieur.

Shannon überführt die Begriffe von Information und Effizienz, die am Beispiel von Telefon und Telegraf unter der Bedingung von Ressourcen- oder Kostenminimierung entwickelt wurden, in seine Gegenwart. Er bettet den Informationsbegriff in ein allgemeines Wahrscheinlichkeitsmaß ein und betrachtet die Nachrichtenquelle konsequent als Wahrscheinlichkeitsraum. Er passt ihn an die binäre Technologie »such as a relay or flip-flop-circuit« [Shannon, 1993/1948, S. 6] an und untersucht die Folgen (feindlicher) Störsignale während der Übertragung. Die Effizienz der Übertragung steht dabei im Mittelpunkt: Information ist ein Wahrscheinlichkeitsmaß, mit dem Zeichen derart bewertet werden können, dass die Übertragung der aus ihnen erzeugten Signale möglichst wenig Zeit in Anspruch nimmt. Das entscheidende Ergebnis von Shannon beschreibt, wie lang eine codierte Nachricht mindestens sein muss, damit sie ohne Informationsverlust versendet werden kann.

Die auf Shannons Informationsbegriff aufbauende Codierungstheorie unterscheidet zwischen Quellcodierung und Kanalcodierung. Die Quellcodierung codiert die von der Quelle erzeugten Nachrichten mittels anderer Zeichen. Die Intention bei der Quellcodierung ist neben der Übersetzung der Nachrichten in versendbare Signale die Komprimierung der Daten oder ihre Verschlüsselung, damit ein unbefugter Empfänger sie nicht lesen kann. Bei der Kanalcodierung geht es im Wesentlichen darum, Fehler bei der Übertragung erkennen und korrigieren zu können.[121]

Anfang der 1960er Jahre gibt A.J. Seyler einen umfassenden Überblick über die Problematik der Codierung der Differenzen [siehe Seyler, 1962]. Ziel ist es, die theoretischen und praktischen Grundlagen für ein realisierbares System zu schaffen: Wie müssen die Signale codiert werden, damit »Differential Coding« möglich, sinnvoll und effektiv ist? Er diskutiert theoretische und praktische Aspekte, die ein solches System erfüllen muss. Entscheidend dabei ist, dass Seyler auf den Hartleyschen Informationsbegriff zurückgreift und die auftretenden Signale als diskrete Variablen bzw. binär codierte Signale behandelt. Seyler entwirft ein formales Framework, um die Minimierung der Bitrate[122] berechnen zu können, und führt dabei erstmals konsequent die Signale als binäre Codewörter ein.

---

[121] Zu Einführungen in die Codierungstheorie siehe [Schulz, 1991].
[122] Die Bitrate bezeichnet die Menge von Bits, die in einer Zeiteinheit übertragen werden können.

Das erste lauffähige System wird 1969 von F. W. Mounts vorgestellt [siehe Mounts, 1969]. Bei dem so genannten »conditional replenishment« werden die zu sendenden (Video-)Bilder digitalisiert und die Werte korrespondierender Pixel in aufeinander folgenden Bildern voneinander subtrahiert. Liegt die Differenz über einem bestimmten Schwellenwert, wird der absolute Helligkeitswert des Pixels mit seiner zugehörigen Adresse zum Empfänger übertragen und dort im Bild aktualisiert. Barry G. Haskell fasst in einem historischen Überblick zusammen:

> Mounts [...] describes conditional replenishment in which a [...] picture element value plus an address is sent from each picture element that is changed by more than a certain threshold since the previous frame. [Haskell, 1979, S. 193]

Nun werden Pixelwerte verrechnet und adressiert. Die zum Differenzbild gehörige Differenzmatrix ist das vereinfachte symbolische Verfahren dafür.

Die Entwicklung des »Differential Coding« beginnt also als apparatives Verfahren, in dem Spannungen gemessen, in Schaltungen geregelt und zeitsynchron übertragen werden. Die entscheidenden Schritte zur praktischen Realisierung des Modells sind der Rückgriff auf den Hartleyschen Informationsbegriff und die Digitalisierung der Bildsignale: es werden Werte verrechnet und adressiert. »Differential Coding« wird zum symbolischen Verfahren. Erst damit wird die Dekontextualisierung des Verfahrens möglich, welche die Inszenierung »Hier« vornimmt. Als symbolisches Verfahren der Verrechnung und Adressierung lässt es sich aus dem Kontext der Codierung lösen.

In der Performance wird das Differenzbild nur zeitweise dafür genutzt, ein für das Publikum sichtbares Bild zu berechnen. Das Differenzbild stellt vielmehr abstrakte Daten für die Steuerung der Papierbahnen bereit. Die Werte des Differenzbildes werden gewissermaßen falsch verrechnet und adressiert. Zwar folgt die Verrechnung der Bildwerte der Logik des »Differential Coding«, da genau die Veränderung von Werten zur Veränderung des Sichtbaren führt. Das Differenzbild wirkt in »Hier« allerdings als Änderung der Veränderung auf die Papierbahnen. Damit potenziert die Verarbeitung die Komprimierung. Diese wird aber gleichzeitig irreversibel. Darüber hinaus konterkariert der Einsatz des Differenzbildes in »Hier« genau das Prinzip der Dekodierung, weil nicht Bildpunkte angesprochen sondern Papierbahnen gesteuert werden – das Codewort ist falsch adressiert. Die performative Bewegung als Intervention ist vor dem Hintergrund der Technikgeschichte das Nicht-Codierbare: falsch adressiert und nicht reversibel.

»Hier« verschränkt Verfahren, die auf die Diskurse von Berechenbarkeit und technischer Kommunikation zielen und inszeniert diese vordergründig als Feedback zwischen Performerin und Umgebung.[123] Betrachtet man die historische Entwicklung der Verfahren, stellt sich heraus, dass das vermeintliche Feedback auf Unverfügbarkeit basiert, auf Unvorhersehbarkeit und Unentschlüsselbarkeit. Die autonomen Papierbahnbewegungen sind für die Performerin nicht vorhersehbar und die menschliche Bewegung ist nicht dekodierbar, da »falsch« verrechnet und adressiert. Zellulärer Automat und Differenzbild erscheinen als Verfahren, die auf unterschiedliche Weise zwischen Formalisierung, Bildlichkeit und deren Möglichkeiten von Erkenntnis (Wissen, Handhabbarkeit) verortet sind.

»Hier« inszeniert ein Verhältnis von Körper und seiner technischmedial konstituierten Sichtbarkeit, das im Modus der Verrechnung durch die wechselseitige Unverfügbarkeit charakterisiert ist. Ein Modell, das auf das Verhältnis zwischen Körper und seiner Sichtbarkeit als spezifische Art von Bildlichkeit zielt und dieses Verhältnis grundlegend durch das Moment des Unverfügbaren charakterisiert, ist das Auge-Blick-Modell von Jacques Lacan.[124] Insofern dieses Modell Sichtbarkeit als Effekt sich überlagernder Funktionen entwirft, die das Verhältnis zwischen einem Subjekt der Vorstellung und dem Blick im Modus eines fast unverfügbaren Bild/Schirms strukturieren, lässt sich die installative Anordnung der Inszenierung »Hier« als Versinnlichung und Zuspitzung des Lacanschen Modells verstehen. »Hier« befragt das Verhältnis von Körper und seiner Sichtbarkeit unter den Bedingungen von Kalkül und Information.

---

[123] Man könnte die inszenierte Situation als (pseudo-)kybernetisch charakterisieren, so verortet z. B. Martina Leeker in [Leeker, 2007] die Performance im Kontext von Kybernetik. Insofern »Hier« aber genau mit den Grenzen der kybernetischen Modelle Kalkül, Kommunikation/Information und Regelkreis spielt, weist die Inszenierung m. E. über den Kontext der Kybernetik hinaus und macht deutlich, wie diese selbst den epistemologischen Anspruch der Formalisierung im Modus der Anschaulichkeit – mittels Analogiebildung, Metaphorik und vor allem als Simulation – durchsetzt und dadurch ihre Grenzen verdeckt. Die Überzeugungskraft ist die Machbarkeit, die insbesondere als Simulation der Prozesse in lauffähigen Schaltungen auftritt. Durch das Versprechen des Anschlusses von Mensch, Maschine und Welt überspielt die Kybernetik einerseits die ihr inhärente Kränkung des Anthropologischen und steckt andererseits das Gebiet ihres Geltungsanspruchs ab: Wenn alles formalisierbar ist und als solches läuft, dann sind die Grenzen des Formalisierbaren kein Problem.
[124] Jacques Lacan, 1901–1981, französischer Psychoanalytiker.

Lacans Auge-Blick-Modell

Lacans Auge-Blick Modell zielt auf die Beziehung zwischen dem (Lacanschen) Subjekt und der Sichtbarkeit und kreist dabei um die Frage, wie Körperbilder das Verhältnis zwischen Körper und seiner Sichtbarkeit im Raum strukturieren oder erzeugen. Das Modell ist durch drei Setzungen charakterisiert: *Erstens* modelliert es Sichtbarkeit als Effekt des Blicks. Das Lacansche Konzept des Blicks lässt sich als eine Art Funktion auffassen, die Sichtbarkeit aus dem Reellen erzeugt. *Zweitens* doppelt Lacan den Blick: Es gibt zwei Register des Blicks, die unterschiedliche Modi von Sichtbarkeit erzeugen und als Dreiecksschemata veranschaulicht werden. *Drittens* überlagert das Modell die beiden Dreiecke oder Schemata der Sichtbarkeit, wodurch sie sich verändern, transformieren.

Das Feld des Sichtbaren konstituiert sich nach Lacan durch die Spaltung in Auge und Blick. Der Blick ist Voraussetzung des Sehens und zwar als Blickpunkt oder als Licht. In dieser Doppelheit konstituiert er zwei Ebenen des Sehens. Jede dieser Ebenen ist ein bestimmter Modus des Sehens, die jeweils eine eigene Form dessen nahe legen, was das Subjekt in Bezug auf Sichtbarkeit ist. Der Blick erzeugt beide Modi der Sichtbarkeit in ihrer untrennbaren Verschränkung und, als deren Effekt, das »Subjekt der Vorstellung«. Im Rahmen der Subjekttheorie Lacans wird der Blick zum so genannten »Objekt klein a«.[125] Der Blick ist für das Subjekt nicht zu fassen und nur als Bildstörung, Fleck, leerer Platz und ähnliches repräsentierbar. Entscheidend ist, das es etwas gibt,

> was in der Natur bereits den Blick geeignet erscheinen läßt für die Funktion, die er dann in der symbolischen Beziehung beim Menschen übernehmen kann. [Lacan, 1978/1964, S. 112]

Und dieses Etwas erlaubt es, die Struktur des Sichtbaren, wie Lacan sie in den Kapiteln VI bis IX des Seminarbuchs XI, »Die vier Grundbegriffe der Psychoanalyse« [Lacan, 1978/1964] entwirft, weitgehend unabhängig von Begehren und »Objekten klein a« zu beschreiben.

Lacans Schemata

In den Vorlesungen von 1964 fragt Lacan nach dem Verhältnis zwischen Subjekt und Sichtbarkeit. Diese Frage beschäftigt ihn in unterschiedli-

---

[125] Das »Objekt klein a« ist ein zentraler Begriff der Lacanschen Theorie. Es ist mit dem Begehren verknüpft, bleibt aber unerreichbar. Da das »Objekt klein a« für den hier skizzierten Zusammenhang nicht entscheidend ist, wird der Begriff nicht weiter ausgeführt.

chen Phasen seines Schaffens, spätestens seit Ende der 1940er Jahre lassen sich dabei zwei Aspekte erkennen: In der schriftlichen Fassung seiner Theorie des Spiegelstadiums[126] ist das Spiegelbild eine spezielle »Imago«, das dem Kind im Alter von 6 bis 18 Monaten ermöglicht, sich im Bild als vollständig zu erfahren, als Ganzheit, die es beherrschen kann bzw. können wird. Das Annehmen des Bildes ist eine

> symbolische Matrix [...], an der das *Ich* (je) in einer ursprünglicheren Form sich niederschlägt, bevor es sich objektiviert in der Dialektik der Identifikation mit dem andern und bevor ihm die Sprache im Allgemeinen die Funktion eines Subjekts wiedergibt. [Lacan, 1973/1949, S. 64]

Der andere Aspekt der Auseinandersetzung befasst sich mit der Frage, welches Verhältnis ein Organismus zu seiner Sichtbarkeit im Raum und damit auch zum Raum selbst haben könnte. Lacan bezieht sich auf biologische Experimente mit Tauben und Wanderheuschrecken, die unabhängig von einer Erklärung durch psychische Kausalität belegen, dass ein Bild eines Organismus Wirkungen auf die Entwicklung seiner Artgenossen hat. Darüber hinaus verweist er auf die Mimesis-Theorie von Roger Caillois[127], insbesondere auf dessen Definition der Mimesis als »Angleichung an die Umgebung«, die mit einer »regelrechten *Versuchung durch den Raum*« [Caillois, 2007/1935, S. 35] korrespondiert.

> Erinnern wir uns nur an die Einblicke, die uns das Denken eines Roger Caillois (das damals eben den Bruch mit der Soziologie, wo es entstanden war, vollzogen hatte) verschaffte, als er unter dem Begriff *psychasthénie légendaire* die morphologische Mimikry einer Zwangsvorstellung vom Raum in ihrer entrealisierenden Wirkung zuordnete. [Lacan, 1973/1949, S. 66]

Die beiden Linien der Lacanschen Auseinandersetzung mit dem Verhältnis von Subjekt, Bild und Raum differenzieren sich in den 1950er Jahren aus und werden mit anderen Begriffen belegt. Die Funktion der Imago in der Ausbildung eines sozialen Ichs (»je«) gehört in der späteren Theorie Lacans zum Imaginären und besetzt einen Platz im Symbolischen.[128] In seinen frühen Schriften benutzt Lacan das deutsche

---

[126] Lacan stellte seine Theorie erstmals 1936 auf dem »14. Internationalen Kongreß für Psychoanalyse« in Marienbad vor, allerdings existiert von dem Vortrag keine Textfassung. 1938 erscheint der Artikel »La Famille« in der Encyclopédie française, in dem die wesentlichen Aspekte des Spiegelstadiums zusammengefasst sind. Eine schriftliche Fassung der Theorie entsteht 1949 als Bericht für den »16. Internationalen Kongreß für Psychoanalyse« in Zürich [Lacan, 1973/1949].
[127] Roger Caillois, 1913–1978, französischer Soziologe und Philosoph.
[128] Zum Zusammenhang von Imago, dem Imaginären und dem Symbolischen siehe z. B. [Evans, 2002].

Wort »Gestalt«. Dieser Begriff bezeichnet das Bild in einer Ordnung von Sichtbarkeit, die geeignet ist, Raum und Subjekt zueinander ins Verhältnis zu setzen, und die – was schwer zu fassen ist – gewissermaßen unterhalb der imaginären und symbolischen Ordnung situiert ist. 15 Jahre nach der schriftlichen Fassung des Spiegelstadiums stellt Lacan sein Auge-Blick-Modell vor, das diese Ordnung der Sichtbarkeit und ihre Beziehung zum »Subjekt der Vorstellung« genauer beschreibt.

Der Ausgangspunkt Lacans ist die Unterscheidung von Auge und Blick. Lacan begründet seine Auffassung, dass Auge und Blick voneinander verschieden seien, mit Rückgriff auf Merleau-Ponty[129] und Caillois. Mit Bezug auf Maurice Merleau-Pontys Buch »Das Sichtbare und das Unsichtbare« [Merleau-Ponty, 1986] fragt Lacan, wovon das Sichtbare abhängt und was das Sichtbare überhaupt als Sichtbares konstituiert.

> Sie werden sehen, daß die Wege, die er [Maurice Merleau-Ponty, I. K.] Sie nunmehr führt, nicht allein in die Ordnung der Phänomenologie des Visuellen gehören, sie greifen – dies ist der wesentliche Punkt – die Abhängigkeit des Sichtbaren auf, die Abhängigkeit von dem, was uns unter das Auge des Sehenden stellt. Noch ist dies zu viel gesagt, denn dieses Auge ist nur die Metapher für etwas, was ich lieber *das Sprießen* des Sehenden/*la pousse du voyant* nennen sollte, etwas von vor seinem Auge. Was einzukreisen wäre auf den Bahnen des von ihm gewiesenen Wegs, ist die Präexistenz eines Blicks – ich sehe nur von einem Punkt aus, bin aber in meiner Existenz von überall her erblickt. [Lacan, 1978/1964, S. 78]

Das, was das Sichtbare konstituiert, nennt Lacan den Blick. Das Sichtbare wiederum ist dem Auge zugeordnet, es ist die Art, wie etwas/jemand vom Auge überhaupt erfasst werden kann.[130] Lacan benutzt die Begriffe Auge, Sehen und Sichtbares tendenziell synonym, während der Blick genau dieses Feld von Auge, Sehen und Sichtbarkeit einrichtet und selbst nicht sichtbar sowie kaum erfahrbar ist.

Die zweite Referenz für die Unterscheidung von Auge und Blick sind Roger Caillois' Mimikry-Studien. Lacan bezieht sich auf dessen Untersuchungen zu Ozellen: kreisförmige Muster, die sich z. B. auf Insektenflügeln befinden. Wird das Beutetier von einem Jäger bedroht, klappt es die Flügel plötzlich auf, die Ozellen werden sichtbar. Das Zeigen der Ozellen schützt die Beutetiere. Diese Wirksamkeit scheint durch zwei

---

[129] Maurice Merleau-Ponty, 1908–1961, französischer Philosoph und Phänomenologe.
[130] Annette Bitsch ist der Ansicht, dass sich die Einführung des Konzepts des Blicks bei Lacan in dieser Form auf Heideggers phänomenologisches Phänomen bezieht, welches sich nicht zeigt, aber den Sinn und Grund des sich Zeigenden ausmacht: »Unter Bezugnahme auf Heidegger ersetzt Lacan die Entgegensetzungen sichtbar/unsichtbar durch die Unterscheidung zweier Funktionen: Sehen und Blick.« [Bitsch, 2005, S. 372]

Eigenschaften bedingt zu sein: Die Aktion des Tieres verwandelt das Sichtbare plötzlich, auf einen Schlag, und lenkt den Blick des Jägers auf die Ozellen. So steuern diese den Blick des Jägers und sind damit dem umgangsprachlichen Verständnis des Blicks zugehörig. Gleichzeitig verändern die Ozellen das Sichtbare grundlegend und ähneln damit Lacans Konzept des Blicks, der die Sichtbarkeit erzeugt. Mit Bezug auf die Frage von Caillois, ob die Augen nicht wegen ihrer Ähnlichkeit mit den Ozellen faszinieren anstatt umgekehrt, und mittels Gleichsetzung von Blick und Ozellen fasst Lacan zusammen: »Müssen wir hier nicht die Funktion des Auges von der Funktion des Blicks unterscheiden?« [Lacan, 1978/1964, S. 80]. Das heißt, der Vergleich mit der Tierwelt stützt Lacans Behauptung der Spaltung von Auge und Blick und weist dem Auge vorläufig die Funktion des Sehens zu. Der Blick wiederum als das, was das Sehen konstituiert, hat die Funktion, zu sehen zu geben und entspricht der Funktion des Flecks.

Neben dieser Unterscheidung von Auge und Blick in Phänomenologie und Mimikry gibt es eine lange Tradition, in der das Auge mit dem Bewusstsein in Form des Descartesschen »Cogito« verhaftet ist. Dieses »Cogito-Auge« ist mit Sicherheit nicht durch den »Ozellen-Blick« erzeugt, vielmehr entspricht es einem Sehen, das

> sich selbst genügt, indem es sich als Bewußtsein imaginiert. Worin das Bewußtsein sich auf sich selbst zurückbeziehen kann – wie *Die junge Parze* bei Valéry sich begreifen kann als *sich sich sehen sehend* – ist Eskamontage. Umgehung der Funktion des Blicks. [Lacan, 1978/1964, S. 80]

Es gibt also nicht nur eine Spaltung von Auge und Blick, sondern es gibt auch unterschiedliche Ebenen des Blicks bzw. unterschiedliche Ebenen der durch ihn erzeugten Sichtbarkeit. Es stellt sich die Frage, welches Auge und welche Sichtbarkeit der Blick als Fleck/Ozelle erzeugt und umgekehrt, welcher Blick das Sehen erzeugt, das dem Auge als Cogito zugeordnet ist. In dieser Lesart lassen sich Lacans Dreiecksschemata als Veranschaulichung der Zweifachheit des Blicks interpretieren. Im Folgenden wird vorgestellt, wie die Dreiecke als schematische Doppelung des Blicks funktionieren. Jedes Schema stellt dar, wie ein bestimmter Aspekt des Blicks eine bestimmte Art der Sichtbarkeit erzeugt. Die beiden Dreiecke werden später übereinandergelegt, »wie es dem tatsächlichen Funktionieren des Registers des Sehens entspricht« [Lacan, 1978/1964, S. 113].

Geometrales Schema Das von Lacan zuerst behandelte Dreieck zitiert das Schema der konstruktiven Zentralperspektive, das ausgehend vom Geometral- oder Augpunkt ein Objekt auf einem Bild/image darstellt.

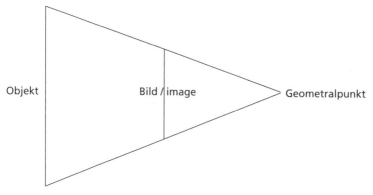

Geometrales Schema, gezeichnet nach [Lacan, 1978/1964]

Das Dreieck bezeichnet damit eine ausschließlich räumliche Relation zwischen einem ausgezeichneten Raumpunkt und einem Objekt, das sich seinerseits an einem bestimmten Platz befindet. Es wird von Lacan als geometrales Schema (oder Dreieck) bezeichnet. Die Vermittlung zwischen den beiden Plätzen geschieht durch das Bild. Das zu diesem Schema gehörige geometrale Register des Sehens bezeichnet Lacan als Bildfunktion:

> Diese Funktion ist definierbar durch zwei Einheiten im Raum, die sich Punkt für Punkt entsprechen. [...] Was sich auf dem Feld des Sehens nach diesem Bild-Modus richtet, läßt sich reduzieren auf das Verhältnis eines an eine Fläche gebundenen Bilds zu einem bestimmten Punkt, den wir »Geometralpunkt« heißen wollen. Was immer sich nach dieser Methode – bei der die Gerade die Aufgabe hat, Bahn des Lichts zu sein – bestimmt, mag sich Bild/image nennen. [Lacan, 1978/1964, S. 92]

Als die Vorstellung des »ich sehe mich mich sehen« ist diese Bildfunktion wiederum ein Modus des Cogito. Das kartesische Subjekt imaginiert sich als ein Denken, das selbstreflexiv ist und auf der Ebene des Auges als Punktförmiges der Welt gegenüber gestellt ist. Im Register des geometralen Sehens ist der Blick ein Geometralpunkt, der das Sehen konstituiert. Das Subjekt verschwindet als Punktförmiges gewissermaßen darin:

> Sowie das Subjekt sich diesem Blick akkommodieren will, wird der Blick jenes punktförmige Objekt, jener schwindende Seinspunkt, mit dem das Subjekt sein eigenes Schwinden verwechselt. [Lacan, 1978/1964, S. 90]

Der Blickpunkt als Konstituens des geometralen Registers des Sehens lässt sich nicht oder nur um den Preis des eigenen Verschwindens im Punkt erfahren. Gleichzeitig legt dieses Modell den Gedanken der »allsehenden Welt« (Merleau-Ponty) nahe, die den Menschen zum potentiell Angeblickten macht, den etwas/jemand im Modus der Bildfunktion wahrnimmt.

Sichtbarkeit im Modus des geometralen Schemas ist beschreibbar durch das räumliche Verhältnis zwischen einem Geometralpunkt und einem Objekt, das im Bild/image (nach dem Modus der Zentralperspektive) dargestellt wird. Die Setzung des Blicks als Geometralpunkt erzeugt die Form der Sichtbarkeit als räumliche Relation, mit dem zugehörigen Subjekt des Cogito. Etwas anderes lässt sich in diesem Register der Sichtbarkeit über das Sehen nicht erfahren. Um die bislang ausgesparten Aspekte von Sichtbarkeit zu formalisieren, verdoppelt Lacan das Blickschema.

Luminales Schema   Das zweite Dreieck dreht das Schema um. Die Spitze befindet sich nun auf der Seite des Objekts im geometralen Schema und ist als Lichtpunkt ausgezeichnet. Die diesem gegenüberliegende Basis des Dreiecks wird mit Tableau bezeichnet. An Stelle des Bildes im ersten Schema befindet sich nun ein Schirm.

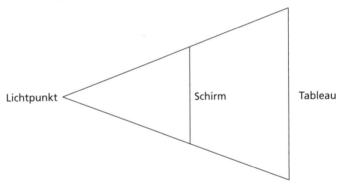

Luminales Schema, gezeichnet nach [Lacan, 1978/1964]

Lacan benutzt unterschiedliche Quellen und Materialien, um das zu umreißen, was im geometralen Modell nicht erfassbar ist.[131] Das Wesentliche für die Beziehung des Subjekts zur Sichtbarkeit ist dabei der Lichtpunkt:

---

[131] Peter Berz hat die verschiedenen Referenzen detailliert nachgewiesen und erläutert [siehe Berz, 2005]. Die folgenden Ausführungen stützen sich stark auf diese Darstellung.

Es ist nicht in der Geraden, es ist im Lichtpunkt/dans le point lumineux – im Strahlpunkt, in dem Rieseln, dem Feuer, dem Springquell der Reflexe. [Lacan, 1978/1964, S. 100]

Es geht also in diesem Schema darum, welche Art der Sichtbarkeit vom Blick als Lichtpunkt erzeugt wird und nicht an die Optik von Strahlengängen gebunden ist – insofern lässt es sich in Anlehnung an den Begriff des geometralen Schemas als luminales Schema bezeichnen.

Für die Frage nach der Sichtbarkeit unter der Bedingung des Lichtpunkts bemüht Lacan Beispiele, die zwei Bereichen zuzuordnen sind. Einerseits sucht er nach den Eigenschaften des Auges, die es als lichtempfindliches Organ besitzt. Andererseits betrachtet er, was der Sehende bzw. dessen Körper in Bezug auf das Licht als Rieseln ist. Es geht darum, was das Sehen und was das Gesehen-Werden im luminalen Register ausmacht.

Um das Auge und dessen Sehen unter der Bedingung des Luminalen zu charakterisieren, benutzt Lacan Beispiele aus der Forschung über das subjektive Farbempfinden. Sie stammen vom Psychologen Adhémar Maximilian Maurice Gelb[132] und sind in Maurice Merleau-Pontys »Phänomenologie der Wahrnehmung« beschrieben [siehe Merleau-Ponty, 1966, S. 352ff.]. Sie verdeutlichen, dass das Auge geschützt werden muss, z. B. durch einen Schirm, um nicht geblendet zu werden. Darüber hinaus zeigen die Experimente von Gelb,

> wie dieser Schirm die Dinge wieder in ihren Realstatus einsetzt. Wenn ein Beleuchtungseffekt, der isoliert auftritt, über uns zu herrschen beginnt, wenn beispielsweise ein Lichtstrahl unsern Blick leitet und uns fesselt, da er uns als ein milchiger Kegel erscheint, der uns hindert zu sehen, was er erhellt – so bewirkt schon der Umstand, daß wir einen kleinen Schirm in dieses Feld halten, der sich gegen das abhebt, was beleuchtet ist, ohne gesehen zu werden, daß das milchige Licht sozusagen wieder in den Schatten zurücktritt und das Objekt auftaucht, welches von dem Licht verdeckt war. [Lacan, 1978/1964, S. 114]

Die sinnesphysiologischen Experimente legen nahe, dass die geometrale Optik für das lichtempfindliche Auge und für das luminale Register der Sichtbarkeit nicht gilt. Erst der Schirm als Schutz vor der Macht des Lichts, sei es als Blendung oder Verdeckendes, ermöglicht das im geometralen Sinne richtige Sehen. Im luminalen Schema nimmt das Sehen weniger Entfernungen wahr als Leuchtqualitäten oder Oberflä-

---

[132] Adhémar Maximilian Maurice Gelb, 1887–1936, deutscher Psychologe ungarischer Herkunft.

cheneffekte. Das Sehen ist nicht durch die Position eines sehenden Auges bestimmt, sondern dadurch, dass Dinge die Aufmerksamkeit erwecken, dass z.B. ein Reflex oder ein Schillern den Blick lenkt. In diesem Sinne ist der Lichtpunkt entscheidend, weil er zu sehen gibt, den Blick auf sich zieht (so er nicht blendet).

Für Lacan ist diese Subjektivität des Sehens und des Auges jedoch nicht das Entscheidende bezüglich der Frage, welche Subjekthaftigkeit der Blick als Lichtpunkt erzeugt. Um die Vorstellung des Subjekts zu fassen, die das luminale Schema nahe legt, konzentriert sich Lacan auf Phänomene des Gesehen-Werdens, des Angeblickt-Werdens im Sinne des zu Grunde liegenden Blicks als Leuchtpunkt oder Feuer.

Vermittelt durch den Schirm liegt dem Lichtpunkt gegenüber das Tableau. In dem Schema geht es um das Verhältnis des beleuchteten Körpers zu seiner Umgebung. Dabei wird dieser Körper nicht mehr im geometralen Modus ins Verhältnis zu einem Raum gesetzt. Vielmehr steht der Körper durch seine Oberfläche, als Fleck und als Muster in Beziehung zu seiner Umgebung. Das herausragende Beispiel, das Lacan wählt, ist ein Beispiel aus der Mimikry: Die Caprella[133] nimmt die Musterung ihrer Umgebung, der Briozoarenkolonien[134] an, sie macht sich fleckig.

Die Mimikry in der Dimension der Tarnung gibt etwas zu sehen, das nicht identisch mit dem ausführenden Wesen ist. Insofern treten in der Nachahmung das Wesen und seine Oberfläche auseinander – allerdings gibt es nichts »hinter« der nachahmenden Oberfläche. Gleichzeitig lösen sich für einen potenziellen Betrachter die Umrisse des Krustentieres auf, das Muster wird vorherrschend.

> Dabei geht es nicht darum, daß etwas mit einem Hintergrund übereinstimmt, sondern: daß etwas auf einem buntscheckigen Hintergrund selbst buntscheckig wird – es verhält sich damit genauso wie bei den Tarnmanövern des Krieges. [Lacan, 1978/1964, S. 106]

Entscheidend ist, dass hier nicht intersubjektiv nachgeahmt wird, sondern ein Körper sich in ein Tableau einschreibt.

> Nachahmen heißt ganz gewiß: ein Bild reproduzieren. Aber im Grunde heißt es, daß das Subjekt sich in eine Funktion einrückt, bei deren Ausübung es erfaßt wird. [Lacan, 1978/1964, S. 106]

---

[133] 10 mm große Krustentierchen, die auf Kolonien von Briozoaren nisten.
[134] Briozoaren sind etwa 4 mm große Moostierchen, die in Kolonien leben. Als Lippenblütler besitzen sie einen Eingang/Mund, direkt daneben einen Ausgang, einen Magen und einen rudimentären Darm. Statt einer Niere haben sie einen braunen Giftstoffablagerungskörper, der als dunkler opaker Fleck sichtbar ist.

In dem Blickschema, das die Sichtbarkeit im Register des Lichts konstituiert, ist das Licht als (Be-)Leuchtendes der Ausgangspunkt. Alle Sichtbarkeit ist an dieses Leuchten, dieses Beleuchten gebunden. Das, was sichtbar wird, wird nicht im geometralen Sinne an bestimmten Plätzen sichtbar, vielmehr wird es unter dem Aspekt der Oberfläche sichtbar, nicht als Perspektive, sondern als Tableau.

> Durch den Blick trete ich ins Licht, und über den Blick werde ich der Wirkung desselben teilhaftig. Daraus geht hervor, daß der Blick das Instrument darstellt, mit dessen Hilfe das Licht sich verkörpert, und aus diesem Grund auch werde ich – wenn Sie mir erlauben, daß ich mich, wie so oft, eines Wortes bediene, indem ich es in seine Komponenten zerlege – photo-graphiert. [Lacan, 1978/1964, S. 113]

Das Sehen, das unter diesen Bedingungen stattfindet, ist einerseits ein Sehen, das vor der Blendung geschützt werden muss, aber es ist auch ein Sehen, das durch Reflexe und Schillern angezogen wird. Insofern ist der Modus des Sehens in diesem Register der Sichtbarkeit der Schirm. Das Gesehen-Werden des Subjekts im luminalen Register der Sichtbarkeit ist das Einrücken in das Tableau, das Fleck-Sein im Tableau:

> Und sollte ich etwas sein in diesem Bild/tableau, dann auch in der Form dieses Schirms, den ich eben »Fleck« nannte. [Lacan, 1978/1964, S. 103]

Überlagerung Mit der Überlagerung der beiden vorgestellten Dreiecke und ihrer damit einhergehenden Transformation veranschaulicht Lacan das, was die Beziehung von Subjekt und seiner Sichtbarkeit eigentlich bestimmt.

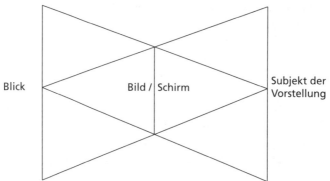

Überlagerung der Schemata, gezeichnet nach [Lacan, 1978/1964]

Die beiden einzelnen Dreiecke geben Hinweise auf das Verhältnis des Subjekts zur Sichtbarkeit, aber ihr tatsächliches Verhältnis lässt sich erst in ihrer Schichtung finden.

Beide Einzeldiagramme des Blicks kommen völlig ohne Menschen aus. Im geometralen Schema gibt es Raum, Geraden bzw. Lichtstrahlen und Punkte, und im luminalen Schema gibt es Lichtpunkte, Flächen und Muster oder Flecken. In beiden Diagrammen ist der Blick eine Setzung, der (so Lacans Ausführungen) eine bestimmte Sichtbarkeit und Subjekthaftigkeit erzeugt. Werden sie übereinandergelegt, so ändern die Dreiecke sich in drei Aspekten:

Erstens geben sie ihre Bedingung und ihren Effekt preis: Der Blick, der die Voraussetzung der Sichtbarkeit ist und das Subjekt der Vorstellung, das als deren Effekt entsteht, sind explizit ins Schema eingetragen. *Zweitens* werden Blick und Subjekt ausdrücklich aufeinander bezogen, durch etwas, das gleichzeitig Bild und Schirm, Bild/Schirm ist. Die beiden Modi des Sichtbaren, die der Blick erzeugt, verschmelzen darin. *Drittens* ändert sich die Stellung des Bild/Schirms in der Vermittlung zwischen Blick und Subjekt der Vorstellung. In den einzelnen Schemata ist das Gesehene dem Modus des Sehens unterworfen. In der Überlagerung hat das Subjekt der Vorstellung eine gewisse Macht über den Bild/Schirm:

> Nur das Subjekt – das menschliche Subjekt, das Subjekt des Begehrens, welches das Wesen des Menschen ausmacht – unterliegt, im Gegensatz zum Tiere, nicht ganz diesem imaginären Befangensein. Es zeichnet sich aus. Wie das? In dem Maße, wie es die Funktion des Schirms herauslöst und mit ihr spielt. Tatsächlich vermag der Mensch mit der Maske zu spielen, ist er doch etwas, über dem jenseits der Blick ist. Der Schirm ist hier Ort der Vermittlung. [Lacan, 1978/1964, S. 114]

An der Stelle der Selbst-Ermächtigung kommt das Lacansche Begehren ins Spiel, das Begehren, den Blick zu erhaschen, der ihm unverfügbar ist und den Platz des »Objekts klein a« im Sehfeld einnimmt.

Das Feld des Sichtbaren konstituiert sich also durch die Spaltung in Auge und Blick. Der Blick ist Voraussetzung des Sehens, als Blickpunkt oder als Licht. In seiner Doppelheit konstituiert er zwei Ebenen des Sehens, die das Subjekt auf unterschiedliche Weise als Sehend-Gesehenes konturieren. Vereinigt man die beiden Dreiecke, die das Feld des Sichtbaren unter je unterschiedlichen Schwerpunktsetzungen schematisieren, lässt sich die Beziehung des Subjekts zum Sichtbaren besser fassen.

Der Blick konstituiert das Subjekt als ein Gesehenes und Sehendes. Als Blickpunkt der zentralperspektivischen Darstellung imaginiert es sich als punktförmiges Cogito und entwirft sich als Bild. Als Lichtpunkt adressiert der Blick das Subjekt nicht in seiner Gestalt, sondern als Schirm, als Fleck oder als Oberfläche zwischen anderen. Indem es den Bild/Schirm zur Maske macht und im Spiel (momenthaft) darüber verfügt, kann das »Subjekt der Vorstellung« sich vom Schirm distanzieren. Schirm und Subjekt, in der Mimikry als Fleck untrennbar verschränkt, treten auseinander. Die Maske schützt das »Subjekt der Vorstellung« und ermöglicht ihm, den Blick zu adressieren. Als immer schon angeblicktes Subjekt, das ins Licht tritt, gibt es zu sehen und ist, im Verhältnis zum Blick, Bild/Schirm. Umgekehrt begehrt es zu sehen, aber nie das, was es zu sehen bekommt. Der Blick selbst ist für das Subjekt nicht fassbar und nur als Bildstörung, Fleck, leerer Platz und Ähnliches repräsentierbar.[135]

Entscheidend für Lacans Formalisierung der Sichtbarkeit ist, dass der Blick die Sichtbarkeit erzeugt. Sichtbarkeit konstituiert sich immer durch eine erste Setzung, den Blick. Dieser wirkt als eine Art Funktion, die die Sichtbarkeit erzeugt. Lacans Dreiecke sind schematische Darstellungen, wie diese Funktion wirkt. Sichtbarkeit ist also etwas, dass als Prozess einer Berechnung entsteht, einer Berechnung, die nie vollendet ist. Als solche hat die Sichtbarkeit dieselbe Struktur wie das unbewusste Subjekt in der Lacanschen Theorie.

Annette Bitsch analysiert in »›always crashing the same car‹. Jacques Lacans Mathematik des Unbewußten« [Bitsch, 2001], wie Lacan das unbewusste Subjekt als Prozess der Filterung und Berechnung konzipiert. Einem seit Gödel und Turing nicht mehr berechenbaren Reellen gegenübergestellt, operiert das unbewusste Subjekt mittels Formalisierung: gewisse Daten aus dem Reellen werden nach bestimmten Kriterien gefiltert und nach festen Regeln verrechnet. Filterung und Verrechnungsregeln erzeugen Welt und Subjekt als Subjekt des Bewusstseins gleichermaßen.

> Lacan analysiert einen prozessierenden Vorgang der Welt- und Bedeutungserzeugung aus dem Reellen, dessen technisch-mathematische Realität [...] der digitale Computer ist. [...] so stellt Lacans Logik und Mathematik des Unbewußten eine (wenngleich nicht länger transzendentale) Analyse der apriorischen Bedingungen und Funktionsprinzipien von Welt- und Bedeutungserzeugung dar. [Bitsch, 2001, S. 3f.]

Folgt man Bitschs Analyse, dass das unbewusste Subjekt im Wesentlichen durch Filterung und der regelhaften (abbrechenden) Berechnung bestimmt ist, die Ich, Welt und Bedeutung erzeugt, so zeigt sich die Besonderheit des Lacanschen Auge-Blick-Modells. Lacan entwirft darin

---

[135] Diese Unfassbarkeit ist der Grund dafür, dass der Blick in der Theorie Lacans »Objekt klein a« sein kann.

Sichtbarkeit als regelhaft Berechnetes (durch die doppelte Blickfunktion Erzeugtes) – und zwar unabhängig vom wahrnehmenden und darin Sichtbarkeit erzeugenden Subjekt. Sichtbarkeit und Subjekt unterliegende gleichermaßen der unhintergehbaren Spaltung und können genau deswegen in ein beschreibbares Verhältnis gebracht werden.

Dieses Verhältnis von immer schon berechneter Sichtbarkeit und dem Subjekt der Vorstellung verschränkt gleichzeitig Anschauung und Formalisierung auf spezifische Weise. Sehen und Sichtbarkeit als Basis von Anschauung und Vorstellung ist immer selbst schon Effekt formaler Prozesse. Demnach sind Sichtbarkeit und das Subjekt der Vorstellung in der Sphäre der Formalisierungen situiert. Allerdings, und das ist das Entscheidende dabei, negiert Lacans Modell (wie auch Lacans Theorie der Psychoanalyse) die Grenze des Formalisierbaren nicht, sondern markiert sie als eine essentielle Setzung. Der nicht formalisierbare, sich entziehende Blick erzeugt die Sichtbarkeit in der Sphäre der Formalisierungen und bestimmt dadurch, wie irgendetwas überhaupt sichtbar wird. Insbesondere erzeugt er das Subjekt im Verhältnis zu seiner Sichtbarkeit. Der Blick als die unhintergehbare Trennung der Sichtbarkeit vom Reellen und Unberechenbaren blinzelt im Sichtbaren und adressiert das Begehren des Subjekts.

Blickkalküle: Schalten und Gestalten

»Hier« lässt sich als Versinnlichung und Zuspitzung des Lacanschen Auge-Blick-Modells verstehen. Die Inszenierung modelliert das Verhältnis zwischen Performerin und ihrer Umgebung inhaltlich und strukturell wie Lacan das Verhältnis zwischen Subjekt und dessen Sichtbarkeit.

Die installative Anordnung erzeugt einen visuellen Raum, in dem sich der bewegende Körper als Subjekt der Sichtbarkeit im Umgang mit den Papierbahnen als Bild/Schirm zu konstituieren versucht. Der Blick, der die Sichtbarkeit erzeugt, entspricht in der Performance einerseits dem potentiellen Zuschauerblick und andererseits den Verrechnungen der Videoaufnahmen zu Visualisierungen und Steuerungen der Papierbahnen.

Der gesehene Körper erscheint in der medientechnisch erzeugten Sichtbarkeit als KörperBildCollage. Die Performerin nimmt in der Inszenierung »Hier« strukturell die Position des »Subjekts der Vorstellung« ein. Sie wird als Gesehene konstituiert, die mit ihrer nur bedingt kontrollierbaren Sichtbarkeit umgeht. Allerdings zielt »Hier« nicht auf die Frage, wie ein Subjekt (in) der Vorstellung entsteht. Vielmehr bezieht sich der Körper auf der Ebene von Handlung auf seine Sichtbarkeit. Insofern lässt sich die Performerin als »Subjekt der Sichtbarkeit« charakterisieren. Die Papierbahnen nehmen strukturell den Platz des Bild/Schirms im Lacanschen Schema ein. Gleichzeitig verdeckend (die Performerin) und zu-sehen-gebend (die Visualisierungen), vermitteln sie zwischen Blick und Performerin. Die Sichtbarkeit ist durch die Verräumlichung, Verzerrung und Fragmentierung von Körperbildern sowie deren Ansichten charakterisiert.

Einerseits ist das Erzeugende dieser Sichtbarkeit der potentielle Zuschauerblick, der die Collagen als Ansicht wahrnimmt. Die installative Anordnung spielt dabei mit den Blickpunkten der Zuschauenden. Damit etabliert sie auf einer intersubjektiven Ebene gewissermaßen das geometrale Register von Sichtbarkeit: Der selbstgewählte Platz lässt die Zuschauenden unterschiedliche Ansichten erfahren, je andere KörperBildCollagen. Darüber hinaus adressiert die Inszenierung das luminale Register von Sichtbarkeit: Die Anordnung erzeugt plötzliche Änderungen der KörperBildCollagen, sei es durch Bewegungen der Performerin oder der Papierbahnen, welche die Aufmerksamkeit der Zuschauenden auf sich ziehen (sollen).

Andererseits erzeugen in »Hier« die Verrechnungen des Videobildes die Sichtbarkeit. Durch die Verarbeitung der Aufnahmen entstehen die Visualisierungen und werden die Papierbahnen gesteuert. Insofern ist der Blick den Verfahren der Verarbeitung zugeordnet.

Die Verrechnungen des Videobildes zu den Visualisierungen lassen sich ihrerseits als medientechnische Register der Sichtbarkeit lesen – Zentralperspektive, verzeitlichte Optik des Films und Signalverarbeitung bzw. Werteberechnung. In den KörperBildCollagen schichtet die Sichtbarkeit verschiedene Apsekte dessen, was die Relation zwischen Körper und seiner Darstellung überhaupt sein kann: Perspektiven und Zustände, die in der Überlappung zu unterschiedlichen Graden der Abstraktion und Erkennbarkeit führen.

Die Verrechnungen des Bitmapbildes zur Steuerung der Papierbahnen zielen auf das Moment des Unverfügbaren. Die autonomen Bewegungen der Papierbahnen sind für die Performerin nicht verfügbar, weil sie unvorhersehbar sind. Umgekehrt wird die performative Bewegung als Intervention innerhalb der technisch hergestellten Sichtbarkeit nicht dekodiert, sondern falsch verrechnet und adressiert. Im Spiel mit den Papierbahnen kann die Performerin sich kurzzeitig als Subjekt der Sichtbarkeit behaupten – ähnlich wie das Subjekt der Vorstellung im Spiel mit der Maske die Funktion des Schirms handhaben kann.

Folgt man dieser Interpretation der Performance, so konstituiert sich das Subjekt der Sichtbarkeit durch zwei Modi – der bewegende Körper kann schöne Ansichten schaffen, indem er durch seine Haltungen die Körperbilder in Form und Flächigkeit bestimmt. Und er kann sich als Befehlender situieren, der zwischen zwei Modi der unverfügbaren Steuerungen schaltet. Als Schaltender und Gestaltender kann sich der bewegende Körper momenthaft als Subjekt der Sichtbarkeit behaupten. Das heißt: Auf der Ebene der Formalisierungen entsteht dieses Subjekt als Befehlsinstanz, während sich die tatsächlichen Formalisierungen der Verfügbarkeit entziehen. Auf der Ebene von Bildlichkeit und Anschauung gestaltet die performative Bewegung die Sichtbarkeit: momenthaft lassen sich schöne Linienführungen oder interessante Ausschnitte herstellen.

Betrachtet man die inszenatorische Ebene, hat die Bewegung die Funktion, Bezüge zwischen dem Körper und den fragmentierten, verzerrten Visualisierungen herzustellen. Die Bewegung schafft Korrespondenzen zwischen Körper, Bewegung und Visualisierungen oder betont deren Gegensätzlichkeit. Durch die Art der Bewegung weist die Performerin der Umgebung und ihrer Situation darin bestimmte Qualitäten zu und konkretisiert den Modus der Sichtbarkeit als geometrisch, (dis-)kontinuierlich oder signalverarbeitend. Gleichzeitig gestaltet sie damit die Visualisierungen oder betont z. B. die Handlung des Schaltens. Die Performerin wählt also bestimmte Aspekte der oder Sichtweisen auf die technische Steuerung und betont diese. Sie ermöglicht den Zuschauenden dadurch, die Beziehung zwischen ihr und der Umgebung als spezifisches Verhältnis zu interpretieren. Entscheidend ist dabei, dass auf der technischen und technikgeschichtlichen Ebene der Bezug zwischen Akteurin und ihrer Umgebung durch Bewegung als Unverfügbarkeit entsteht. »Hier« legt nahe: im Modus der prozessualen Formalisierungen ist Subjekthaftigkeit nur als Befehl zu haben. Handlungsmacht erhält das Subjekt nur auf der Ebene des Anschaulichen, von Formen und Vorstellungen.

»Mortal Engine« und »Forest II«: Schwingende Bilder und bewegte Schrift

Das vorliegende Kapitel umreißt die Analyse zweier Performances: »Mortal Engine« und »Forest II«. Die zwei Inszenierungen aus dem Jahr 2008 sind stärker als die bisher untersuchten Beispiele durch narrative Elemente geprägt. Medienhistorisch gesehen beziehen sich beide Inszenierungen auf Bildtechnologien, deren Diskursivierungen und Darstellungspraktiken: »Mortal Engine« knüpft an bestimmte Fragestellungen der Bewegtbildmedien des 19. Jahrhunderts an – Bewegungsillusion, Chronofotografie und Selbstabbildung. »Forest II« stellt die Frage nach dem Display in seiner Entwicklung von der Kathodenstrahlröhre bis zum digitalen Display.

»Mortal Engine« der australischen Gruppe Chunky Move verhandelt mit tänzerischen Mitteln unterschiedliche Beziehungen zwischen den bewegten Körpern. Ein Körper trifft auf eine Gruppe, verschiedene Konstellationen von Zweier-Relationen erscheinen und auch der einzelne Körper tritt auf. Umgeben, bedeckt oder gerahmt von Projektionen bewegen sich die Darsteller meist nah an der Fläche – auf dem Boden kriechend oder an eine Wand gepresst. Im Zusammenspiel mit den Projektionen erscheint die Bühne nicht als Raum, sondern als horizontale oder vertikale Fläche. »Mortal Engine« stellt so die Frage, wie der bewegte Körper in die Bildfläche zu integrieren sei: Eine Frage, die im 19. Jahrhundert bei der Entwicklung und Entdeckung von bewegten Bildern und den zugehörigen Apparaten virulent ist und hier unter den Bedingungen der digitalen Speicherung und Verrechnung verhandelt wird. Die Inszenierung bindet in einer Art digitalisiertem Spiritismus das Bewegungsmodell der Bewegtbildmedien zurück an den menschlichen Körper und macht diese gleichzeitig operativ.

»Forest II« löst sich vordergründig komplett vom Bild. Die Inszenierung überführt Titania und Oberon aus Shakespeares »Sommernachtstraum« in die Höhen und Tiefen einer zeitgenössischen Paarbeziehung. In einer großen Installation, die aus von der Decke hängenden Neonröhren besteht, erzählt die Szenenfolge von Verliebtheit, Sexualität, Streit, Eifersucht – der (Un-)Möglichkeit von Nähe und Verständigung. Puck unterstützt, stört und kommentiert als eine Figur, die Bezugsperson und flüchtiger Geist zugleich ist. Die Lichter und der Sound sind der umgebende Wald, der manchmal auf die Figuren reagiert, Bewegungsmelder, Wegweiser und Notation ist, Bewegungsenergie zu visualisieren scheint oder statische Beleuchtung ist und, zusammen mit dem Ton, unterschiedliche Atmosphären schafft. Angelehnt an das Konzept des Lichtraumes von Adolphe Appia im Hellerauer Festspielhaus ruft die verwendete Technologie gleichzeitig eine Geschichte des Displays auf. In dieser Perspektive verräumlicht »Forest II« das heutzutage allgegenwärtige Display und integriert den bewegten Körper in einer Art grammatologischem Verhältnis von Bewegung und Notation darin.

Im Folgenden werden beide Inszenierungen kursorisch analysiert und skizziert, an welche historischen Traditionen das Verhältnis von Darstellern und Umgebung anknüpft. Es wird kurz dargestellt, welches Subjekt-Welt-Modell darin nahe gelegt wird und wie die Inszenierungen dieses unter digitalen Bedingungen befragen.

»Mortal Engine«: Körperliche Selbstaufzeichnung

Leitung und Choreografie	Gideon Obarzanek
Interaktives System	Frieder Weiss
Sound- und Laserkünstler	Robin Fox
Komponist	Ben Frost
Kostüme	Paula Levis
Lichtdesign	Damien Cooper
Bühne	Richard Dinnen und Gideon Obarzanek
Tänzer und Tänzerinnen	Kristy Ayre, Sara Black, Amber Haines, Antony Hamilton, Lee Serle, Charmene Yap
Premiere	17.01.2008 im Drama Theatre, Sydney Opera House
Dauer	50 Minuten

In »Mortal Engine« bewegen sich sechs Tänzer und Tänzerinnen in und durch eine Folge unwirklicher Bildwelten, die sie umrahmen und bedecken. In unterschiedlichen Konstellationen bewegen sie sich über den Boden oder vor einer Wand. Sie kriechen oder krabbeln, verwinden sich und pressen sich an die Wände, zuckend oder anschmiegend.

»Mortal Engine«: Körperliche Selbstaufzeichnung 159

In »Mortal Engine«, the limits of the human body are an illusion. Kinetic energy fluidly metamorphoses from the human figure into light image, into sound and back again. Choreography is focused on movement of unformed beings in an unfamiliar landscape searching to connect and evolve in a constant state of becoming. [...] »Mortal Engine« looks at relationships, connection and disconnection, isolation and togetherness, in a state of continual flux. Conflicts between the self and shadowy other – the other within as well as the other as the other. [Obarzanek, 2008]

Es geht um die Beziehungen zwischen den auftretenden Körpern – sei es als Beziehung zwischen einem Organismus aus mehreren Körpern und einem einzelnen Körper, sei es als Beziehung eines Körpers zu seinem »Schatten« oder als Visualisierung von Bewegungsenergie.

Die Projektionen machen dabei sichtbar und unsichtbar, überziehen den Boden mit pulsierenden Mustern und die Körper mit Schatten und sprühenden Funken. Sie setzen die Körper auf unterschiedliche Weise in Bezug zur Fläche.

Gleichzeitig beziehen sich die Körper in ihren Bewegungen selbst auf die Fläche. Entscheidend ist, dass sich die Tänzer in großen Teilen der Inszenierung eng am Boden bewegen oder, seltener, flach an der Wand. Nur manchmal tanzen die Akteure im Stehen, dann meistens als Paare: Sie geben sich gegenseitig Impulse und drehen sich oft mit ausladenden Arm und Beinbewegungen um sich selbst oder umeinander. Der Bewegungsstil am Boden unterscheidet sich davon stark, soweit die Bewegungen der Tänzer überhaupt sichtbar sind und nicht in Schattenprojektionen verschwinden.

Der Tanz in »Mortal Engine« folgt einer festgelegten Choreografie. Der Tanzstil mischt verschiedene Elemente des Modern Dance mit Kontaktimprovisationen, Bewegungen des Breakdance und aus dem Yoga, Zitaten alltäglicher Bewegungen sowie Bewegungen, die an Tierverhalten angelehnt sind. Insgesamt ist die Choreografie so strukturiert, dass die Bewegungen zu Beginn der Szenen meist langsamer und weniger ausladend sind, sich dann steigern und vor dem Wechsel von Projektion und Szene wieder weniger werden. Man kann sagen, dass die Bodenbewegungen vor allem dadurch charakterisiert sind, dass die Bewegungsmöglichkeiten des Körpers in dieser Position ausgelotet werden. Gerade die Anfangsszene etabliert diese Form des Bewegungsvokabulars.

Szenenanalyse

Die Inszenierung beginnt mit pulsierenden Beats, zu denen Kreise auf die Bühne, genauer auf eine schräge Ebene projiziert werden.[136] Im Takt des Sounds ziehen sie sich zusammen, bewegen sich flackernd hin und her und kippen in unterschiedliche Richtungen. Die Kreise vereinen sich zu einem einzelnen, der immer größer wird, bis nur noch bewegte Linien über die Projektionsfläche wandern, zwischen denen plötzlich eine liegende Figur sichtbar wird. Sich wieder zusammenziehend, beleuchtet die Kreisfigur Unterarm und Hand der Tänzerin, bevor sie sich zu einer Art »Lichtaura« ausdehnt – die Silhouette der Tänzerin ist beleuchtet und ihr Umriss erscheint etwas vergrößert auf dem Boden, wie ein kleiner Lichtkranz oder eine Aura. In kurzen Zeitabständen setzen sehr hohe Töne ein, eine Art elektronisches Fiepen, das langsam verklingt und sich in unterschiedlichen Tonhöhen und Lautstärken überlagert. Die Tänzerin beginnt, sich am Boden zu winden und zu drehen. Die Bewegungsimpulse gehen oft von Händen oder Füßen, seltener von der Körpermitte aus. Die Lichtprojektion macht die Tänzerin sichtbar und bleibt gleichzeitig ganz kurz als Spur auf der Bodenfläche stehen, so dass – gerade bei eher ausladenden Drehungen – ein Lichthof auf dem Boden entsteht. Dieser Lichthof breitet sich aus, bis ein großes Quadrat, der Tanzboden, ganz beleuchtet ist.

Vom Rande der Fläche krabbeln und rollen mehrere, kaum sichtbare Körper auf die nun ruhig liegende Tänzerin zu. Der Sound besteht aus tiefen pulsierenden Tonflächen, über denen eine einfache Tonfolge erklingt. Bedeckt durch einen Schatten krabbeln und rollen die Tänzer langsam übereinander, bilden einen dunklen Organismus, der sich auf die einzelne Figur zuschiebt und diese einverleibt. Einmal noch befreit sich die einzelne Tänzerin, bevor sie in dem Schattenorganismus aufgeht.

Technisch wird das Verhältnis zwischen Körper und Projektionen durch den Bühnenaufbau und die Videoauswertung und -verrechnung hergestellt. Die Bühne von »Mortal Engine« ist mit einer 8 x 6 Meter großen, schiefen Ebene ausgestattet, die als Tanzfläche genutzt wird. An

---

[136] Ich habe die Inszenierung am 17.08.2008 gesehen, im The Edinburgh Playhouse auf dem Edinburgh Festival. Neben meinen Eindrücken aus der Inszenierung beruht die Analyse auf der Videoaufzeichnung von der Generalprobe am 16.01.2008 im Drama Theatre sowie auf Gesprächen mit Frieder Weiß. Auffällig war bei der Aufführung in Edinburgh, dass das Licht nicht vollständig verdunkelt wurde. Dadurch war die schiefe Ebene des Bühnenaufbaus von Anfang an gut zu erkennen – im Gegensatz zu einer Aufführung in einem komplett verdunkelten Raum, in dem die projizierten Kreise fast zu schweben scheinen.

der Decke über dem Tanzboden hängen eine Infrarotkamera[137] nebst -lampe und ein Beamer für die Bodenprojektionen. Die Kamera nimmt den Aktionsraum, d.h. die schiefe Ebene auf. Die Tanzenden sind im Videobild als graue Silhouetten sichtbar, während die Projektionen unsichtbar bleiben.

Die Videoauswertung basiert auf dem statischen Differenzbild.[138] Wie auch in der Inszenierung »Apparition« wird das leere Bild der Bühne als Referenzbild gesetzt. Jede Kameraaufnahme wird als Differenzbild zu diesem Bild berechnet. Dieses Bild wird in ein Bitmapbild[139] gewandelt, wobei der Schwellenwert relativ niedrig liegt – ein Pixel wird schwarz gesetzt, wenn ungefähr 20 Prozent Grauwertdifferenz zum Referenzbild besteht. Der Effekt dieser Verrechnung ist, dass die Silhouetten der Tanzenden als adressierte Pixelmenge vorliegt.

Diese Pixelmenge wird mit einer Software namens »Kalypso« ausgewertet.[140] Die entscheidende Auswertung der Einzelbilder ist, dass die Software die Silhouetten vektorisiert – zunächst wird die Umrisslinie der zusammenhängende(n) Pixelmenge(n) im Bild abgelcitet, d.h. diejenigen Pixel ausgewählt, die sowohl weiße als auch schwarze Nachbarn im Bild haben. Dann berechnet »Kalypso« einen Polygonzug mit wählbarer Kantenlänge – d.h. ein Vieleck, dessen Seiten alle dieselbe, aber frei wählbare Länge haben –, der diese Umrisslinie approximiert. Damit ist die approximierte Umrisslinie für weitere Verrechnungen nutzbar: In den beschriebenen Szenen entsteht die Lichtaura dadurch, dass alle Kanten des Polygonzugs etwas vergrößert werden und das entstehende Silhouetten-Vieleck hell gefärbt wird. Dabei wird der Hintergrund schwarz gesetzt. Für die »Schattenaura« wird das Negativ dieses Bildes projiziert. Die Spur entsteht, indem das einzelne Silhouetten-Bild für einige Videoframes »stehenbleibt«, d.h. in einem projizierten Videobild überlagern sich die aktuelle Silhouette mit einigen der vorher berechneten Vielecke.

Das Verhältnis zwischen den pulsierenden Kreisen und den Sounds in der Eingangssequenz basiert auf der Visualisierung von Frequenzen. Der Sound- und Laserkünstler Robin Fox arbeitet mit Überlagerungen harmonischer Schwingungen, um Musik durch die Steuerung eines Laserstrahls zu visualisieren. Das rechte und linke Stereosignal der Musik

---

[137] Zur Infrarotkamera siehe S 22.
[138] Zum statischen Differenzbild siehe S. 23.
[139] Zum Bitmapbild siehe S 23.
[140] »Kalypso« ist eine nicht veröffentlichte Erkennungssoftware, die der Medienkünstler und Programmierer Frieder Weiß entwickelt hat. Bisher setzt er sie in eigenen Projekten und Kooperationen ein.

werden je als harmonische Schwingung interpretiert. Diese Signale steuern als x- bzw. y-Auslenkung die Bewegung eines Laserstrahls. Wenn die Frequenzen der Tonsignale in einem rationalen Verhältnis zueinander stehen, resultieren aus diesem Verfahren so genannte Lissajous-Figuren.[141] Für die projizierten Kreise am Anfang des Stücks werden die Figuren aus den Frequenzen der Sounds berechnet (und nicht direkt auf die Steuerung eines Lasers angewendet).

Szenenbild aus »Mortal Engine« © Andrew Curtis

In der nächsten Szene klappen im vorderen Bühnenteil Segmente des Tanzbodens nach oben, an denen eine einzelne Tänzerin herunterrutscht. Sie presst sich an die entstandene Wand, angeleuchtet durch schwaches Licht. Die pulsierenden Tonflächen der vorherigen Sequenz werden von einem regelmäßigen Ton begleitet, der an das Piepen eines Herztons im EKG (Elektrokardiogramm) erinnert. Eine kaum sichtbare Hand greift aus der Dunkelheit die der Akteurin und gibt ihr sanfte Bewegungsimpulse, die sich durch ihren Körper fortsetzen. Die Impulse und die Bewegungen werden stärker und abrupter. Gleichzeitig beginnt die sie umgebende Lichtprojektion, Funken zu sprühen – viele Striche in unterschiedlichen Längen und Richtungen blitzen plötzlich auf, ähnlich den Funken einer Wunderkerze. Die Tänzerin zuckt, sie scheint leichte Stromschläge zu erhalten. Je stärker sie zittert, desto länger werden die Linien und erzeugen so den Eindruck größerer Funken. Zu hören ist ein Knistern, das Spannung suggeriert. Von rechts tritt ein Tänzer auf, auch er ist umgeben von der Funkenprojektion, die ihn augenscheinlich nicht beeinflusst. Er zittert nicht, vielmehr beruhigt seine Berührung die

---

[141] Zu den Figuren siehe S. 181.

Frau, sein Körper bedeckt den ihren, während die Funkenprojektion wieder zur einfachen Lichtaura wird.

Im unteren Teil des Tanzbodens können sechs Flächenelemente nach oben geklappt werden, die eine durchgängige etwa 2,50 m hohe Wand bilden. Vor der Bühne stehen zwei weitere Infrarotkameras sowie zwei Beamer, die auf diese Wand projizieren. Jeweils eine Kamera und ein Beamer sind auf eine Hälfte der Wandfläche ausgerichtet. Die Auswertung der Bewegungsdaten wechselt also zwischen den frontal stehenden Kameras und der Deckenkamera, je nachdem, ob der Boden oder die Wand bespielt wird. In der »Funkenszene« wird ein dynamisches Differenzbild[142] verrechnet, d.h. ein Bild, das die Veränderung der aufeinander folgenden Videobilder zeigt. Der Effekt der Funkenprojektion basiert auf einer Verbindung der vektorisierten Silhouette und dem dynamischen Differenzbild – je größer die Anzahl der Pixel im Differenzbild, desto stärker werden die Kanten des Silhouettenumrisses verlängert. Dabei bleiben die Berührungspunkte der Silhouettenkanten dieselben: Das heißt, die Linien überschneiden sich an diesen Punkten, wobei sie in alle möglichen Richtungen zeigen und so den Eindruck von Funken erzeugen.

Eine Frau steht am Rande des hellen Tanzbodens. Ihr Körper ist beleuchtet, zu ihren Füßen sieht man einen Schatten, der ihren Bewegungen folgt, bis er sich aufsetzt und die Tänzerin auf sich zieht. Die Frau liegt auf einem Mann, ihr gemeinsamer Körperumriss ist von einem dicken schwarzen Rand umgeben. Sie winkeln ein Bein an (d.h. die beiden aufeinander liegenden Beine werden gleichzeitig angewinkelt) und ziehen den Körper nach. Langsam macht der unten liegende Schatten sich selbstständig, streckt eigenmächtig Arm und Beine von sich, während die oben liegende Tänzerin diese wieder einzufangen versucht. Die Bewegungen scheinen dadurch strukturiert zu sein, dass durchgängig der gesamte Körper den Boden berührt – welche Bewegungen sind dann noch möglich? Ein Knispeln begleitet die Szene, bis ein flächiger Sound einsetzt und der zwischenzeitlich gehorsame Schatten sich endgültig von seiner Lichtfigur trennt. Nachdem sich die Tänzer in einer letzten Choreografie umarmt haben, fallen sie auseinander, nur ihre Schatten bleiben auf der Bodenfläche. Diese bewegen sich aufeinander zu, vereinigen sich und wachsen über die gesamte Tanzfläche.

Die schwarze Umrandung des Paares auf dem Boden benutzt das vektorisierte Silhouettenbild des Paares (das dem Umriss des größeren

---

[142] Zum dynamischen Differenzbild siehe S. 24.

Mannes entspricht). Solange die Tänzerin am Rand steht, ist auf den am Boden Liegenden eine Schattenaura projiziert. Sobald beide übereinander liegen, wird die Umrisslinie, die als berechneter Kantenzug vorliegt, verbreitert projiziert. Die Vereinigung der Schatten entsteht dadurch, dass während der kurzen Sequenz des Auseinanderfallens die Schatten-Silhouetten-Bilder gespeichert wurden und diese dann rückwärts abgespielt werden.

Es folgt, gewissermaßen als erster Höhepunkt, eine Sequenz kurzer (etwa halbminütiger) Szenen, die durch schnell wechselnde Effekte charakterisiert ist: Zunächst tanzt ein Paar im Stehen, während zwei Linien über den Boden streichen. Immer wenn diese die Lichtauren des Paares berühren, fliegen tropfenförmige Lichtflecken von den Auren zum Rand der Tanzfläche. Zwei weitere Paare rollen auf die Bühne. Auf alle werden Knäuel von Linien projiziert, aus denen immer wieder Schlaufen zucken. Es scheint, als bewege sich die gesamte Szenerie, auch wenn die einzelnen Bewegungen der auf dem Boden tanzenden Paare kaum sichtbar sind. Schleifender Sound und dröhnende Tonflächen werden von rhythmischen Tuckern begleitet. Nach kurzer Zeit werden die Linienknäuel von grafischen landschaftsartigen Mustern abgelöst, welche die nun stehend Tanzenden umrahmen und sich ruckartig ausdehnen und zusammenziehen. Die Beats werden lauter, während die Töne ausgeblenden werden. Gleichzeitig wechseln die Projektionen zwischen Kreisfiguren und den Grafiken, die Tänzer verlassen nach und nach die Bühne, Sound und Projektion bestimmen das Geschehen. Die abstrakten Grafiken bewegen sich im Rhythmus der aggressiven Beats.

Die schnell aufeinander folgenden Effekte werden durch eine Mischung aus Programmierung und manueller Steuerung erzeugt. Die Linien am Anfang der Szenenfolge bilden eine stark vergrößerte Kreisform, die aus der Visualisierung der Sounds entsteht, wie am Beginn der Inszenierung. Die sprühenden Tropfen oder Partikel werden durch den Einsatz einer Physical Engine erzeugt, die deren physikalisches Verhalten durch die Festlegung von Masse, Geschwindigkeiten und Anziehungskräften simuliert.[143] Die Linienknäuel resultieren auf einer Verrechnung des dynamischen Differenzbildes: Alle im Differenzbild zusammenhängenden Flächen werden durch Ellipsen umrandet. Je nachdem, wie breit oder schmal solche Flächen sind, entsteht eine runde und kurze Ellipse oder eine sehr schmale, aber sehr lange Ellipse, eine zuckende Schlaufe. Die grafischen Muster sind vektorisierte Umrisslinien der Silhouetten, die durch

---

[143] Zur Physical Engine siehe S. 25.

relativ lange Kantenstücke approximiert wurden. Der Video-Operator steuert hier mit der Hand den Grad der Vergrößerung dieser Umrisse. Die abstrakten Kreisfiguren und grafischen Muster am Ende der Sequenz sind Visualisierungen des Sounds im Modus der Lissajous-Figuren.

An der erneut hochgeklappten Wand stehen rechts ein Mann und eine Frau, er in Pyjamahose, sie in einem kurzen negligee-artigen Trägerkleid. Sie halten sich an den Händen und schauen mit eher ausdruckslosen Gesichtern vor sich ins Leere. Die Wand ist hell erleuchtet, wobei sie leicht »verrauscht« erscheint. Die Beleuchtung wirkt, als würde auf beide Hälften der Wand ein leeres Filmbild projiziert. Wenn sich das Paar bewegt, langsam aus dem Gleichgewicht kommt, sich wieder aneinanderzieht, sich gegenseitig Impulse gibt und in einer neuen Stellung verharrt, dann erscheinen auf den bewegte Körpern ihre Schatten, die erst langsam verblassen. Die Bewegung bildet sich als Schattenspur auf die (Filmlein-)Wand ab, die Tänzer verharren gleichsam immer wieder in Filmstills. Die Posen der Tanzenden erinnern oft an typische (etwas karikierte) Schlafpositionen in einem gemeinsamen Bett. Der Eindruck einer »Bettszene« wird auch durch die Kleidung unterstützt, während die ausdruckslosen Gesichter an Tagträumende erinnern. Bewegen sich die Tanzenden, so erklingt synchron zum Erscheinen und Verschwinden der Spuren ein knirschendes Geräusch, ansonsten ist ein leises Tuten zu hören.

Die Bewegungsspuren in dieser Szene entstehen aus einer Kombination von statischem und dynamischem Differenzbild. Sobald das dynamische Differenzbild anzeigt, dass die Tanzenden sich überhaupt bewegen, werden die vektorisierten Silhouettenbilder berechnet. Diese werden einerseits als Schatten projiziert und andererseits zwischengespeichert. In die darauf folgenden Projektionen wird die gespeicherte Silhouette einmontiert, wobei sie mit jedem Bild stärker verblasst. Das heißt, die Visualisierungen zeigen mehrere einander überlagernde unterschiedlich dunkle Silhouetten – das projizierte Bild ist ein Graustufenbild.

Die Wand klappt mit der daran angelehnten Frau nach hinten, der Mann bleibt eine Weile im Vordergrund stehen und geht dann ins Dunkel ab. Zu sirrenden, schleifenden Klängen entfaltet sich eine Szene, die an Insekten und deren Bewegung erinnert. Zwei Tänzerinnen liegen am hinteren Bühnenrand übereinander, ihre Oberkörper sind in der Schattenaura auf der beleuchteten Fläche zu erahnen. Ruckartig schnellen Arme aus diesen Schattengebilde oder krabbeln Hände über den Boden. Die Tänzerinnen rollen sich nach und nach am hinteren Rand zur linken Bühnenhälfte. Auf jede der abrupten Bewegungen folgen Schwärme von

Punkten, Partikeln (vielleicht Insekten), die ausgehend von der Schattenfigur über den Boden nach vorne fliegen. Eine der Tänzerinnen löst sich, schlängelt sich nach vorne und wird zu einer Art Spinnenkönigin. Bedeckt von ihrer Schattenaura zieht sie die Partikel auf der Fläche an, die immer wieder auf sie zufliegen und von ihrem Umriss in der Flugbahn abgelenkt werden oder durch die Bewegungen der Tänzerin beeinflusst sind. Kauernd, mit den Beinen über die Oberarme geklappt, bewegt sie sich in kurzen schnellen Bewegungen nach rechts und links, immer wieder zuckt eine Arm oder ein Bein aus der Figur heraus, wie Fühler oder andere Sinnesorgane. Die Schattenprojektion zusammen mit den reagierenden Partikeln unterstützt den Eindruck eines fremden, insektenartigen Wesens.

Szenenbild aus »Mortal Engine« © Andrew Curtis

Neben der Schattenaura ist das entscheidende Element dieser Szene die Partikelsteuerung. Wenn sich die zwei Tänzerinnen am Rand der Tanzfläche in ein gemeinsames Schattenwesen verwandeln und ihre Bewegungen Partikel aussenden, dann ist die Menge und Schnelligkeit dieser Partikel von der Stärke der Veränderung abhängig, d.h. von der Menge der Pixel im dynamischen Differenzbild. Eine Physical Engine steuert die Anziehungskraft und damit das Flugverhalten der Partikel. Während des Solos der Tänzerin werden die Partikel in regelmäßigen Zeitabständen von der vektorisierten Silhouette angezogen. Treffen sie auf den Schattenriss, wird ihre Flugbahn davon abgelenkt, die Partikel entfernen sich wieder. Zusätzlich beeinflusst das dynamische Differenzbild der Tänzerin zeitweise die Richtung der Partikelbewegung.

»Mortal Engine«: Körperliche Selbstaufzeichnung

Zu lauter Rockmusik kommen vier weitere verschattete Tänzer und Tänzerinnen auf die nunmehr weiße Fläche und tanzen eine kurze Choreografie, die das insektenartige Bewegungsvokabular der vorherigen Szene für einen Moment aufnimmt. Während sie noch in unterschiedlichen Paarkonstellationen stehend und liegend tanzen, der Boden ist von flackerndem schwarzen Rauschen überzogen, hebt sich vorne die Wand.

Die Fläche ist von kurzen Stäben bedeckt, die alle in dieselbe Richtung zeigen. Sie rotieren langsam um 90 Grad im Uhrzeigersinn und wieder zurück, als unterlägen sie einem bewegten Kraftfeld, das ihre Ausrichtung steuert. Links und rechts auf der Wand ist diese Bewegung gestört. Auf und um den Silhouetten eines Paares (links) und einer einzelnen Person (rechts) sind die Drehungen der Stäbe ungeordnet. Das Paar links bewegt sich langsam, in ausladenden Bewegungen nach rechts, wobei sich die Stäbe in seinem Umfeld neu ausrichten. Währenddessen ist ein knisterndes Geräusch zu hören. Angekommen auf der rechten Seite der Wand verschwindet einer der Tanzenden, und für einen kurzen Moment erscheint noch einmal das Paar der »Bettszene«, bevor die Wand in die Bodenfläche zurückklappt und die Bühne dunkel wird.

Die Turbulenzen in der Drehbewegung der projizierten Stäbe basieren auf demselben Spureneffekt, der in der »Bettszene« genutzt wird. Der Drehwinkel der gestörten Stäbe ist abhängig von dem Grauwert der verblassenden Silhouetten – alle anderen Stäbe drehen sich gleichmäßig in derselben Drehbewegung.

Auf der Fläche erscheint ein Mann, der sich im Stil des Breakdance langsam über den Boden bewegt. Die ausladenden Drehungen auf Schultern oder Unterarmen erzeugen schnell verblassende Lichtspuren auf dem Boden. Zwischenzeitlich verharrt der Tänzer in unterschiedlichen Liegepositionen und seine Lichtaura verwandelt sich: Vom Körper ausgehend wächst ein symmetrisches, labyrinthartiges Muster über den Boden. Die Bewegungssequenzen sind von einem schleifenden Geräusch begleitet, das an leises Donnergrollen erinnert. Während das Labyrinth wächst, sind anschwellende Akkorde zu hören. Das Labyrinth wird von einem speziellen zellulären Automaten erzeugt, dessen Regeln genau so gewählt sind, dass sie ein stabiles Muster bilden.[144] Eingabe ist die Pixelmenge der Silhouette (nicht die vektorisierte Silhouette).

---

[144] Das unterscheidet die Verwendung des zellulären Automaten in dieser Inszenierung fundamental von dem Einsatz des »Game of Life« in der Inszenierung »Hier« – es geht in »Mortal Engine« nicht um (Un-)Berechenbarkeit, sondern um Bilder und Texturen. Zum Prinzip von zellulären Automaten siehe S. 25.

Szenenbild aus »Mortal Engine« © Andrew Curtis

Zum Ende dieser Szene ist der ganze Boden von dem Muster bedeckt. Es verdichtet sich zur fast vollständig beleuchteten Fläche, die aber durch schwarze flackernde Risse unterbrochen wird. Weitere Tanzende, bedeckt von Schattenprojektionen, rollen auf die Fläche und bewegen sich in einer flüssigen, gleichmäßigen Choreografie auf dem Boden. In schneller Folge ändern sich die Projektionen. Die Sequenz wird von Rauschgeräuschen begleitet, die sich mit harmonischen Akkordflächen abwechseln. Die Tanzenden sind durch Schattenprojektionen nahezu unsichtbar, nur einmal wird der gesamte Boden hell, und sie sind deutlich erkennbar. Die Projektionen ähneln den bisher beschriebenen, allerdings flackern sie viel stärker. Im weißen Boden tun sich schwarze Risse auf oder flackern Quadrate – manchmal ist umgekehrt der Boden komplett schwarz und von weißen Rissen oder Quadraten durchsetzt. Partikel flimmern um die Schattenflächen der Tanzenden, oder es erscheinen Vielecke, die sich wie Wellenbewegungen kurz ausbreiten, bevor sie verschwinden. Die Tanzenden sind als bewegte schwarze Flecken zu sehen, die in einer verrauschten Oberfläche aufzugehen scheinen, nur manchmal sind sie in ihrer Körperlichkeit und Bewegung gut zu erkennen.

Die Berechnung der schnell wechselnden Effekte basiert hier auf »Rauschen«. Das Videobild der Infrarotkamera wird so verarbeitet, dass auch geringe Änderungen der Grauwerte von Pixeln als Differenz zum Referenzbild des leeren Raumes gesetzt werden (und also in einen schwarzen Bildpunkt transformiert werden). Die Verrechnung behandelt diese Punktmengen dann als Silhouetten und versieht sie z.B. mit einer Umrisslinie oder vergrößert sie zu einer Schatten- oder Lichtaura.

Zum Ende der Sequenz wird alles dunkel, bis auf einen kleinen Lichtstrahl in der linken Bühnenhälfte. Darin berühren sich zwei Hände. Sobald sich das Lichtquadrat ausweitet, sieht man ein einander gegenüberstehendes Paar. Beide zeichnen den Körperumriss des Anderen nach, zunächst ohne sich zu berühren. Dann streicheln sie sich, schmiegen sich aneinander, winden auf engem Raum Arme und Oberkörper umeinander, ertasten den Körperraum des Anderen. Sie entfernen sich voneinander, bis nur noch die sich berührenden Hände im Licht zu sehen sind und auch diese im Dunkeln verschwinden.

Die Tänzerin wird von einem grünen Laserkegel umfasst. Sie legt sich in der Bühnenmitte auf den Boden. Zu elektronischen Beats beginnt eine Lasershow, die den Raum in flackernde Lichtkegel und Figuren taucht. Schnell bewegende Laserstrahlen zeichnen Muster an Boden und Wand und sind im einsetzenden Nebel als durchsichtige Flächen zu sehen, die sich zu knispelnden, fiepsenden und krachigen elektronischen Sounds bewegen. Die Lasershow basiert auf demselben Prinzip wie die Visualisierungen des Sounds am Anfang der Inszenierung. Die Frequenz der Musik steuert die Auslenkung des Lasers und erzeugt (Lissajousche) Figuren. Nach der Fläche kommt hier der Raum in schönster Strahlenoptik zur Anschauung.

Szenenbild aus »Mortal Engine« © Andrew Curtis

Plötzlich erscheint, (fast) am Nullpunkt des Lasers, ein Mann, der als Schatten sichtbar ist. Er geht durch den Lichtstrahl nach unten, schiebt die »Lichtwände« des Lasers beiseite und hebt die Tänzerin auf. Durch zuckende Lichtstrahlen und Lichtkegel, die die Körperumrisse nachzeichnen, gehen beide die schräge Ebene nach oben, sozusagen dem »Himmel« entgegen. Im unbeleuchteten Teil der Bühne bewegen sich andere Tanzende. Ein kurzer Blitz beleuchtet die Tanzfläche, und »Mortal Engine« ist zu Ende.

Wenn der Mann die Bühne betritt, steuert seine Silhouette die Formen des Laserstrahls – im Zuschauerraum, frontal auf die Bühne gerichtet, steht eine weitere Kamera, die die gesamte Bühne filmt. Das aus dem Video gewonnene Silhouettenbild steuert den Laser: So zeichnet der Laser z.B. den Umriss der Silhouette nach oder erzeugt den Eindruck senkrechter Wände rechts und links vom Akteur. In einer kurzen Sequenz werden die Silhouettenbilder nach dem Funkeneffekt verrechnet, je nach der Pixeldifferenz aufeinander folgender Silhouettenbilder verlängern sich die Kantenlängen des Umrisses. Dieser sozusagen stachelige oder funkende Umriss wird vom Laser um die Silhouette herumgezeichnet.

Auswertung

Auf narrativer Ebene verhandelt »Mortal Engine« unterschiedliche Modi von Beziehungen zwischen dem einzelnen Körper und einem oder mehreren anderen Körpern: Das Einverleiben des Einzelnen in eine Gruppe oder in einen amorphen Organismus, die möglichen Beziehungen zu einem Schatten oder des Schattens zu einem Körper, das Zu- oder Abgewandtsein einander Vertrauter im Schlaf, der Paarungsvorgang oder Kampf von Insekten – all dies lässt sich in der Verbindung der Choreografie mit den Projektionen lesen.

Fragt man nach dem Verhältnis zwischen den Akteuren und ihrer Umgebung, so fällt auf, dass sich die Tanzenden in ihren Bewegungen kaum auf die Projektionen beziehen, sondern auf ihr Gegenüber. Sie etablieren eine spezifische Situation, die ihre Handlungen in einen narrativen Zusammenhang stellt und durch die Projektionen unterstützt wird.

Etwas anders gelagert ist die Situation bei den Tanzsoli. Die erste Tanzszene ist in Dramaturgie und Bewegungsästhetik so gesetzt, als erwache ein fremdartiges Wesen und bewege sich in seiner ihm vertrauten, aber dem Publikum unbekannten Umgebung. Die Bewegungen erscheinen als Impulse in einem anderen Bewegungsschema, sie etablieren einen anderen Körperraum. Ähnlich strukturiert ist das Solo der insektenartigen Schattenfigur. Auch hier wird ein anderes Körper- und Bewegungsschema etabliert, das mit Impulsen arbeitet und den Eindruck erweckt, als wären Füße und Hände Wahrnehmungsorgane, Fühler. Die Tänzerin bzw. das Schatteninsekt bezieht sich in dieser Szene momentweise auf die Projektionen, wenn sie z.B. den Boden mit der Hand oder einem Fuß freizuwedeln scheint und sich gleichzeitig viele der Partikel von dem Schattenriss entfernen. Das Solo, in dem eine Tänzerin von Funken umgeben ist, etabliert noch stärker einen narrativen Wirkungszusammenhang. Das Zittern der Tänzerin korrespondiert mit den sie umgebenden Funken. Gerade weil die Tänzerin zu Beginn dieser Szene ihre Bewegungsimpulse durch einen körperlose Hand bekommt, entsteht der Eindruck, als wirkten die Funken auf sie ein. In den beiden zuletzt beschriebenen Soli beziehen sich die Tänzerinnen auf die Projektionen. Die Visualisierungen und die Art der körperlichen Bewegung erzeugen zusammen eine minimale Narration, innerhalb der die Bewegung als Bezugnahme erscheint. In den meisten Szenen bilden die Projektionen aber eine zweite Ebene, die sich über das Bühnengeschehen legt und bestimmte Aspekte der Situation oder der Bewegungen visualisiert.

Grundlage der Visualisierungen sind zwei Arten der Auswertung des Videobildes, die teilweise miteinander verknüpft werden. Einerseits wird der vektorisierte Silhouettenumriss aus dem Bild abgeleitet und weiterverarbeitet – der Umriss dehnt sich beispielsweise aus oder verlängert seine Kanten. Andererseits wird das Bild in Hinblick auf seine Pixelwerte verrechnet und das dynamische Differenzbild beeinflusst verschiedene Effekte. Die Auswertung des Videobildes zur Berechnung der Visualisierungen ist insofern zwischen der Geometrie des Bildes und den Werten der Bildpunkte situiert.

Auf der inszenatorischen Ebene haben die Visualisierungen unterschiedliche Funktionen, gerade auch in Bezug auf den Tanz. *Erstens* machen die Projektionen sichtbar oder unsichtbar, in Form von Beleuchtung und Lichtaura oder umgekehrt durch die Schattenaura.

Zweitens verwandeln die Visualisierungen Boden und Körper, indem sie diese mit Mustern überziehen. Dadurch unterstützen sie auch den Eindruck von Fremdartigkeit, der durch die Bewegungsästhetik angelegt ist. Diese Verwandlungen korrespondieren oft mit einem gewissen Eigenleben der Visualisierungen. Sehr deutlich wird diese doppelte Verzahnung von Verwandlung und Selbsttätigkeit in der Szene, die mit der Anmutung von Insekten arbeitet: Die Schattenprojektion unterstützt den Eindruck eines anders geformten Körpers, auf den die Partikel oder Insekten eigenständig reagieren. Der Effekt der Verwandlung findet sich auch am Anfang der Inszenierung, wenn die Schattenprojektion eine Gruppe von kriechenden und rollenden Tanzenden zu einer Art amorphen Organismus vereint, der sich die einzelne, beleuchtete Tänzerin einverleibt.

In dieser Szene zeigt sich gleichzeitig eine *dritte* Funktion der Projektionen, nämlich dass diese die Beziehungen zwischen den sich bewegenden Körpern visualisieren. Wenn die Tänzerin Teil der Schattengruppe geworden ist, erhält sie eine Schattenprojektion, die sie auch außerhalb der Gruppe als deren Mitglied erkennbar macht. Das Gegensatzpaar von Lichtfigur und Schattenfigur findet sich darüber hinaus in der Szene des sich verselbstständigenden Schattens – obwohl der (durch einen männlichen Tänzer dargestellte) Schatten viel größer ist als die Tänzerin, erscheint er als ihr Gegenpart (was natürlich auch durch die anfängliche Gleichzeitigkeit ihrer Bewegungen nahe gelegt wird).

Teilweise visualisieren die Projektionen die Beziehungen zwischen Tanzenden in den Szenen mit schnell wechselnden Effekten. Wenn die Paare beispielsweise von beweglichen und plötzlich »ausschlagenden« Linienknäuel bedeckt sind, erscheinen sie als je zusammengehörige Einheiten, die sich sehr dynamisch bewegen. Gleichzeitig gerät die ganze Szene in Bewegung. Die Projektionen visualisieren also *viertens* die Bewegungsdynamik oder -energie der Tanzenden und weiten sie auf die Fläche aus. In gewisser Weise stellen sie etwas Unsichtbares dar, was die Rezensentin der Tageszeitung »The Australian« zu der Interpretation verleitet, es würden innere Impulse sichtbar gemacht:

> Once more, inner impulses seem to be made visible but the atmosphere is dark and troubling, as if we can see people literally struggling with themselves. [Jones, 2008]

Gleichzeitig setzen die Projektionen *fünftens* auch selbst die Fläche in Bewegung. Beispielsweise entsteht ein überwältigender Bewegungseindruck, wenn unterschiedliche Effekte in schnellem Wechsel über die Tanzenden und den Boden flackern, oder grafische Muster sich synchron zu dynamischen Rhythmen über die gesamte Fläche bewegen.

Die oben beschriebene Darstellung von etwas Unsichtbarem lässt sich auch anhand der *sechsten* Funktion der Projektionen feststellen: der Visualisierung von Bewegung als Spur. In den Soli am Anfang und am Schluss der Inszenierung erzeugt die Bewegung eine Lichtspur, die nur ganz kurz stehen bleibt und bei schnellen Bewegungen einen Lichthof um Tänzerin oder Tänzer bildet. In der »Bettszene« dagegen macht die Darstellung der Bewegung als Spur die Tanzenden unsichtbar. Die nach einer Weile verblassenden Projektionen der schwarzen Silhouetten verdecken die Tanzenden und machen die Bewegung auf der Fläche sichtbar. Tänzerin und Tänzer sind nur in den Momenten der Unbeweglichkeit oder der beginnenden Bewegung zu sehen. Auch in der Szene, in der die menschlichen Körper und ihre Bewegung die Drehung von projizierten Stäben beeinflussen, wird die Bewegung als Spur von Unordnung visualisiert – als Veränderung einer Art Strömung oder eines Kraftfeldes.

Fast allen Szenen ist gemeinsam, dass die Projektionen die Körper und ihre Bewegungen in die Fläche überführen. Diese *siebte* Funktion wird dadurch unterstützt, dass sich die Tanzenden oft am Boden bewegen, im Liegen oder in kniender und sitzender Stellung sowie eng an die Wand gelehnt. In den raren Momenten, in denen die Akteure im Stehen tanzen, lenken die Projektionen die Aufmerksamkeit oft auf die Lichtsilhouetten: z.B. in der kurzen Szene, in der die Begegnung zweier Lichtstreifen mit den Auren der Tanzenden einen Schweif von Partikeln erzeugt. Wenn Schatten auf die Tanzenden projiziert werden, sind diese kaum in ihrer Dreidimensionalität wahrnehmbar. Die Überführung der Körper in die Fläche wird auch dadurch unterstützt, dass die Visualisierungen die Bodenfläche und die sich bewegenden Körper förmlich übergießen. Die Projektionen legen sich wie eine eigenständige Ebene über das Geschehen. Sie reagieren zwar auf die Körper – integrieren diese z.B. als Flecken in eine Art bewegtes Muster –, beeinflussen aber deren Bewegungen kaum.

Die Wirkung der flächigen Umgebung auf den Körper stellt sich vor allem auf der ästhetischen und narrativen Ebene her: Die Projektionen überziehen Körper und Fläche mit Texturen, verwandeln sie und setzen die Umgebung in Bewegung. Die Aufzeichnung wirkt also als Verwandlung auf den Körper. Darüber hinaus wirken die Visualisierungen in der inszenierten Wechselwirkung zwischen Umgebung und Tanzenden auf die Körper, z.B. als Stromschlag und Zittern.

Zusammenfassend lässt sich feststellen: »Mortal Engine« inszeniert das Verhältnis zwischen den Körpern und ihrer Umgebung als Verhältnis von bewegten Körpern zu einer Aufzeichnungsfläche. Die Körper werden durch Licht oder die Aussparung von Licht aufgezeichnet: Die Körper erzeugen Lichtauren auf der Fläche, die sie gleichzeitig sichtbar machen oder Schattenauren, die sie unsichtbar machen. Die Fläche visualisiert Unsichtbares, das von den Körpern ausgeht: Kraftwirkungen der Körper, Bewegungsenergie der Körper und Bewegung als Spur. Und sie visualisiert teilweise die Beziehungen zwischen den Körpern, z.B. als Teil eines Organismus oder als Gegensatz zwischen Körper und Schatten. Das heißt, »Mortal Engine« überführt den bewegten Körper durch verschiedene Formen von Aufzeichnung in die Fläche – Aufzeichnung der geometrischen Form, Aufzeichnung von unsichtbaren Kräften sowie Beziehungen zwischen Körpern.[145]

»Mortal Engine« stellt so die Frage, wie der bewegte Körper in die Fläche integriert wird. Dabei verweist die Inszenierung in ihrem technischen Setting, ihrer Ästhetik und ihrer Narration auf die Praxis und Diskursivierung der »Apparaturen bewegter Bilder« [Daniel Gethmann, 2006] im 19. Jahrhundert. So, wie »Mortal Engine« das Verhältnis zwischen Körpern und ihrer Umgebung als Aufzeichnung gestaltet, knüpft die Inszenierung an die Erforschung der Bewegungsillusion, die chronofotografische Praxis und Ästhetik von Bewegungsmessung sowie den Diskurs von Selbstabbildung und Abbildung des Unsichtbaren an. In der historischen Rekonstruktion wird deutlich, wie alle diese Stränge durch die Überkreuzung zweier Paradigmen charakterisiert sind, die das Wissen im 19. Jahrhundert formen: Einerseits folgen die Bildpraktiken und ihr Wissen einem Paradigma des Bildförmigen: Bewegung wird darin in der Tradition von Geometrie, Platz und Form wiss- und anschreibbar. Andererseits folgen die Diskurse, die sich um Bewegtbildapparaturen ausbilden, einem Paradigma des Schwingungsförmigen: So beschreibt Faraday zu Beginn des Jahrhunderts das Phänomen der Bewegungsillusion im Vokabular von Schwingungsphänomenen, während sich in der zweiten Hälfte des Jahrhunderts unsichtbare Kräfte und Gefühle in der spiritistischen Fotografie abbilden.[146]

»Mortal Engine« überführt den Körper in die Fläche und knüpft dabei an Praktiken und Denkfiguren des 19. Jahrhunderts an. In dieser Sichtweise erscheint das Ende der Inszenierung als Verabschiedung der Fläche. Zuvor sind die tanzenden Körper in den flackernden, schnell wechselnden Mustern als bewegte Flecken aufgegangen und gleichzeitig unsichtbar geworden – Elemente von Mustern, die sich als Visualisierun-

---

[145] Genau darin besteht auch der entscheidende Unterschied zu »Apparition«: Dort wurde mit der Verräumlichung von Bildern gearbeitet, sei es in der perspektivischen Darstellung oder im Zitat der barocken Kulissenbühne und der visuellen Überführung der Körper in die Fläche. In »Mortal Engine« zeichnet sich der Körper in die Fläche ein. Darüber hinaus verändert sich in »Apparition«, korrespondierend zur Bewegung der Tänzer, die gesamte Bildfläche bzw. alles Sichtbare, während in »Mortal Engine« die Veränderung oft auf die nähere Umgebung des Körpers beschränkt ist.

[146] Auch die narrative Ebene der Inszenierung greift verschiedene Motive auf, die sich im 19. Jahrhundert verorten lassen, wie das Motiv des verselbstständigenden Schattens, das sich zusammen mit dem Spiegelbild auf den Doppelgänger in der romantischen Literatur beziehen lässt. Der Bezug auf Insekten als eine fremde Lebensform scheint an das Interesse der Entomologie im 19. Jahrhundert anzuschließen, das Insekten unter dem Aspekt ihres Andersseins untersucht: in ihrer Wahrnehmung, Körperorganisation und sozialer Organisation. Zur Entwicklung der Entomologie im 19. Jahrhundert siehe [Parikka, 2008].

gen nicht zu den Körpern oder deren Impulsen und Energien in Bezug setzen lassen. Insofern scheitert die Aufzeichnung. Die Körper lösen sich von der Fläche und gehen in den Raum. Zunächst visualisieren und erforschen sie in der intimen Paarszene den Körperraum, dann setzt der Laser eine eigene Räumlichkeit und überführt den Schattenriss der Darsteller in den (durch Lasertechnologie und Strahlengeometrie konstituierten) Raum. Die Körper verlassen die verrauschte Fläche und erforschen den durch Laser/Licht erzeugten Raum an dem historischen Punkt, an dem die Paradigmen des Bild- bzw. Schwingungsförmigen in der Technologie und den Praktiken des Displays reorganisiert werden.

Körper zwischen Bild und Welle: Kraft, Serie, Aura

Im Folgenden wird in einer medien- und wissenshistorischen Perspektive die Entwicklung der für »Mortal Engine« entscheidenden Aspekte von Bewegtbildmedien kurz umrissen. Die Projektionen schließen in ihrer Funktion und Ästhetik *erstens* an die Erforschung der Bewegungsillusion an. *Zweitens* beziehen sie sich auf eine spezifische Tradition des Denkens, Erfassens und Abbildens von Bewegung, und *drittens* zitieren sie die Vorstellung von Selbstabbildung und Visualisierung des Unsichtbaren. Diese Stränge prägen im 19. Jahrhundert (in unterschiedlicher Gewichtung) die Entwicklung von Bewegtbildapparaturen wie dem Stroboskop und die Entwicklung der wissenschaftlichen Fotografie, zu der die Chronofotografie von Étienne-Jules Marey zu zählen ist. Die Visualisierung des Unsichtbaren spielt auch eine entscheidende Rolle in der spiritistischen Fotografie – gleichzeitig tritt damit der Körper als kommunizierender, der Umwelt durch unsichtbare Kräfte verbundener Körper ins Bild.

Entscheidend ist in dieser Sichtweise, wie physikalische und physiologische Forschung, grafische Repräsentationen und der Diskurs von Selbstaufzeichnung und Kommunikation in ihrem jeweiligen Zusammenspiel zwischen Bild und Schwingung situiert sind.

Die Entwicklung der technischen Medien löst, Bernhard Siegert folgend, die Medien der Lichtstrahlen und der »Großen Bürokratie« durch die Medien des Elektromagnetismus ab, die oszillierende Funktionen implementieren.

> Man wird einerseits Apparate bauen, die das Kontinuum in beliebig kleine, quantifizierbare Intervalle zerhacken, man wird andererseits Apparate bauen, die aus diesen Intervallen ein künstliches Kontinuum herstellen, man wird die Arbeit und die Kunst als Funktionen der Induktion definieren, man wird den

Äther mit Worten erschüttern und mit den Geistern sprechen, und man wird, wenn man Ingenieur und Mathematiker ist, keine Formel mehr schreiben, in der nicht der Ausdruck e^{iwt} vorkommt. [Siegert, 2003, S. 338f.]

Stark zugespitzt lässt sich sagen, dass im 18. Jahrhundert die Erklärung von Phänomenen durch Mechanik und Korpuskulartheorien durch ihre Modellierung als Wellenphänomene abgelöst wird und im Modus von Fluida, Druckverhältnissen und Kreisläufen gedacht wird. Zu Beginn des 19. Jahrhunderts wird dieses Denken mathematisch bewiesen und in seine symbolische Form gegossen: die Fourieranalyse. Alles schwingt, so der mathematische Ausgangspunkt dafür, die Wellen von der Flüssigkeit zu befreien.[147]

An der Entwicklung der Bewegtbildmedien lässt sich nachzeichnen, wie die Apparate und die in ihnen tradierten Denkfiguren das ältere Paradigma von Zentralperspektive, Geometrie und grafischer Repräsentation[148] mit dem neueren Paradigma von Welle und Kraft verknüpfen. Die Bildwerdung des kommunizierenden Körpers bleibt im 19. Jahrhundert der spiritistischen Fotografie vorbehalten – erst im Zusammenschluss des psychophysiologischen Sehens mit bewegten Bildern im Kino wirkt der bewegte Körper direkt aufs Zuschauerhirn.[149]

Einerseits ist das Verständnis der Phänomene durch die Referenz auf ihre Bildlichkeit und Geometrizität geprägt: Das Nachbild als ein Element der Bewegungsillusion, die Vorstellung von Körperbewegung als Veränderung der Form und die Selbstaufzeichnung unsichtbarer Kräfte als bildliche verweisen darauf. Andererseits werden die Phänomene als Wellen-, Feld- oder Kraftphänomene modelliert: Der Stroboskopeffekt wird als Spektrum und Lichtereignis beschrieben, Bewegung als Funktionsgraph dargestellt und Ätherschwingungen aufgezeichnet. Die Frage, wie und als was der bewegte Körper ins Bild kommt, spannt den Bogen von einem älteren Paradigma des Lichtstrahls, von Geometrie, Zentralperspektive und diskretem Bild/Zeichen zum neuen Paradigma der Welle, des Kontinuierlichen und des Elektromagnetismus, in dem sich in der zweiten Hälfte des Jahrhunderts auch die Idee von Kommunikation neu formiert.

---

[147] Zur Fourieranalyse siehe S. 117 Fn. 83 und [Siegert, 2003, S. 197ff. sowie S. 240ff.].
[148] Siehe dazu den Abschnitt zu »Sehen und perspektivische Darstellung« ab S. 54 und die Lacansche Lesart in seinem geometralen Schema der Sichtbarkeit ab S. 147.
[149] Ute Holl analysiert in »Kino, Trance & Kybernetik«, wie das Kino und der dazugehörige Zuschauer durch die psychophysiologische Forschung und deren Techniken generiert werden. Im Verständnis von Sinnesempfindungen als Reaktion auf psychophysische Reize wird Kino bzw. seine Filmbilder zur Impulsserie, die geeignet ist, »Erfahrungen technisch von einem Individuum aufs nächste zu übertragen« [Holl, 2002, S. 24].

Kraft

In der Entwicklung und Erforschung der Bewegungsillusion wirken die sich neu formierende Physiologie und die neuen technischen Medien des Elektromagnetismus zusammen. Nach Jonathan Crary ereignen sich Anfang des 19. Jahrhunderts entscheidende Veränderungen in der »Struktur des Sehens« [Crary, 1996, S. 16], die einen neuen Betrachter hervorbringen, und die dazugehörigen Techniken. Stationen dieser Veränderung sind das neu aufkommende Interesse am Nachbild im Auge und an der Farbenlehre.

> Das Nachbild – das Vorhandensein einer Sinneswahrnehmung ohne Stimulus – und seine nachfolgenden Veränderungen lieferten die theoretischen und empirischen Veranschaulichung eines autonomen Sehens, einer optischen Erfahrung, die vom Subjekt selbst und innerhalb des Subjekts produziert wird. Zweitens aber, und das ist nicht weniger wichtig, wurde die Zeitlichkeit als ein unumgänglicher Faktor des Sehvorgangs erkannt. [Crary, 1996, S. 104]

Die physiologische Erforschung des Sehens als Reiz-Reaktions-Vorgang und die Eigentätigkeit des Auges verändern den Status von Auge und Sehen. Das Auge wird täuschbar, und zwar in der Form täuschbar, dass es trotz des Wissens um die Täuschung diese nicht aufheben kann. Das physiologische Auge unterscheidet sich damit fundamental vom geometrisch gedachten Auge der Camera Obscura und dem Descartesschen Auge, das die Folie für den Erkenntnissinn bildet und den Schein oder die optische Täuschung durch Einsicht in die Naturgesetze durchschauen kann.[150] Dieses getäuschte Auge versagt nun als Messinstrument und ist nur noch bedingt für Erkenntnis fruchtbar zu machen. Stattdessen wird es zum Adressaten und Garanten des Bewegungseindrucks. Erst die visuelle Wahrnehmung bestätigt die Bewegung als richtige Bewegung.

Am Beginn dieser Entwicklung steht die wissenschaftliche Erforschung des so genannten Zaunphänomens:

> Im Januar 1821 wies der Buchhändler John Murray im von ihm selber verlegten *Quaterly Journal of Science* (praktisch ein Publikationsorgan der Royal Society) auf eine seltsame Erscheinung hin: Beobachtet man das Speichenrad eines fahrenden Wagens durch ein feststehendes Gitter, so sieht man ein mit dem Rad verbundenes, aber nicht rollendes strauchartiges Gebilde krummer Streifen. Am 9. und 16. Dezember 1824 hielt Peter Mark Roget, einer der Sekretäre der Royal Society, vor eben dieser einen Vortrag über das Zaunphänomen, und im November 1828 veröffentlichte Joseph Antoine Ferdinand Plateau in Quetelets *Correspondance mathématique et physique* einen Beitrag, in dem er das Zaunphänomen mit dem Sinneseindruck in Verbindung brachte, den gegenläufige Zahnräder machen. [Siegert, 2006, S. 37]

---

[150] Siehe Abschnitt »Sehen und perspektivische Darstellung« ab S. 54.

Michael Faraday[151] veröffentlicht 1831 seine auf Dezember 1830 datierte Untersuchung dieser Sorte von Phänomenen. In »On a Peculiar Class of Optical Deceptions« [Faraday, 1859/1831] stellt er eine Reihe von optischen Phänomenen vor, die durch sich drehende Zahn- und Wagenräder erzeugt werden.

Die von Faraday beschriebenen Effekte treten auf, wenn die gegenläufigen oder gleichlaufenden (Zahn-)Räder sich visuell überlagern.[152] Den Begriff der visuellen Überlagerung benutzt Faraday in unterschiedlichen Kontexten. Erstens charakterisiert er damit Phänomene, die auf dem Nachbildeffekt beruhen. Zweitens bestimmt er mit dem Begriff das Verhältnis zwischen den rotierenden Rädern und dem beobachtenden Auge. Drittens, so Siegert, stellt Faraday damit einen Bezug zur Wellentheorie des Lichts her [siehe Siegert, 2006, S. 39].

Faraday stellt die Erklärung der Sinnesphänomene ausführlich an Zahnrädern dar, die sich voreinander in entgegengesetzte Richtungen drehen. Betrachtet man die rotierenden Räder je einzeln, erscheinen sie als graue Scheibe. Überlagern sie sich visuell,

> the uniform tint which each alone can produce is soon broken up in the superposed parts into lighter and darker portions, and when the velocities of both are equal, the spectrum is resolved into a certain number of light and dark alternations, which are perfectly fixed (fig. 10), and which, to the mind, offer a singular contrast to the rapidly moving state of the wheels, and to the variations which their velocity may undergo without altering the visible result. [Faraday, 1859/1831, S. 297f.]

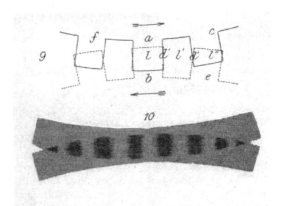

Darstellung rotierender Räder aus [Faraday, 1859/1831]

---

[151] Michael Faraday, 1791–1867, britischer Physiker und Chemiker.
[152] In Faradays Worten, wenn »the wheels were visually superposed« [Faraday, 1859/1831, S. 295].

Die gegenläufigen und sich überlagernden Rotationen erzeugen ein Lichtspektrum, so legt es die Beschreibung nahe. Die Erklärung, die Faraday in dem Artikel gibt, ist allerdings eine andere: Demnach entsteht das Phänomen durch die Häufigkeit und Dauer von Lichtimpulsen, die das Auge treffen. An einer hellen Stelle des Spektrums überlagern sich immer zwei Zähne oder zwei Lücken – d.h. die Hälfte der Zeit reflektiert der dahinterliegende helle Hintergrund Licht durch die Lücke, die andere Hälfte der Zeit schirmen die sich überlagernden Zähne das Licht ab. Es gibt aber bei zwei gleichen Zahnrädern, deren Zähne und Lücken gleich groß sind, Stellen, die immer von Zähnen bedeckt sind, also dunkel bleiben. Zwischen den hellen und den dunklen Stellen des Spektrums nimmt die Helligkeit gleichmäßig ab. In der Wahrnehmung des Auges fallen die unterschiedlich langen und hellen Lichtimpulse in Grauwerte zusammen.

Es ist erstaunlich, wie Faraday erstens aufs Nachbild als Basis der Effekte rekurriert[153] und zweitens die Sinneswahrnehmung des Spektrums als sozusagen diskrete Impulsfolge erklärt[154], aber drittens diese diskreten Ereignisse konsequent als Spektrum bezeichnet. Hier wird besonders deutlich, wie unterschiedliche Denkfiguren ineinander überführt werden – quasi abzählbare Einzelereignisse von Licht und Nichtlicht werden zu einem Spektrum, das normalerweise durch unterschiedliche Wellenlängen beschrieben wird –, Faradays Wortwahl modelliert das Phänomen einer Impulsserie als Frequenzereignis.

Darüber hinaus schreibt Faraday die visuelle Überlagerung in den Diskurs des Magnetismus ein. Er zieht die Analogie zwischen einem Sonderfall der optischen Täuschung bei der Bewegung von Wagenrädern und magnetischen Feldlinien.

> When the two wheels of a gig or carriage in Motion are looked at from an oblique position, so that the lines of sight crosses the axle, the space through which the wheels overlap appears to be divided into a number of fixed curved lines, passing from the axle of one wheel to the axle of the other, in general form and arrangement resembling the lines described by iron filings between the opposite poles of a magnet. [Faraday, 1859/1831, S. 292]

---

[153] »So it is in the appearances particularly referred to in this paper: they are the natural result of two or more impressions upon the eye, really, but not sensibly, distinct from each other.« [Faraday, 1859/1831, S. 297]

[154] »*l* therefore is alternately open to and shut from the eye for equal times; [...] so that in fact the point *d* is always hidden, no lights comes from that part of the background, and it consequently appears dark [...].« [Faraday, 1859/1831, S. 298]

Die visuelle Überlagerung der sich drehenden Wagenräder erzeugt ein eigenes Spektrum. Die sich bewegenden visuellen Kreuzungspunkte der Speichen verdecken in einem gleichmäßigen Rhythmus den Hintergrund (die Intervalle, während denen das Auge den Hintergrund sieht, sind gleich lang) und erscheinen als statische Linien. Diese erinnern an Kraftlinien, wie im zitierten Beispiel, oder an strauchartige Gebilde krummer Streifen. Verzeitlichte Geometrie wirkt im Modus rhythmisierter Lichtstrahlen als Reiz oder Kraft auf das Auge.

Faraday stellt das Experiment, das den später so genannten Stroboskopeffekt erfahren lässt, in die Reihe der Zahnrad- und Zaunphänomene. Man schaut zwischen den schnell rotierenden langen Radzähnen eines Zahnrades in eine reflektierende Glasscheibe. In der Reflektion ist das stehende Zahnrad zu sehen. Es liegt nahe, dass auch dieser Effekt auf visueller Überlagerung und Lichtintervallen basiert.[155]

Siegert weist darauf hin, dass Faraday gleichzeitig zu akustischen Phänomenen forscht, die er in Bezug zur Elektrizitätsforschung setzt – als Schwingungsphänomene lassen sie sich methodisch und technologisch identisch behandeln. Dadurch erhält

> Faraday eine Theorie über die Art der Fortpflanzung von Kraft durch Fluida, nach der eine laterale Bewegung indiziert wird durch die scheinbare Gleichzeitigkeit in Wahrheit zeitlich alternierender Ereignisse. [Siegert, 2006, S. 45]

In diesem Kontext lässt sich spekulieren, dass Faraday die Bewegungsillusion als eine solche Kraft entwirft. Das hieße, indem er die rhythmische Reizung des Auges durch unterschiedlich lange Licht- und Sichtintervalle als Welle konnotiert, kann er das Phänomen der Bewegungsillusion als ein Kraftphänomen fassen – eine Kraft, die zumindest teilweise außerhalb des Auges wirkt. Phänomene verschobener Bewegungen in der Wahrnehmung sind Wellenphänomene und damit Kraftphänomene.

Faraday grenzt seine Überlegungen explizit vom so genannten Kaleidophon ab, das auf andere Weise Schwingung, Geometrie und den Nachbildeffekt des Auges verknüpft. Charles Wheatstone[156] stellte 1827

---

[155] In der modernen Auffassung beruht der Stroboskopeffekt darauf, dass sich schnell aufeinander folgende und durch eine Dunkelphase getrennte Einzelbilder nur geringfügig voneinander unterscheiden. Das Gehirn verschmilzt die sich ändernde Lage, z. B. eines Gegenstandes im Bild, zu einem Bewegungseindruck dieses Gegenstands. Die visuelle Überlagerung Faradays geht nicht von Einzelbildern und der Wahrnehmungskonstruktion durch das Gehirn aus (das ist eine Erklärung, die erst nach der Erfindung in Anschlag gebracht wird und zu deren Vorläufer das Zaunphänomen quasi rückwirkend wird). Er misst oder zählt vielmehr Lichtintervalle an einzelnen Punkten oder Stellen im Blickfeld und schließt auf die Wirkung dieser Reize auf das Auge.

[156] Charles Wheatstone, 1802–1875, britischer Musikinstrumentenbauer und Physiker.

den Apparat vor, der den Nachbildeffekt des Auges demonstrieren sollte und gleichzeitig an die Tradition der Visualisierung von Schwingungsphänomenen anschließt.[157] Auf einer Platte befestigte Stäbe werden in Schwingung versetzt. Ihre Spitzen sind jeweils mit einer polierten Glasperle (oder einer spiegelnden Platte) ausgestattet, die einen Lichtstrahl reflektiert. Dieser wird auf eine Fläche projiziert. Dank des Nachbildeffekts erzeugen die von den schwingenden Perlen reflektierten Lichtstrahlen geometrische Figuren. Abhängig von der Schwingungsrichtung der Stäbe sind Linien oder Ellipsen in der Projektion zu sehen, aber auch komplizertere Figuren, die später unter dem Namen Lissajousche Figuren bekannt werden. Sie resultieren aus der Überlagerung oder Mischung harmonischer Schwingungen. Diese Figuren wurden erstmals 1815 von Nathaniel Bowditch, einem US-amerikanischem Mathematiker, beschrieben. Die erste analytische Untersuchung der durch das Kaleidophon erzeugten Figuren veröffentlicht der schottische Ingenieur Edward Sang [siehe Whitaker, 1993, S. 723]. Jules Antoine Lissajous[158] gibt 1855 deren mathematische Beschreibung an. Mit der Erfindung der Braunschen Röhre lassen sie sich einfach und präzise erzeugen bzw. darstellen. Schwingungsphänomene unterhalb der Wahrnehmungsschwelle erzeugen geometrische Figuren.

Das Entscheidende an den Faradayschen Zahnrad- und Wagenradexperimenten ist, dass die rotierenden Scheiben (bei geeigneter Geschwindigkeit) unbeweglich erscheinen, oder auch »falsche« Bewegung zeigen. Auf diesen Umstand bauen die von Joseph Plateau[159] und Simon von Stampfer[160] etwa gleichzeitig erfundenen »stroboskopischen Scheiben«[161] auf.

Der Aufsatz, in dem Plateau das Phenakistiskop vorstellt, ist auf den 20. Januar 1833 datiert, aber bereits in Quetelets *Correspondance* 1832 abgedruckt. Darin bezieht er sich explizit auf ein Experiment Faradays. Er beschreibt

---

[157] Insofern steht das Kaleidophon in der Tradition der Chladnischen Klangfiguren. Der deutsche Physiker Ernst Florens Friedrich Chladni (1756–1827) hatte um 1800 mit Lykopodiumpulver bestäubte Platten in Schwingung versetzt. Je nach Frequenz der Schwingung entstehen unterschiedliche Figuren. Siegert weist darauf hin, dass die Chladnischen Klangfiguren ihrerseits an einen Elektrizitätsdiskurs gebunden sind [siehe Siegert, 2003, S. 261f.].
[158] Jules Antoine Lissajous, 1822–1880, französischer Physiker.
[159] Joseph Anton Ferdinand Plateau, 1801–1883, belgischer Physiker und Astronom.
[160] Simon von Stampfer, 1792–1864, österreichischer Mathematiker und Geodät.
[161] Stroboskopische Scheiben bestehen aus einer geschlitzten Scheibe. Zwischen den Schlitzen sind Phasenbilder von Bewegungen gemalt. Der Nutzer steht vor einem Spiegel, schaut »von hinten« durch die Schlitze der sich drehenden Scheibe und sieht im Spiegel eine still stehende Scheibe, auf der sich bewegende Bildfolgen zu sehen sind. Das Prinzip wurde in unterschiedlichen Apparaturen verwendet und unter unterschiedlichen Namen vertrieben, Plateau nennt seine Erfindung z.B. Phenakistiskop.

zunächst, wie eine Scheibe mit 16 Feldern und 16 Schlitzen dem Auge als bewegungslos erscheinen könne: »comme l'a montré M. Faraday, à qui l'on doit cette éxperience [...]: vous y distinguerez les seize fentes, ainsi que les seize lignes qui séparent les secteurs, dans un état de fixité absolue«. Als nächsten Schritt setzt Plateau seine Apparatur ein, um ein bewegtes Bild vorzuführen. [Wachelder, 2006, S. 102]

Mit der Beschichtung oder Überlagerung der bewegten Scheibe und ihren Feldunterteilungen durch Phasenbilder eines Bewegungsablaufs wird das Schwingungsphänomen der rotierenden Scheibe regeometrisiert. Rotation und Unterbrechung als ein spezifischer physikalisch-physiologischer Wirkungsverbund zur Erzeugung von Unbeweglichkeit wird mit dem Wissen von Bewegung als Veränderung von Form und Lage gekoppelt, das sich in der Reihung von Einzelbildern verkörpert.

Joseph Wachelder zeichnet nach, wie Plateaus Erfindung im England der 1850er Jahre eher im Kontext von Farblehre und insofern wiederum als Schwingungsphänomen rezipiert wurde, während Simon Stampfers Patent darauf zielt, periodische Bewegungsabläufe darzustellen.[162] Wenn man so will, bezieht sich aber diese regeometrisierte Bewegung auch auf ein Schwingungsdispositiv. Schließlich, so Daniel Gethmann, zeigen die Wunderscheiben vor allem periodische Bewegungsabläufe, seien sie maschineller, mechanischer oder menschlicher Art, und »schwingen« insofern selbst [siehe Gethmann, 2006, S. 60ff.]. Bewegung als Veränderung der Form schreibt sich also als periodische Bewegung oder Loop ins allgemeine Schwingungsparadigma ein.

Zu Beginn der Erforschung und Erzeugung der Bewegungsillusion durchkreuzen sich also auf komplexe und vielfältige Weise das neue Schwingungsparadigma mit dem etablierten geometrischen Darstellungsparadigma und ihren jeweiligen Praktiken. Bewegung wird gleichzeitig als Schwingung und Bild, Kontinuum und Unterbrechung gedacht und in den frühen Apparaten der Bewegungsillusion auch als solche implementiert. Die Bewegung des Körpers wird zu einem periodischen Ereignis, das als Lage und Form angeschrieben wird. Gleichzeitig löst sich die Bewegung vom Körper und emigriert in die Bewegung der Apparate. Es existiert keine Darstellung von Bewegung, sondern nur deren Illusion, die zwischen Auge (Nachbild), einem Kraftfeld (dem Stroboskopeffekt in der Faradayschen Lesart) und dem Momentbild entsteht. Die Analyse der körperlichen Bewegung unter den Bedingungen technischer Medien knüpft an diese Modellierung von Bewegung an.

---

[162] Siehe zum Kontext der Farblehre und des Kontrastempfindens [Wachelder, 2006, S. 103ff.] und zur Patentschrift Simon Stampfers [Wachelder, 2006, S. 111].

Serie

1839 werden kurz nacheinander in Frankreich und England die neu erfundenen Verfahren der Fotografie präsentiert. Die Daguerreotypie, die in der Zusammenarbeit von Joseph Nicéphore Niépce[163] und Louis Daguerre[164] entwickelt wurde, erzeugt ein Bild auf einer beschichteten Kupferplatte, die »fotogenischen Zeichnungen« des Engländers William Henry Fox Talbot[165] sind Papiernegative. Ulrike Hick fasst in der »Geschichte der optischen Medien« zusammen, wie die Fotografie mit ihrem Aufkommen als Selbstabbildung der Objektwelt durch das Licht verstanden wird und gleichzeitig als Veränderung von Sichtbarkeit und der Ablösung des Augenblicks aus der zeitlichen Dimension thematisiert wird [siehe Hick, 1999, S. 265ff.]. Insbesondere als Selbstabbildung reiht sich die Fotografie in die Methoden der Selbstaufzeichnungen der Natur ein, die aus Forschungen zur (statischen) Elektrizität und akustischer Phänomene gut etabliert ist.

Wolfgang Hagen zeigt in »Die Entropie der Fotografie. Skizzen zu einer Genealogie der digital-elektronischen Bildaufzeichnung«, wie diese Technologie in der Wissenschaftsfotografie zum »ontologische[n] Medium einer Physik des Lichts« [Hagen, 2002, S. 203] wird. Der britische Astronom John Herschel[166] gibt dem neuen Medium den Namen Fotografie. Es geht ihm um die »Aufschreibung von Licht« [Hagen, 2002, S. 201] und um die Möglichkeit, dessen Spektrum zu erforschen.

> Nicht mit dem, was sie zeigt, sondern in dem, was sie ist, soll Fotografie die Wahrheit über das Licht enthüllen. Überdeutlich ist damit, mit welchem Anspruch die Fotografie von Anbeginn an in ihr epistemologisches Entstehungsfeld interveniert. Deutlich ist aber auch, wie die Fotografie mit der Doppeldeutigkeit dieses Anspruchs sich zugleich überfrachtet. Denn kein fotografisches Lichtbild wird je das Wesen dessen zeigen, was es zeigt. Gleichwohl aber liegt in der epistemologischen Herkunft der Fotografie genau dieses Versprechen. [Hagen, 2002, S. 203]

Für Herschel wird Fotografie in der Erforschung der so genannten Fraunhoferschen Linien, dunkle Linien im Spektrum des Sonnenlichts, zu einem Messinstrument, dessen Daten (respektive Bilder) er analysieren kann.

---

[163] Joseph Nicéphore Niépce, 1765–1833, französischer Offizier und Privatgelehrter.
[164] Louis Jacques Mandé Daguerre, 1787–1851, französischer Maler, Erfinder des Dioramas.
[165] William Henry Fox Talbot, 1800–1877, britischer Mathematiker und Photochemiker.
[166] John Frederick William Herschel, 1792–1871, britischer Astronom.

> Sind Lichtwellen aber chemischer Natur, und dafür sprach ja aus Herschels Sicht einiges, dann hätte man auf einer belichteten Fotografie die Fraunhofer-Linien gleichsam wie auf einem chemischen Reagenz-Papier (oder Reagenzglas) eingeätzt und könne ihre Zusammensetzung endlich analysieren und vielleicht – verstehen. [Hagen, 2002, S. 203]

Wissenschaftsfotografie wird zu einer Praxis, die aus Experiment, Messung und mathematischer Analyse besteht. Aus dem Verbund der epistemologischen Grundstellung der Wissenschaftsfotografie und den Praktiken von Aufzeichnung und Auswertung erwachsen unterschiedliche Wege, die den Körper in der Fotografie betreffen. Zwei davon sind relevant für die technikgeschichtliche Kontextualisierung von »Mortal Engine«: die Chronofotografie Étienne-Jules Mareys[167] und die spiritistische Fotografie.

In Étienne-Jules Mareys Verfahren der Chronofotografie überkreuzen sich der Modus der Selbstaufzeichnung und Mareys so genannte grafische Methode mit einer Art apparativen Umkehrung des Prinzips der stroboskopischen Scheiben. Marey wurde durch seine Erforschung des Blutkreislaufs bekannt. In den 1870er Jahren begann er, den Bewegungsablauf von Pferden und das menschliche Gehen zu untersuchen. Er entwickelte oder modifizierte dafür besondere Aufzeichnungsapparate, die bestimmte physikalische Größen bzw. deren Veränderung als Kurven abbilden.

> Man muss einerseits eine Bewegung oder einen bestimmten Druck (ein physikalisches Phänomen) mit einer manometrischen Kapsel einfangen und diese Druckveränderung dann über einen Kautschukschlauch an eine zweite Kapsel übertragen, die sie in die Bewegung eines Aufzeichnungsstifts überträgt. Dieser Stift schreibt auf eine Oberfläche, die sich in gleich bleibender, kontrollierter Bewegung befindet. Die Papieroberfläche bewegt sich auf einer Unterlage, die auf einem rotierenden Zylinder angebracht ist, welcher wiederum von einem Uhrwerksmotor angetrieben wird. [Frizot, 2006, S. 142f.]

1881 beginnt Marey, die Momentfotografie (möglich geworden durch die Entwicklung lichtempfindlicherer Bromsilbergelatine-Emulsionen) für seine grafische Methode fruchtbar zu machen. Entscheidend dafür ist, dass er nicht den Modus der kontinuierlichen Aufzeichnung wählt, sondern an eine zweite Kategorie seiner bisher benutzten Graphen anschließt, der punktweisen Aufzeichnung von Messdaten, aus denen eine Kurve interpoliert werden kann [siehe Frizot, 2006, S. 143f.]. Er baut eine chronofotografische Kammer, in der eine rotierende Schlitzscheibe, drehbar mittels einer Kurbel, vor dem Objektiv einer Kamera ange-

---

[167] Étienne-Jules Marey, 1830–1904, französischer Mediziner und Physiologe.

bracht ist.¹⁶⁸ Je nach Anzahl der Schlitze und der Geschwindigkeit der Drehung erhält Marey eine bestimmte Anzahl von Momentaufnahmen eines Bewegungsablaufs, die in Form von Mehrfachbelichtungen auf eine fotografische Platte gebannt werden. Dabei bewegen sich Menschen oder Tiere vor einem schwarzen Hintergrund, damit nur ihr Bild aufgenommen wird.

> Die verschiedenen Bewegungsaufnahmen [...] sind ästhetisch sehr ansprechend, auch wenn die Chronophotographien primär aus einem wissenschaftlichem Interesse an Bewegungsstudien entstanden sind, nämlich dem Bestreben, auf der Basis der Photographie genaue Daten über den durchkreuzten Raum, die Zeit, über die Bewegungen der Glieder und ihrer Gelenke und die Bewegungen des Körperschwerpunktes etc. zu erhalten. [Frizot, 2006, S. 145]

Wegen dieses Ziels abstrahiert Marey die Bewegung von den Körpern, indem er die Modelle mit schwarzer Kleidung ausstattet, auf die weiße Striche und Punkte gemalt sind.

Damit löst er die Bewegung visuell von den Körperbildern ab: Bewegung ist nicht mehr Veränderung von Lage und Form eines Körpers, sondern Veränderung der relativen Lage von Punkten und Strichen zueinander. Es entstehen geometrische Linienfolgen auf den Bildern, die Marey als Kurvengraphen physiologisch auswerten kann.¹⁶⁹

Marey koppelt also in seiner Chronofotografie Methoden und Techniken, die dabei eine Umkehrung erfahren. Das laufende Aufzeichnungsband, auf das ein Stift physikalische Größen aufträgt, wird zu Gunsten der rotierenden Schlitzscheibe stillgelegt. Diese löst sich wiederum vom Prinzip der Augentäuschung in der Erzeugung der Bewegungsillusion. Statt dass die Schlitzscheibe dazu dient, das Auge Einzelbilder verschmelzen zu lassen, löst sie Einzelbilder aus dem Kontinuum und macht so Unsichtbares zugänglich. Die Bilderserie der stroboskopischen Scheibe

---

[168] Laut Frizot hat sich Marey von Plateaus Phenakistiskop inspirieren lassen [Frizot, 2006, S. 148]. Eine andere Sichtweise sieht Anleihen Mareys bei dem astronomischen Revolver von Jules Janssen, mit dem dieser 1874 die Umlaufbahn der Venus dokumentiert hat [Holl, 2002, S. 212]. Kittler zieht daraus in seiner Vorlesung über optische Medien eine genealogische Linie zum Colt [Kittler, 2002, S. 217]. Marey selbst verweist auf den astronomischen Revolver, allerdings in dem Zusammenhang der Entwicklung eines Chronofotografen mit »beweglicher Haut«, d.h. einem lichtempfindlichen Film, der durch die Kamera transportiert wird [Marey, 1985/1893, S. 12f.]. Da die Chronofotografie auf einem Filmstreifen nicht für »Mortal Engine« relevant ist, wird diese Entwicklung hier nicht weiter nachgezeichnet.

[169] Um diese auswerten zu können, müssen allerdings noch weitere Informationen vorliegen, vor allem die Geschwindigkeit. Holl beschreibt, wie die Messungen mit der Disziplinierung des Körpers einhergehen [Holl, 2002, S. 214]. Daneben koppelt Marey seine Chronofotografie auch mit den von ihm früher entwickelten Selbstaufzeichnungsgeräten [siehe Marey, 1985/1893, S. 45f.].

»Mortal Engine« und »Forest II«

Stellt einen Mann in Schwarz dar, der folglich bei seinem Vorbeipassiren vor dem dunkeln Hintergrund selbst unsichtbar bleibt. Die weissen Streifen, die er auf Arm und Bein trägt, sind das Einzige, was im chronophotographischen Bilde sich abzeichnen kann.*)

Fotomodell Mareys aus [Marey, 1985/1893]

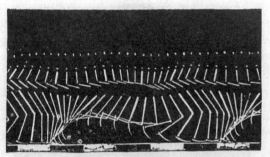

Schematisches Bild eines Läufers, reducirt auf ein paar helle Linien, welche die Stellungen der Gliedmassen andeuten. — Chronophotographie mit fester Platte.

Läufer, Chronofotografie aus [Marey, 1985/1893]

wird in das grafische Prinzip der Funktionsaufzeichnung überführt, welche die zeitliche Veränderung von Werten zweidimensional darstellt. Das Motiv wird seinerseits durch die weißen Linien und Punkte auf diese visuelle Tradition zugerichtet. Die unsichtbare Bewegung wird nicht mehr als Formveränderung erfahrbar gemacht, sondern als Graph von Geraden, die kurvenartig angeordnet sind. Bewegung wird zu einer Kurve oder Welle aus Geraden im Raum. Die Methode Mareys teilt die Bewegung in aufeinander folgende diskrete Zustände und stellt diese qua Funktionsgraph als etwas wellenartiges, fast kontinuierliches dar.

In der Faradayschen Erklärung wird Bewegungsillusion als Welleneffekt beschrieben. In den stroboskopischen Scheiben wird sie als Rotationsphänomen implementiert und die Bewegung als periodische Veränderungen von Form und Lage dargestellt. Die Chronofotografie überführt die körperliche Bewegung und deren Verhaftung im Bildlich-Geometrischen nachhaltig ins Paradigma der Welle, als Selbstabbildung des Unsichtbaren und als Kurve im Raum.

Gleichzeitig verknüpft sich in der zweiten Hälfte des 19. Jahrhunderts eine weitere entscheidende Denkfigur mit dem Paradigma von Welle, Schwingung und Kraft: die Kommunikation. Das Aufkommen der physikalischen Feldtheorie(n) und vor allem deren Berechnung als Schwingungen in den Maxwellschen Gleichungen begleitet ein neues Verständnis von Kraft. Was im mechanistischen Weltbild hauptsächlich als Übertragung von Effekten durch Druck und Stoß gedacht wurde, erscheint nun als Fernwirkung möglich. Kraft überträgt sich nicht durch Berührung benachbarter Elemente, sondern wellenartig über scheinbar leere Räume bzw. durch ein »Feld«. Als solche, so Erich Hörl [Hörl, 2005, S. 99ff.], löst sich in der Nachfolge Faradays und vor allem bei Maxwell[170] Kraft vom Körper und wird zu Übertragungsgeschehen. Die Entwicklung führt im 19. Jahrhundert auch zur Rückbesinnung auf die Theorie des Äthers, der die leeren Räume ausfüllt, leider nicht messbar ist und alle erforderlichen physikalischen Eigenschaften vereint, um die Übertragungsphänomene von Fernwirkungen zu erklären.[171] Äther wird zum Medium von Kraft und Kommunikation.

Aura

In der Anthropomorphisierung und der Visualisierung des Äthers als Seelenäther in der Fotografie bringt Hippolyte Baraduc[172] den kom-

---

[170] James Clerk Maxwell, 1831–1879, britischer Physiker.
[171] Zur Äthertheorie siehe [Kümmel-Schnur, 2008, S. 17ff.].
[172] Hippolyte Baraduc, 1850–1909, französischer Gynäkologe und Internist.

munizierenden Körper ins Bild. Wolfgang Hagen stellt in »Veronica on TV. Ikonografien im Äther – Baraduc [...] Beckett« [Hagen, 2008] heraus, wie in der spiritistischen Fotografie oder Geisterfotografie ab den 1860er Jahren schwebende Hände erscheinen.[173] Diese levitierenden Hände, so Wolfgang Hagen, sind ihrerseits ein festes Motiv der zweiwegigen Geister-Kommunikation, welche kurze Zeit nach der Installation des ersten Telegrafen im »Modern Spiritism« in Amerika aufkommt: Demnach erscheint die den Telegrafen bedienende Hand in Form von Klopfzeichen und halluzinierten Händen in den Séancen. Der Spiritismus übernimmt die unverstandene Übertragung der Telegrafie, und die spiritistische Fotografie bestätigt oder beweist diese Übertragungsformen ikonografisch.

Wolfgang Hagen betont, dass die spiritistische Fotografie eine Leerstelle im chemisch-physikalischen Diskurs besetzt – das von John Herschel gegebene Versprechen einer Ontologie des unsichtbaren Lichts wird zur Bestätigung der Kommunikation mit der Geisterwelt.

> Neben der unerklärlichen Elektrizität der Telegraphie von 1848, ist es die nur unwesentlich früher (1839) entstandene, aber ebenso unverstandene physikalische Chemie der Fotografie, die als ein weiteres Medium des 19ten Jahrhunderts eine Art Überforderung der Kultur bewirkt. Für beide Medien gilt, dass ihre Technologien zwar in der späten Neuzeit entstehen, technologische Apparaturen und Systeme möglich machen, sowie kulturelle und wissenschaftliche Praktiken erzeugen, ihre Theorie aber mit keiner Epistemologie der Neuzeit hinreichend formalisierbar ist. Diesen Abstand könnte man die epistemologische Differenz der elektrischen Medien nennen. Diese unaufgelöste Differenz findet ganz zweifellos in den weit ausgreifenden Spekulationen und Praktiken des »Modern Spiritism« ihr erstes Ventil. [Hagen, 2008, S. 295]

Während die levitierenden Hände wie auch die hinter den Portraitierten aufscheinenden Geister von Verwandten dem Paradigma von Bild (und Geometrie) verpflichtet sind – und auch von Zeitgenossen immer wieder als Doppelbelichtungen entlarvt werden –, tritt mit Hippolyte Baraducs Fotografien von »Lebenskräften« der kommunizierende Körper in die Fotografie.

Ab Mitte der 1880er Jahren arbeitet Baraduc im elektrophysiologischen Labor der Salpêtrière und entwickelt eine Theorie psychischer Fluida, die den menschlichen Körper umgeben und ihn durchfließen.

---

[173] Das Phänomen der spiritistischen Fotografie tritt ab den 1860er Jahren auf, in dem Moment, in dem Kameras mit kurzer Belichtungszeit vermehrt hergestellt werden und die Lichtempfindlichkeit der fotografischen Platten zunimmt. Technisch gesprochen sind die fotografischen Phänomene der spiritistischen Fotografie oft Doppelbelichtungen.

Entscheidend ist, dass der Körper diesen Fluidaläther aufnimmt und abgibt und ihn dabei in psychische Energie umwandelt.

> Physisches Leben erklärt er für eine Art körperliches Flottieren im Äther, welcher dem Körper erst die Seele gibt. [...] Seiner Vorstellung nach sind wir auf diese vibrierende und pulsierende Weise stets mit unserer Umgebung verbunden, aus der wir unsere psychischen Energien ziehen. [Hagen, 2008, S. 299]

Die Fotografien, die Hippolyte Baraduc seit den 1890er Jahren aufnimmt, zeigen neben dem porträtierten Körper verwischte und schattenhafte Strukturen, Flecken, Streifen und Blasen.

Fluida der Wut, Darstellung aus [Baraduc, 1904]

Die Abbildungen der den Menschen umgebenden Fluida drücken dessen Emotion aus. Die Bilder bestätigen für Baraduc seine Theorie, nach der Zustände wie Trauer, Wut, Hysterie usw. Störungen des körperlichen Austauschs der Fluida mit der Umgebung seien.

Der Körper kommuniziert mit seiner Umgebung und diese verborgenen Kräfte bilden sich auf der fotografischen Platte ab. Das umgebende Kraft- bzw. Ätherfeld ist an den Körper gekoppelt, dessen Seele mit der Umgebung verbunden ist und darin wirksam wird. Lesbar wird der Seelenzustand im Ätherbild durch die ikonologische Auslegung, die Baraduc in seinen Veröffentlichungen vornimmt:

> Die Fotografie ist die vollendete Inkarnation: Das menschliche Sein ist im ewigen Äther verbürgt, der für die Zeit der materiellen Körperlichkeit als Inkarnation der Seele an ihn gefesselt bleibt. Woraus logisch folgt: Gefühle haben auch noch die Toten, Empfindungen existieren jenseits ihrer Inkarnation. Das Fortleben nach dem Tode ist garantiert inklusive aller Wiedergeburten. [...] Baraducs Fotografien zeigen eine mediale Störung (Zufallsbelichtungen, fehlerhafte Emulsionen und Expositionen), deren medialer Anteil durch eine positive spiritistische Ontologie eines allheitlichen Seelenäthers verworfen wird. [Hagen, 2008, S. 300ff.]

Baraduc bindet die Vorstellung des Äthers (als zunächst physikalisches Modell) in einer spiritistischen Anthropomorphisierung als Medium von seelischen Kräften bzw. der Seele überhaupt an den Menschen zurück. Die Seele bildet sich in Strömungen der psychischen Fluida ab, welche wiederum durch die Fotografie aufgezeichnet werden können. Die Vorstellung von Kommunikation, Kraft und Äther verbindet sich mit der fotografischen Tradition der Aufzeichnung von Unsichtbaren und überführt den kommunizierenden Körper ins Bild.

»Mortal Engine« als digitaler Spiritismus

Vor dem Hintergrund der historischen Rekonstruktion lässt sich sagen: »Mortal Engine« verknüpft die vorgestellten drei Stränge der Praxis und Diskursivierung von Bildmedien des 19. Jahrhunderts, um das Verhältnis zwischen Akteuren und Umgebung als ein Verhältnis zwischen Körper und Fläche zu etablieren. In einer Art digitalisiertem Spiritismus bindet die Inszenierung das Bewegungsmodell der Bewegtbildmedien an den menschlichen Körper zurück und macht diese Art von Bewegung in der Metapher von Kraft und Kommunikation operativ.

Die Körper zeichnen sich durch Licht und Schatten in die Fläche ein. Die Projektion von Licht- und Schattenaura aktualisiert die fotografischen Begriffe von Positiv und Negativ und koppelt diese an die menschliche Bewegung. Die Funktion der Projektionen, die Fläche in Bewegung zu versetzen, und die Visualisierung der Bewegung als Veränderung eines Kraftfeldes reaktualisieren die Faradaysche Erklärung der Bewegungsillusion und die Praxis der bewegten Flächen (rotierenden Scheiben). Wenn man so möchte, lässt sich auch die Funktion der Verwandlung auf die Bewegungswahrnehmung beziehen, insofern das Auge in der Bewegungsillusion etwas anderes wahrnimmt, als »in Wirklichkeit« passiert, und diese Täuschung eben nicht mehr durchschauen kann. Die langsam verschwindenden Silhouetten, welche die Bewegung als Spur visualisieren, überführen die Mareysche Chronofotografie in die Echtzeitverarbeitung. Die Funktion der Projektionen, innere Impulse zu visualisieren, bzw. Bewegungsdynamik oder Beziehungen zwischen Figuren, bindet den kommunizierenden Bildkörper der spiritistischen Fotografie an die Bewegung.

Operativ wird die Bewegung, indem sie als eine Art unsichtbare Kraft auf die Projektionen wirkt. Sie setzt die Visualisierungen in Gang, sie wird als Spur aufgezeichnet oder als Kraft dargestellt. In den Visualisierungen wird die Bewegung zur wirksamen Kraft. Die Fläche zeichnet eine Wirkung der Bewegung auf und erzeugt sie dadurch als Kraft und Kommunikation im Sinne des 19. Jahrhunderts.

Die Funktion der Bewegung ist dabei, eine minimale Narration zu etablieren, beispielsweise ein spezifisches Verhältnis zum Gegenüber oder zu den Projektionen. Genau dieser narrative Zusammenhang erlaubt es, die Projektionen überhaupt als Visualisierungen von Beziehungen zwischen Figuren oder einer einwirkenden Kraft zu interpretieren. Die Bewegung legt eine bestimmte »Erzählung« nahe, und die Projektionen visualisieren bestimmte Aspekte parallel zu dieser Narration. In Bezug auf die Praktiken und Diskursivierungen der Bildmedien des 19. Jahrhunderts wird deutlich, dass die Operativität der Bewegung für die Projektionen genau in einer Inszenierung liegt, in der die Fläche die körperliche Bewegung als unsichtbare Kraft aufzeichnet. Als Kraft, die auf die Fläche wirkt, aber auch zwischen den Figuren.

Die Bewegung wird in »Mortal Engine« zur Interaktion, indem die Bildeffekte in einen narrativen Zusammenhang von Kommunikation zwischen Körpern oder fremden Wesen gesetzt werden. Die Funktion der Bewegung ist, diese Narration zu erzeugen. Durch die Bewegung, die Ausrichtung der Körper etc. werden Bezüge zwischen den Körpern oder Körpern und grafischen Elementen gesetzt, die in den Projektionen wiederzufinden sind.

Folgt man dieser Interpretation, so setzt die Inszenierung genau an der epistemologischen Geburtsstunde von Bewegungsillusion ein und verkreuzt die entscheidenden Denkfiguren der Bewegtbildmedien mit einem spiritistischen Verständnis von Kommunikation. Historisch präzise »scheitern« die bewegten Körper im Modus des Rauschens und Flackerns als einer spezifischen technischen Eigentätigkeit von signalförmig gedachtem Bildmodus. Die Körper gehen in einen Raum, der seinerseits von Körper, Geometrie und Oszilloskop/Laser strukturiert ist. Entsprechend lässt sich mit der Erfindung der Braunschen Röhre, ihrer Nutzung im Oszilloskop und vor allem im Radar ein Umschlagspunkt feststellen, an dem die Paradigmen des Bild- und des Schwingungsförmigen reorganisiert werden und sich in der Technologie und den spezifischen Praktiken des Displays neu verknüpfen.

»Forest II«: Verräumlichtes Display

Regie	Chris Ziegler mit Michael Hewel
Konzept, Bühne	Chris Ziegler
Text und Libretto	Michael Hewel
Musik	Torsten Brandes und Ensemble für Neue Musik Schloss Hamborn
Assistenz (Licht, Programmierung)	Martin Bellardi
Oberon	Jens Kipper (Schauspieler)
Titania	Steffi Fischer (Sängerin)
Puck	Friederike Plafki (Tänzerin und Choreografin)
Vorpremiere	27.05.2008 in der Muffathalle München
Dauer	ca. 50 Minuten

In »Forest II« durchlebt das Personal von Shakespeares »Sommernachtstraum« die Höhen und Tiefen einer zeitgenössischen Paarbeziehung. Die Figuren Titania, Oberon und Puck treffen in einem Wald aufeinander, es folgen Verliebtheit, Sex, Streit und Trennung. Die Szenen bestehen aus einer Mischung von Erinnerung oder Nacherzählung, monologischen Reflexionen und der Darstellung aktueller Leidenschaften – Erregung, Streit und Trennung. Puck tritt als Initiator oder Störer auf, als Kommentator sowie als Bezugsperson und Diener Oberons.

Der rechteckige Bühnenraum ist von einer großen Lichtinstallation dominiert, die auf der narrativen Ebene den Wald darstellt. 60 Neonröhren hängen in einem regelmäßigen Raster von der Decke, angeordnet in fünf Reihen aus jeweils 12 Röhren. Sie enden ca. 50 cm über dem Boden. An den beiden langen Seite des Raumes stehen eine bzw. zwei

Stuhlreihen, auf denen das Publikum Platz nimmt. An der Decke hängen zwei Flachbildschirme.
Diese Installation wird durch Licht, Ton und Darsteller bespielt. Die Röhren flackern mal heller und mal dunkler, sie stecken Räume ab, beleuchten Wege oder zeichnen diese nach. Mal reagiert das Licht auf die Personen, mal gibt es deren Bewegung vor, oder es scheint einer eigenen Lichtchoreografie zu folgen. Musik wechselt mit Stille und Klangflächen, gesprochene Sprache mit Gesang. Die Akteure bewegen sich in abgezirkelten Wegen oder unruhigem Zickzack durch diesen Wald von Neonröhren. Sie etablieren Blickachsen und verharren manchmal in einer Art skulpturalem Tableau. Auf eher handlungstragende Szenen folgen tänzerisch-performative Sequenzen. Dabei wechseln in der Inszenierung festgelegte Choreografien mit Szenen der Improvisation.

> Das Spiel beginnt, lange nachdem der Sommernachtstraum geendet hat. Oberon und Titania, die beiden Liebesgötter, sind in Vergessenheit geraten und haben selber auch ihre Göttlichkeit schon fast vergessen. Verlassen von ihrer einstigen Macht und Größe, lieben sie doch sehr menschlich heutzutage. Nur Puck, der wilde Elf, ist nicht zu zähmen und lungert herum. [Hewel, o.J.]

Die Liebe auf den ersten Blick und der erste Sex ist eine Art nacherzählendes Re-Enactment, räumliche Annäherung begleitet die erzählte Erinnerung von Oberon und Titania. Es folgen kleine Zweifel, Titanias erste Arie handelt davon, wie sie zwischen Vertrauen und Fremdheit hin- und hergerissen ist. Mal wird Oberon zum zweifelnden Regisseur, der auf der Suche nach einer zündenden Inszenierungsidee ist, dann wieder zum frisch Verliebten, der Puck sein Glück und Unglück erzählt. Die Leidenschaft zwischen Oberon und Titania schlägt wegen einer falschen Bemerkung (von Oberon) in Wut und ein Streitgespräch um. Nach der Trennung folgen Besprechungen zwischen Puck und Oberon sowie Puck und Titania. Die Gespräche dienen weniger der Verständigung, als dass sie Eifersucht aufflackern lassen. Am Ende irrt Oberon verloren durch den Wald, so erzählt ein eingesprochener Text (die Akteure kauern bewegungslos in der fast dunklen Installation). Das letzte Wort hat Titania mit einer dritten Arie um Verlassenheit, Tod und die ewige Liebe.

Das Verhältnis zwischen Akteuren und Umgebung ist auf der narrativen Ebene das Verhältnis zwischen den Figuren und Wald, der ein eigenes Verhalten an den Tag legt. Strukturell betrachtet ist dieses Verhältnis durch die Repräsentation und Lenkung von Bewegung bestimmt. In dieser Form verknüpft die Inszenierung die Tradition interaktiver Displays mit den Hellerauer Theaterexperimenten Adolphe Appias. In der kulturhistorischen Kontextualisierung wird deutlich, wie Kommunikation und Ausdruck als technologische, ästhetische und semiotische Praktiken entworfen werden. Auf einer metaphorischen Ebene zitiert die Inszenierung eine Art grammatologisches Verhältnis von Bewegung und Notation in einem verräumlichten Display, wie es Derrida für das Verhältnis von Sprache und Schrift entworfen hat.[174]

Anhand von drei Szenen wird im Folgenden der Raum der Inszenierung, die Bewegung der Akteure und das Verhältnis zwischen Akteuren und ihrer Umgebung hergeleitet.

Szenenanalyse

Wenn das Publikum den Saal betritt, flackern die Neonröhren in einer unruhigen Lichtchoreografie, ohne erkennbare Struktur.[175] Gleichzeitig läuft Schrift über die Monitore, augenscheinlich ein lateinischer Text. Die Musik besteht aus Soundflächen, in der sich schleifende Geräusche und schrillere Töne rhythmisch überlagern. Sound und Lichter erzeugen eine unruhige Atmosphäre. In der Mitte der Bühne liegt, fast bewegungslos die Tänzerin, die Puck darstellt.

Nach etwa fünf Minuten verstummt der Ton, alle Lichter werden taghell, Oberon und Titania stehen an den gegenüberliegenden kurzen Seiten der Installation. Der Wald aus Neonröhren flackert an unterschiedlichen Stellen auf (weniger stark als zu Beginn), ab und an ist ein Knistern und Fiepsen zu hören.

Die drei Akteure sind nach dem Intro während der gesamten Inszenierung auf der Bühne. Die Sängerin Steffi Fischer, die Titania verkörpert, trägt ein weißes Kostüm, ein rokkokoartiges Ensemble aus Stiefeletten, wadenlangem, leicht gebauschtem Rock und eine enganliegende Jacke, deren ausladender Kragen in eine Kapuze übergeht. Der Schauspieler

---

[174] Insofern ist die Weiterentwicklung von »Forest II« zu einer Installations-Performance konsequent. In dieser endgültigen Version des Stücks befinden sich die Zuschauer selbst in der Installation und können sich darin frei bewegen. Es werden jeweils ca. 20-minütige Szenen aufgeführt, die gewissermaßen inhaltlich-narrative Aspekte der Stückversion bündeln. Die Tänzerin Friederike Plafki agiert als Figur des Puck live in der Installation. Die Figuren Titania und Oberon tauchen ihrerseits als Projektionen sowie in Monitoren auf. Ihre räumliche Bewegung ist ausschließlich in Lichtspuren präsent.

[175] Die Analyse der Inszenierung basiert auf meinem Besuch der Vorpremiere und auf dem dort aufgenommenen Video – auf Grund des sehr breiten Bühnenraumes zeigt dieses Video allerdings immer nur Ausschnitte der Inszenierung. Darüber hinaus hat Chris Ziegler im Vorfeld der Vorpremiere, während eines Telefonats am 26.03.2008, ausführlich das Konzept der Inszenierung und die verwendete Technologie erörtert.

»Forest II«: Verräumlichtes Display   195

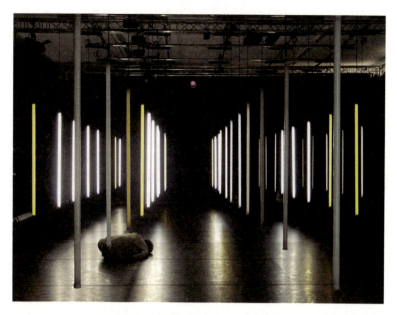

Szenenbild aus »Forest II« © Chris Ziegler

Jens Kipper trägt ein graues Jackett zur weißen Hose und die Tänzerin Friederike Plafki eine helle knielange Hose und ein langärmliges Kapuzen-T-Shirt.

Die Figuren werden durch Monologe etabliert. Oberon spricht über den Wald, der zunächst als alltäglicher Wald erscheint, aber in seinen abgelegeneren Regionen unheimlich sei. Von Puck in diesen Teil des Waldes geschickt (so legt der Text nahe), bewegt sich Oberon langsam zur Mitte des Bühnenraumes, mit kleinen Schritten und langen Pausen. Er schaut zu Titania, die am anderen Rand der Installation steht.

In der Mitte der Bühne beginnt sich die Tänzerin zu bewegen. Liegend und kniend, in tierartigen Bewegungen, rollend und springend, scheint Puck die Umgebung zu sondieren. Immer wieder schaut die Figur zu Oberon, in einer aufmerksamen, leicht abwartenden Haltung. Zeitweise konzentriert sie sich auf die Lichter, rollt unter den umliegenden Röhren umher und schaut, woher das Knistern kommen könnte. Während der Szene steigern sich ihre Bewegungen sowohl in der Dynamik als auch in Bezug auf den Raum, den sie durchmessen. Die Röhren in der Nähe von Puck leuchten während der Bewegungen immer wieder auf, nicht zufällig flackernd, wie im Rest der Installation, sondern in Räumlichkeit und Helligkeit zu den Bewegungen korrespondierend.

Auch Oberon bewegt sich mehr, während Titania in ihrem Monolog von einem fremden Gefühl der Erwartung spricht, das sich ihrer bemächtigt. Er geht schnell kurze Strecken in seiner Bühnenhälfte, schaut auf die aufleuchtenden Röhren um ihn und bleibt immer wieder irritiert stehen. Titania selbst geht zunächst in geraden Wegen am Rande der Leuchten entlang. Sie bewegt sich mit langsamen Schritten und macht lange Pausen. Nach einer Weile bewegt sie sich langsam zur Mitte der Installation bzw. der Bühnenfläche.

Auf der narrativen Ebene ist die Installation ein Wald, der ein Eigenleben hat und auf die Figuren zu reagieren scheint. Auf der technischen Ebene werden diese Reaktionen durch die Auswertung von Videoaufnahmen gesteuert: Zwei Infrarotkameras,[176] die jeweils neben den Monitoren an der Decke des Raumes hängen, nehmen den Bühnenraum auf. An der Decke hängen zusätzlich 12 Infrarotleuchten. Die beiden Kameras nehmen also jeweils eine Hälfte der Bühnenfläche als Grauwertbild auf. Diese Aufnahmen werden zu einem Bild zusammengesetzt, welches die Grundlage für die Steuerung der Neonröhren bildet.

Das so erhaltene Videobild wird mittels softVNS ausgewertet, einer Videotracking-Bibliothek für Max/MSP.[177] Die entscheidende Auswertung des Videobildes basiert auf der Verrechnung des dynamischen Differenzbildes[178] in softVNS: Aufeinander folgende Videobilder werden voneinander abgezogen, d.h. das Differenzbild besteht aus unterschiedlichen Grauwerten (und nicht, wie in den anderen Inszenierungen, aus einem Bitmapbild). Das Differenzbild selbst ist so in 60 Felder unterteilt, dass die Mitte eines jeden solchen Vierecks den Ort einer der Neonröhren markiert. Jedes Feld besteht aus einer festen Anzahl von Pixeln, die unterschiedliche Grauwerte annehmen. Für jedes dieser Felder gibt softVNS einen Differenzwert aus, der die Grauwerte des Differenzbildes in diesem Bereich aufaddiert.[179]

---

[176] Zur Infrarotkamera siehe S 22.
[177] David Rokeby, ein kanadischer Medienkünstler, hat in den 1980er Jahren als einer der ersten ein interaktives System entwickelt, das auf Motiontracking basierte: das »Very Nervous System«, http://homepage.mac.com/davidrokeby/softVNS.html (letzter Zugriff 20.04.2011). In den 1990er Jahren hat er die Software neu programmiert. Als softVNS ist sie inzwischen in die Architektur von Max/MSP integriert worden. Viele der Features von softVNS und Jitter ähneln sich – allerdings ist Jitter darauf ausgelegt, alle möglichen Bilddateien zu verarbeiten, während softVNS ausschließlich auf Videotracking ausgelegt ist. Entsprechend stellt es mehr Funktionalitäten dafür zur Verfügung.
[178] Zum dynamischen Differenzbild siehe S. 24.
[179] Genau genommen verrechnet die Programmierung bei »Forest II« zwei Werte, die aus dem Differenzbild gewonnen werden: Die Veränderungswerte werden mit der Anzahl der nicht veränderten Werte gemischt.

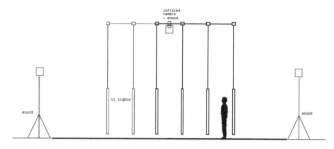

Bühnendarstellung »Forest II« © Chris Ziegler

Dieser Wert dient zur Berechnung der Helligkeit der dem Feld zugehörigen Neonröhre, welche 100 mögliche Lichtwerte annehmen kann. Anschaulich gesprochen, steuert die Bildveränderung in der Umgebung einer Neonröhre ihre Helligkeit. Je mehr Unterschiede in zwei aufeinander folgenden Aufnahmen gemessen werden, desto heller leuchtet die Lampe.

Die flackernde und vermeintlich unstrukturierte Lichtchoreografie während des Einlasses des Publikums wird durch den im Monitor zu sehenden bewegten Text, die Laufschrift, gesteuert: Die Veränderung in den einzelnen Regionen des Bildes, die durch die Bewegung der Schrift entsteht, bedingen die Helligkeit der zugehörigen Neonröhren.

Sobald alle Akteure auf der Bühne sind und Oberon mit seinem Monolog beginnt, ändert sich die Eingabe der Steuerung. Es gibt ein Grundflackern in der Installation, das vorprogrammiert ist. Dieses Flackern wird von der Steuerung der Röhren durch das Differenzbild überlagert. Wenn sich in einzelnen Regionen die Helligkeitswerte ändern, bestimmt der Differenzwert die Helligkeit der zugehörigen Röhre. Da die Infrarotkameras unempfindlich für das Neonlicht sind, zeigt das Differenzbild die Veränderung der gefilmten Körper an.

Bevor sich Oberon und Titania tatsächlich treffen, tanzt Puck den berühmten Liebeszauber:[180] Die Tänzerin bewegt sich in der Mitte der Bühnenfläche in einem quadratischen Raum, der durch neun Neonröhren gebildet wird. Sie mischt ballettähnliche Bewegungen mit einigen der vorher etablierten Tierhaltungen. Parallel zu ihrem Tanz ertönt ein aufgenommener Text in unterschiedlichen Tonhöhen. Je langsamer sich Puck bewegt, desto tiefer wird der Sound. Technisch gesehen, steuert

---

[180] »What thou seest when thou dost wake,//Do it for thy true love take://Love and languish for his sake.//Be it Ounce, or Catte, or Beare,//Pard, or Boare with bristled haire,//In thy eye that shall appeare,//When thou wak'st, it is thy deare,//Wake when some vile thing is neere [...].« [Hewel, o.J.]

das Differenzbild die Tonhöhe der Sounddatei. Dabei werden nach und nach alle Röhren des Quadrats heller und stecken dadurch den Tanzraum ab.

Dann sehen sich Oberon und Titania. Oberon nähert sich Titanias Bühnenhälfte, läuft immer wieder zurück oder schnell hin und her, während Titania die Begegnung beschreibt und in die Mitte der Bühne geht – in den Lichtraum der vorangegangenen Szene (die restlichen Lichter sind relativ niedrig gedimmt). Puck imitiert in einiger Entfernung Oberons Bewegungen. Die Begegnung stellt sich als Dialog zwischen Titania und Oberon dar, Beschreibung des ersten Sex, während Oberon Titania umkreist. Die Situation endet mit dem Eingeständnis beider, sie »könnten sich lieben«. Titania wendet sich ab, geht weg, während durch die Installation Wellen von Licht laufen, die Oberon zu Boden werfen. Auf der technischen Ebene werden die Lichtwellen per Hand gesteuert und nicht durch die Auswertung der Videoaufnahmen.

Szenenbild aus »Forest II«, Videostill Irina Kaldrack

Die Lichtinstallation fungiert in der beschriebenen Anfangssequenz der Inszenierung zunächst als Beleuchtung und erzeugt (zusammen mit dem Sound) eine bestimmte Atmosphäre: bedrängend und überwältigend im Intro oder lebendig und leicht unruhig im Grundflackern der Leuchten, während die Figuren eingeführt werden.

Insgesamt wird der Wald auf textlicher Ebene als etwas Unheimliches etabliert. Die Bewegungen der Figuren präzisieren deren Verhältnis zur Umgebung. Titania scheint kaum von den Leuchten betroffen, und umgekehrt reagiert das Licht kaum auf sie. Dies liegt technisch gesprochen an Titanias vergleichsweise langsamem Gang, der wenig Differenzwerte erzeugt und damit wenig Helligkeit. Auf inszenatorischer Ebene lassen sich die Lichter als Ausdruck oder Reaktion des Waldes auf Titanias innere Haltungen lesen: Sobald sie sich von Oberon abwendet und weggeht, rollen bedrohliche Lichtwellen durch die Installation, begleitet von lauten Sounds. Der Wald scheint Oberon zu warnen, wirft ihn zu Boden, als könne er jede weitere Annäherung verhindern. Die Umgebung reagiert kaum auf Titanias Bewegung, aber gewissermaßen auf ihre Stimmungen oder inneren Haltungen.[181] Umgekehrt nimmt Titania die Reaktionen der Installation kaum wahr – sie ist ganz auf Oberon konzentriert.

Oberon hingegen beeinflusst der Wald, er irritiert ihn. So beschreibt es der Text, so legen es seine unruhigen Blicke auf die Umgebung nahe sowie das Ende der Szene, in dem er von den Lichtwellen überrollt wird. Zwischenzeitlich konzentriert sich Oberon stark auf Titania. Auf technischer Ebene reagiert die Installation auf die schnelleren Bewegungen Oberons, auf Ebene der Inszenierung beleuchtet sie seine Wege. Die Leuchten werden hier zunächst als Bewegungsmelder etabliert, sie reagieren, zeigen an, wenn sich jemand bewegt. Durch die Art der Bewegung, die schnellen Gänge von Oberon, werden sie zu einer Wegenotation, zeichnet die Installation seine Wege nach.

Ähnlich ist die Situation in Bezug auf Puck. Auch hier fungieren die Lichter auf der technischen Ebene als Bewegungsmelder. Puck scheint zunächst ihre[182] engere Umgebung zu untersuchen und orientiert sich im Laufe der Szene stark an Oberon. Sie reagiert manchmal auf die Leuchten und das Knistern der Umgebung, meist aber richtet die Figur ihre Aufmerksamkeit auf Oberon. Die tierhaften Bewegungen der Tänzerin korrespondieren oft mit dem Textrhythmus oder der Modulation seiner Rede. Da die Lichter in Pucks Umgebung bei abrupten Bewegungen aufleuchten, auf das Zucken und Rollen reagieren, scheint die Installation eine Art innere Energie Pucks zu spiegeln, deren Aufmerksamkeit auf Oberon und die Umgebung.

Dieses Changieren zwischen der Visualisierung von Bewegungsenergie und Wegenotation wird in einer anderen Szene etwa nach der Hälfte der Aufführung sehr deutlich, in der beide Funktionen der Lichter auf die beiden Hälften der Bühne aufgeteilt sind. In der einen Hälfte steht der

---

[181] Dies bestätigt sich während der Arien der Figur der Titania: die Lichter reagieren in diesen Szenen auch auf die Lautstärke des Gesangs.
[182] Puck wird im Folgenden als weibliche Figur beschrieben, da die Figur von einer Tänzerin dargestellt wird.

Schauspieler des Oberon, der hier den Regisseur des Stücks verkörpert. In der anderen Hälfte stehen und gehen Sängerin und Tänzerin. Oberon geht in seiner Hälfte der Bühne kreuz und quer, bleibt manchmal stehen und denkt verzweifelt über ein zündendes Konzept der Inszenierung nach. Immer wütender sucht er nach einem Bild:

> Mann, was ist los mit dir? Ein Bild muß es sein. Ein einfaches Bild, klar? Farbe, Form, Gefühl. Ein Bild eben. Wortloser Gedanke. Nicht so 'ne Laberscheiße. [Hewel, o. J.]

Je hektischer er wird, desto heller leuchten die Lampen um ihn herum. Dabei bleiben sie immer einen Moment lang hell, auch wenn der Akteur stillsteht oder sich schon entfernt hat. Die Bühnenhälfte erweckt den Eindruck eines ungeordneten Lichtchaos. Auf technischer Ebene werden die Lampen durch das Differenzbild gesteuert. Wenn sie leuchten, behalten sie fünf Sekunden lang ihren Helligkeitswert, bevor sie dunkler werden und ausgehen.

In der anderen Bühnenhälfte folgt die Steuerung dem gleichen Prinzip, erscheint aber viel stärker als Wegenotation. Tänzerin und Sängerin, die Figuren, über die der Regisseur-Akteur spricht, gehen zügig gerade Wege durch die Installation und bleiben immer wieder kurz stehen. Oft bewegen sie sich abwechselnd, manchmal auch gleichzeitig. Während die Akteurinnen verharren, schauen sie meist in die andere Bühnenhälfte, zum Darsteller des Regisseurs. Wenn sie losgehen, blicken sie auf den Endpunkt ihres Weges. Die Lampen zeichnen ihren Weg nach und verlöschen dann wieder. Während in der einen Hälfte die Lampen die Unentschiedenheit und Verzweiflung des Regisseurs zu visualisieren scheinen, wirken sie in dieser Hälfte als Wegenotation – ein Effekt, der durch die Bewegungsdramaturgie und -choreografie entsteht.

Ab und an werden die Leuchten der Installation zum Wegweiser. Während eines Monologs von Titania über Zweifel und Hoffnung in der Beziehung,[183] folgt sie den aufleuchtenden Röhren. Sobald sie das Ende der beleuchteten Strecke erreicht hat, werden andere Lichter heller, Titania schlägt eine neue Richtung ein.

Direkt im Anschluss an diese Szene wird die Figur des Puck, ähnlich wie im tänzerischen Erzeugen des Zauberspruchs zu Anfang, zur Herrscherin über die Installation. Oberon und Titania stehen sich gegenüber, wenden sich voneinander ab und einander wieder zu, tragen scheinbar einen Konflikt mit Blicken aus. Währenddessen liegt Puck unter einem

---

[183] »Also geht es um Kinder; sogar; oder nicht« [Hewel, o. J.]

der Monitore, auf dem das Video ihrer sich bewegenden Hände zu sehen ist. Zu einer spannungsgeladenen Orchestermusik tanzen ihre Hände unter dem Monitor und steuern die Leuchten der Installation – dabei wird hier nicht das Differenzbild benutzt, sondern direkt die Grauwerte der Handaufnahmen. Die Bewegungsdynamik bezieht sich stark auf die Musik, so dass die Lichtbewegungen in dieser Szene mit der Musik korrespondieren. Wenn man erkennt, dass das Bild der Hände die Installation steuert, so entsteht der Eindruck der Bewegungserweiterung – Pucks Fingerspiel belebt den Wald.

Einmal steuern auch Oberon und Titania bewusst die Installation, die dort als Spiegelung ihrer Energie bzw. Wut erscheint. Eine Situation, in der sie sich ihrer (neu entfachten?) Leidenschaft versichern, endet nach einer Bemerkung von Oberon in Streit.

> OBERON: ich weiß überhaupt nicht was los ist
> TITANIA: denkst immer nur an dich
> OBERON: jetzt mach mal 'nen punkt
> TITANIA: einverstanden wer hat
> OBERON: du
> TITANIA: lutscher
> OBERON: außerhalb
> TITANIA: linie
> OBERON: außerhalb
> TITANIA: anfänger
> OBERON: doppelfehler
> TITANIA: säufer
> [Hewel, o. J.]

Titania und Oberon gehen am Anfang dieses Wortwechsels zu den kurzen Seiten der Installation und spielen sich von dort aus »Bälle«, d.h. Schimpfworte zu. Der Schlagabtausch wird von den Lichtern begleitet: Der Spielpartner, der an der Reihe ist, ist von leuchtenden Röhren umgeben. Sobald er oder sie das nächste Wort gerufen hat, bewegt sich das Licht auf die andere Seite – d.h. in einer schnellen Folge leuchten vier bis fünf benachbarte Leuchten auf, so dass der Eindruck entsteht, eine Wolke von Licht fliege hin und her.

Die Akteure zitieren ihrerseits sowohl Haltungen von Ballspielen (z.B. die leicht geduckte Haltung bei der Ballannahme in (Tisch-)Tennisspielen) als auch Gesten von Empörung und Aggression. So begleitet beispielsweise Oberon seine Beleidigungen mit Boxschlägen und Wurfgesten, oder er stampft auf den Boden und schmeißt sich auch mal hin (als ob er noch einen Ball erreichen wolle oder die Wucht des Schlags ihn zu Boden werfe).

Szenenbild aus »Forest II«, Videostill Irina Kaldrack

Das Licht ist in dieser Szene der Ball. Es hat auch die Funktion, den jeweils aktuellen Spielpartner zu beleuchten und erweckt manchmal den Anschein, als reflektiere die Schnelligkeit der Bewegung die Stärke einer Beleidigung oder die Wut der Partner. Dabei entsteht dieser Eindruck durch die Art der Bewegungen und den Ausdruck der Akteure und wird durch die Konventionen einer solchen Spielsituation unterstützt.

Auf technischer Ebene werden die Lichter durch den Wechsel der Bewegungen gesteuert. Das Differenzbild wird so ausgewertet, dass die Software den geometrischen Schwerpunkt der abgebildeten Pixel berechnet. Die Röhren, die um diesen Schwerpunkt herumliegen, leuchten. Wenn sich die Pixel im Differenzbild plötzlich neu verteilen – z.B. statt in der linken Bildhälfte in der rechten Bildhälfte erscheinen –, so wird der leuchtende Lichtkreis möglichst schnell zu dem neuen Schwerpunkt verschoben. Das heißt, wenn ein Spielpartner bewegungslos bleibt und der andere sich zu bewegen beginnt, rast der Lichtkreis oder Ball auf die andere Seite des Spielfeldes.

Auf Ebene der Inszenierung erlangen hier sowohl Titania als auch Oberon die Macht über die Installation bzw. den Wald, der ihre Wut im Modus des Matches spiegelt. Im Umgang der Figuren mit dem Spielball, der Annahme und dem jeweiligen Zurückspielen, entsteht der Eindruck von Energie und Stärke des Schlagabtausches. Gleichzeitig erhält der Lichtball dadurch eine gewisse Wirkung oder Schlagkraft, z.B. wenn Oberon in dem Augenblick umfällt, in dem die Lichter ihn erreichen.

Auswertung

In »Forest II« ist die Bewegungsdramaturgie durch Raumwege charakterisiert. Bewegen sich die Akteure nicht, verharren sie oft in sehr klaren Haltungen, die teilweise skulpturartig erscheinen und folgen den anderen mit ihren Blicken. Insbesondere ist die Bewegungsqualität der Figur der Titania durch Gehen und Stehen bestimmt. Meistens geht sie in gemessenem Tempo und mit sehr klaren Geraden durch den Raum und bezieht sich durch ihre Ausrichtung und Blicke stark auf Oberon.

Auch die Bewegung Oberons ist durch Raumbewegung charakterisiert – oft läuft er energisch los, wechselt dann abrupt die Richtung. Entscheidend ist, dass dieses Gehen sowie seine ausladende und teilweise hektische Gestik als Ausdruck der inneren Aufregung Oberons verstanden werden kann. Insofern lässt sich der Modus der Darstellung als psychologischer Schauspielstil charakterisieren.

Pucks Bewegungsvokabular mischt tänzerische mit tierhaften Bewegungen, z.B. ausladende Drehungen mit dem aufmerksamen Wittern und Zucken eines Waldtieres. In einigen Szenen zitiert die Tänzerin Bewegungen des Balletts und benutzt Anleihen aus der Commedia dell'Arte. Die Bewegung charakterisieren die Figur des Puck wahlweise als Waldwesen, Dienerin oder auch einer Mischung aus beidem. In anderen Szenen imitiert Puck die Bewegungen Oberons hinter seinem Rücken oder wird zum »besten Kumpel« mit betont lässigen und »männlichen« Posen und Bewegungen.

Das Licht übernimmt unterschiedliche Funktionen in der Inszenierung. Auf der narrativen Ebene ist es ein Wald, der die Figuren beherbergt. Es macht zuallererst die Szene und die Akteure sichtbar, es steckt Räume ab und lenkt die Blicke der Zuschauer. Zusammen mit dem Sound und der Musik erzeugt es bestimmte Atmosphären, z.B. entsteht der Eindruck einer unruhigen Lebendigkeit oder auch Bedrohlichkeit (wobei diese Atmosphären immer auch durch den Text und das Spiel der Figuren unterstützt werden). In Bezug auf die Akteure visualisiert die Installation deren Bewegung.

Auf technischer Ebene lässt sich die interaktive Steuerung der Lichter als Bewegungsmelder charakterisieren. Sie leuchten heller, wenn sich in ihrer Nähe etwas bewegt. Dabei werden sie entweder schnell wieder dunkler oder bleiben hell und zeichnen dadurch den Weg der Bewegung nach. Ab und zu ist die steuernde Bewegung nicht an den physikalischen Ort des Körpers in der Installation gebunden, wie im

Beispiel des Matches, wo sich die Lichterbewegung von den Körpern löst oder im Beispiel der Handsteuerung durch Puck. Dabei basiert die Auswertung der Videoaufnahme auf der Berechnung des dynamischen Differenzbildes und der räumlichen Verteilung seiner Grauwerte. Die im Differenzbild berechneten Pixelwerte, interpretiert als Aktivität in bestimmten Bereichen der Bühne, werden als Helligkeit der Neonröhren in dieser Region visualisiert. Die Installation zeigt an, dass und wo sich etwas bewegt, sie zeichnet die Wege durch den Raum nach oder gibt sie manchmal vor. Darüber hinaus erscheinen die Leuchten als Visualisierung von Bewegungsenergie und inneren Zuständen.

Entscheidend ist, dass die Art der Bewegung bestimmt, was die Lichter darstellen: Wenn die Figuren gerade Wege gehen und dabei die Leuchten heller werden, entsteht der Eindruck, als vergrößerten die Lichter den Bodenweg in die Vertikale. Laufen die Figuren hektisch hin und her, entsteht trotz derselben Steuerung eher der Eindruck, die Bewegungsenergie oder der innere Zustand würden visualisiert.

Unabhängig vom narrativen Kontext etabliert die Lichtinstallation einen ganz spezifischen Raum, der zwischen Fläche, Umgebung und Ansicht changiert. Gerade in der Funktion der Wegenotation oder des Wegweisers visualisiert das Licht Bodenwege, zeichnet sie vor oder nach. Das Licht zieht die Bewegung in die Vertikale und umgekehrt wird die Bewegung der Körper vor allem als Raumbewegung reflektiert. Das Aufflackern der Neonröhren im Umraum eines sich bewegenden Körpers zielt stärker auf die Visualisierung von Bewegungsenergie. Es etabliert zum einen eine Art Bewegungsraum um den Körper, zum anderen zeigt es an, dass sich etwas bewegt und macht den sich bewegenden Körper sichtbar. Damit lenken die Lichter auch die Blickrichtung und Aufmerksamkeit der Zuschauenden, die den Bühnenraum nicht in seiner ganzen Breite überschauen können.

Im Zusammenspiel von Licht, Installation, Bewegung und Text lädt der Raum ein, mit Blicken die Wege der Akteure zu verfolgen und Achsen zwischen den Performern zu ziehen. In der sehr strengen Anordnung der Leuchten entsteht für die Zuschauenden der Eindruck starker Fluchten, insbesondere, wenn die Akteure in skulpturalen Anordnungen von leuchtenden Röhren umgeben sind. Der Raum wird zu einer Mischung aus Bodenfläche und einem Aufriss in die vertikalen Lichtröhren, der durch Wege, Blickachsen und perspektivische Ansichten organisiert ist und immer wieder zu einem pulsierenden Umraum für die Akteure wird, deren Energie sich zu externalisieren scheint.

Technisch gesehen ist der Raum eine Bodenfläche mit adressierbaren Lichtpunkten, die in Form der Neonröhren »aufgerissen« werden. Je nach der Art von Bewegung und den narrativen Kontexten erscheinen die Lichter als Wegenotation, Bewegungsmelder oder die Visualisierung von Bewegungsenergie.

Das Verhältnis zwischen Akteuren und Umraum stellt sich durch das Zusammenspiel von narrativer, inszenatorischer und technischer Ebene her. Auf narrativer und inszenatorischer Ebene wird die Installation zu einem unheimlichen Wald, der die Bewegung der Figuren aufzeichnet oder auslöst und im Stande ist, ihre inneren Zustände zu visualisieren.

Grundsätzlich entstehen durch den Einsatz der Steuerung, durch die Bewegung und ihre Dramaturgie für die einzelnen Figuren unterschiedliche Verhältnisse zur Umgebung. Titania nimmt die Leuchten kaum wahr. Die Lichter wiederum reflektieren ihren inneren Zustand und setzen diesen als Atmosphäre oder Energie um. Wenn man so will, ist der Wald Titanias Lebensraum, den sie kaum noch wahrnimmt, mit dem sie aber verbunden ist. Auch Oberons Bewegung wird durch den Wald visualisiert. Er wird von den Lichtern stärker beeinflusst, sei es als Irritation oder auf ihn einwirkende Energie. Nur momenthaft erlangt er bewusste Steuerungsmacht über die Installation. Puck hat als Figur die »bewussteste« Haltung den Leuchten gegenüber. Sie wittert und zuckt, reagiert auf das Licht und die Sounds, tanzt auch mal durch den Wald und »freut« sich an den Tönen, die sie ihm entlockt. Wenn die Lichter als Visualisierung innerer Zustände von Puck erscheinen, so reflektieren sie am ehesten die Bewegungsenergie.

Allen Figuren ist gemeinsam, dass ihre Bewegung vom Umraum reflektiert und teilweise gelenkt wird. Insofern lässt sich das Verhältnis zwischen Akteuren und Umgebung als Repräsentation und Lenkung von Bewegung beschreiben. Die Repräsentation und Lenkung erscheint einerseits als Aufzeichnung der Orte, an denen Bewegung passiert bzw. der Wege, die die Akteure im Raum zurücklegen. Andererseits erscheint sie als Repräsentation von Bewegungsenergie oder inneren Zuständen, die sich in der Bewegung (und ihrer Aufzeichnung) ausdrücken.

Die Art der Repräsentation folgt dabei einem anderen medientechnischen Prinzip als dem der frühen Bewegtbildmedien. Insofern die Inszenierung den Raum als eine gerasterte Bodenfläche konstituiert, in dem Lichtpunkte in die Vertikale aufgerissen werden, lässt sich die Aufzeichnung als Ansteuerung adressierbarer Pixel durch körperliche Bewegung beschreiben. Die gerasterte Bodenfläche verbindet die Akteure mit ihrem als Aufriss konzipierten Umraum. Die Installation erscheint als verräumlichtes Display, das einerseits Raumbewegung nachzeichnet und beeinflusst, andererseits Bewegungsenergie visualisiert. Im Raster angeordnete Lichtpunkte werden lotrecht in die dritte Dimension hochgezogen. In der Inszenierung der Interaktion von Bewegung und Leuchten repräsentiert das Licht Bodenwege oder Energie.

Damit verbindet »Forest II« zwei unterschiedliche Vorstellungen: Erstens die Notation von Bewegung als etwas, das an den Platz bzw. den Platzwechsel des Körpers gebunden ist, und zweitens die Auffassung von Energie, die sich in den Raum überträgt und von diesem aufgezeichnet wird. Technische Grundlage der Aufzeichnung ist die Adressierbarkeit von Pixeln durch körperliche Bewegung. Die Repräsentation ist das Aufleuchten von Lichtern, die den Raum konstituieren.

Die Verbindung von Notation und Schwingung in der Ästhetik des leuchtenden Raumes mit dem Modus adressierbarer Pixel verknüpft zwei Traditionslinien, die auf den ersten Blick nichts miteinander zu tun haben. »Forest II« verbindet den Lichtraum Adolphe Appias, den der Schweizer für das Hellerauer Festspielhaus entworfen hat, mit der technischen Entwicklung und diskursiven Etablierung des interaktiven Displays ab den späten 1950er Jahren.

Damit macht »Forest II« offenbar, an welche Praktiken und Konventionen die Entwicklung des modernen Displays anknüpft, um den menschlichen Körper darin zu integrieren. *Erstens* überformt das Display Steuerung als semiotisch gedachte Kommunikation. *Zweitens* tradiert das Display in seiner Entwicklung ein Verständnis von Ausdruck als Übertragung unsichtbarer Kräfte – gerade die Referenz der Inszenierung auf den Hellerauer Lichtraum weist auf die Parallelen zwischen Appias Theatertheorie und der damals noch neuen Medientechnik der Braunschen Röhre hin.

Das Display stellt Berechnungen und deren Ergebnisse dar und erlaubt diese Darstellung zu manipulieren. Eingabe und Manipulation der Zeichen werden dabei als Kommunikationshandlung und als Ausdruck des Nutzers entworfen. In dieser Form haben Technik und Praktiken des Displays strukturelle Ähnlichkeit mit der Sprechakttheorie.

Die Konstitution eines kommunizierenden und sich ausdrückenden Nutzers im bzw. für das Display fällt in eine Zeit, die die Sprache einerseits problematisiert und andererseits zum Modell für Erkenntnis und Erfahrung macht. Um 1900 wird Sprache in ihren logischen und bedeutungserzeugenden Dimensionen untersucht, wichtige Namen sind neben Gottlob Frege,[184] Bertrand Russell[185] und Ludwig Wittgenstein[186] die Begründer der Semiotik, Charles Sanders Peirce[187] und Ferdinand de Saussure[188]. Gleichzeitig tritt die Frage des Sprachvollzugs in den Vordergrund, der in den 1950er Jahren als Sprechakttheorie von John Langshaw Austin[189] systematisiert wurde und von John Searle[190] in den 1960er Jahren weitergeführt wurde.

In starker Verkürzung dargestellt, tritt in dieser Entwicklung die Eigenschaft der Sprache in den Vordergrund, wirklichkeitsgestaltend zu sein. Das meint einerseits, dass Erkenntnis und Wissen um Welt immer sprachlich strukturiert sind und insofern Sprache und ihr Regelsystem bestimmt, was wie gedacht und gesagt werden kann. Insofern muss sich Philosphie über die sprachlichen Bedingungen ihrer Erkenntnismöglichkeiten klar werden. Andererseits kann Sprechen als wirksame Handlung aufgefasst werden, als wirklichkeitserzeugender Sprechakt. Die herausragenden Beispiele der Sprechakte sind Eheschließung, Taufe, die Verkündung eines Gerichtsurteils und Ähnliches.

Entscheidend ist in den Untersuchungen, dass Sprache nicht vollständig dem Sprechenden unterliegt, ihm sogar in gewisser Weise vorgängig ist, insofern sich der Sprechende (dem Regelwerk) der Sprache unterwerfen muss. Sprache ist unabhängig vom Sprechenden. Darüber hinaus ist Sprache wirksam, erkenntnis- und realitätsbestimmend.[191] Diese beiden Eigenschaften teilt die Vorstellung von Sprache, wie sie in sprachphilosophischen und sprechakttheoretischen Modellen entworfen wird, mit den prozessierenden Zeichen der Computer, vor allem, solange diese noch keinen Zugriff in Echtzeit erlauben.

Das Display als operative Oberfläche lässt sich in diesem Kontext als Rückbindung der Zeichen an den Menschen verstehen. Der Nutzer erhält Verfügungsmacht über die Zeichen. Diese Macht besteht einerseits in der Beurteilung der Darstellungen und der Auslösung von Verarbeitungsprozessen. Andererseits bieten die Darstellungen dem Nutzer

---

[184] Gottlob Frege, 1848–1925, deutscher Mathematiker und Philosoph.
[185] Bertrand Russell, 1872–1970, englischer Philosoph und Mathematiker.
[186] Ludwig Wittgenstein, 1889–1951, österreichisch-britischer Philosoph.
[187] Charles Sanders Peirce, 1839–1914, US-amerikanischer Mathematiker und Philosoph.
[188] Ferdinand de Saussure, 1857–1913, Schweizer Sprachwissenschaftler.
[189] John Langshaw Austin, 1911–1960, britischer Philosoph und Linguist.
[190] John Searle, geboren 1932, US-amerikanischer Philosoph.
[191] Zu einem Überblick über sprachphilosophische und sprechakttheoretische Positionen siehe [Mersch, 2004]. Dieter Mersch pointiert in »Performativität und Ereignis« sprachtheoretische Ansätze in Hinblick auf die Spannung zwischen Form und Gebrauch der Sprache.

Ausdrucksmöglichkeiten und ahmen in gewisser Weise sein Verhalten nach. Damit überdeckt die Praxis des Displays das erkenntnis- und handlungstheoretische Problem der autonomen und wirksamen Zeichen, die sich der Macht des Zeichennutzers entziehen.

Indem »Forest II« den Figuren nur bedingt »Macht« über die Lichtzeichen des verräumlichten Displays zugesteht, problematisiert die Inszenierung diese Geschichte des Displays. Vielmehr etabliert »Forest II« ein Verhältnis von Figur, Bewegung und Lichtern, das in zentralen Aspekten dem Verhältnis von Mensch, Sprache und Schrift in Jacques Derridas »Grammatologie« gleicht. Die technisch-mediale Operativierung von Bewegung macht deutlich, wie die Formalisierung Bewegung als Kommunikations- und Ausdrucksmittel erzeugt.

Appias Bühne: Schwingung visualisieren

Der »Künstler und Visionär des modernen Theaters« [Beacham, 2006], Adolphe Appia,[192] studiert in Leipzig (1882/83), Paris (1884–1886) und Dresden (1886–1890) Musik. In dieser Zeit beginnt er, sich intensiv mit Theater auseinanderzusetzen. Er besucht verschiedene Aufführungen und lernt bei Hugo Bähr[193] am Dresdner Hoftheater die moderne Beleuchtungstechnik kennen [siehe Beacham, 2006, S. 31].

Seit den 1880er Jahren ist Appia glühender Anhänger Richard Wagners,[194] seiner Musikdramen und seines Konzept des Gesamtkunstwerks. Enttäuscht von den zeitgenössischen Inszenierungen der Stücke Wagners sowie von der aktuellen Bühnenpraxis überhaupt, beginnt Appia, Ideen zu einer neuen Theaterästhetik auszuarbeiten. Dabei kommt ihm zugute, dass er durch die Vermittlung seines Freundes Houston Stewart Chamberlain[195] Zugang zu verschiedenen Theatern gehabt hat, neben der Arbeit am Dresdner Hoftheater auch zur Oper Wien.

> In der Zeit zwischen 1891 und 1900 widmet sich Appia mit verblüffender Ausschließlichkeit dem Ziel, in seinen Texten, in den Szenarien und Entwürfen den Reichtum seiner Ideen, die durch die Betrachtungen von Wagner-Inszenierungen in ihm wachgerufen worden waren, zu formulieren und zu verfestigen. [Beacham, 2006, S. 34]

---

[192] Adolphe Appia, 1862–1928, Schweizer Theaterkünstler und -theoretiker.
[193] Hugo Bähr, 1841–1929, war einer der Pioniere der elektrischen Bühnenbeleuchtung. Zu seinen Beleuchtungs- und Effektapparaten siehe [Mildenberger, 1961, S. 72–74].
[194] Richard Wagner, 1813–1883, deutscher Komponist, Schriftsteller, Theaterregisseur und Dirigent.
[195] Houston S. Chamberlain, 1855–1927, Schriftsteller, Wagnerverehrer und Antisemit, seit 1909 mit Wagners Tochter Eva von Bülow verheiratet.

1899 veröffentlicht Appia »Die Musik und die Inscenierung«.[196] Ausgehend von der zeitgenössischen Bühnenpraxis entwirft er eine Theatertheorie und -ästhetik, die seiner Meinung nach die einzig richtige ist, die Wagnerschen Wort-Tondramen zu inszenieren. Appia geht davon aus, dass vorrangig die Wagnerschen Wort-Tondramen geeignet sind, Theaterinszenierungen in den Rang eines Kunstwerks zu erheben. Der Grund dafür sei, dass die Partitur als Kombination von Musik und Text alle Verhältnisse der Ausdrucksmittel des Theaters und ihre zeitliche Aufeinanderfolge enthielte.

> In der Hand des Wort-*Ton*dichters liegt also jenes ordnende Princip, das ausdrücklich und mit logischer Notwendigkeit die Inscenierung zu bestimmen vermag, jenes Princip, das dem ersten ursprünglichen Schöpfungsgedanken selbst entquillt und daher nicht neuerdings durch den bewußten Willen des Dichters hindurchzugehen hat; und dies Princip ist ein wesentlicher Bestandteil des organischen Lebens dieses Kunstwerks. So erlangt im Wort-Tondrama – aber eben auch *nur* in diesem – die Inscenierung *den Rang eines Ausdrucksmittels*. [Appia, 2006/1899, S. 73]

Ausgehend von dem »ursprünglichen Schöpfungsgedanken« des Wort-Tondichters, den die Inszenierung ausdrücken soll, entwickelt Appia eine gleichsam »natürliche« Hierarchie, um den Ausdruck regelgeleitet zu erzeugen. Dabei soll der Schöpfungsgedanke im Ausdruck nicht repräsentiert oder dargestellt werden. Vielmehr drückt die Inszenierung das Wesen des Stückes so aus, dass es nicht den Vestand des Zuschauers adressiert, sondern dessen Seele [siehe Appia, 2006/1899, S. 70ff.].

Es geht darum, das Wort-Tondrama in Raum und Zeit aufzuführen. Appia stellt Zeit und Handlungsinhalt dem Raum gegenüber. Vermittelnde Instanzen sind Darsteller und Licht. Zuoberst in der Hierarchie steht der Wort-Tondichter, der den Schöpfungsgedanken in die Partitur überführt. In Form von Musik legt diese das Zeitmaß in Rhythmus und der Aufeinanderfolge der Geschehnisse fest. In Form von Text und Handlung legt die Partitur den dramatischen Gehalt des Stückes fest. Die Handlung wirkt auf die Darstellung, die Musik bestimmt den gesanglichen Ausdruck des Darstellers.

Der Darsteller ist aber ein räumliches Wesen, seine Gestalt und seine Bewegungen sind ursächlich räumliche Ereignisse. Insofern er in seinem gesanglichen Ausdruck und der Handlung von der Musik bestimmt ist, verräumlicht der Darsteller die Musik respektive die Zeit. Damit diese

---

[196] Obwohl auf Französich verfasst, erscheint der Text auf Deutsch. Die französische Fassung erscheint erst 1963, ein Jahr nach der englischen Fassung.

Transformation der Zeit in den Raum tatsächlich gelingt, muss der szenische Raum von der Vorherrschaft der Malerei befreit werden und zu einem dreidimensionalen gestalteten Raum werden, der dem Akteur die Möglichkeit der räumlichen Handlungen überhaupt erst eröffnet. Die vorrangig zweidimensionale Kulissenbühne torpediert die Möglichkeit der räumlichen Transformation von Musik und Zeit.

Während der Darsteller die Musik in den Raum überführt, ist das Licht das Mittel, den Raum in Bewegung zu versetzen und damit zu verzeitlichen. Appia konzipiert eine Mischung aus so genanntem »verteilten Licht«, das einer allgemeinen Helligkeit entspricht, und »gestaltendem Licht«, das insbesondere die Funktion hat, die Aufmerksamkeit zu richten und durch die Erzeugung von Schatten die Plastizität von Szene und Darstellern zu steigern. Durch die Dramaturgie des Lichteinsatzes lässt sich der Raum einerseits in Bewegung versetzen und andererseits in bestimmte Atmosphären tauchen. So verzeitlicht das Licht den Raum und weist ihm einen bestimmten Ausdruck zu.

> Das Licht drückt uns durch seine bloße Gegenwart die innere Wesenheit der Vision aus, weil es deren Idee in einem einzigen Augenblick voll erschöpft. Die Form drückt, unabhängig vom Lichte, diese innere Wesenheit nur insoweit aus, als sie an der Bekundung organischen Lebens teil hat, sei es durch ihre Zugehörigkeit zum lebendigen Organismus, sei es dadurch, daß sie diesem Hindernisse in den Weg stellt, welche diesen Organismus zur Bethätigung zwingen. Die Idealität der Zeit, welche die Musik in der Gestalt des Darstellers verkörpert, durchströmt also den Raum, um dort eine der ihren gleichkommende Idealität zu schaffen. Es ist einleuchtend, daß unter diesen Umständen die unbedingten Bethätigungen des Lichtes, welche einen wesentlichen Bestandteil seines Wesens ausmachen, nicht auf eine Linie gestellt werden können mit der knechtischen und einseitigen Nachahmung einer einzigen Daseinsmodalität der Form. Der naturnotwendige Realismus der Beleuchtung ist demnach ganz anders geartet als der willkürliche Realismus der Aufstellung; letzterer beruht auf der *Nachahmung einer Erscheinung*, – jener aber auf dem *Vorhandensein* einer *Idee*. [Appia, 2006/1899, S. 102]

In Appias Konzeption überführt der Darsteller die Zeit in den Raum – und das Licht den Raum in die Zeit. Die Verräumlichung der Zeit und die Verzeitlichung des Raumes sind die Vorraussetzungen dafür, dass die Inszenierung nicht auf dem Prinzip der Nachahmung basiert, sondern Raum, Zeit und Handlung ins Verhältnis setzen kann. Der Ausdruck entsteht durch eine präzise arrangierte Übereinstimmung von Zeitlichkeit der Musik, Gesang, Veränderung von Helligkeit, Verteilung und Farbigkeit des Lichts sowie Bewegung bzw. Haltungen des Darstellers. Erst durch diese Ordnung wird die Inszenierung zum Ausdrucksmittel des Schöpfungsgedankens bzw. einer Idee. Damit löst sie sich gleichzeitig vom Prinzip der willkürlichen Nachahmung einer Erscheinung, vom Prinzip der realistischen Repräsentation.

Der Raum ist einerseits die Bedingung für diese Sichtbarmachung und muss andererseits dem Darsteller und dem Licht die Möglichkeiten von Bewegung und Beleuchtung geben. Zwar sind die zeitlichen Verhältnisse sowie der Ausdruck in der Partitur des Wort-Tondichters festgelegt. Dennoch braucht es einen Bühnenkünstler/Regisseur, der die in der Partitur (als Wort-Tonwerk) verborgenen Verhältnisse in Form von Bühnenbild, Lichtregie und Bewegungsdramaturgie freilegt und in den Raum sowie die Sichtbarkeit überführt. Erst dadurch können die Systeme von Raum, Zeit und Handlung miteinander verbunden werden und dem Schöpfungsgedanken zu lebendigem Ausdruck verhelfen.

Beacham legt nahe, dass Appia seine Theatertheorie zu Beginn des 20. Jahrhunderts erweitert, weil Cosima Wagner kategorisch ablehnt, die neue Theaterästhetik für die Bayreuther Wagner-Inszenierungen zu erproben [siehe Beacham, 2006, S. 109f.].[197] 1902 schreibt Appia den Essay »Comment réformer notre mise en scène«, der 1904 veröffentlicht wird. Darin schlägt er vor, die von ihm entwickelten Inszenierungsprinzipien auf künstlerische Werke von Wagner oder Maeterlinck anzuwenden:

> Im Theater wollen wir einer dramatischen *Handlung* beiwohnen. Und die Präsenz der Figuren auf der Bühne motiviert diese Handlung. Ohne Figuren gibt es keine Handlung. Der Schauspieler ist folglich der wesentliche Faktor der Inszenierung. Ihn wollen wir *sehen*, von ihm erwarten wir die Emotion, und um dieser Emotion willen sind wir gekommen. Es handelt sich also darum, die Inszenierung um jeden Preis auf die Präsenz der Schauspielers zu gründen und ihn von all dem frei zu machen, was zu dieser Präsenz im Widerspruch steht. [Appia, 2006/1904, S. 163]

Die entscheidende Wende ist, dass Appia hier den Darsteller in den Mittelpunkt stellt. Der Schöpfungsgedanken des Wort-Tondichters ist nicht mehr das oberste und motivierende Prinzip der Inszenierung, der Schauspieler wird zum Ausgangspunkt.

Ungefähr zur selben Zeit erhält Appia die Möglichkeit, seine Theorien in einem Pariser Privattheater erstmals praktisch zu erproben. An drei Abenden im März 1903 präsentiert er dort Szenen aus Robert Schumanns »Manfred« und Bizets »Carmen«. Trotz großen Interesses und Begeisterung ergeben sich keine weiteren Inszenierungsmöglichkeiten. Eine

---

[197] 1895 und 1896 hatte Chamberlain versucht, Cosima Wagner (Wagners Witwe, die die Bayreuther Festspiele leitete) Appias Ideen nahezubringen [siehe Beacham, 2006, S. 63f.].

angedachte Zusammenarbeit mit dem Maler Mariano Fortuny,[198] der in dieser Zeit ein Beleuchtungssystem entwickelt, das Appias »diffuses Licht« erzeugen kann, scheitert an einer aufkommenden Rivalität.[199]

Appia kehrt in die Schweiz zurück. 1906 lernt er Émile Jaques-Dalcroze[200] und dessen »Rhythmische Gymnastik« kennen. Appia integriert deren Bewegungsästhetik in seine Theorie und löst die Rhythmische Gymnastik damit aus dem pädagogischen Kontext, in dem Jaques-Dalcroze sie entwickelt hat und lehrt.[201] Was die Rhythmische Gymnastik für Appia so attraktiv macht ist, dass sie eine gleichsam natürliche Methode ist, Zeitlichkeit und Räumlichkeit im Körper und seiner Bewegung zu verbinden.

Émile Jaques-Dalcroze begründet um 1900 die Rhythmischen Gymnastik. Als Dozent für Harmonielehre entwickelt er zunächst die musikpädagogischen Methoden seiner Zeit weiter. Insbesondere untersucht er den Zusammenhang von musikalischer Wahrnehmung, Rhythmus und körperlicher Bewegung. Ab 1902 unterrichtet er seine Rhythmische Gymnastik in privaten Kursen. Im Wesentlichen geht es darum, Musik in rhythmische Bewegung umzusetzen. Dafür muss einerseits die Wahrnehmungsfähigkeit für Musik und Rhythmus geübt werden und andererseits die Bewegungsfähigkeit.

Appia ist tief beeindruckt. Durch die Rhythmische Gymnastik werde die Musik »natürlich« an den Körper gebunden, nachdem sie sich durch die Geschichte vom Menschen entfernt habe und nur noch dessen Geist anspreche. In seinem Text »Zurück zur Musik« schreibt Appia über Jaques-Dalcroze und die Rhythmische Gymnastik:

> Ein Musiker und Pädagoge, ein gewissenhafter Forscher, ist sich dieses Niedergangs bewußt geworden. Seine Überzeugung entsprang nicht einem persönlichen, spekulativen Eindruck; sie hat sich ihm im Laufe seiner Lehrtätigkeit zwingend aufgedrängt, als ihm immer klarer wurde, daß »die Musik im Menschen sitzt«, wie er es so gut ausdrückt. Er fügt hinzu, daß »die Rolle des Gehirns darin besteht, natürliche Funktionen, die wir verlernt haben, zu kontrollieren, einzuteilen, zu harmonisieren und auszugleichen«. Er will »dem Körper seine Eurhythmie zurückgeben«, »in ihm die Musik zum Schwingen bringen«, er träumt davon »die Musik zu einem integrierenden Bestandteil des Organismus zu machen«, »auf der wunderbaren Tastatur des Muskel- und Nervensystem zu spielen, um ein in Raum und Zeit gemessenes Denken dreidimensional wiederzugeben«. [Appia, 2006/1906, S. 169f.]

---

[198] Mariano Fortuny, 1871–1949, italienischer Künstler und Modeschöpfer.
[199] Zum Fortuny-System siehe [Mildenberger, 1961, S. 54] und [Ludwig, 2007, S. 50f.].
[200] Émile Jaques-Dalcroze, 1865–1950, Schweizer Komponist und Musikpädagoge.
[201] Appia hatte schon in »Die Musik und die Inszenierung« eine neue Form des Bühnentanzes bzw. der Bewegung gefordert, dies aber nicht weiterverfolgt.

»Forest II«: Verräumlichtes Display 213

Zwischen Appia und Jaques-Dalcroze entwickeln sich Freundschaft und enge Zusammenarbeit. Appia besucht Kurse der Rhythmischen Gymnastik, und beide arbeiten 1907 und 1909 an Stücken, die sie gemeinsam inszenieren wollen [siehe Beacham, 2006, S. 120].

Der entscheidende Punkt für Appia ist, dass mit der Rhythmischen Gymnastik eine Methode zur Verfügung steht, um die Transformation der Musik als Zeitlichkeit und Rhythmus in Bewegung und Raum *in* den Körper zu verlegen. Nach Jaques-Dalcroze ist die Musik schließlich schon im Körper und muss nur zum Schwingen gebracht werden.

Insofern ist es konsequent, wenn Appia in der Folge nicht nur den Darsteller zentral setzt, sondern Körper und Bewegung zum Ausgangspunkt des gesamten Bühnengeschehens macht. Er entwirft 1909 eine Reihe so genannter »rhythmischer Räume«. Diese sind insbesondere durch Treppenelemente und Säulen räumlich strukturiert. Die Treppen teilen einerseits den Raum in unterschiedliche Ebenen und geben horizontale Linien vor, während die Säulen Vertikale setzen. Andererseits sind die Treppen Bewegungsmöglichkeiten für die Darsteller. Dadurch könne sich in diesen Räumen nach Appia die Musik in der körper-

»Morgenlicht« von Adolphe Appia aus [Beacham, 2006] »Ich wiederhole: Wir streben nicht mehr danach, die Illusion eines *Waldes* zu schaffen, sondern die Illusion eines *Menschen* in der Atmosphäre eines Waldes. Wirklichkeit ist hier *der* Mensch, neben dem keine andere Illusion zum Tragen kommt« [Appia, 2006/1904, S. 165].

lichen Bewegung enfalten und gleichzeitig die Bewegung den Raum verzeitlichen. Der Körper projiziert die Musik durch die Bewegungen gleichsam in den Raum, der als besonders zugerichteter Raum die Bedingungen für die Sichtbarkeit und den Ausdruck ist. Appia beschreibt im Rückblick:

> Wenn mein Bleistift das Papier berührte, beschwor er unweigerlich den nackten Körper herauf, die nackten Füße. Die aktive Rolle des Lichts war das natürliche Resultat einer Raumanordnung, die danach verlangte, und so nahm alles den Anschein der Erwartung an: Die Beschaffenheit des Raums erforderte die Anwesenheit des Körpers. [...] Um den rhythmischen Bewegungen durch die Bodenbeschaffenheit Widerstände entgegenzusetzen und um Dalcroze von deren Wichtigkeit zu überzeugen, zeichnete ich mehrere unterschiedliche Räume. Sie erreichten ihr Ziel. Mit diesen Zeichnungen gelangte ich nach und nach zur Reinheit eines Stils, der nur mehr mit Linien und Formen arbeitete, die sich den Körperbewegungen widersetzten und dadurch deren Ausdruckskraft steigerten; das setzt deren Plastizität voraus. [Appia, 2006/1921, S. 167]

Für Jaques-Dalcroze und Appia bietet sich plötzlich die Chance, ihre Vorstellungen in praktischen Arbeiten zu verwirklichen. 1909 zeigen Jaques-Dalcroze und seine Schüler in Dresden eine Aufführung ihrer Arbeit. Wolf Dohrn[202] sieht sie und ist überzeugt, dass diese Kunstform genau die richtige Art von ästhetischer Erziehung für die Gartenstadt Hellerau sei.

Eng mit dem Gedanken der Lebensreform[203] verbunden, wurde Hellerau als Siedlung konzipiert, die den Arbeitern und Angestellten der neugegründeten »Dresdner Werkstätten für Handwerkskunst« ein unentfremdetes Leben und Arbeiten in einer neu zu schaffenden utopischen Gemeinschaft ermöglichen sollten. Wichtiges Element für die Formung dieser Gemeinschaft sollte gemeinsames künstlerisches und kulturelles Erleben sein und, nachdem Wolf Dohrn die Rhythmische Gymnastik kennengelernt hatte, eben diese.

Jaques-Dalcroze stimmt zu, in Hellerau ein Institut zur Lehre und Erforschung der Rhythmischen Gymnastik zu eröffnen und erreicht, dass Appia von Anfang an in die Planung des zu bauenden Gebäudes einbezogen wird sowie der Fakultät und Direktion des Instituts ange-

---

[202] Wolf Dohrn, 1877-1914, deutscher Ökonom und Generalsekretät des Deutschen Werkbundes.
[203] Unter Lebensreform werden unterschiedliche Reformbewegungen zusammengefasst, die um die Jahrhundertwende populär werden, z.B. Freikörperkultur, Turnbewegung und Naturheilkundebewegung, aber auch Theosophie. Vereinfacht gesprochen, propagieren sie eine ganzheitliche Lebensweise mittels unterschiedlicher Verfahren, die negativen Folgen der Industrialisierung und Verstädterung entgegenwirken sollen.

»Forest II«: Verräumlichtes Display   215

hört. 1910 wird der Bau des Festspielhauses genehmigt, Appia, Jaques-Dalcroze und Dohrn planen den Bau und die Bühnenanlage. Heinrich Tessenow[204] wird als Architekt beauftragt, und der Maler Alexander von Salzmann[205] konstruiert die von Appia konzipierte Beleuchtungsanlage. Die Halle des Festspielhauses soll Appia ermöglichen, seine »rhythmischen Räume« zu verwirklichen.

Jaques-Dalcrozes Institut eröffnet im Oktober 1910, der Grundstein für das Festspielhaus wird im April 1911 gelegt. Im Herbst wird die Arbeit im Festspielhaus und der großen Halle aufgenommen. Letztere misst im Grundriss 50×60 Meter und ist 12 Meter hoch. Es gibt keine Trennung zwischen Bühne und Publikum, weder Bühnenrahmen noch Orchestergraben sind vorgesehen. Die Wand, die dem Eingang gegenüberliegt (und wo sich meistens der Bühnenraum befand), ist durch Türen unterbrochen, die den Raum nach außen öffnen können. Nach den Plänen Appias gebaut, fasst der Raum 560 Zuschauer und sieht einen Bühnenbereich für 250 Darsteller vor.

Die Beleuchtungsanlage ist für die damalige Bühnenpraxis sensationell neu. Wände und Decke der gesamten Halle sind mit leuchtenden Flächen bedeckt. Es handelt sich um auf Rahmen gespannte und in Öl getauchte bzw. gewachste helle Tücher, hinter denen Glühbirnen installiert sind. Die Angaben für die Anzahl der Leuchten schwanken zwischen 3000 und 7000 Stück. Diese Leuchten können von einem Leuchtpult aus (durch einen einzigen Menschen) angesteuert und in ihrer Helligkeit geregelt werden.[206] Es ist relativ einfach möglich, die weißen Stoffbahnen durch farbige zu ersetzen, um besondere Lichtstimmungen zu erzeugen. Allerdings ist ein solcher Wechsel nicht während einer Vorstellung möglich, schon gar nicht, da eigentlich ohne Vorhänge gearbeitet wird.

Der Effekt der Beleuchtung ist für das zeitgenössische Publikum überwältigend. Martin Buber betont, wie das Licht zum raumschaffenden Element wird:

> Das Material scheint erst weich, dann hart, dann flach, dann rund. Mit seinem Wandel wandelt sich das Bild des Raums, der durch das Licht von einem schmalen Raum in einen solchen verwandelt wird, der ins Unendliche reicht; von einem in jedem Punkt klaren in einen geheimnisvoll vibrierenden;

---

[204] Heinrich Tessenow, 1876-1950, deutscher Architekt.
[205] Alexander von Salzmann, 1870-1933, russischer Maler und Bühnengestalter.
[206] Es ist leider nicht herauszufinden, ob die Lichter tatsächlich einzeln angesteuert werden konnten, was selbst bei »nur« 3000 Leuchten recht unübersichtlich scheint. Wahrscheinlicher ist, dass die Birnen in Mengen oder Mustern eingeteilt wurden.

von einem, der nur sich selbst repräsentiert, in einen, der etwas Unnennbares andeutet. [zitiert nach Beacham, 2006, S. 139, Anmerkung 15]

Die Arbeit des »Instituts für Rhythmische Gymnastik« wird im Rahmen jährlich geplanter Sommerfeste einer größeren Öffentlichkeit vorgestellt. Diese finden dann nur 1912 und 1913 statt: Nach dem Tod Wolf Dohrns im Februar 1914 werden die Pläne für das Sommerfest aufgegeben und mit dem Ausbruch des Ersten Weltkrieges wird das Institut geschlossen.[207]

Die Aufführungen während der beiden Festspiele wecken großes Interesse und erhalten viel Beifall. Während des ersten, zweiwöchigen Festes im Juni/Juli 1912 werden neun Vorstellungen gegeben. Neben dem zweiten Akt aus Glucks Oper »Orpheus und Eurydike« werden wechselnde Programme aus unterschiedlichen Übungen und szenischen Pantomimen aufgeführt. Nach diesem Erfolg beschließen Jaques-Dalcroze und Appia, 1913 die gesamte Oper aufzuführen. Während des zehntägigen Festes im Juni 1913 wird drei Mal eine zweitägige Aufführungsfolge präsentiert. Am ersten Tag und dem Nachmittag des zweiten Tages werden Übungen und Proben aus der Arbeit des Instituts gezeigt und am Abend des zweiten Tages die Oper aufgeführt.[208]

Die positiven Zuschauerreaktionen und Kritiken bestätigen die Harmonie zwischen Körper, Bewegungen und Licht, empfinden die Aufführung als eine Verlebendigung des Dramas statt dessen Repräsentation (z.B. Serge Wolkonski und der Kritiker H.C. Bonifas) und die entstehenden Bilder als »Muster [...], die genauso ausgeklügelt waren wie die Musik selbst und nicht einfach die Melodie wiedergaben, sondern komplizierte Harmonien. [...] Es war sichtbar gemachte Musik« (Upton Sinclair).[209]

Bewegung, Licht und Raum verschmelzen für die Zuschauer zu einem lebendigen Ausdruck in Form von Mustern und Bildern. Für Appia ist entscheidend, dass der Ausgangspunkt bzw. das zentrale Element zur Erzeugung des Ausdrucks der menschliche Körper ist:

---

[207] Nach dem Krieg wurde versucht, an die Tradition des Instituts für Rhythmische Gymnastik anzuschließen. Eine reformorientierte Schule nahm ihre Arbeit dort auf. Ende der 1930er Jahre wurde das Festspielhaus von den Nationalsozialisten in einen Kasernenhof umgebaut und nach 1945 von der sowjetischen Besatzungsmacht genutzt. Seit den 1990er Jahren knüpft das Festspielhaus Hellerau wieder an seine kulturelle Vergangenheit an, siehe www.hellerau.org, letzter Zugriff 20.04.2011.

[208] Eine lebendige Beschreibung der Inszenierungen findet sich in [Beacham, 2006, S. 139ff.]. Zu dem zweiten Fest kamen insgesamt 5000 Zuschauer, darunter viele berühmte Künstler und wichtige Kritiker [siehe Beacham, 2006, S. 151f.].

[209] Alles zitiert nach [Beacham, 2006, S. 148f.].

»Forest II«: Verräumlichtes Display 217

Die Umkehr besteht hier darin, den menschlichen Körper als Ausgangspunkt für die Musik und die Bühnenausstattung zu nehmen, das heißt letztlich für die eigentliche Konzeption des Dramas, und alle Konsequenzen auf sich zu nehmen, die dieser Entschluß mit sich bringt! [...] Der Musiker muß umkehren und sich mutig auf die Suche nach dem Körper machen, den er seit Jahrhunderten vernachlässigt hat. Der lebende Organismus muß ihm natürlich helfen, indem er sich für ihne zu einem geschmeidigeren, gefälligeren Instrument macht, das sich seiner verborgenen Harmonie bewußt ist. Der Kontakt ist verlorengegangen: *Die Rhythmische Gymnastik versucht, ihn wiederzufinden.* Darin liegt ihre große Bedeutung für das Theater. [...] Auch der Zuschauer muß die gleiche Richtungsänderung, die gleiche Umkehr vornehmen wie der Autor und seine Darsteller. Von ihm selbst, von seinem eigenen Körper muß er ausgehen. Von diesem Körper aus muß die lebendige Kunst ausstrahlen und sich im Raum verbreiten, um ihm Leben zu schenken. Dieser Körper steht den Proportionen und dem Licht vor; er ist es, der das Kunstwerk schafft! [Appia, 2006/1911, S. 182f.]

Aufführung »Orpheus und Eurydike«, Foto aus [Beacham, 2006]

Die Musik ist gleichsam der Input für den Körper, um die lebendige Kunst zu modulieren, das Licht ist der Verstärker im Sichtbaren und der »rhythmische Raum« ist die Bedingung für die Sichtbarmachung, insofern er das Bewegungsmaterial bereitstellt. Die Schwingungen, die im Körper des Darstellers enthalten sind, projizieren sich qua Bewegung über den Körper in den Raum. Dadurch entsteht ein Ausdruck lebendiger Kunst, der sich für die Zuschauer als bewegte Muster in der Sichtbarkeit realisiert.

Dieser Ausdruck ist in der Theaterpraxis Appias Transformation und Darstellung. Für Appia selbst ist der Aspekt der Transformation das Entscheidende. Den Aspekt der Darstellung und der Konventionen, an den diese Darstellung anknüpft, thematisiert er nicht. Weil das rhythmisch-musikalische Wesen des Körpers in Bewegung transformiert wird, ist die Darstellung nicht Repräsentation, sondern Ausdruck. Das Wesen drückt sich aus, indem es seine Schwingungen projiziert.

Aufführung der Rhythmischen Gymnastik, Foto aus [Beacham, 2006]

Vor dem Hintergrund der von »Forest II« gesetzten Überkreuzung der Appiaschen Theatertradition mit der Entwicklung des Displays lassen sich Appias Hellerauer Lichtraum und die darin stattfindenden Theaterexperimente als metaphorische Versinnlichung und Anthropomorphisierung einer gerade neu entwickelten Medientechnik lesen. Das Theater vereint strukturell ähnliche Eigenschaften wie die Braunsche Röhre: In dem eigens auf die Bewegung zugerichteten Raum werden unsichtbare Schwingungen durch den Menschen sichtbar gemacht. Ähnlich wie die Braunsche Röhre Ende der 1890er Jahre Schwingungen in geometrischen Bildern visualisiert, überführt die Inszenierung die unsichtbaren Harmonien der lebendigen Kunst in Bilder voller räumlicher Konstellationen und »leuchtende[m] Klang« als »das exakte Zusammenspiel der Lichtschwingungen im Raum mit den musikalischen Schwingungen« [Appia, 2006/1912, S. 187]. In dieser Sichtweise bindet die Bühne die unsichtbaren Signale einer sich neu formierenden Medientechnik und deren zugehöriger Sichtbarkeit zurück an den Menschen.

Braunsche Röhre, Oszilloskop

Ende 1896 experimentiert Ferdinand Braun[210] in Straßburg mit einer von ihm entworfenen Kathodenstrahlröhre. Die Braunsche Röhre ist eine Abwandlung der Crookesschen Röhre, von William Crookes[211] in den 1870er Jahre enwickelt. Die Entwicklung von Kathodenstrahlröhren verdankt sich den Untersuchungen einer »Physik der elektrischen Entladung in verdünnten Gasen« [Görs et al., 1997, S. 6]. Leuchteffekte in evakuierten Röhren sind seit dem 17. Jahrhundert bekannt und erlangen in den 1850er Jahren populären, aber erst in den 1870er Jahren einen hohen wissenschaftlichen Stellenwert. Als Demonstrationsobjekte oder eher noch als Instrumente zur Erzeugung von geheimnisvollen Lichteffekten waren die so genannten Geisslerröhren[212] anscheinend ein beliebtes elektrisches Spielzeug.

> Die Kataloge von Lehrmittelversandhäusern der Zeit präsentierten alle erdenklichen Variationen, selbst Röhren mit den fluoreszierenden Häuptern von Kaiser Wilhelm, Bismarck und Moltke – die in unterschiedlichen Größen lieferbar waren – scheinen sich einer gewissen Beliebtheit erfreut zu haben. [Görs et al., 1997, S. 33]

Während seiner Untersuchungen zu den Leuchterscheinungen der elektrischen Funken in verschiedenen Gasen beobachtet der Physiker Plücker[213] Ende der 1850er Jahre, dass das Glimmen des Gases in der Röhre verschwindet und stattdessen an den Wänden Leuchteffekte, so genannte Auroren, auftreten. Er variiert Druck, Spannung, Temperatur, die Form sowie das Elektrodenmaterial der Röhren und untersucht das Verhalten der Leuchterscheinungen unter dem Einfluss von Magnetfeldern.

> Plücker verwendete dazu Röhren, die der Bonner Glasbläser Heinrich Geissler herstellte, der dank der Erfindung einer Quecksilber-Kolben-Pumpe alle bisherigen Vakuumierungsrekorde brechen konnte. [Siegert, 2003, S. 385]

Mit der Beobachtung dieser unsichtbaren Strahlen, die sich durch Magnetfelder ablenken lassen, verschiebt sich das Interesse an den Kathodenstrahlexperimenten. Es geht nun weniger um die Eigenschaften der Gase und die Beherrschung der Leuchtphänomene als um die Frage nach der Physik der geheimnisvollen Strahlen:

---

[210] Ferdinand Braun, 1850–1918, deutscher Physiker.
[211] William Crookes, 1832–1919, englischer Chemiker und Spiritist (zeitweise Präsident der Society of Psychical Research).
[212] Benannt nach dem deutschen Glasbläser Heinrich Geissler oder Heinrich Geißler, 1814–1879.
[213] Julius Plücker, 1801–1868, deutscher Mathematiker und Physiker.

Die Interpretation der erhaltenen Ergebnisse blieb dagegen für Jahrzehnte ein Rätsel: Der englische Elektrotechniker Cromwell F. Varley (1828–1883) hielt die Kathodenstrahlen für unbekannte Teilchen. William Crookes deutete sie als Gasmoleküle, die an der Kathode negative Ladung aufnehmen und dann von der Kathode abgestoßen werden. Ihre leichte Ablenkbarkeit durch magnetische Felder deutete auf negativ geladene Teilchen hin; doch daß sie von elektrischen Feldern scheinbar unbeeinflußt blieben, war recht irritierend. Mit Hittorf und Heinrich Hertz (1857–1894) hielten die meisten deutschen Physiker die Kathodenstrahlen für Ätherwellen, während ihre britischen Kollegen eher der Korpuskularhypothese anhingen. [Görs et al., 1997, S. 42]

William Crookes selbst sieht seine Kathodenstrahlexperimente als Hinweis darauf, dass die Materie in hochevakuierten Röhren in einen vierten Materiezustand übergehe.[214] Insbesondere versprechen für Crookes die Phänomene der Strahlen in der Crookesschen Röhre gleichzeitig die Entdeckung der »physikalische[n] Grundlage des Weltalls« und die Grenze, an der »Materie und Kraft in einander überzugehen scheinen« [Crookes zitiert nach Görs et al., 1997, S. 53] – für ihn als Spiritist ist dies besonders interessant. 1896, nach der Entdeckung der Röntgenstrahlen, steigert sich das wissenschaftliche Interesse an den Röhren und ihren elektrisch induzierten Strahlen weiter:

Crookes' Erwartungen an das Grenzland schienen ihrer Erfüllung einen Schritt näher zu kommen, als 1895 Wilhelm Conrad Röntgen an einer Crookesschen Röhre die Entdeckung machte, daß Entladungen eines Ruhmkorffs, die durch eine solche Röhre hindurchgingen, einen mit Bariumplatincyanür angestrichenen Papierschirm in einem verdunkelten Zimmer zum Leuchten brachten, auch wenn die Röhre mit schwarzem Karton ummantelt wurde. Außer schwarzen Karton durchdrangen die von Röntgen in Crookes' Röhren entdeckten X-Strahlen neben Holzblöcken, Kartenspielen, Glasscheiben, Gummiplatten und Büchern auch die eigene Hand des Experimentators […]. [Siegert, 2003, S. 387f.]

Unsichtbare Strahlen, die Lichteffekte erzeugen, sich von Magneten ablenken lassen und Materie durchdringen – irgendwie durch das Zusammenspiel von Elektrizität und Vakuum erzeugt, auch beherrschbar (und als Röntgenstrahlung z. B. diagnostisch verwendbar), aber tief unverstanden. Das ist die Situation, in der Ferdinand Braun im Herbst 1896 mit seiner Röhre experimentiert.[215]

---

[214] Diese Behauptung vertritt er 1879 in einem Vortrag vor der Naturforscherversammlung in Sheffield. Mitte der 1870er Jahre hatte er das so genannte »Radiometer« vorgestellt, das für ihn ein Hinweis auf die Korpuskulareigenschaft des Lichts war – ein Lichtstrahl versetzt ein in einer Vakuumröhre aufgehängtes Kreuz in Drehung. Siehe [Siegert, 2003, S. 386] und [Görs et al., 1997, S. 51].

[215] Zumindest die Natur der Kathodenstrahlen wird im darauf folgenden Jahr von dem britischen Physiker Joseph John Thomson (1856–1940) mit der Entdeckung des Elektrons erklärt, Röntgenstrahlung ist damit theoretisch allerdings noch nicht erfasst.

»Forest II«: Verräumlichtes Display 221

Braunsche Röhre, Darstellung aus [Braun, 1897]

Die Röhre ist eine Modifikation der Crookesschen Röhre zur Demonstration der Ablenkung von Kathodenstrahlen. Während in dieser ein phosphorisierender Schirm im Inneren der Röhre längs zu der Strahlrichtung angebracht ist, steht der Schirm in der Braunschen Röhre quer zum Verlauf des Strahls. Das heißt, Braun visualisiert den Kathodenstrahl im Modus der Projektion – als Punkt auf einer ihn schneidenden Fläche, die am dickeren Ende der Röhre angebracht ist.

Siegert beschreibt die Vorführung der Braunschen Experimente, die 1897 in dem Artikel »Über ein Verfahren zur Demonstration und zum Studium des zeitlichen Verlaufs variabler Ströme« [Braun, 1897] veröffentlicht werden. Eine senkrecht zur Röhre stehende Spule wird unter Wechselstrom gesetzt, der auf dem Phosphorschirm sichtbare Punkt weitet sich zu einer Linie aus, die durch einen rotierenden Spiegel als Kurve sichtbar gemacht wird. Braun stellt vor:

> Meine Herren nehmen Sie Platz! [...] Sie haben das Vergnügen, den Wechselstrom der Straßburger Zentrale in Person zu sehen! [Siegert, 2003, S. 389]

Neben Punkt und Strich bzw. Welle erzeugt die Braunsche Röhre mittels unterschiedlicher Stromkreise und Selbstunterbrecher sowie unterschiedlicher Widerstände (und dem rotierenden Spiegel) verzerrte Rechteckwellen und Lissajousche Figuren.[216]

Der Titel des Artikels ist Programm: Braun beschreibt darin die vom Kathodenstrahl erzeugten Figuren und welche Rückschlüsse man daraus auf die elektrischen Vorgänge (in ihrer Zeitlichkeit) ziehen kann, welche den Kathodenstrahl modulieren. Beispielsweise zeigen die Schwingungsformen der entstehenden Wellen den zeitlichen Verlauf der Ladungszustände der Spulen an, wobei der Wechselstrom selbst als Sinuskurve auftritt und den Schwingungen einer Stimmgabel entspricht. Die Lissajouschen Figuren erlauben Rückschlüsse auf die Phasenverschiebungen von Strömen durch verschieden große Widerstände.

---

[216] Zu den Lissajouschen Figuren Siehe S. 181.

So wie Braun seine Röhre in dem Artikel vorstellt, dient diese zur Erzeugung geometrischer Figuren aus Schwingungseffekten.[217] Die Braunsche Röhre visualisiert ihren Input und erlaubt physikalisch-geometrische Rückschlüsse auf diesen. Sie ist weniger Fernsehen als Anzeige, selbstreflexive Darstellung der Modulation unsichtbarer Kräfte. Schwingungen projizieren sich durch einen speziell zugerichteten Raum zu geometrischen Figuren, die Aussagen über das Wesen oder zumindest über Eigenschaften der elektrischen Vorgänge erlauben.[218]

»Forest II« konstruiert einen Lichtraum, der sich einerseits auf Appias Bühne und andererseits auf das Display bezieht, als dessen Vorläufer die Braunsche Röhre gelten kann. Damit öffnet die Inszenierung einen Zusammenhang zwischen beiden, in dem die Braunsche Röhre die Charakteristika des Hellerauer Lichtraumes in den Theaterexperimenten präformiert: In der Röhre projiziert sich eine schwingende Kraft – die sich seit Maxwell und Hertz wellenförmig ausbreitende Elektrizität – unsichtbar durch einen speziellen Raum und erzeugt bewegte, geometrische Formen als Visualisierungen ihrer selbst. Im Hellerauer Festspielhaus projiziert sich die lebendige Kunst als unsichtbare Kraft durch den rhythmischen Raum und erzeugt bewegte Muster als Ausdruck ihrer selbst.

In dieser technikhistorischen Sichtweise anthropomorphisiert Appias Hellerauer Lichtraum die neue Technologie der technischen Anzeige und macht sie in der metaphorischen Versinnlichung zum Medium des Ausdrucks. Die Hellerauer Theaterexperimente binden den Menschen in die Röhre ein, gewissermaßen an die Stelle der Kathode. Der Darsteller wandelt die in ihm vorhandenen Schwingungen, die durch die Musik moduliert werden, in Bewegung um und projiziert sie als Ausdruck in den Raum, verstärkt durch den Einsatz des Lichts.

Indem »Forest II« das digitale Display als operative Oberfläche adressierbarer Pixel zitiert, geht die Inszenierung über die Konstruktion einer gewissermaßen Appia-Braunschen Ausdrucksästhetik hinaus. Vielmehr öffnet sie damit den Blick dafür, wie das schaltende Subjekt des digitalen Displays mit der Idee und Ästhetik eines sich bewegenden, rhythmischen und schwingenden Subjekts kurzgeschlossen wird – eine

---

217 1899 wird durch die Verbesserung der Braunschen Röhre durch Brauns ehemaligen Assistenten, dem deutschen Physiker Jonathan Zenneck (1871–1959), die Auslenkung des Strahls sowohl in vertikale als auch in horizontale Richtung möglich. Die Figuren erscheinen nun tatsächlich auf dem Schirm.
218 Damit wird die Braunsche Röhre nach dem Prinzip des Oszilloskops benutzt, das 1932 vom deutschen Physiker Manfred von Ardenne (1907–1990) unter dem Namen Oszillograph vorgestellt wird [siehe Thielmann, 2006, S. 16, Anmerkung 15]. Ein Oszilloskop ist eine Anzeige, die elektrische Spannungen als Verlaufsgraph visualisiert.

Entwicklung, die sich historisch in der metaphorischen Gleichsetzung der digitalen Displaytechnologie mit der Interaktivierung der Braunschen Röhre in der analogen Videoanimation vollzieht.

Display:
Operativierung und Diskursivierung der Oberfläche

Von der Demonstration des zeitlichen Verlaufs variabler Ströme als Visualisierung und Modulation von Elektrizität zum Display als operative Oberfläche ist es ein weiter technischer und diskursiver Weg. Ein Display lässt sich als Bildschirmdarstellung beschreiben, welche spezifische Möglichkeiten bereitstellt, diese Darstellung zu manipulieren und Rechenprozesse auszulösen. Damit umfasst ein Display unterschiedliche Interfaces oder Schnittstellen für den Austausch von Signalen: Geräte, zwischen denen der Austausch von Bits und deren Adressierung möglich ist (z. B. Maus und Grafikkarte); Programmierungen, die die Adressierung steuern (z. B. Protokolle, die festlegen, ob die zu verarbeitenden Daten Musik, Text oder Grafiken sind und von welchen Programmen diese verarbeitet werden müssen), sowie die konkrete Darstellung von Daten, die auch deren Manipulation erlaubt (z. B. das Grafical User Interface mit Darstellungen wie dem Mauszeiger oder einem Cursor für die Texteingabe).

Im Folgenden werden die entscheidenden Stationen der Display-Entwicklung technik- und kulturhistorisch zusammengefasst, um zu umreißen, welche Form des Benutzers davon hervorgebracht wird. Aufseiten der Digitalcomputer sind dafür die Entwicklung von Ein- und Ausgabegeräten wichtig (Whirlwind-Project) sowie die ersten grafischen Gestaltungen der Echtzeitmanipulation (SAGE). Die Manipulation der Monitordarstellung findet sich kurze Zeit später auch als Manipulation der Elektronenröhre in der analogen Welt wieder: Der Videosynthesizer ANIMAC scheint körperliche Bewegungen auf ein Strichmännchen im Monitor zu übertragen.

Entscheidend ist dabei, wie in der Interaktivierung des Monitors bzw. in der Operativierung der Oberfläche Kommunikation und Ausdruck gestaltet werden. Technikentwicklung, Darstellungskonventionen und Körperpraktiken verknüpfen verschiedene Traditionslinien neu: Semiotisches Zeichen und ikonografische Geometrie sowie Befehl und »Vorahmung« sind die Strategien, die dem Benutzer vermeintlich Macht über das Display verschaffen und das Display zum Ort von (menschlichen) Übertragungen machen.

So, wie »Forest II« das Display verräumlicht, wird die Bewegung einerseits zum Mittel, den Lichtzeichen Bedeutung zuzuweisen. Andererseits werden die Lichtzeichen als Ausdruck innerer Zustände inszeniert. Vor dem Hintergrund der historischen Rekonstruktion weist »Forest II« vordergründig auf die Parallelen zwischen Display-Entwicklung und der Vorstellung hin, dass Sprache wirklichkeitsgestaltend und -erzeugend sei. Allerdings basiert das Verhältnis zwischen Darsteller und Umgebung auf der Notation von Bewegung als Licht. Darüber hinaus haben die Figuren in »Forest II« nur eingeschränkt Macht über diese Notation und werden sogar von ihr gelenkt. Damit gleicht das Verhältnis zwischen Bewegung und ihrer Notation strukturell dem Verhältnis zwischen Sprache und Schrift, wie Derrida es in seiner Grammatologie in den 1960er Jahren entwirft.

Digital

Kolb, Rezk-Salama und Venus sehen zwei entscheidende Umbrüche in der Geschichte der technischen Anzeige. Diese beginne mit Beobachtungsgeräten für Naturvorgänge. Im Zuge der Industrialisierung zielten die Anzeigen auf die Überwachung technischer Prozesse. Die zweite Wende bestehe in der »Entwicklung von *Steuerungstechnologie auf der Basis von Datenverarbeitung*« [Kolb et al., 2007, S. 75], wie sie für Displays charakteristisch sei. Für diese Entwicklung sind zwei Aspekte bestimmend: *Erstens* der Wandel von der Anzeige zur Eingabe, der die Adressierbarkeit der einzelnen Pixel umfasst sowie die Verrechnung von Signalen als Daten und die Sichtbarmachung der Berechnungsergebnisse in Form von grafischen oder alphanumerischen Ausgaben.[219] Der *zweite* Strang ist die Anbindung des Menschen an das Display. Zentral dafür ist, dass der Nutzer zum Beurteilenden und Befehlenden wird. Gleichzeitig wird sein Status als Befehlender durch die Echtzeitverarbeitung von (Eingabe-)Bewegungen bestätigt und verstärkt.

Die technische Entwicklung des Displays beginnt mit der Braunschen Röhre. Stationen einer Technikgeschichte sind der Radar zur Anzeige von Bewegungsrichtung und Entfernung eines feindlichen Flugzeugs – der erstmals einen Lichtpunkt direkt adressiert –, die Williams Tube als

---

[219] Zur Erinnerung: Vor der Möglichkeit eines solchen Zugriffs waren Computer als Rechenmaschinen wesentlich dadurch bestimmt, dass sie meist nur für die Lösung einer bestimmten Sorte von Aufgaben hergestellt waren. Die Eingabe von Zeichen (beispielsweise durch Lochkarten) löste Rechenprozesse aus, auf die kein Einfluss genommen werden konnte.

Speicher und Darstellung ihres Speicherinhaltes und der Computermonitor.[220]

Die Interaktivierung der Anzeigefläche als Eingabefläche ist entscheidend an die Entwicklung von Digitalcomputern für Echtzeitaufgaben geknüpft. Friedewald [Friedewald, 1999, S. 73f.] betont, dass sich die Enwicklung nach Veröffentlichung der Von-Neumann-Architektur[221] in drei Hauptinteressen differenziert: *Erstens* sollen Digitalcomputer für die Erhebung und Auswertung großer Datensätze eingesetzt werden, ein Feld, auf dem die Lochkartentechnologie schon etabliert ist. *Zweitens* werden Digitalcomputer als mathematisches Intrument entwickelt, federführend ist in dieser Richtung unter anderen John von Neumann.[222] Das Interesse richtet sich *drittens* auf den Einsatz von Computern für Echtzeitaufgaben – konkret waren damit Regelungs- und Steuerungsaufgaben gemeint. Der so genannte Whirlwind-Computer und das computergestützte Luftverteidigungssystem SAGE sind zwei entscheidende Stationen dieser Entwicklung.

Der Whirlwind-I-Computer wurde zwischen 1944 und 1951 am MIT entwickelt. Ursprünglich als Analogrechner konzipiert, sollte er das zentrale Steuerungselement für einen Flugsimulator sein, also insbesondere mit minimalem Zeitaufwand auf die Handlungen der Trainierenden reagieren. Mit der Entscheidung, den Whirlwind als Digitalrechner zu entwickeln, verschob sich der Schwerpunkt der Arbeit auf die Konstruktion der Bauteile (Speicherröhren und Schaltkreise wie Flipflops, Addierer und Multiplizierer). Mit dieser grundlegenden Entwicklungsarbeit wird es attraktiv, den Rechner nicht auf die Lösung einer einzigen Aufgabe zuzuschneiden, sondern ihn als universelle Maschine zu konzipieren:

> Spätestens 1948 wurde konsequenterweise das Ziel eines Flugsimulators aufgegeben und Whirlwind diente nur noch dem Bau eines funktionsfähigen, schnellen Digitalrechners, für den eine Nachkriegs-Aufgabe gefunden werden mußte, die – nach den Atomtests der UdSSR 1949 – letztlich Frühwarnsystem und computergestützte Feuerleitung hieß, wodurch *Whirlwind* bekanntlich in *SAGE* aufgehen konnte. [Pias, 2000, S. 53]

---

[220] Vergleiche zur Entwicklung von Display, Speichertechnologie und Digitalisierung [Friedewald, 1999, S. 99f.] und [Pias, 2000, S. 52ff.] sowie [Berz, 1999].

[221] 1945 stellt von Neumann in einem »First draft of a Report on the EDVAC« die Konstruktionsweise des gerade in Entwicklung befindlichen Digitalrechners, eben des EDVACs vor, dessen Architektur, wiewohl nicht von von Neumann entwickelt, in der Folge seinen Namen trägt [siehe Hagen, 2004, S. 198ff.].

[222] Von Neumann und Ulam diskutieren Computer in Hinblick auf die von ihnen so benannte »heuristische Methode«, siehe S. 131.

Im Kontext der Display-Entwicklung ist beim Whirlwind entscheidend, dass hier ein Oszilloskop benutzt wurde, um Verrechnungen von Daten zu visualisieren.

> Zu diesem Zweck wurden Digital-Analog-Konverter an zwei der Flipflop-Register angeschlossen, in denen die x- und y-Koordinaten des auszugebenden Punktes gespeichert wurden. Auf diese Weise konnten Buchstaben und Grafiken in einfacher Matrixdarstellung auf dem Bildschirm erzeugt werden. [Friedewald, 1999, S. 100]

Außerdem wurde für den Whirlwind die Lightgun entwickelt, ein grafisches Eingabegerät, mit dem die einzelnen Punkte einer Kathodenstrahlröhre angesteuert werden konnten. Die Lightgun und der darauf aufbauende Lightpen oder Lichtgriffel (in den 1950er Jahren entwickelt) besteht aus einer Röhre, in die eine Linse und eine Photozelle eingebaut sind. Richtet man das Gerät auf den Bildschirm, reagiert die Photozelle, falls der fokussierte Bildschirmpunkt neu geschrieben oder aufgefrischt wird. Der Zeitpunkt des Impulses wird mit der Schreibgeschwindigkeit des Kathodenstrahls so verrechnet, dass der Computer »weiß«, auf welchen Bildpunkt der Lichtgriffel gerichtet wird. Allerdings wird die Lightgun im Whirlwind-Computer dazu genutzt, um dessen Speicherröhren zu testen und nicht, um die Anzeige zu manipulieren.[223]

Das Zusammenspiel von Ein- und Ausgabe wurde im Projekt SAGE (Semi-Automatic Ground Environment) zentral.[224] Das landesweite Luftverteidigungssystem war in unterschiedliche Sektoren aufgeteilt, deren jeweilige Befehlszentren für die Überwachung des Luftraumes und den Abschuss feindlicher Flugzeuge zuständig waren. Der Computer eines Befehlszentrums empfing kontinuierlich Daten von Radarstationen und benachbarten Befehlszentren, übertragen durch Modems (die eigens dafür entwickelt wurden). Die empfangenen Daten wurden zu Kartendarstellungen von Flugzeugen mit zusätzlichen Informationen verrechnet.

> Die angeschlossenen Radaranlagen lieferten die Position eines Objektes mit Hilfe von Winkelkoordinaten, die in kartesische Koordinaten in Abhängigkeit vom Standort des Radars umgerechnet und auf dem Bildschirm ausgegeben wurden. [...] Die Operateure oder User konnten nun dem System mit Hilfe von

---

[223] Siehe [Friedewald, 1999, S. 103] und [Berz, 1999].
[224] Die Entwicklung des Systems begann 1950 (noch unter anderem Namen). Zwischen 1958 und 1963 wurden 23 SAGE-Befehlszentren in Betrieb genommen, obwohl sie durch die Einführung von interkontinentalen ballistischen Raketen (die zu schnell für die Verarbeitung durch SAGE waren), für ihren ursprünglichen Zweck nicht mehr einsetzbar waren.

Lightguns mitteilen, daß die vom Radar erfaßten Objekte bestimmte Eigenschaften hatten, also Freund/Feind-Unterscheidungen als Symbolmanipulation vornehmen. Der Punkt ist nicht mehr nur Index, sondern Symbol und sogar schon alphanumerisches Symbol, wenn – wie Everett berichtet – die Punkte zu »T« und »F« für *target* und *fighter* wurden. [Pias, 2000, S. 58]

Die entscheidenden Charakteristika von Displays sind hier also technisch implementiert und zusammengeführt: Die Erfassung der Flugzeuge erzeugt (Radar-)Signale, die durch Digitalisierung, Codierung und Kompression in zunächst nicht-bedeutete Daten umgewandelt werden. Diese Daten werden vom Computer innerhalb seiner Programmierung verbunden und verrechnet, z.B. indem bestimmte sukzessive Parameter (Orte eines erfassten Flugzeugs und die verstreichende Zeit) zu einem neuen Datum (Geschwindigkeit des Flugzeugs) verrechnet werden.[225] Die dadurch erhaltenen Daten werden wiederum zu einer Visualisierung berechnet.[226] In gewisser Weise werden die Daten in der Darstellung resemiotisiert oder bedeutet, zu Flugzeugen, Orten, Höhen und Geschwindigkeiten.

Diese Bedeutungshaftigkeit der Darstellung richtet sich an den menschlichen Benutzer und nicht an ein vermeintliches Wissen um die Bedeutung durch den Computer. Dabei knüpft das Display in der Visualisierung an etablierte Darstellungstechniken und -konventionen wie die Kartendarstellung an:

> Eine solche Darstellung ermöglichte dem geübten Offizier, in Anlehnung an ältere taktische Hilfsmittel, eine Lagebeurteilung *auf einen Blick*. [Friedewald, 1999, S. 99]

---

[225] Es wäre eine eigene Untersuchung wert, ob und wo man bzgl. Programmierung bzw. Programmsprachen von einer Semiotisierung von Daten sprechen kann. Auf der Ebene von Elektrotechnik lässt sich alle Programmierung sicherlich als Prozessierung und im Wesentlichen Adressierung von Signalen fassen. In diesem Falle wäre Programmierung vorrangig die Verteilung der zu berechnenden Daten in der Systemarchitektur, also eine Frage räumlicher Prozesse. Mit dem Aufkommen höherer Programmiersprachen, gar objektorientierter, werden die Daten innerhalb der Programmierung wesentlich stärker als bedeutende Daten behandelt. Der Modus der Programmierung folgt der Verrechnung innerhalb symbolischer Funktionen, die im Kontext von Modellen stehen. Es ist ein Unterschied in der Praxis des Programmierens, ob man bestimmte binäre Zahlen an Orte (Register) verschiebt, um sie dann langwierigen Multiplikations- oder Additionsprozessen durchlaufen zu lassen, oder ob man mittels einer definierten Funktion Polarkoordinaten in kartesische umwandelt.

[226] Allerdings nutzen die Bildschirme des SAGE-Systems keine Rasterdarstellung (wie der Whirlwind I), sondern die Kathodenstrahlröhren sind mit Schablonen ausgestattet, auf denen ein fester Zeichensatz (Buchstaben oder Liniensegmente) ausgeschnitten ist. Der Kathodenstrahl wird so abgelenkt, dass er die gewünschte Form auf den Phosphorschirm projiziert [siehe Friedewald, 1999, S. 102].

Die grafische Repräsentation des Displays folgt nicht einem Bildverständnis, das sich in Wechselwirkung mit Sehmodellen etabliert. Als schriftbildliche Darstellung zielt sie vielmehr auf einen lesenden bzw. deutenden Nutzer. Das Bild wird damit als etwas Zeichenhaftes gesetzt, das semiotisch zu behandeln ist. Der Nutzer weist der Darstellung eine Bedeutung zu, beurteilt sie und gibt durch seine Bewegung neue Bedeutungen (Freund/Feind) oder Befehle (Abschuss) ein.

Dabei fordert die Echtzeitverarbeitung und die Operativität der Oberfläche die schnelle Beurteilung der Darstellung und daraus folgende Entscheidung und Eingabe. Nicht der kontemplativ Lesende und Urteilende ist hier adressiert. Beurteilung, Entscheidungen und Eingaben müssen schnell erfolgen:

> Sie hängen in zeitkritischer Weise von Wahrnehmungen, Bewegung und Arbeitsgerät ab und werden daher zum Problem einer Arbeitswissenschaft des Bildschirms. Folgerichtig finden zum ersten Mal Testserien für Bedienung und Belastbarkeit von Mensch-Maschine-Systemen statt. [Pias, 2000, S. 58]

In der Tradition der Arbeitswissenschaft wurden (anknüpfend an physiologische Untersuchungen) Arbeitshandlungen in Bewegungseinheiten zerlegt. Diese wiederholbaren und funktionalen Einheiten sind insbesondere auf die Handhabung von Arbeitsgeräten und -maschinen zugerichtet. Damit zerlegt die Arbeitswissenschaft die Bewegung in operative Einheiten.[227] In der Display-Entwicklung wird also nicht nur die Verrechnung in der Repräsentation auf den Nutzer zugeschnitten, sondern auch der Nutzer auf die Verrechnung.

Das Display führt eine Bildtradition fort, die unter anderem in Form von Diagrammen, Karten oder Schemata Darstellung und semiotische Bedeutung verknüpft.[228] Als »Orte der Sichtbarmachung von Berechnungen und Daten« [Schubbach, 2007, S. 15] visualisieren sie bestimmte Aspekte von Daten und deren Relationen, die vom Nutzer in Hinblick auf die zu Grunde liegenden Sachverhalte und Modelle gelesen werden. Entsprechend adressieren Displays den Nutzer als semiotisch funktionierenden Betrachter, der die Darstellungen bedeutet bzw. entschlüsselt. Darüber hinaus erhält der Benutzer die Macht, die Darstellungen zu beurteilen und neue Rechenvorgänge (oder den Ab-

---

[227] Zur Arbeitswissenschaft und ihrem Verhältnis zur Computerentwicklung [siehe Pias, 2000, S. 25ff. und 66ff.].

[228] Sybille Krämer hat kürzlich den Vorschlag gemacht, solche Formen der »diagrammatischen Notation« in Hinblick auf deren operative Bildlichkeit zu untersuchen, und, im Anschluss an Jacques Derrida, eine »Diagrammatologie« zu entwerfen [siehe Krämer, 2009].

schuss von Flugzeugen) zu befehlen. Die Bewegung bindet den Nutzer an das Display und gibt ihm darin die Handlungsmacht, Bedeutung zu setzen und Anweisungen zu geben.

Die Kehrseite der Oberfläche besteht darin, dass die Bedeutung des Visuellen vor allem durch die Darstellungsweise und die der Verrechnung zu Grunde liegenden Modelle bestimmt ist, denen sich der Benutzer unterwirft. Gleichzeitig verdankt sich die Handlungsmacht des Nutzers weitgehend der Normierung seiner Bewegung im Modus der Arbeitswissenschaft.

In der skizzierten Entwicklungslinie koppelt das Display den Computer an den Menschen, indem es sich semiotisch verkleidet. In dieser Sichtweise ist das Entscheidende an Displays, dass die Daten in der Darstellung semiotisch aufgeladen werden und als bedeutsame Zeichen erscheinen, die vom Benutzer gelesen und beurteilt werden. Der Austausch zwischen Mensch und Maschine erscheint als Kommunikation und Verständnis. Die Steuerung des Systems wird als Bedeuten und Befehlen camoufliert und so zur Kommunikationshandlung stilisiert.

Analog

Neben dieser semiotischen Aufladung des Displays und der semiotisch gedachten Kommunikation zwischen Mensch und Maschine überträgt sich der Mensch in seinem Ausdruck ins Display. Das geschieht weniger während der Entwicklung der Digitalcomputer, sondern in der »Inauguration analoger Videomodulation als Beginn computergelenkter Bildanimation« [Leeker, 2007, S. 55]. Mit der Überführung der analogen Videomanipulation in Diskurs und Praktiken des digitalen Displays schreibt sich das Paradigma des Schwingungsförmigen auf neue Weise fort und ins Display ein.

Lee Harrison[229] entwickelt Anfang der 1960er Jahre den ANIMAC (Hybrid graphic animation computer), mit dem eine grafische Figur in Echtzeit animiert werden kann. Vereinfacht dargestellt, werden auf einem Oszilloskop Linien, Parabeln und Sinuskurven erzeugt und zwar so, dass diese zu einem Strich- bzw. Knochenmännchen zusammengesetzt sind (durch geeignete Kurven erhalten die Striche eine gewisse Ausdehnung). Die Adressierung und Taktung der Ströme zur Erzeugung der Figur werden durch geeignete Verschaltungen an einer Schalttafel gesteuert. Textur und Licht werden über eine Kamera gefilmt und auf die Figur gelegt (so dass eine gewisse optische Tiefe erzeugt wird). Die

---

[229] Lee Harrison, geboren 1929, US-amerikanischer Ingenieur und Entwickler.

Echtzeitmanipulation erfolgt über Spannungsregler, die die Ausrichtung der »Bones« oder Einzelteile der Figur steuern:

> The entire figure is manipulated in three dimensions by passing the control signals through a three dimensional (3D) rotation matrix. These control signals are formed form horizontal and vertical sweep generators, with camera angle, size and position voltages run through rotation matrices constructed from adders, multipliers and sine/cosine generators. [Harrison und Schier, 1992, S. 94]

Martina Leeker fasst in »Die Bühne als Display« [Leeker, 2007] zusammen, was die entscheidenden Merkmale des ANIMAC in Bezug auf die Display-Entwicklung sind: *Erstens* macht ANIMAC die Darstellungen der Kathodenstrahlröhre für eine äußerst differenzierte Manipulation kontroll- und steuerbar. *Zweitens* überformt Harrison seine im Grunde analoge Technologie als digitale. Und *drittens* erweckt er durch eine Fotomontage den Eindruck, die Figur werde durch eine Tänzerin animiert. Durch den Anschluss des Menschen an die als digital überformte Maschine wird die Vorstellung unterstützt, »der Mensch könne vom Computer vermessen werden und auf dieser Grundlage steuernd auf ihn einwirken« [Leeker, 2007, S. 53].

Harrisons Fotomontage aus [Harrison und Schier, 1992]

Die Tradierung einer Ästhetik der Kathodenstrahlablenkung in Harrisons ANIMAC deutet die Braunsche Geometrie um. Das Oszilloskop leistet wie die Braunsche Röhre die Visualisierung der auf sie wirkenden unsichtbaren Kräfte,²³⁰ nämlich der angelegten Spannungen. Diese Visualisierungen beziehen sich aber nicht mehr auf Spannungen oder variable Ströme: Ihre ikonografische Geometrie verweist auf eine menschliche Figur, auf die (so legt es die Fotomontage nahe) menschliche Bewegung übertragen wird – die Technik bleibt dieselbe, ihre Inszenierung ändert sich.

Für Harrison ist die Übertragung der Bewegung an den menschlichen Ausdruck gekoppelt. Er berichtet in einem Interview von 1992, wie er einigen Freunden von seinem Plan erzählt, Figuren zu animieren.

> 1959. We had a pre-Christmas party at my little apartment in Bluebell, Pennsylvania and Mary Lou and I had a bottle of champagne left over from the wedding in June and I'd made some drinks for everyone. [...] I was like an evangelist and I told about how important it was that mankind (and I really believe this) have a means of expressing themselves that moving and dynamic so that he can understand the dynamics of the world, that we're still kind of locked into the flatness of pages and the concrete of text and that we needed something that would portray things more the way they were and therefore with more realism and easier understanding [...]. [Harrison, 1992, S. 16f.]

Entscheidend ist für Harrison also Bewegung als dynamisches Prinzip, das geeignet ist, die Dynamik von Welt zu erfassen und darzustellen. Ähnlich wie bei Appia Musik und Rhythmus ist Dynamik eine wesentliche Eigenschaft von Welt und Mensch. Im Ausdruck bietet die Dynamik das Versprechen einer wah(re)ren Erkenntnis.

Harrisons Tradierung der Braunschen Röhre als Ausdrucksmedium verändert allerdings die Vorstellung, die um die Jahrhundertwende in den Hellerauer Theaterexperimenten performt wurde: Nicht Schwingung überträgt sich als (körperliche) Bewegung und wird zu Ausdruck, sondern (körperliche) Bewegung überträgt sich als Schwingung (technisch: Spannungsänderung) auf ikonografische Geometrie und wird so zu Ausdruck. Mit dem ANIMAC verbinden sich Schwingung und ikonografische Geometrie zu Ausdruck.²³¹ Damit schreibt sich die Vorstellung von Schwingung und Ausdruck, gekoppelt an den menschlichen Körper und dessen Bewegung in die digitale Technik und deren Darstellungskonventionen ein. Der Mensch tritt qua Bewegung ins Display, das sich digital maskiert.

---

²³⁰ Zur Braunschen Röhre siehe S. 221.
²³¹ Um 1963 herum schlägt Harrison konsequenterweise der NASA vor, seine Technologie als günstige Bildkommunikationstechnologie für den Kontakt mit ihren Astronauten zu verwenden [siehe Harrison, 1992, S. 64] – die Bewegungen des Astronauten im Weltall würden ein vorher gespeichertes Bild bzw. eine Figur mit der entsprechenden Oberflächentextur animieren.

Folgt man Martin Warnke, adressiert diese neue Verknüpfung der Traditionslinien ein Subjekt, das sich durch »Vorahmung« ausdrückt. Warnke unterscheidet drei Phasen der Computerentwicklung, eine synthetische, eine mimetische und eine emergente. Die synthetische Phase aus der Frühzeit der Computerentwicklung ist dadurch charakterisiert, dass die Rechenmaschinen entlang vorgegebener Algorithmen Zeichenketten verarbeiten – ohne weitere Zugriffsmöglichkeiten eines Nutzers. Die mimetische Phase des Computers ist ursächlich an die Operativierung des Displays gekoppelt, wodurch die festgelegten Verrechnungsschritte des Computers modifiziert werden können, Warnke nennt dies den »gestaltenden menschlichen Eingriff[]« [Warnke, 2004, S. 168]. Mit Bezug auf Dietmar Kamper beschreibt Warnke das Verhältnis des Users zum Computer bzw. Display in dieser Phase als Vorahmung:[232]

> Mit magischen Gesten ahmen die User vor, was ihre virtuellen Maschinen nachzuahmen haben: den Pinselstrich, den Anschlag der Schreibmaschine, die Funktionen des Zettelkastens. [Warnke, 2004, S. 170]

Die aktuelle emergente Phase der Computerentwicklung ist durch die Vernetzung von Computern und die sie bedienenden Nutzer charakterisiert, die sich mit den Methoden von Informatik und Mathematik nicht mehr steuern oder vorhersagen ließen.

Das Display als operative Oberfläche, die Befehle annimmt und als Visualisierung wirksam ist, hat also eine Herkunft in der Entwicklung der Digitalrechner und eine in der Steuerung von Kathodenstrahlen. In beiden Entwicklungen bilden sich spezifische Darstellungsweise und Operationsmöglichkeiten aus, beide Formen adressieren einen je unterschiedlichen Benutzer. Symbol und Befehl des digitalen Displays in der Tradition des SAGE adressieren den semiotischen Betrachter, der versteht, beurteilt und befiehlt. Die Steuerung erscheint als Kommunikationshandlung, die wirksam ist: Sie wirkt auf die Visualisierungen und löst gegebenenfalls reale Prozesse wie den Abschuss eines Flugzeugs aus. Ikonografische Geometrie und Vorahmung der operativ gemachten Braunschen Röhre adressieren einen Nutzer, der sich ausdrückt und über-

---

[232] Wenn es um die vollständige Vorgeschichte des ANIMAC und seiner Form der Animation ginge, müsste die Tradition der »Übermarionette« nachgezeichnet werden, wie sie von Heinrich von Kleist konzipiert und im Kontext der historischen Avantgarde beispielsweise von Gordon Craig und Vsevolod Mejerchol'd aufgegriffen wird. Zum Kontext der Übermarionette in der Militärgeschichte und bewegungspädagogischer Bildung siehe [von Herrmann, 2005, S. 147ff.]. Insofern in »Forest II« die Vorahmung ausschließlich auf Raumwege bezogen ist, wird diese Rekonstruktion hier nicht verfolgt.

trägt. Steuerung wird zu Ausdruck, und Ausdruck ist Transformation und Übertragung als Vorahmung. Das Display bindet den Menschen durch seine Bewegung an sich bzw. den Computer, indem es dem Nutzer *vermeintlich* die Macht gibt, den bedeutungslosen Prozessen Bedeutung zu verleihen, zu befehlen sowie sich mimetisch zu übertragen. Tatsächlich unterliegen die Prozesse der Bedeutungszuweisung den Modellen der Verrechnung und den Darstellungskonventionen, während die vorahmende Übertragung unter anderem in Anschluss an die Theatertradition Appias zu Ausdruck überformt wird.

Das Display bildet Praktiken aus, durch die der Zeichengebrauch als Kommunikation und Ausdruck erscheint. Gleichzeitig wirken diese Kommunikation und der Ausdruck realitätserzeugend. In dieser Sichtweise hat das Display vordergründig Ähnlichkeit zur Sprechakttheorie von Austin und Searle. Diese betrachtet den Sprachvollzug unter handlungstheoretischen Aspekten und untersucht, inwieweit Sprechen als wirklichkeitserzeugende Handlung gelten kann [siehe Mersch, 2004, S. 10ff.]. Entscheidend ist allerdings, dass »Forest II« auf der inszenatorischen Ebene einsehbar macht, wie das Zusammenspiel von Notation, Darstellung und Bewegung gleichzeitig Kommunikation und Ausdruck konstituiert. Beides, Semiotik und Ausdruck sind an den Zeichengebrauch gebunden. Aus diesem Grund lässt sich das Verhältnis von Bewegung und Notation als Verhältnis von Sprache und Schrift betrachten, wie es Derrida in seiner »Grammatologie« [Derrida, 1990/1967] entwickelt.

»Forest II« als grammatologisches Display

»Forest II« vereint die skizzierten Entwicklungsstränge von Braunscher Röhre und digitalem Display, um die Umgebung der Akteure als verräumlichtes Display zu konstituieren. Die Installation repräsentiert und lenkt die Figuren in der Tradition der frühen Displays. Bedeutungszuweisung und Befehl sowie Übertragung und Vorahmung: Die konstituierenden Elemente von Kommunikation und Ausdruck des Benutzers mit und im Display charakterisieren das Verhältnis von Akteueren und Umgebung.

Alle Aspekte der skizzierten Display-Praktiken finden sich in leicht verschobener Form in »Forest II« wieder: Die Repräsentation der Bewegung folgt *einerseits* dem Modus der kartografischen Notation, das Licht zeigt den Ort der Bewegung oder zeichnet in der Leuchtdauer die aufeinander folgenden Plätze des bewegten Körpers auf. In der Visualisierung eines Aspekts der Bewegung (Ort des bewegten Körpers) in einer bestimmten Darstellungskonvention (Bodenlinie als Wegenotation) zitiert die Inszenierung Darstellungspraktiken in der Tradition früher digitaler Displays. Dabei lassen sich die Raumbewegungen der Akteure als vorahmende Bewegungen verstehen: Die Akteure gehen in geraden Wegen und aufgerichteter Haltung durch den Raum und gleichen die Bewegung damit der Wegenotation durch die leuchtenden Röhren an, welche eine Gerade bilden. Gleichzeitig weist die Bewegung damit den Leuchten Bedeutung zu. Erst indem die Darstellenden gerade Wege gehen, werden die Leuchten zur Wegenotation. *Andererseits* knüpft »Forest II« an die Tradition der Hellerauer Theaterexperimente in Appias Lichtraum (in ihrer Parallelität zur Braunschen Röhre an): Die Lichter spiegeln die inneren Zustände oder (Bewegungs-)Energien wieder. Die Energie überträgt sich qua Bewegung in den Raum. Dieser Eindruck entsteht insbesondere dadurch, dass die Bewegungen die Darstellungskonventionen von Schauspiel und Tanz aufgreifen: Weil die Bewegung als Darstellung innerer Zustände gilt und die Bewegung in Licht übertragen wird, erscheinen die Lichter als Ausdruck innerer Zustände.

Die Lenkung der Bewegung verknüpft die Praktiken des Displays auf spezielle Weise, als Mimesis und Befehl: Indem die Darsteller den Weg in ihrer Raumbewegung nachvollziehen, werden die Leuchten zum Befehl. Insofern mischt sich das Befehlsprinzip des digitalen Displays mit dem Vorahmungsprinzip des analogen Displays, wobei beides sozusagen umgedreht wird – das Display befiehlt und ahmt vor. Allerdings, und das ist wichtig, entsteht in »Forest II« dieser Eindruck nur durch die körperliche Bewegung.

Die entscheidende Methode, mit der »Forest II« die Praktiken des Displays an die Bewegung bindet ist, dass Bewegung einerseits als Repräsentation und Ausdruck eines Inneren gesetzt ist und andererseits die Bewegung in den Lichtern repräsentiert wird, sich darin überträgt. Die Gleichsetzung von inneren Zuständen, Bewegungen und Licht ist zentral. Steuerung und Darstellung werden so zu Kommunikation (mit der Umgebung) und Ausdruck (von inneren Zuständen).

Die Funktion der Bewegung ist dementsprechend, Bedeutung zu erzeugen: Sie erzeugt Bedeutung als Charakterisierung einer Figur (Waldwesen, Diener, Kumpel), als Ausdruck des Inneren der Figur (Zorn, Spannung) und setzt die Figuren in ein spezifisches Verhältnis zur Umgebung. Darin erschafft sie einerseits die Lichter z.B. als Wegweiser oder Kraft und weist andererseits der Umgebung bestimmte Eigenschaften zu wie z.B. unheimlich. In dieser Form ist die Bewegung auf inszenatorischer Ebene explizit wirklichkeits- oder welterzeugend.

»Forest II« etabliert also ein Verhältnis zwischen Akteur und Umgebung, welches dem Verhältnis von Nutzer und (verräumlichtem) Display entspricht. So, wie in der technikhistorischen Perspektive das Display die Zeichen als Formen von Kommunikation und Ausdruck erzeugt, werden die Lichter in »Forest II« zu Notation, Befehl und Ausdruck – allerdings notieren sie nicht Sprache, sondern Bewegung.

Das Besondere an »Forest II« ist, dass die Inszenierung das Display in einer Weise verräumlicht, dass die Strategien oder Wirkungsweisen in Bezug auf die »Macht« der Zeichen einsehbar werden. Auf inhaltlicher Ebene haben die Figuren nur eingeschränkten Zugriff auf die Lichter als Notation und Ausdruck. Auf inszenatorischer Ebene wird deutlich, wie die Fähigkeit der Bewegung, den Leuchten Bedeutung zuzuweisen, von Darstellungskonventionen abhängt.

In dieser Form gleicht das Verhältnis von Figur, Bewegung und Lichtern in »Forest II« dem Verhältnis von Mensch, Sprache und Schrift, wie es Jacques Derrida in zentralen Aspekten seiner »Grammatologie« [Derrida, 1990/1967] entwirft, die er in den 1960er Jahren entwickelt. Im Zusammenhang mit »Forest II« interessiert hier die Verflechtung von Zeichen und Ausdruck, die Derrida in der (Sprach-)Philosophie konstatiert.

> Die versichernde Evidenz, in der die abendländische Tradition sich organisieren mußte und in der sie noch heute zu leben hat, wäre die folgende: die Ordnung des Signifikats ist mit der Ordnung des Signifikanten niemals gleichzeitig, ist bestenfalls die Kehrseite oder die geringfügig – um einen Atemzug – verschobene Parallele dieser Ordnung. Das Zeichen muß die Einheit der Heterogenität darstellen, denn das Signifikat (Sinn oder Ding, noëma oder Realität) ist nicht an sich Signifikant, *Spur*; sein Sinn konstituiert sich jedenfalls nicht durch sein Verhältnis zur möglichen Spur. Das formale Wesen des Signifikats ist die *Präsenz*, und das Privileg seiner Nähe zum Logos als *phone* ist das Privileg der Präsenz. [...] Das »formale Wesen« des Zeichens kann nur von der Präsenz aus bestimmt werden. [Derrida, 1990/1967, S. 35]

Die Ungleichzeitigkeit und Verschoben- oder Verschiedenheit, die dem Zeichen inhärent ist, fasst Derrida mit dem Begriff der *différance*. Dieses Kunstwort, das vom französischen *différence* (Differenz) abgeleitet ist, zielt auf die doppelte Bedeutung des Wortes *différer* als »aufschieben« und »voneinander verschieden« sein. In einem Vortrag von 1968 führt Derrida aus:

> Die *différance* bewirkt, daß die Bewegung des Bedeutens nur möglich ist, wenn jedes sogenannte »gegenwärtige« Element, das auf der Szene der Anwesenheit erscheint, sich auf etwas anderes als sich selbst bezieht, während es das Merkmal *(marque)* des vergangenen Elementes an sich behält und sich bereits durch das Merkmal seiner Beziehung zu einem zukünftigen Element aushöhlen

läßt, wobei die Spur sich weniger auf die sogenannte Gegenwart bezieht, als auf die sogenannte Vergangenheit, und durch eben diese Beziehung zu dem, was es nicht ist, die sogenannte Gegenwart konstituiert: es selbst ist absolut keine Vergangenheit oder Zukunft als modifizierte Gegenwart. Ein Intervall muß es von dem trennen, was es nicht ist, damit es es selbst sei, aber dieses Intervall, das es als Gegenwart konstituiert, muß gleichzeitig die Gegenwart in sich selbst trennen, und so mit der Gegenwart alles scheiden, was man von ihr her denken kann, das heißt, in unserer metaphysischen Sprache, jedes Seiende, besonders die Substanz oder das Subjekt. Dieses dynamisch sich konstituierende, sich teilende Intervall ist es, was man *Verräumlichung* nennen kann, Raum-Werden der Zeit oder Zeit-Werden des Raumes *(Temporisation).* [Derrida, 1988/1968, S. 39]

Es gibt also eine Verflechtung von *différance* und Spur. Bezogen auf den Zusammenhang zwischen Zeichen und Ausdruck lassen sie sich etwas verkürzt als Differenzbildung und Relationssetzung verstehen. Diese sind nach Derrida die unhintergehbare Grundlage für Erzeugung von (Schrift-)Zeichen überhaupt. Gleichzeitig erzeugen sie die Vorstellung eines Transzendenten, das sich durch den Zeichengebrauch hindurch ausdrückt und vergegenwärtigt: Wenn ein Zeichen immer für etwas anderes steht, liegt es nahe, dass es einen Ursprung gibt, von dem aus die Kette von Verweisen startet, z.B. eine »reine« Idee. Derrida betont, dass diese Vorstellung von etwas Transzendentem eben genau durch die Markierung entsteht, die dem Zeichen zugehörig ist. Etwas wird von Etwas räumlich und zeitlich getrennt, als Zeichen markiert, auf etwas Anderes bezogen und als dessen Spur verstanden.

Auf einer sehr einfachen metaphorischen Ebene expliziert »Forest II« genau diese Struktur: Das Verhältnis von Bewegung und Licht als Differentes, aber aufeinander Bezogenes wird zur Grundlage von Licht als Bewegungszeichen, die in einer Kette von Verweisen schlussendlich auch das sich der Figur selbst entziehende Innere ausdrücken. Gerade die technisch-mediale Operativierung von Bewegung macht deutlich: Bewegung im Modus von Notation, Zeichen und Lesbarkeit erzeugt Bewegung als Ausdruck bzw. Mittel des Ausdrucks.

»Mortal Engine« und »Forest II« beziehen sich beide auf je unterschiedliche Bildmedien. Dabei verbindet »Mortal Engine« Praktiken und Diskurse von Bildmedien des 19. Jahrhunderts und »Forest II« Praktiken und Diskurse der frühen Displays im 20. Jahrhundert. Die jeweilige historische Rekonstruktion der in den Stücken benutzten Verfahren und Traditionslinien macht deutlich, wie der Zusammenhang von Wahrnehmungsmodellen und Darstellungskonventionen zwischen den Paradigmen von Bild und Schwingung oder Welle changieren. »Mortal

Engine« verbindet die Praktiken und Darstellungsweisen der Bildmedien des 19. Jahrhunderts mit dem damaligen Wissen um Kraft und Kommunikation und koppelt es in einer Art digitalem Spiritismus an die Bewegung. Indem die Bewegung zu Kraft und Kommunikation wird, welche die Fläche aufzeichnet, erscheinen die Tanzenden als Körper, die mit ihrer Umgebung und einander verbunden sind und durch für sie unsichtbare Kräfte in Austausch stehen. »Forest II« wiederum verknüpft Praktiken und Darstellungsformen der frühen Displays und koppelt die darin erzeugten Vorstellungen von Ausdruck und Kommunikation an die körperliche Bewegung. Entscheidend ist, dass sowohl Ausdruck als auch Kommunikation durch das Verhältnis von Bewegung zur Notation in Form der Lichtzeichen entstehen. Darüber hinaus entzieht sich die Notation der Macht der Darstellenden. Vor diesem Hintergrund lässt sich das Verhältnis von Akteuren und Umgebung angelehnt an Derrida als grammatologisches Verhältnis zwischen den sich Bewegenden und den Lichtzeichen lesen.

Imaginierte Wirksamkeit – Bewegung als Kulturtechnik

Die Analyse der untersuchten Performances zielte darauf, das Verhältnis zwischen Akteuren und ihrer Umgebung als Subjekt-Welt-Verhältnis lesbar zu machen. Für jede Inszenierung wurde das Verhältnis mit seinen charakteristischen Eigenschaften in der Szenenanalyase hergeleitet. Dargestellt wurde, wie es auf technischer und inszenatorischer Ebene erzeugt wird. Dadurch konnten die entscheidenen historischen Traditionen, an die die Inszenierung anknüpft, bestimmt werden. Der Rückgriff auf die Traditionslinien erlaubt es, die für die jeweilige Inszenierung entscheidende historische Ordnung zu rekonstruieren, innerhalb der die Charakteristika des Akteur-Umgebungs-Verhältnisses Konturen gewinnen. In der je historischen Ordnung des Zusammenspiels von technisch-mathematischen Verfahren, Darstellungsformen, Diskursen und Metaphern entsteht ein Wissen und eine Praxis von Körper, Welt und ihrem Verhältnis, das mit zeitgenössischen Modellen von Subjekt-Welt-Verhältnissen korreliert.

In den Analysen wurde deutlich, wie in den einzelnen Inszenierungen das jeweilige Akteur-Umgebungs-Verhältnis durch das Zusammenspiel von Darstellungsformen, räumlich-installativer Anordnung und technisch-rechnerischen Verfahren mit der körperlichen Bewegung entsteht. In dem erzeugten Verhältnis erscheint die Bewegung als Bezugnahme auf die Umgebung. Entscheidend dafür ist, dass sie in den Visualisierungen wirksam wird, auch wenn diese zeitweise nicht auf die Bewegung reagieren und sich einem intentionalen Zugriff der Performenden entziehen. Die Bewegung wird im Symbolischen wirksam: Sie verändert die Visualisierungen in der räumlich-installativen Anordnung. Dies geschieht, indem die Bewegung einerseits durch Bildauswertung an Rechen-, Codierungs- und Bildgebungsverfahren »gekoppelt« wird. Andererseits gestaltet die Bewegung diese Steuerung in der sich vollziehenden Darstellung als Bezugnahme, Wirkung und Reaktion. Insofern stellt sich die Frage, ob die untersuchten Performances Bewegung als Kulturtechnik entwerfen.

Im Folgenden werden die Ergebnisse der Analyse zusammengefasst und daran anschließend diskutiert, welche Funktion die körperliche Bewegung in den Inszenierungen hat. Darauf aufbauend lässt sich bestimmen, wie die Performances den Zusammenhang von Subjektbildung, Technologie, Darstellungsweisen und Bewegung fassen. Im Ausblick wird das Konzept von Bewegung, wie die Performances es entwickeln, als Kulturtechnik konturiert: Ist Bewegung unter Medienbedingungen als Kulturtechnik zu denken, mittels der Körper, Technik und Welt in ein Subjekt-Welt-Verhältnis gesetzt werden?

Ergebnisse

In »Apparition« verschränkt sich der menschliche Tanz mit den Bewegungen grafischer Elemente, die auf eine Leinwand und auf die tanzenden Körper projiziert werden. Das Verhältnis von Körper und Umgebung ist durch die Momente von Zusammenhang und Unterbrechung charakterisiert. Einerseits changieren die tanzenden Körper zwischen Zwei- und Dreidimensionalität. Andererseits vergrößert sich die körperliche Bewegung in die Visualisierungen und wirkt gleichzeitig als Störung von deren Eigenverhalten.

Das Verhältnis von Zusammenhang und Unterbrechung wird in einer räumlich-installativen Anordnung von Kamera, Beamer und Projektionsleinwand realisiert. Die Anordnung organisiert die Verschmelzung von virtueller Ansicht und Bühnenansicht und gleicht strukturell der barocken Kulissenbühne um 1700. In der die barocke Bühne zitierenden Anordnung erscheinen menschliche Körper und die Darstellungen von bewegten Linien, Seilen und Partikeln. Die benutzten Rechenverfahren zitieren ihrerseits zwei barocke Methoden von Formalisierung und symbolischer Manipulation: Erstens entsprechen die Berechnungen der Linienbewegungen dem malerisch-messenden Konstruktionsverfahren der Kulissenbühne von Andrea Pozzo. Dessen Verfahren überführt den Bühnenraum und die darzustellende Szenerie durch die Manipulation eines Oberflächenrasters ineinander. Zweitens verweist »Apparition« mit dem prominenten Einsatz einer Physical Engine auf den Infinitesimalkalkül Leibniz. Aufbauend auf die Newtonsche Mechanik macht der Kalkül den Zusammenhang zwischen Kurven, ihrer mathematischen Ableitung und ihrer Stammfunktion berechenbar und symbolisch manipulierbar. Die körperliche Bewegung der Tanzenden wird also durch die Auswertung der Videobilder zur Eingabe von Formalisierungs- und Konstruktionsverfahren, welche auf die Visualisierungen wirken.

Die Inszenierung verbindet diese Traditionslinien mit dem Changieren der Körper und der Visualisierungen zwischen Drei- und Zweidimensionalität, sowie mit der inszenatorischen Setzung der Tanzenden als Erzeugende der Visualisierungen. In diesen Setzungen und Verbindungen der Stränge verweist die Inszenierung auf eine spezifische epistemologische Situation des Barock. Diese stellt sich einerseits als Wahrnehmungs- und Erkenntnisproblem dar und wird andererseits in den Darstellungsweisen, den Zeichenpraktiken und den zeitgenössischen Philosophien von Descartes und Leibniz ausgestaltet. Das Problem ist, dass die Wahrnehmung an Repräsentationen ansetzt, die nicht mit den Gegenständen der Welt verbunden sind. Es wirft die Frage auf, wie Erkenntnis über Welt erreichbar ist und wie Zeichen beschaffen sein müssen, um sie zu ermöglichen.

Vor diesem Hintergrund erscheint die Barockbühne als eine kulturelle Praxis, die den Zusammenhang von Sehen und Erkenntnis als Prozess von Zeichenkonstruktion bearbeitet. Sie erzeugt einen Betrachter, der strukturell dem Descartesschen Erkenntnissinn gleicht.[233] Gleichzeitig öffnet die Inszenierung den Bezug zur Leibnizschen Monadologie, indem sie die Tanzenden als Erzeugende der Visualisierungen setzt. Mittels des Infinitesimalkalküls konstruiert und verändert die körperliche Bewegung die umgebende Welt, welche ausschließlich symbolisch gegeben ist. Der Infinitesimalkalkül wird durch diese Setzung als mathematisch zugespitzter Modus der monadischen klaren Perzeptionen lesbar. Es wird also in der historischen Rekonstruktion deutlich, wie Praktiken der Formalisierung, Konstruktion und Darstellung mit einem spezifischen Wissen verknüpft sind, welches mit einem zeitgenössischen Subjekt-Welt-Modell korrespondiert. Dadurch lässt sich das Verhältnis von Tanzenden und Umgebung als ein Subjekt-Welt-Verhältnis lesen: »Apparition« inszeniert das Verhältnis als Versinnlichung des mathematisch-physikalischen Wahrnehmungsaspekts der Leibnizschen Monadologie.

In der Inszenierung »Hier« werden Körperbilder mit den fragmentierten Ansichten der hängenden Performerin in einer zylinderartigen schwebenden Installation aus Papierbahnen montiert. Die Bewegungen der Akteurin beeinflussen die Ausrichtung des Körpers in der Darstellung und manchmal die Stellungen der Papierbahnen. Diese drehen sich aber auch, ohne dass sich die Performerin bewegt. Das Verhältnis von Körper, Körperbild und Raum ist durch die Schichtung von Einblicken auf und Darstellungen des Körpers geprägt. Darüber hinaus ist es durch den

---

[233] Damit zeigt die Methode der historischen Rekonstruktion auf, dass der »Gegensatz« zwischen sinnlichem Theater und rationalem Cogito nicht so groß ist, wie es gerade die Theatergeschichtsschreibung gerne behauptet.

Moment der Unverfügbarkeit charakterisiert – die Performerin hat nur bedingt Einfluss darauf, wie sich die Bahnen genau drehen und welche Ansichten sie erzeugt.

Die Verfremdung der Visualisierungen sowie die Steuerung der Papierbahnen werden durch zwei technisch-rechnerische Verfahren hergestellt. Die Inszenierung nutzt das »Game of Life«, einen zellulären Automaten, und ein frühes Codierungsverfahren für Bewegtbilder, die »Codierung der Differenzen«. Entscheidend für die historische Rekonstruktion ist an diesen Verfahren zweierlei: Erstens werden sie in der Inszenierung so eingesetzt, dass sie den intentionalen Zugriff der Performerin auf die Ansichten, die sie erzeugt, unterlaufen. Zweitens sind beide Verfahren in ihrer historischen Entwicklung bzw. Erforschung konstitutiv an die Frage der Formalisierung und an die der Bildlichkeit gebunden.

Mit der Betonung der Unverfügbarkeit setzt die Inszenierung für die historische Rekonstruktion der Geschichte der zellulären Automaten den Fokus auf das Problem der Berechenbarkeit. Es wird deutlich, dass die (mögliche) Eigenschaft der Unberechenbarkeit der zellulären Automaten in den 1950er und 1960er Jahren zwar unterschwellig virulent ist und in den zeitgenössischen Texten als theoretischer Kontext aufgerufen wird. Sie wird aber erst mit der Erfindung des »Game of Life« zu einer explizit verhandelten Eigenschaft. So, wie die Inszenierung das »Game of Life« einsetzt, wird es zum unvorhersehbaren, weil unberechenbaren »Verhalten« der Umgebung – einerseits in den Drehungen der Papierbahnen und andererseits als Autonomisierung des Körperbildes in den Visualisierungen. Die »Codierung der Differenzen« zur schnellen und billigen Übertragung von Fernseh- bzw. Videobildern wird in »Hier« so eingesetzt, dass sie falsch adressiert und irreversibel ist. Diese Dekontextualisierung des Codierungsverfahrens wird historisch erst möglich, nachdem es in der konsequenten Digitalisierung der Bilder zum symbolischen Verfahren geworden ist. Die menschliche Bewegung wird in dieser inszenatorischen Setzung als das nicht zu Decodierende behandelt, Körper und Bewegung bleiben dem technisch-bildlichem Verfahren unverfügbar. Die körperliche Bewegung sowie die Posen der Performerin werden also durch die Auswertung der Bilder an Verfahren von Berechnung (»Game of Life«) und Codierung (»Codierung der Differenzen«) gebunden. Diese machen die Unverfügbarkeit als Unberechenbarkeit und Nicht-Decodierbarkeit erkennbar.

Sowohl als Verhältnis eines Körpers zu seiner ihm unverfügbaren Sichtbarkeit als auch in der installativen Anordnung der verdeckenden und Einblicke gebenden Projektionsflächen lässt sich die Inszenierung

»Hier« auf das Auge-Blick-Modell von Jacques Lacan beziehen. Vor dem Hintergrund der von der Inszenierung vorgenommenen Verkreuzungen und Setzungen – Formalisierung, Bildlichkeit und Unverfügbarkeit der KörperBildCollagen für die Akteurin – wird deutlich, dass Lacans Modell eine immer schon berechnete Sichtbarkeit beschreibt. Der Blick ist im Lacanschen Konzept die Funktion, die diese Sichtbarkeit erzeugt. Das Subjekt-Sichtbarkeits-Verhältnis, das Lacan in seinem Modell entwirft, zielt genau auf die Grenzen des Berechnens und Codierens. Damit zielt es auf die Grenzen der Formalisierung und überführt diese als erzeugende Berechnung in die Sichtbarkeit und also in das Feld der Anschauung. Das Subjekt ist durch die immer schon berechnete Sichtbarkeit konstituiert und kann sich nur im Spiel dieser Macht entziehen. Als Versinnlichung einer solchen Sichtweise auf das Lacansche Konzept des Verhältnisses von Subjekt und Sichtbarkeit installiert »Hier« einen Raum der Sichtbarkeit. In diesem versucht sich ein »Subjekt der Sichtbarkeit« zu konstituieren, indem es zwischen unverfügbaren Modi der Sichtbarkeit schaltet und die Sichtbarkeit in der Darstellung gestaltet.

»Mortal Engine« etabliert ein Verhältnis zwischen Körper und Umgebung, das vorrangig dadurch charakterisiert ist, dass die Umgebung als Fläche bzw. Aufzeichnungsfläche inszeniert ist. Die Tanzenden kriechen oder krabbeln auf einer schiefen Ebene oder bewegen sich eine senkrechte Wand entlang, eng an diese gepresst. Die Projektionen bedecken die Tanzenden mit Licht und Schatten, umgeben sie mit abstrakten Mustern oder zuckenden Funken. Sie visualisieren Beziehungen zwischen den Körpern, zitieren das chronofotografische Verfahren Mareys oder zeichnen Kräfte auf, die von den bewegten Körpern auszugehen scheinen.

In dieser Verbindung von Bewegungsrepräsentation, der Vorstellung von Bewegung als Kraft und der Aufzeichung von Kraftwirkungen weist die Inszenierung auf eine spezifische Konstellation hin: In den Bewegtbildmedien des 19. Jahrhunderts verschränken sich auf komplexe Weise die Vorstellung von Bewegungsillusion als Effekt von Lichtereignissen, Interferenzen und Kraftwirkungen mit der Repräsentation von Bewegung als Abbildung zwischen Geometrie und Welle. Nahezu gleichzeitig wird in der spiritistischen Fotografie die Vorstellung medientechnisch »bewiesen«, dass die Menschen und ihre Seelen in Austausch mit einem sie umgebenden Äther stehen. In der spezifischen Verschränkung der Verweise auf ein sich neu formierendes Wahrnehmungsmodell, auf die chronofotografische Mischform von Aufzeichnung und Notation als Funktionsgraph sowie auf die spiritistische Fotografie wird im Rückblick deutlich, wie die Diskurse und Praktiken der Bewegtbilder zwischen Geometrizität und Schwingung changieren. Der Umbruch zwischen dem älteren Paradigma der Geometrie und dem neueren der Schwingung korrespondiert im 19. Jahrhundert mit den Praktiken und Erklärungen der Bewegtbildmedien und formt das Wissen um Körper und Bewegung(sillusion).

»Mortal Engine« verbindet Praktiken und Darstellungsweisen der Bewegtbildmedien mit Vorstellungen von Kraft und Kommunikation und knüpft diese an den Tanz. Damit etabliert die Inszenierung eine Art digitalen Spiritismus, der die Akteure mit ihrer Umgebung im Modus des Aufzeichnens und Darstellens unsichtbarer Kräfte ins Verhältnis setzt.

In »Forest II« treffen sich Titania, Oberon und Puck – Figuren aus Shakespeares »Sommernachtstraum« – in einem Wald, der auf sie reagiert, ihre Bewegungen und inneren Zustände aufzuzeichnen scheint. Dieser Wald ist eine Installation aus hängenden Neonröhren, zwischen denen sich die Akteure bewegen. Das Verhältnis zwischen den Darstellenden und ihrer Umgebung ist durch Repräsentation und Lenkung von Bewegung charakterisiert.

Die Umgebung als Installation von Neonröhren verweist historisch einerseits auf den Bühnenraum im Hellerauer Festspielhaus, den Adolphe Appia mittels Glühbirnen mit leuchtenden Wänden ausstattete. Andererseits gleicht die Installation strukturell einem Display, in dem Lichtpunkte durch Bewegung angesteuert werden. Diese Setzung der Inszenierung öffnet den Blick für die Ähnlichkeiten zwischen der Braunschen Röhre und Appias Theaterkonzept. Beides gestaltet eine bestimmte Vorstellung von Ausdruck als Transformation und Darstellung. Diese Vorstellung wird während der Interaktivierung des Monitors in der Videoanimation der 1960er Jahre fortgeschrieben. Darüber hinaus lässt sich in der Rekonstruktion der Entwicklung früher Computerdisplays nachvollziehen, wie Steuerung an Darstellungskonventionen gekoppelt und als Kommunikationshandlung entworfen wird. Damit wird in der Rekonstruktion deutlich, wie im Zusammenspiel von Technik, künstlerischen Praktiken, Darstellungskonventionen und Vorstellungen von Bewegung ein spezifisches Wissen sowie eine Praxis von Ausdruck und Kommunikation entstehen.

»Forest II« überführt das skizzierte Zusammenspiel in das Verhältnis von Bewegung und Notation. In diesem sind die »Lichtzeichen« gleichermaßen Ausdruck der inneren Zustände von Figuren und Bewegungsschrift, Notation. Durch diese Verbindung lässt sich das Verhältnis zwischen Akteuren und Umgebung in Anlehnung an Derrida als grammatologisches Verhältnis zwischen den sich Bewegenden und der Notation lesen.

Im Folgenden wird diskutiert, welche Schlussfolgerungen die Performances für den Stellenwert von Bewegung in einer technisch-medialen Welt zulassen. Dafür werden die Ergebnisse zusammengefasst und ausgewertet, welche die Funktion der Bewegung in den einzelnen Performancebeispielen betreffen. Dadurch lässt sich bestimmen, welchen Stellenwert die Bewegung bezüglich der Konstitution des Verhältnisses zwischen Akteuren und ihrer Umgebung in den Inszenierungen hat.

Ordnungen der Wirksamkeit

Es gibt grundlegende Gemeinsamkeiten der Inszenierungen bezüglich der körperlichen Bewegung. Auf technischer Ebene verändert die Bewegung die Parameter der Verrechnung. Auf inszenatorischer Ebene verändert oder erzeugt die Bewegung die Umgebung, oder sie erscheint als Reaktion auf die Veränderungen der Umgebung. Das Zusammenspiel von technischer Ebene und inszenatorischer Ebene lässt sich als Zusammenspiel von Steuerung und Darstellung bestimmen. In diesem Zusammenspiel wird die Bewegung zur Interaktion. Sie erzeugt Veränderungen, die als Wirkung oder selbsttätige Reaktion der Umgebung interpretiert werden können. Die körperliche Bewegung reagiert wiederum auf diese Veränderungen und nimmt dadurch Bezug auf die Umgebung.

Betrachtet man, wie in den einzelnen Performances die Bewegung zwischen Steuerung und Darstellung zur Interaktion wird, so lässt sich argumentieren: Die körperliche Bewegung erzeugt in den untersuchten Performances das Verhältnis zwischen Akteur und Umgebung, indem sie Bezüge zwischen Körper und Visualisierungen schafft. Diese Kohärenzen stellen eine Ordnung her, innerhalb der die Bewegung als wirksam interpretiert werden kann.

Zunächst ist zu beachten, dass auf technischer Ebene aus den Einzelbildern der Videoaufnahmen Parameter abgeleitet werden. Die Bewegung wirkt in dieser Ableitung als Veränderung der gewonnenen Werte. Dabei lassen sich zwei grundsätzliche Arten der Bildanalyse unterscheiden, die, bezogen auf die körperliche Bewegung, diese je unterschiedlich bestimmen. Die eine Form der Analyse berechnet, wie viele Pixel sich während eines festgelegten Zeitraumes im Bild oder in Teilen des Bildes verändert haben. Als Auswertung des dynamischen Differenzbildes[234] wird diese Ableitung in den Inszenierungen »Hier« und »Forest II« verwendet sowie zeitweise bei »Mortal Engine«. In dieser

---

[234] Zum dynamischen Differenzbild siehe S. 24.

Analyse wird Bewegung als abstrakte Bildveränderung behandelt, sie lässt sich als Unterschied von Farb- oder Helligkeitswerten parametrisieren, ohne an Gestalt, Körper oder Form gebunden zu sein.

Genau Letztere fokussiert die zweite Art der Analyse. Diese leitet aus den Einzelbildern geometrische Parameter ab. »Apparition« berechnet z.B. die Bounding Box als rahmendes Rechteck von Tänzersilhouetten, deren geometrischen Schwerpunkt oder die Ausrichtung der Silhouetten im Bitmapbild.[235] »Mortal Engine« wertet das Bild in geometrischer Hinsicht durch die Approximation des Silhouettenumrisses mit einem vektorisierten Kantenzug aus. Diese Art der Bildanalyse behandelt Bewegung als Orts- und Formveränderung geometrischer Elemente im Bild. Die Analyse der Bilddaten legt also selbst ein bestimmtes Verständnis von Bewegung nahe. Eine Sorte der Analyse subtrahiert Helligkeitswerte von Pixeln, addiert oder zählt diese Differenzen und wertet sie als Stärke von Bewegung. Die andere Sorte benutzt geometrische Verfahren und wertet Bewegung als Orts- und Formveränderung.

In der Verrechnung der abgeleiteten Parameter zur Veränderung der Visualisierungen werden Entscheidungen über den Zusammenhang von Daten und den Visualisierungen als rechnerisch-ästhetische Darstellungen getroffen. So bestimmen beispielsweise die Abstände von Bounding-Box-Linien in »Apparition« die Abstände der projizierten Linien oder steuern die Auslenkung der Seildarstellungen. Ein anderes Mal wirkt der geometrische Schwerpunkt als Kraft auf Partikel in einem gerechneten Raum. Bei »Hier« steuert die Verteilung der weißen Pixel im Differenzbild die Stellungen der Papierbahnen. In anderen Phasen wird das Bitmapbild der Performerin zum Anfangszustand des »Game of Life«, dessen Verrechnungen die Verteilung der weißen Pixel bestimmt und damit gleichzeitig die Papierbahnen steuert. Die Inszenierung »Mortal Engine« verarbeitet die Anzahl der weißen Pixel im Differenzbild z.B. zur Verlängerung von Kanten oder zu verblassenden Silhouetten, welche projiziert werden. Darüber hinaus wird der geometrisch abgeleitete Silhouettenumriss auf unterschiedliche Art und Weise zu den Visualisierungen verrechnet, z.B. als Licht- oder Schattenaura. In der Inszenierung »Forest II« wiederum bestimmen die Grauwerte der Bildpunkte im Differenzbild die Helligkeit der nächstliegenden Neonröhre.

Dabei ist zu beachten, dass die körperliche Bewegung nicht selbst auf die Visualisierungen wirkt, sondern auf die Veränderung der Verrechnungsparameter. Unterschiedliche geometrische Parameter werden

---

[235] Zum Bitmapbild siehe S. 23.

abgeleitet oder Parameter, die sich vorrangig auf Anzahl oder Farbwerte von Bildpunkten beziehen. So werden Abstände, Positionen oder Anzahl bestimmter Pixel(mengen) zu Abständen, Drehwinkeln, Kraftwirkung oder Helligkeiten von grafischen Elementen, Papierbahnen oder Lichtern verrechnet. Bewegung erzeugt durch Bildauswertung in mathematisch-rechnerischen Verfahren der Subtraktion, Addition oder der Geometrie Parameter und verändert diese. Die Werte werden ihrerseits innerhalb weiterer Verfahren – wie Funktionsberechnung, Infinitesimalkalkül, zelluläre Automaten und Codierung – verrechnet. Darüber hinaus werden die Werte durch bildgebende Verfahren – wie der konstruktiven Zentralperspektive, der (Chrono-)Fotografie und des Displays – verarbeitet und in deren Darstellungskonventionen visualisiert. Zusammen mit der installativen Anordnung von Kamera, Projektionsflächen und Beamer bzw. Neonröhren (in der Inszenierung »Forest II«) erzeugen die Datenverrechnungen raum-zeitliche Korrespondenzen zwischen den Körpern und den Visualisierungen. Gleichzeitig beeinflussen Verrechnung und Anordnung, wie leicht oder schwer die Korrespondenzen für das Publikum zu erkennen sind.

Das Entscheidende ist, dass diese technisch-installative Infrastruktur mit ihren raum-zeitlichen Korrespondenzen kein spezifisches Verhältnis zwischen Akteuren und Umgebung erzeugt. Dieses wird vielmehr durch die Bewegung sowie die Gestaltung der Visualisierungen gestiftet. Die Funktion der körperlichen Bewegung ist dabei, Kohärenzen zwischen den Körpern und der Umgebung zu schaffen. Tanz und performative Bewegung stellen bestimmte Korrespondenzen aus, gestalten diese und »verschleiern« andere. Dies geschieht im Wesentlichen mittels dreier Prinzipien, die auf unterschiedliche Weise in den Inszenierungen verflochten sind. Erstens schafft die Bewegung Ähnlichkeiten zwischen den Körpern und den Visualisierungen, insbesondere auf der Ebene von Formhaftigkeit und geometrischen Eigenschaften der Körper. Zweitens stellt die körperliche Bewegung in allen Performances bestimmte Aspekte der technisch-rechnerischen Konstruktion aus oder verkörpert diese. Drittes lassen sich in den Beispielen verschiedene Darstellungskonventionen bestimmen. Durch diese Konventionen weist die körperliche Bewegung dem Verhältnis zwischen Akteuren und Umgebung eine gewisse Bedeutung oder Narration zu. Der Effekt dieser Prinzipien ist, dass auf inszenatorischer Ebene eine Ordnung von Korrespondenzen zwischen den Körpern und den Visualisierungen entsteht. Innerhalb dieser Ordnung erscheint die Bewegung als wirksame Bezugnahme und Reaktion des Akteurs auf die Umgebung. Die Bewegung ordnet und deutet im darstellenden Vollzug die Wirkungen der technisch-rechnerischen Verfahren in den Visualisierungen. Sie erzeugt im Netz der Korrespondenzen eine Ordnung, die sich als Verhältnis von Körper und Umgebung realisiert.

In »Apparition« ist die Bewegung als Form- und Platzveränderung der Körper sowie als Effekt von Kraft und als Dynamik inszeniert. Der Tanz betont die Formhaftigkeit der Körper. Er stellt diese als geometrische Figuren aus: Die Posen organisieren die Körper in senkrechten, waagerechten oder diagonalen Linien. So erzeugt die Bewegung bzw. das Innehalten der Bewegung visuelle Ähnlichkeiten zwischen den Körpern und den projizierten Linien. Darüber hinaus stellt der Tanz bestimmte Aspekte der technisch-rechnerischen Konstruktion der Visualisierungen dar: Zum einen verkörpert er oft die Räumlichkeit der Linien im gerechneten Raum. Zum anderen verkörpert er die Wirkung von Kraft auf die Körper selbst, als Spannung, Anziehung und Abstoßung. Damit stellt die Bewegung das Prinzip aus, das der Verrechnung zu Grunde liegt: das Newtonsche Kraftgesetz. Die Bewegung erzeugt Kohärenz zwischen Körpern und Visualisierungen, insofern auf beide dieselbe Kraft zu wirken scheint. Insbesondere in der letzten analysierten Szene des Stücks wird der Tänzer zum Tanzpartner der Visualisierungen. Die Bewegung betont Dynamik- und Richtungswechsel und lässt sich so als Verkörperung von Energie lesen, die gleichermaßen die projizierten Partikel und den Tänzer antreibt. Das heißt: Der Tanz betont das Verständnis von Bewegung als Form- und Platzveränderung, wie es die verwendete Bildanalyse nahe legt. Darüber hinaus bezieht sich der Tanz auf Vorstellungen, die den Verrechnungsverfahren zu Grunde liegen: Die Räumlichkeit in der Konstruktion der zentralperspektivischen Darstellung und das Newtonsche Kraftgesetz, das mit dem Infinitesimalkalkül handhabbar wird. Die Bewegung ordnet also die symbolischen Verfahren den Körpern zu und deutet sie als Räumlichkeit und Kraft. Diese von der Bewegung gestifteten Korrespondenzen, zusammen mit der räumlich-installativen Anordnung und den Körperprojektionen, lassen die Visualisierungen als Resonanzraum der Bewegung erscheinen. Die Tanzenden gehen ganz in diesem Resonanzraum auf und bleiben trotzdem von ihm getrennt.

In »Hier« erscheint die körperliche Bewegung auf drei Arten wirksam: als Intervention in die KörperBildCollagen, als Gestaltung der nicht beherrschbaren Fragmentierungen und Verzerrungen sowie als Entscheidung zwischen verschiedenen Arten der Nicht-Beherrschbarkeit. Auf der Ebene von Bildlichkeit schafft die Bewegung momentweise visuelle Korrespondenzen. Dies geschieht vor allem bezogen auf die Stellungen, welche die Performerin einnimmt und die im ersten Teil durch Winkel und gerade Linien charakterisiert sind, genauso wie die KörperBildCollagen. Darüber hinaus schafft die Bewegung Erkennbarkeit in den Körperbildern. Dies wird insbesondere im zweiten Teil der Performance deutlich, wenn die Akteurin große, weit ausholende und zügige Bewegungen macht, die im projizierten Liniendurcheinander als bewegte Form nachvollziehbar sind. Die Bewegung stellt auch Aspekte der technisch-rechnerischen Konstruktion der Visualisierungen dar: Durch die kontinuierliche Bewegung im zweiten Teil der Performance fällt die Holprigkeit der Linienbewegungen besonders auf, welche die Visualisierungen als zeitversetzte, diskontinuierliche und berechnete Visualisierungen erfahrbar machen. Im dritten Teil betonen die Abruptheit der Gesten und der Wechsel zwischen Zuschauen und Bewegen das Prinzip des Schaltens zwischen den Verrechnungsverfahren. Gleichzeitig weist die Bewegung durch diese Strategien dem Raum bestimmte Eigenschaften zu und zeigt, welche körperlichen Aktionen darin möglich sind. Gerade die Darstellungen des Platzierens, des Schwimmens oder Schwebens und des Zuschauens spielen mit tradierten Bedeutungen und Konventionen. Die Bewegung stellt also Aspekte der technischen Konstruktion der Körperbilder heraus und erzeugt gleichzeitig mögliche körperliche Bezugnahmen zu dem dadurch entstehenden Raum. Die installative Anordnung von Körper und Körperbildern erzeugt den Raum als Raum der Sichtbarkeit. Diesem Raum weist die Performerin spezifische Eigenschaften zu. Gleichzeitig bezieht sie sich in ihren Bewegungen auf ihre Körperbilder. Dadurch erscheint die Bewegung als Intervention und Gestaltung einer sich der Kontrolle entziehenden Sichtbarkeit.

In »Mortal Engine« wird die Bewegung als unsichtbare Kraft inszeniert, die von den Visualisierungen aufgezeichnet wird. Dieses Unsichtbare zeigt sich in den Visualisierungen als Kraftwirkung (z.B. auf Insekten oder drehende Stäbe), als Bewegungsenergie der Körper oder als Spur der Bewegung. Die Bewegung stellt dabei die technisch-rechnerische Konstruktion der Visualisierungen insofern dar, als dass sie den Körper an die Fläche bindet: Die Tanzenden krabbeln und rollen über die Fläche oder pressen sich an die Wand. So, wie der Körper auf technischer Ebene – in der Videoerkennung und in den Projektionen – als Element der Fläche behandelt wird, bindet die Bewegung den Körper an die Fläche. Gleichzeitig unterstützt die Bewegung damit den Eindruck, die Umgebung der Akteure sei weniger Raum als eben Aufzeichnungsfläche. Darüber hinaus erzeugt die Bewegung eine minimale Narration. Die körperliche Bewegung etabliert spezifische Situationen, die von den Projektionen visualisiert werden. Teilweise beziehen sich die Tanzenden auf die Visualisierungen und erzeugen durch die Bewegungen einen Wirkungszusammenhang, z.B. wenn eine Tänzerin von den sie umgebenden projizierten Funken Stromschläge zu erhalten scheint. Oder die Tanzenden beziehen sich auf ihre Partner und etablieren eine Situation zwischeneinander. So entsteht z.B. der Eindruck, dass ein größerer Organismus sich einen einzelnen einverleibt oder sich ein Schatten von seinem Körper verselbstständigt. In der Situation werden die Bewegungen zu Handlungen in einem minimalen narrativen Zusammenhang. Der Tanz ist also auf technisch-inszenatorische Weise an die Modelle und Praktiken der Bewegtbildmedien gekoppelt. Die Bewegung stellt davon den Aspekt heraus, an die Fläche gebunden zu sein. Momentweise weist die Bewegung den die Körper bedeckenden Projektionen eine Bedeutung zu. Meist aber erzeugt sie eine Beziehung zwischen den Tanzenden, welche die Projektionen zu visualisieren scheinen. Gleichzeitig behandeln die Visualisierungen in ihrer Ästhetik Bewegung als unsichtbare Kraft. In dieser doppelten Gleichsetzung wirken die Körper auf ihre Umgebung so, als würden unsichtbare Kräfte, welche von den Körpern ausgehen, die Visualisierungen erzeugen.

In »Forest II« entwirft sich die Bewegung einerseits als Raumbewegung und andererseits als Ausdruck von Emotionen oder inneren Zuständen. Auf der Ebene der visuellen Kohärenzen macht die Bewegung sich und die Körper den vor- oder nachgezeichneten Spuren ähnlich: Die Akteure laufen oft ruhig, mit aufgerichteter Haltung und hängenden Armen gerade Linien. Diese Art von Bewegung weist den Lichtern gleichzeitig die Bedeutung von Wegenotation oder Wegweisern zu. Darüber hinaus knüpft die Bewegung zur Bedeutungserzeugung an spezifische Darstellungskonventionen an. Sie charakterisiert die Figuren. Das betrifft besonders die Figur Puck, die Ballettbewegungen oder stereotype Posen zitiert. Vor allem für die Figur des Oberon übernimmt die Bewegung auch die Funktion, Emotionen zu repräsentieren. Der Darsteller nutzt einen tradierten psychologischen Schauspielstil, um den inneren Zustand der Figur auszudrücken. Innerhalb der gegebenen Narration des Textes und zusammen mit den Sounds bestimmt die körperliche Bewegung so, ob die Installation Bewegung als Bodenwege notiert, ob die Lichter die Bewegung der Figuren vorgeben, oder ob sie den inneren Zustand der Figuren ausdrücken. Die Bewegung ist auf technischer Ebene Veränderung von Bildausschnitten, welche zu Lichtwerten verrechnet wird. Auf Ebene der Darstellung deutet die Bewegung die Lichter als Spur oder inneren Ausdruck.

Zusammenfassend lässt sich feststellen: Durch die Auswertung der Bilder werden Parameter gewonnen, die ein bestimmtes Verständnis von Bewegung nahe legen. Diese Werte werden innerhalb von Verrechnungsmethoden und bildgebenden Verfahren verarbeitet und beeinflussen so die Visualisierungen. Die körperliche Bewegung stellt eine Ordnung von visuellen, physikalisch-technischen und narrativ-semiotischen Bezügen her. Diese Bezüge schafft die Bewegung, indem sie visuelle Kohärenzen zwischen Körper und Visualisierungen erzeugt, technisch-rechnerische Prinzipien verkörpert und an bestimmte Darstellungskonventionen anknüpft. Innerhalb der dadurch nahe gelegten Ordnung werden die Bewegungen zu Ursachen für die Veränderungen der Visualisierungen. Das heißt: Die Bewegung erzeugt eine Ordnung, welche ihre Wirksamkeit sichert. Gleichzeitig bringt diese Ordnung das Verhältnis zwischen Körper und Umgebung hervor, in dem die Bewegung Bezugnahme oder Interaktion wird.

Bewegung, Subjekt und Welt

Denkt man diesen Befund mit den Ergebnissen der Performance-Analysen zusammen, so legen die Performances folgenden Zusammenhang von Bewegung, Subjekt und Welt unter technisch-medialen Bedingungen nahe: Bewegung erzeugt gleichzeitig Subjekt und technisch-mediale Welt, indem sie sich als wirksam entwirft.

Der Einsatz der Technik als räumlich-installative Anordnung und Programmierung sowie die Gestaltung der Visualisierungen bilden ein Netz von möglichen Bezügen, welches die Akteure in der Bewegung ausgestalten. Im Zusammenspiel von Steuerung und Darstellung erzeugt die Bewegung eine bestimmte Ordnung zwischen Körper und den Visualisierungen, innerhalb der sie als wirksam erscheinen kann. Diese Ordnung stellt sich für die Zuschauenden als ein Verhältnis zwischen Körper und seiner Umgebung dar, in welchem die Bewegung Bezugnahme und Interaktion ist. Der Körper ist in eine Ordnung eingebunden, in der er sich durch seine Bewegungen ins Verhältnis zur Umgebung setzt.

Die in den jeweiligen Performances aufscheinende Ordnung lässt sich historisch kontextualisieren. Die von der Bewegung gestiftete Ordnung verknüpft je bestimmte historische Traditionen. In der Rekonstruktion dieser Linien wird deutlich, wie sich in bestimmten historischen Ordnungen von technisch-rechnerischen Verfahren, Raum-, Darstellungsformen, Praktiken und Diskursen ein bestimmtes Wissen herausbildet, das mit zeitgenössischen Vorstellungen von Subjekt, Welt und ihrem Verhältnis korrespondiert. Vor der Folie der historischen Kontextualisierung lässt sich die jeweilige Inszenierung auf einer metaphorischen Ebene als Versinnlichung dieses Subjekt-Welt-Verhältnisses lesen. Insofern die körperliche Bewegung dieses Verhältnis als Ordnung von Bezügen stiftet, ist sie in den untersuchten Performances sowohl Subjekt als auch Welt erzeugend.

Im Anschluss an die vergleichende Analyse lässt sich präzisieren, wie der Zusammenhang von Subjekthaftigkeit, Technologie, Verrechnung, Darstellung und Bewegung in den untersuchten Performances theoretisch zu fassen ist.

Erstens sind die Körper als identifizierbare Einheiten gesetzt, die von der Umgebung und einander in der Wahrnehmung der Zuschauenden abgrenzbar sind. Die Körper haben zweitens die Fähigkeit, sich zu bewegen, sie sind gleichsam Bewegungsinstanzen. Und sie sind drittens mit einer gewissen Intentionalität ausgestattet. Um ihre Bewegung als wirksam zu entwerfen, sie operativ zu machen, setzen und gestalten die Körper Bezüge zwischen sich, ihren Bewegungen und den technisch-medialen Phänomenen. Subjekthaftigkeit umfasst also einen Körper, der bestimmte basale Fähigkeiten hat und eine gewisse Intentionalität, diese Fähigkeiten als wirksame zu entwerfen.

Entscheidend ist dabei, dass die Fähigkeiten des Körpers nicht von vornherein wirksam sind. In den untersuchten Performances können die Körper ihre Bewegung nicht benutzen, um eine *bestimmte* Wirkung zu erzielen – die Umgebung entzieht sich einer solchen Beherrschbarkeit. Vielmehr wird die Bewegung erst im Zusammenspiel mit technisch-rechnerischen Verfahren, Darstellungsformen und ihrer räumlich-installativen Anordnung operativ. Erst in diesem Zusammenspiel lässt sie sich z.B. als Impuls oder Störung, Gestaltung der Sichtbarkeit oder wirksame Kraft lesen.

Indem der sich bewegende Körper seine Bewegung als wirksame entwirft, formt sich die (in der Intentionalität vorausgesetzte) Subjekthaftigkeit zu einer konkreten Vorstellung des Subjekts. Der erste Schritt dieser Subjektbildung ist eben die Setzung und Gestaltung von Korrespondenzen zwischen Körper, Bewegung und Umgebung, die diese ins Verhältnis setzen. Gleichzeitig implizieren diese Bezüge eine Ordnung, innerhalb derer die Bewegung wirksam erscheinen kann.

Der zweite Schritt in der Konstitution eines Subjektbegriffs ist die Ontologisierung oder diskursive Zurichtung der entworfenen Ordnung. Das Netz von Bezügen zwischen Körpern, Darstellungsweisen und technisch-rechnerischen Verfahren oder Medientechnologien wird darin zu einer Ordnung von Welt. In dieser Weltordnung erscheint das erzeugte Verhältnis von Körper und Umgebung als Verhältnis von Subjekt und Welt. Die historischen Rekonstruktionen machen deutlich, wie die je aktuellen Technologien, Darstellungsformen und Praktiken sowie das tradierte Wissen zugerichtet und diskursiviert werden. In diesem Prozess entsteht ein Wissen um Welt und Subjekt, in welchem sich das Subjekt als wirksam imaginieren kann.

Die körperliche Bewegung erzeugt also in den Performances je ein bestimmtes Netz von Bezügen, das eine Ordnung impliziert, welche wiederum historische Traditionen aufruft. In diesem Sinne lassen sich die erzeugten Ordnungen als Ordnungen im Foucaultschen Sinne verstehen, wie er sie in »Die Ordnung der Dinge« [Foucault, 1974] untersucht.[236]

> Es handelt sich eher um eine Untersuchung, in der man sich bemüht festzustellen, von wo aus Erkenntnisse und Theorien möglich gewesen sind, nach welchem Ordnungsraum das Wissen sich konstituiert hat, auf welchem historischem Apriori und im Element welcher Positivität Ideen haben erscheinen, Wissenschaften sich bilden, Erfahrungen sich in Philosophien reflektieren, Rationalitäten sich bilden können, um vielleicht sich bald wieder aufzulösen und zu vergehen. [Foucault, 1974, S. 24]

Die räumlich-installative Anordnung von technisch-rechnerischen Verfahren und Visualisierungen stellen eine Infrastruktur von möglichen Korrespondenzen bereit, innerhalb derer die Körper durch die Bewegung auswählen und gestalten. Dieses konkrete Netz von Bezügen bildet eine Ordnung, die den Körper und seine Umgebung in ein spezifisches Verhältnis setzt und die Bewegung wirksam erscheinen lässt. Diese Ordnung knüpft ihrerseits an bestimmte Denkfiguren und Diskurse an und überschreibt sie oder wandelt sie gegebenenfalls. Sie erzeugt aber in den Diskursen, Praktiken und Darstellungen selbst ein bestimmtes Wissen, eine bestimmte Sagbarkeit, eine bestimmte Wahrnehmung und Bezugnahme.

Das Entscheidende in dieser Sichtweise ist: Die Performances machen die Konstituierung von Subjekten im Prozess des Umgangs mit technisch-medialen Effekten und Darstellungsformen reflektierbar.

---

[236] Die Performances ließen sich wahrscheinlich auch als Dispositive verstehen – Ensembles von Diskursen, Praktiken, Technologien, Institutionen, Gesetzen, Normen und wissenschaftlichen Aussagen, die in einer spezifischen Ordnung stehen und darin ein bestimmtes Wissen formieren. Da in den vorliegenden Beispielen weniger Elemente in eine verborgene, historisch präzisierbaren Ordnung gesetzt werden und nach Subjektvorstellungen als sprachlich formuliertem Wissen gefragt wird, scheint der Begriff der Ordnung passender.

Subjekte entstehen (in der Setzung der vorliegenden Performances) aus rudimentär intentional handelnden Körpern, die mit technisch-rechnerischen Verfahren und Darstellungsformen umgehen und sich dazu ins Verhältnis setzen.

Zusammenfassend legen die Performances folgende Sichtweise auf die Beziehung zwischen Subjektbildung, Technologie, technisch-rechnerischen Verfahren, Darstellung und Bewegung nahe: Subjekte sind rudimentär intentional handelnde Instanzen, die sich im Umgang mit technisch-rechnerischen Verfahren und Darstellungsweisen oder -konventionen erst konstituieren. Sie sind Ausgangspunkt für das Handeln und Ausführen von symbolischen Verfahren und werden in der Ausführung und im Umgang mit diesen gleichzeitig zum Schauplatz von Denkfiguren und Wissen, das in diesen spezifischen Konstellationen von Verfahren und Darstellungsmodi tradiert wird.

Ausblick: Bewegung als Kulturtechnik

Folgt man dieser Sichtweise, so ist der von den Performances erzeugte Zusammenhang in Hinblick auf die Konstitution von Welt und Subjekt dem Konzept der Kulturtechniken ähnlich. Thomas Macho führt zu Kulturtechniken aus:

> Dieser Begriff meint nicht die Vielfalt aller Techniken, die in einer Kultur gebraucht werden, sondern allein jene Techniken, mit deren Hilfe symbolische Arbeiten ausgeführt werden können. [...] Die symbolische Arbeit verleiht allen anderen Tätigkeiten ihren spezifischen Sinn, sie ordnet gleichsam die Welt und ermöglicht es den Kulturen, Begriffe von sich selbst zu entwickeln. Symbolische Arbeiten bedürfen spezifischer Kulturtechniken: etwa Sprechen, Übersetzen und Verstehen, Bilden und Darstellen, Rechnen und Messen, Schreiben und Lesen, Singen und Musizieren. [Macho, 2008, S. 99]

Kulturtechniken sind also Tätigkeiten, Prozesse, die an symbolische Systeme gebunden sind, nach bestimmten Regeln und Konventionen von Menschen ausgeführt werden und dabei Wirkung im Symbolischen haben. Das entscheidende Charakteristikum für diese Tätigkeiten ist folgendes:

> Kulturtechniken unterscheiden sich von allen anderen Techniken durch ihren potentiellen Selbstbezug, durch eine Pragmatik der Rekursion. [Macho, 2008, S. 100]

Im Ausführen der Kulturtechnik lassen sich diese reflexiv auf ihre Regeln und Konventionen beziehen, dazu ins Verhältnis setzen.

Gefasst in diesem strengen Sinne steht das Konzept der Kulturtechniken an einer Schnittstelle von Technik, symbolischen Systemen, Bedeutung und Subjektbildung. Erstens brauchen Kulturtechniken als Operationen im Symbolischen Medien. Als Tätigkeiten, die Medientechnik nutzen und potentiell reflektieren können, sind die Kulturtechniken nicht auf die Medientechniken reduzierbar. Zweitens, so Macho, erzwingen Kulturtechniken nicht unbedingt einen abstrakten Begriff ihrer Medientechnik bzw. ihres zugehörigen symbolischen Systems. Beispielsweise kann auch ohne einen Begriff der Zahl gezählt werden. Drittens führt Macho an verschiedenen historischen Beispielen aus, wie Kulturtechniken historisch auf je unterschiedliche Weise »Techniken der Selbstthematisierung« [Macho, 2008, S. 100] waren. Sie sind in je spezifische historische Konstellationen eingebunden und dienten darin z.B. dazu, Existenz, Anwesenheit oder Urheberschaft eines Körpers zu bezeugen, Besitztümer zuzuordnen oder Abwesendes anwesend zu machen. In dieser Praxis lassen sich Kulturtechniken in Bezug auf die Ausbildung eines Selbst als Selbsttechniken im Sinne Foucaults auffassen:

> Sie erzeugen in gewisser Hinsicht erst die Subjekte, die sich später als Voraussetzungen oder Schauplätze ihrer Operation begreifen. [Macho, 2008, S. 116]

Kulturtechniken lassen sich in Anlehnung an Thomas Macho als Tätigkeiten beschreiben, die im Symbolischen stattfinden und darin wirksam sind. Als potentiell selbstreflexive Tätigkeiten bieten Kulturtechniken die Möglichkeit, ihre Regeln und Konventionen der Ausführung zu reflektieren und auf andere Kulturtechniken Bezug zu nehmen. Kulturtechniken inkludieren Regeln und Konventionen ihrer Ausführung. Im Vollzug der Kulturtechnik ordnet der »Nutzer« die Welt. Das heißt, Kulturtechniken bieten einen spezifischen Zugriff auf Welt und Selbst und erzeugen darin ein Wissen um Welt und Selbst. Sie verleihen in dieser Form dem Ausführenden Macht, unterwerfen ihn aber auch unter bestimmte Formen des Wissens. Dadurch – und durch ihren Selbstbezug – erzeugen sie auch Vorstellungen des Selbst und dessen Handlungsmöglichkeiten.

Die Performances bearbeiten genau diesen Zusammenhang: Die körperliche Bewegung setzt, ausgehend von einem rudimentär subjekthaften Körper, diesen im Umgang mit Medientechniken, Darstellungsformen und deren Regeln und Konventionen, als Subjekt ins Verhältnis zur Welt. Die Bewegung wirkt – so inszenieren es die Performances – im Symbolischen: einer durch technisch-künstlerische Verfahren und Darstellungsformen konstituierten Umgebung. Diese Wirkung wird durch das

Zusammenspiel von technischer und inszenatorischer Ebene erzeugt. Als Steuerung wird die Bewegung an technisch-rechnerische Verfahren gekoppelt, deren Ausführung sich als Kulturtechniken beschreiben lassen. Die technisch erzeugten Videobilder werden durch die Kulturtechnik des Rechnens bzw. geometrischer Verfahren ausgewertet: Subtrahieren, Addieren sowie Berechnen und Vermessen von geometrischen Werten. Die gewonnen Parameter werden weiter verarbeitet und beeinflussen so die Visualisierungen. Indem die Bewegung im darstellenden Vollzug die technisch erzeugten Korrespondenzen auswählt und gestaltet, erzeugt sie eine Ordnung, die historisch verortbar ist. Innerhalb dieser Ordnung lassen sich die rechnerischen Verfahren der Manipulation von Visualisierungen entlang von Formalisierungen, symbolischen Systemen und kulturellen Praktiken beschreiben: die Manipulation von Rastern unter der Vorgabe der konstruktiven Zentralperspektive sowie die Anwendung des Infinitesimalkalküls in »Apparition«; die Berechnungen zellulärer Automaten, die auf die Grenze von Berechenbarkeit zielen, sowie die falsch-adressierte, nicht-reversible Codierung in »Hier«; aus Experimenten und tradiertem Wissen entwickeltes Wissen um Bewegungsillusion, die fotografische Praxis und Darstellungsformen der Chronofotografie und die Verbindung von Kraft, Kommunikation und fotografischen Effekten des Spiritismus in »Mortal Engine«; sowie die Technologien und Praktiken der Display-Entwicklung in der Diskursivierung von Ausdruck und Kommunikation in »Forest II«. Die Bewegung wählt, gestaltet und deutet die Korrespondenzen zu einer Ordnung, in der sie wirksam wird. Die Gestaltung und Bedeutungszuweisung folgt dabei bestimmten Regeln oder Prinzipien (visuelle Ähnlichkeit herstellen, technisch-rechnerische Konstruktionsweisen verkörpern) und Darstellungsformen (an tradierte Bewegungsformen oder Darstellungskonventionen anknüpfen).

In dieser Einbettung in Verfahren des Symbolischen ermöglicht die Bewegung den Zugriff auf die Umgebung, verleiht den Darstellenden Macht und ordnet die Umgebung, insofern sie (vermeintlich) die Visualisierungen manipuliert. Gleichzeitig stiftet die Bewegung eine Ordnung, in der der Körper erst als ein ausgebildetes Subjekt erzeugt wird. Insofern unterwirft die Bewegung als Ordnung stiftende zugleich den sich Bewegenden dieser Ordnung.

In dieser Sichtweise stellen die Performances die Frage, inwieweit Bewegung in einer technisch-medialen Welt – genauer: im Umgang mit Bewegungserfassung in konkreten Anwendungen – als Kulturtechnik zu denken ist.[237] Als solche ist Bewegung zwischen Körper, Technologie und tradierten Kulturtechniken zu verorten. Eingebettet in je konkrete Traditionen und Wissensformen werden Körper, Technik und Welt in der Bewegung so zugerichtet, dass die Bewegung wirksam erscheint.

---

[237] Harun Maye [Maye, 2010] und Erhard Schüttpelz [Schüttpelz, 2010] haben kürzlich darauf hingewiesen, wie der Begriff der Kulturtechnik an das Konzept der Körpertechnik gebunden ist, das Marcel Mauss 1934 vorstellte. Damit stützt ihre Auffassung die hier entwickelte, von den Performances nahe gelegte Perspektive. Um die gestellte Frage erschöpfend zu beantworten, müsste der Aspekt der Selbstreflexivität der Bewegung genauer untersucht werden, das diese ja konstitutiv für Kulturtechniken ist. Möglicherweise ist die Bewegung und den untersuchten Performances ausschließlich selbstbezüglich, weil diese Inszenierungen sind, denen ein selbstreflexives Moment inne ist. Die Frage, welchen Status Bewegung unter der Bedingung des Technisch-Medialen hat, bedarf genauerer Untersuchung außerhalb des Kunstkontextes.

Literaturverzeichnis

ALBERTI, LEONE BATTISTA: *Drei Bücher über die Malerei*; in: »Leone Battista Alberti's kleinere kunsttheoretische Schriften«, im Oriniginaltext herausgegeben, übersetzt, erläutert, mit einer Einleitung und Excursen versehen von Dr. Hubert Janitschek. Neudruck der Ausgabe 1877; S. 45–163; Osnabrück 1970
APPIA, ADOLPHE: *Die Musik und die Inscenierung*; in: RICHARD C. BEACHAM, »Adolphe Appia. Künstler und Visionär des modernen Theaters«; S. 70–107; Berlin 2006/1899; Erstveröffentlichung 1899
APPIA, ADOLPHE: *Wie läßt sich unsere Inszenierung reformieren*; in: RICHARD C. BEACHAM, »Adolphe Appia. Künstler und Visionär des modernen Theaters«; S. 160–166; Berlin 2006/1904; Erstveröffentlichung 1904
APPIA, ADOLPHE: *Zurück zur Musik*; in: RICHARD C. BEACHAM, »Adolphe Appia. Künstler und Visionär des modernen Theaters«; S. 168–170; Berlin 2006/1906; Erstveröffentlichung 1906
APPIA, ADOLPHE: *Rhythmische Gymnastik und Theater*; in: RICHARD C. BEACHAM, »Adolphe Appia. Künstler und Visionär des modernen Theaters«; S. 180–185; Berlin 2006/1911; Erstveröffentlichung 1911
APPIA, ADOLPHE: *Die Rhythmische Gymnastik und das Licht*; in: RICHARD C. BEACHAM, »Adolphe Appia. Künstler und Visionär des modernen Theaters«; S. 185–188; Berlin 2006/1912; Erstveröffentlichung 1912
APPIA, ADOLPHE: *Erfahrungen mit dem Theater und persönliche Überlegungen*; in: RICHARD C. BEACHAM, »Adolphe Appia. Künstler und Visionär des modernen Theaters«; S. 168–170; Berlin 2006/1921; Erstveröffentlichung 1921
BARADUC, HIPPOLYTE: »Les vibrations de la vitalité humaine. Méthode biométrique appliquée aux sensitifs et aux névrosés«; Paris 1904
BEACHAM, RICHARD C.: »Adolphe Appia. Künstler und Visionär des modernen Theaters«; Berlin 2006
BERLEKAMP, ELWYN R.; CONWAY, JOHN H. und GUY, RICHARD K.: »Solitairspiele«; Bd. 4 von *Gewinnen. Strategien für mathematische Spiele*; Braunschweig/Wiesbaden 1984
BERZ, PETER: *Bitmapped Graphics*; http://www.aesthetik.hu-berlin.de/medien/texte/bitmap.pdf, Zugriff am 20.04.2011; erstellt Sommer 1999
BERZ, PETER: *Die vier Verschiebungen des Blicks*; in: CLAUDIA BLÜMLE, ANNE VON DER HEIDEN (Hg.), »Blickzähmung und Augentäuschung. Zu Jacques Lacans Bildtheorie«; S. 183–216; Zürich/Berlin 2005
BITSCH, ANNETTE: »›always crashing the same car‹. Jacques Lacans Mathematik des Unbewußten«; Weimar 2001
BITSCH, ANNETTE: *Ex nihilo. Das Spiegelstadium in der Zeit von Lacan, Heidegger und Dalí*; in: CLAUDIA BLÜMLE, ANNE VON DER HEIDEN (Hg.), »Blick-

zähmung und Augentäuschung. Zu Jacques Lacans Bildtheorie«; S. 359-392; Zürich/Berlin 2005

BLECH, JÖRG; BONSTEIN, JULIA; DWORSCHAK, MANFRED; EVERS, MARCO; KNEIP, ANSBERT; MÜLLER, MARTIN U.; SCHMITT, STEFAN und SCHMUNDT, HILMAR: *Nackt unter Freunden*; in: Der Spiegel 10/2009

BRANDL, PETER: *Interview mit Irina Kaldrack am 20.08.2004*; unveröffentlichtes Transkript des Audiomitschnitts; 2004

BRAUN, FERDINAND: *Über ein Verfahren zur Demonstration und zum Studium des zeitlichen Verlaufs variabler Ströme*; in: Annalen der Physik und Chemie. Neue Folge; Bd. 60, Heft 3, S. 552-559; Leipzig 1897

BREGER, HERBERT: *Das Kontinuum bei Leibniz*; in: LAMARRA, ANTONIO (Hg.), »Das Unendliche bei Leibniz. Problem und Terminologie«; S. 53-67; Hannover 1990

CAILLOIS, ROGER: *Mimese und Legendäre Psychasthenie*; in: ROGER CAILLOIS, »Méduse & Cie«; S. 25-43; Berlin 2007/1935; französische Erstveröffentlichung 1935

CRARY, JONATHAN: »Techniken des Betrachters: Sehen und Moderne im 19. Jahrhundert«; Dresden Basel 1996

DANIEL GETHMANN, CHRISTOPH B. SCHULZ (Hg.): »Apparaturen bewegter Bilder«; Münster 2006

DATH, DIETMAR: »Dirac«; Frankfurt am Main 2006

DELEUZE, GILLES: »Die Falte. Leibniz und der Barock«; Frankfurt am Main 1995

DERRIDA, JACQUES: *Die différance*; in: JACQUES DERRIDA, »Randgänge der Philosophie«, herausgegeben von Peter Engelmann; S. 29-52; Wien 1988/1968; französische Erstveröffentlichung 1968

DERRIDA, JACQUES: »Grammatologie«; Frankfurt am Main 1990/1967; französische Erstveröffentlichung 1967

DESCARTES, RENÉ: »Descartes Dioptrik«, übersetzt von Gertrud Leisegang; Meisenheim am Glan 1954/1637; französische Erstveröffentlichung 1637

DESCARTES, RENÉ: »Regulae ad directionem ingenii. Regeln zur Ausrichtung der Erkenntniskraft«, kritisch revidiert, übersetzt und herausgegeben von Heinrich Springmeyer, Lüder Gäbe und Hans Günter Zekl; Hamburg 1973/1701; Erstveröffentlichung 1701

EVANS, DYLAN: »Wörterbuch der Lacanschen Psychoanalyse«; Wien 2002

FARADAY, MICHAEL: *On a Peculiar Class of Optical Deceptions*; in: »Experimental Researches in Chemistry an Physics«; S. 291-311; London 1859/1831; Erstveröffentlichung 1831

FISCHER-LICHTE, ERIKA: »Semiotik des Theaters«; Bd. 2; Tübingen 1989

FOUCAULT, MICHEL: »Die Ordnung der Dinge«; Frankfurt am Main 1974

FRIEDEWALD, MICHAEL: »Der Computer als Werkzeug und Medium. Die geistigen und technischen Wurzeln des Personal Computers«; Aachener Beiträge zur Wissenschafts- und Technikgeschichte des 20. Jahrhunderts; Berlin/Diepholz 1999

FRIZOT, MICHEL: *Analyse und Synthese der Bewegung: Étienne-Jules Mareys Methode*; in: DANIEL GETHMANN, CHRISTOPH B. SCHULZ (Hg.), »Apparaturen bewegter Bilder«; S. 141-154; Münster 2006

GARDNER, MARTIN: *Mathematical Games. The fantastic combinations of John Conway's new solitaire game ›life‹*; in: Scientific American; S. 120–123; Oktober 1970

GERHARDT, MARTIN und SCHUSTER, HEIKE: »Das digitale Universum. Zelluläre Automaten als Modelle der Natur«; Braunschweig/Wiesbaden 1995

GETHMANN, DANIEL: *Zauberscheiben und Schwingungsverhältnisse. Simon Stampfer, Félix Savart und die Erfindung der stroboskopischen Methode*; in: DANIEL GETHMANN, CHRISTOPH B. SCHULZ (Hg.), »Apparaturen bewegter Bilder«; S. 51–77; Münster 2006

GÖDEL, KURT: *Über formal unentscheidbare Sätze der Principia Mathematica und verwandter Systeme I*; in: Monatshefte für Mathematik und Physik; Bd. 38; S. 173–198; 1931

GÖRS, BRITTA; KIRSCHKE, MARTIN; KLEIN, MICHAEL; MAERKER, ANNA und WILDE, SANDRA: *Rühmkorff, Röntgen, Regensburg. Historische Instrumente zur Gasentladung. Ein Seminarprojekt am Lehrstuhl für Wissenschaftsgeschichte der Universität Regensburg*; http://www.uni-regensburg.de/Fakultaeten/phil_Fak_I/Philosophie/Wissenschaftsgeschichte/Mitarbeiter/roentgen.pdf, Zugriff am 20.04.2011; erstellt 1997

HAGEN, WOLFGANG: *Die Entropie der Fotografie. Skizzen zu einer Genealogie der digital-elektronischen Bildaufzeichnung*; in: WOLF, HERTA (Hg.), »Paradigma Fotografie«; S. 195–235; Frankfurt am Main 2002

HAGEN, WOLFGANG: *Die Camouflage der Kybernetik*; in: PIAS, CLAUS (Hg.), »Cybernetics – Kybernetik. The Macy-Conferences 1946–1953«; Bd. II; S. 191–207; Zürich/Berlin 2004

HAGEN, WOLFGANG: *Veronica on TV. Ikonographien im Äther – Baraduc [...] Beckett*; in: ALBERT KÜMMEL-SCHNUR, JENS SCHRÖTER (Hg.), »Äther. Ein Medium der Moderne«; S. 277–314; Bielefeld 2008

HARRISON, C. W.: *Experiments with linear prediction in television*; in: The Bell System Technical Journal; Volume XXXI, Nr. 4, S. 764–783; 1952

HARRISON, LEE: *Lee Harrison Tape Transcription, Interview mit David Dunn und Woody Vasulka vom 02.03.1992 in Denver Colorado*; http://www.vasulka.org/archive/RightsIntrvwInstitMediaPolicies/IntrvwInstitKaldron/55/Harrison.pdf, Zugriff am 20.04.2011; 1992

HARRISON, LEE und SCHIER, JEFF: *ANIMAC (Hybrid graphic animation computer), 1962*; in: »Eigenwelt der Apparate«, Ars Electronica 1992, www.vasulka.org/Kitchen/PDF_Eigenwelt/pdf/092-095.pdf, Zugriff 20.04.2011; 1992

HARTLEY, R. V. L.: *Transmission of Information*; in: The Bell System Technical Journal; Volume 7, S. 535–563; 1928

HASKELL, BARRY G.: *Frame Replenishment Coding of Television*; in: PRATT, WILLIAM K. (Hg.), »Image Transmission Techniques«; S. 190–217; New York/San Francisco London 1979

HASS, ULRIKE: »Das Drama des Sehens. Auge, Blick und Bühnenform«; München 2005

VON HERRMANN, HANS-CHRISTIAN: »Das Archiv der Bühne«; München 2005

HEUSER, HARRO: »Lehrbuch der Analysis«; Bd. 2, 7. Aufl.; Stuttgart 1991

HEWEL, MICHAEL: *forest 2. another midsummer night's dream*; Unveröffentlichtes Manuskript, o. J.

HICK, ULRIKE: »Geschichte der optischen Medien«; München 1999
HOLL, UTE: »Kino, Trance & Kybernetik«; Berlin 2002
HÖRL, ERICH: »Die heiligen Kanäle. Über die archaische Illusion der Kommunikation«; Zürich/Berlin 2005
HÖRL, ERICH: ›We seem to play the platonic tape backwards‹ – McLuhan und der Zusammenbruch der euklidischen Mentalität; in: DERRICK DE KERCKHOVE, KERSTIN SCHMIDT, MARTINA LEEKER (Hg.), »McLuhan neu lesen. Kritische Analysen zu Medien und Kultur im 21. Jahrhundert«; S. 376–393; Bielefeld 2008
JONES, DEBORAH: Sensory assault as fear comes to light; in: The Australian; siehe http://chunkymove.com.au/Media-Room/Mortal-Engine/The-Australian-Review---January-2008.aspx, Zugriff am 20.04.2011; Januar 2008
DE KERCKHOVE, DERRICK; LEEKER, MARTINA und SCHMIDT, KERSTIN (Hg.): »McLuhan neu lesen. Kritische Analysen zu Medien und Kultur im 21. Jahrhundert«; Bielefeld 2008
KITTLER, FRIEDRICH: »Optische Medien: Berliner Vorlesung 1999«; Berlin 2002
KOLB, ANDREAS; REZK-SALAMA, CHRISTOF und VENUS, JOCHEN: Displaying Interface. Entwicklungstrends der Mensch-Maschine-Interaktion; in: TRISTAN THIELMANN, JENS SCHRÖTER (Hg.), »Display II. Digital«; S. 71–85; Marburg 2007
KONGERØD, DESIREÉ und TANNION, ROBERT: Interview mit Irina Kaldrack am 19.08.2004; unveröffentlichtes Transkript des Audiomitschnitts; 2004
KRÄMER, SYBILLE: »Symbolische Maschinen. Die Idee der Formalisierung in geschichtlichem Abriß«; Darmstadt 1988
KRÄMER, SYBILLE: Sprache – Stimme – Schrift. Sieben Thesen über Performativität als Medialität; in: ERIKA FISCHER-LICHTE, DORIS KOLESCH (Hg.), »Kulturen des Performativen«, Sonderband Paragrana, Internationale Zeitschrift für Historische Anthropologie, Bd. 7, Heft 1; S. 33–57; Berlin 1998 A
KRÄMER, SYBILLE: Das Medium als Spur und als Apparat; in: KRÄMER, SYBILLE (Hg.), »Medien, Computer, Realität: Wirklichkeitsvorstellungen und neue Medien.«; S. 73–94; Frankfurt am Main 1998 B
KRÄMER, SYBILLE: Friedrich Kittler – Kulturtechniken der Zeitachsenmanipulation; in: ANICE LAGAAY, DAVID LAUER (Hg.), »Medientheorien. Eine philosophische Einführung«; S. 201–224; Frankfurt am Main/New York 2004
KRÄMER, SYBILLE: Operative Bildlichkeit. Von der ›Grammatologie‹ zur ›Diagrammatologie‹? ; in: MARTINA HESSLER, DIETER MERSCH (Hg.), »Logik des Bildlichen. Zur Kritik der ikonischen Vernunft«; Bielefeld 2009
KRETZMER, E.R.: Statistics of Television Signals; in: The Bell System Technical Journal; Volume XXXI, Nr. 4, S. 751–763; 1952
KÜMMEL-SCHNUR, ALBERT: Einleitung. Äther als Thema der Medienwissenschaft?; in: ALBERT KÜMMEL-SCHNUR, JENS SCHRÖTER (Hg.), »Äther. Ein Medium der Moderne«; S. 277–314; Bielefeld 2008
LACAN, JACQUES: Das Spiegelstadium als Bildner der Ichfunktion wie sie uns in der psychoanalytischen Erfahrung erscheint.; in: JACQUES LACAN, »Schriften I«, herausgegeben von Norbert Haas; S. 61–70; Olten 1973/1949; französische Erstveröffentlichung 1949

LACAN, JACQUES: *Die vier Grundbegriffe der Psychoanalyse*; in: JACQUES LACAN, »Das Seminar von Jacques Lacan«, Buch XI, herausgegeben von Norbert Haas; Olten, Freiburg im Breisgau 1978/1964

LEEKER, MARTINA: *Die Bühne als Display. Prekäre Trennschärfen zwischen kontinuierlichem Messen und diskretem Zählen*; in: TRISTAN THIELMANN, JENS SCHRÖTER (Hg.), »Display II. Digital«; S. 49–70; Marburg 2007

LEIBNIZ, GOTTFRIED WILHELM: *Neue Methoden der Maxima, Minima sowie der Tangenten, die sich weder an gebrochenen, noch an irrationalen Grössen stösst, und eine eigentümliche darauf bezügliche Rechnungsart*; in: KOWALEWSKI, GERHARD (Hg.), »Leibniz über die Analysis des Unendlichen. Eine Auswahl Leibnizscher Abhandlungen aus dem Lateinischen«; S. 3–11; Leipzig 1908/1684; Erstveröffentlichung 1684

LEIBNIZ, GOTTFRIED WILHELM: *Eine Ergänzung der ausmessenden Geometrie oder allgemeine Ausführung aller Quadraturen durch Bewegung, sowie eine mehrfache Konstruktion einer Linie aus einer gegebenen Tangentenbedingung*; in: KOWALEWSKI, GERHARD (Hg.), »Leibniz über die Analysis des Unendlichen. Eine Auswahl Leibnizscher Abhandlungen aus dem Lateinischen«; S. 24–34; Leipzig 1908/1693; Erstveröffentlichung 1693

LEIBNIZ, GOTTFRIED WILHELM: »Vernunftprinzipien der Natur und der Gnade; Monadologie«, auf Grund der kritischen Ausgabe von Andre Robinet (1954) und der Übersetzung von Artur Buchenau mit Einführung und Anmerkungen herausgegeben von Herbert Herring; Hamburg 1969/1714; Erstveröffentlichung 1714

LEIBNIZ, GOTTFRIED WILHELM: »Philosophische Schriften und Briefe 1683–1687«, herausgegeben von Ursula Goldenbaum; Berlin 1992

LEIBNIZ, GOTTFRIED WILHELM: »Neue Abhandlungen über den menschlichen Verstand«, übersetzt, mit Einleitung und Anmerkungen versehen von Ernst Cassirer; Hamburg 1996/1704; Nachdruck von 1915; Erstveröffentlichung 1704

LINDBERG, DAVID C.: »Auge und Licht im Mittelalter. Die Entwicklung der Optik von Alkindi bis Kepler«; Frankfurt am Main 1987

LUDWIG, MARCO: *Die Anfänge szenischer Lichtgestaltung um 1900*; in: Professional Lighting Design (PLD); Nr. 54, S. 48–52; Gütersloh 2007

MACHO, THOMAS: *Zeit und Zahl. Kalender- und Zeitrechnung als Kulturtechniken*; in: SYBILLE KRÄMER, HORST BREDEKAMP (Hg.), »Bild – Schrift – Zahl«; Reihe Kulturtechnik; S. 179–192; München 2003

MACHO, THOMAS: *Körper der Zukunft. Vom Vor- und Nachleben der Bilder*; in: BELTING, HANS (Hg.), »Bilderfragen. Die Bildwissenschaft im Aufbruch«; S. 181–194; München 2007

MACHO, THOMAS: *Tiere zweiter Ordnung. Kulturtechniken der Identität und Identifikation*; in: DIRK BAECKER, DIRK RUSTEMEYER, MATTHIAS KETTNER (Hg.), »Über Kultur: Theorie und Praxis der Kulturreflexion«; Bielefeld 2008

MAREY, ÉTIENNE-JULES: »Die Chronophotographie«, aus dem Französischen übersetzt von A. von Heydebreck; Kinematograph Nr. 2; Frankfurt am Main 1985/1893; Erstveröffentlichung 1893

MAYE, HARUN: *Was ist eine Kulturtechnik*, in: Zeitschrift für Medien- und Kulturforschung; 1/2010, S. 121–135; Hamburg 2010

MERLEAU-PONTY, MAURICE: »Phänomenologie der Wahrnehmung«; Berlin 1966

MERLEAU-PONTY, MAURICE: »Das Sichtbare und das Unsichtbare«; München 1986

MERSCH, DIETER: *Performativität und Ereignis. Überlegungen zur Revision des Performanz-Konzeptes der Sprache*; in: »Rhetorik. Figuration und Performanz«; Germanistische Symposien, Berichtsband 25; S. 502–535; Stuttgart 2004; http://www.dieter-mersch.de/download/mersch.performativitaet.und.ereignis.pdf, Zugriff am 20.04.2011

MILDENBERGER, MARIANNE: »Film und Projektion auf der Bühne«; Emsdetten/Westf. 1961

MOUNTS, F. W.: *A Video Encoding System With Conditional Picture-Element Replenishment*; in: The Bell System Technical Journal; Volume 48, Nr. 7, S. 2545–2554; 1969

VON NEUMANN, JOHN: »Theory of Self-Reproducing Automata«, herausgegeben und vervollständigt von Arthur W. Burks; Urbana/London 1966

VON NEUMANN, JOHN: *Allgemeine und logische Theorie der Automaten*; in: ENZENSBERGER, HANS MAGNUS (Hg.), Kursbuch 8: »Neue Mathematik. Grundlagenforschung. Theorie der Automaten«; S. 139–175; Frankfurt am Main 1967/1948; Vortrag von 1948, englische Erstveröffentlichung 1951

OBARZANEK, GIDEON: »*Mortal Engine. A Dance-Video-Music-Laser Performance*«; http://chunkymove.com.au/Our-Works/Current-Productions/Mortal-Engine.aspx, Zugriff am 20.04.2011

OBERMAIER, KLAUS: *Interview mit Irina Kaldrack am 20.08.2004*; unveröffentlichtes Transkript des Audiomitschnitts; 2004

PALFREY, JOHN und GASSER, URS: »Born digital: understanding the first generation of digital natives«; New York 2008

PARIKKA, JUSSI: *Insect Technics: Intensities of Animal Bodies*; in: HERZOGENRATH, BERND (Hg.), »(Un)Easy Alliance – Thinking the Environment with Deleuze|Guattari«; Newcastle 2008

PIAS, CLAUS: *Computer Spiel Welten*; http://e-pub.uni-weimar.de/volltexte/2004/37/pdf/Pias.pdf, Zugriff am 20.04.2011; erstellt 2000

POZZO, ANDREA: »Perspectivae pictorum atque Architectorum, I. Pars, Qua facillima ac expeditiffima Methodus omne id quod ad Architecturam attinet, optica ratione delineandi exhibetur; Der Mahler und Baumeister Perspectiv, Erster Theil, Worinnen gezeiget wird, wie man auf das allergeschwindest und leichteste alles was zu Architectur und Bau-Kunst gehöret ins Perspectiv bringen solle«, Inventiert, gezeichnet und erstlich herausgegeben in Rom von dem vortreflichen Andrea Pozzo, der Soc. JEsu Fratre, Anjetzo aber dem ohnvermögenden Kunst-Liebhaber zu Nutz und Dienst verkleinert und in diesem bequemen Format gebracht von Johann Vorbarth, Kupfferstechern in Augspurg, Verlegts allda Jeremias Wolff, Kunsthändlers Seel-Erb, gedruckt bey Peter Detleffsen, Anno 1749; Augspurg 1749 A

POZZO, ANDREA: »Perspectivae pictorum atque Architectorum, II. Pars, Qua facillima ac expeditiffima Methodus omne id quod ad Architecturam attinet, optica ratione delineandi exhibetur; Der Mahler und Baumeister Perspectiv, Zweiter Theil, Worinnen gezeiget wird, wie man auf das allergeschwindest und leichteste alles was zu Architectur und Bau-Kunst gehöret ins Perspectiv bringen solle«, Inventiert, gezeichnet und erstlich herausgegeben in Rom von dem vortreflichen Andrea Pozzo, der Soc. JEsu Fratre, Anjetzo aber dem ohnvermögenden Kunst-Liebhaber zu Nutz und Dienst verkleinert und in diesem bequemen Format gebracht von Johann Vorbarth, Kupfferstechern in Augspurg, Verlegts allda Jeremias Wolff, Kunsthändlers Seel-Erb, gedruckt bey Peter Detleffsen, Anno 1749; Augspurg 1749 B

Schmeiser, Leonard: »Die Erfindung der Zentralperspektive und die Entstehung der neuzeitlichen Wissenschaft«; München 2002

Schöne, Günter: »Die Entwicklung der Perspektivbühne von Serlio bis Galli-Bibiena nach den Perspektivbüchern«; Leipzig 1933

Schöning, Uwe: »Theoretische Informatik kurz gefaßt«; Mannheim/Leipzig/Wien/Zürich 1992

Schrandt, Robert und Ulam, Stanislaw: On Recursively Defined Geometrical Objects and Patterns of Growth; in: Burks, Arthur W. (Hg.), »Essays on Cellular Automata«; S. 219–231; Urbana/Chicago/London 1970/1967; Erstveröffentlichung 1967

Schröter, Fritz: Speicherempfang und Differenzbild im Fersehen; in: Archiv der Elektrischen Übertragung; Heft 2, Bd. 7, S. 63–70; 1953

Schubbach, Arno: [...] A Display (Not a Representation) [...]. Zur Sichtbarmachung von Daten; in: Tristan Thielmann, Jens Schröter (Hg.), »Display II. Digital«; S. 13–27; Marburg 2007

Schulz, Klaus-Dieter: »Die These von Church. Zur erkenntnistheoretischen und sprachphilosophischen Bedeutung der Rekursionstheorie«; Frankfurt am Main 1997

Schulz, Ralph-Hardo: »Codierungstheorie. Eine Einführung«; Braunschweig/Wiesbaden 1991

Schüttpelz, Erhard: Körpertechniken, in: Zeitschrift für Medien- und Kulturforschung; 1/2010, S. 101–120; 2010

Serres, Michel: »Le système de Leibniz et ses modèles mathématiques«; Paris 1968

Seyler, A. J.: The coding of visual signals to reduce channel-capacity requirements; in: »The Proceedings of the Institution of Electrical Engineers«; Volume 109, Part C, Number 16; S. 676–684; 1962

Shannon, Claude Elwood: A Mathematical Theory of Communication; in: Claude Elwood Shannon, »Collected Papers«, herausgegeben von N. J. A. Sloane, Aaron D. Wyner; S. 5–83; New York 1993/1948; Erstveröffentlichung 1948

Siegert, Bernhard: »Passage des Digitalen. Zeichenpraktiken der neuzeitlichen Wissenschaften 1500–1900«; Berlin 2003

Siegert, Bernhard: Spectres. Faradays Experimente 1830–31; in: Daniel Gethmann, Christoph B. Schulz (Hg.), »Apparaturen bewegter Bilder«; S. 36–50; Münster 2006

Slawig, Martin und Utermöhlen, Elke: media for performance; Tonaufnahme des tesla salons: Gespräch mit HcGilje, Martin Slawig, Elke Utermöhlen und Martina Leeker, Moderation Irina Kaldrack, am 13.10.2005; 2005

Smith, Lindsay I: A tutorial on Principal Components Analysis; http://www.cs.otago.ac.nz/cosc453/student_tutorials/principal_components.pdf, Zugriff am 20.04.2011; erstellt 2002

THIELMANN, TRISTAN: *Statt einer Einleitung: Eine Mediengeschichte des Displays*; in: JENS SCHRÖTER, TRISTAN THIELMANN (Hg.), »Display I. Analog«; S. 13-30; Marburg 2006

THOLEN, GEORG CHRISTOPH: *Platzverweis. Unmögliche Zwischenspiele von Mensch und Maschine*; in: NORBERT BOLZ, GEORG CHRISTOPH THOLEN, FRIEDRICH KITTLER (Hg.), »Computer als Medium«; Literatur- und Medienanalyse IV; S. 111-138; München 1993

TURING, ALAN M.: *On computable numbers, with an application to the Entscheidungsproblem*; Erschienen in: Proceeding of the London Mathematical Society, Ser. 2, Bd. 42, S. 230-265, mit einem Zusatz in Bd. 43, S. 544-546, www.thocp.net/biographies/papers/turing_oncomputablenumbers_1936.pdf, Zugriff am 20.04.2011; 1936

ULAM, STANISLAW: *On Some Mathematical Problems Connected with Patterns of Growth of Figures*; in: BURKS, ARTHUR W. (Hg.), »Essays on Cellular Automata«; S. 219-231; Urbana Chicago London 1970/1962; Erstveröffentlichung 1962

ULAM, STANISLAW: *Random processes and transformations*; in: STANISLAW ULAM, »Sets, Numbers, and Universes«. Hrsg. von W. A. Beyer, J. Mycielski, G.-C. Rota; S. 326-337; Cambridge Massachusetts London 1974/1952; Erstveröffentlichung 1952

ULAM, STANISLAW: »Adventures of a mathematician«; NewYork 1976

WACHELDER, JOSEPH: »*Bewegte Bilder? Bewegte Scheiben! Die Wunderscheiben Joseph Plateaus und Simon Stampfers und ihre Rezeption*«; in: DANIEL GETHMANN, CHRISTOPH B. SCHULZ (Hg.), »Apparaturen bewegter Bilder«; S. 96-122; Münster 2006

WARNKE, MARTIN: *kultur.informatik. Entlang des Zeitpfeils zwischen Berechenbarkeit und Kontingenz*; erschienen in: Martin Warnke, »Der Zeitpfeil im Digitalen – Synthese, Mimesis, Emergenz«. Stiftungsreihe. Stuttgart: Alcatel SEL Stiftung, S. 3-15, http://www.uni-lueneburg.de/uni/fileadmin/user_upload/rmz/kultur_informatik/warnke/kultur.informatik.pdf, Zugriff am 20.04.2011; erstellt 2004

WHITAKER, ROBERT J.: *The Wheatstone kaleidophone*; in: American Journal of Physics; 61, Nr. 8, S. 722-728; 1993

WINKLER, HARTMUT: *How to do things with words, signs, machines. Computer und Performativität.*; Vortrag im Sonderforschungsbereich ›Kulturen des Performativen‹, FU Berlin, gehalten Juli 2000, http://wwwcs.uni-paderborn.de/~winkler/performa.html, Zugriff am 20.04.2011; 2000

WOLFRAM, STEPHEN: »A New Kind of Science«; Illinois 2002

WULF, CHRISTOPH: »Anthropologie. Geschichte, Kultur, Philosophie«; Hamburg 2004

Abbildungsverzeichnis

S. 36: Szenenbild aus »Apparition« © Klaus Obermaier
S. 38: Szenenbild aus »Apparition« © Klaus Obermaier
S. 43: Szenenbild aus »Apparition« © Klaus Obermaier
S. 47: Szenenbild aus »Apparition« © Klaus Obermaier
S. 63: Figur 73 aus [Pozzo, 1749 A]
S. 64: Figur 74 aus [Pozzo, 1749 A]
S. 66: Figur 75 aus [Pozzo, 1749 A]
S. 68: Figur 61 aus [Pozzo, 1749 A]
S. 76: Veranschaulichung der Integration, gezeichnet nach [Leibniz, 1908/1693]
S. 92: Bühnenkonstruktion »Hier« © www.martin-kroll.de
S. 93: Videostill und Bitmapdarstellung der Performerin © blackhole-factory
S. 94: Videostill der Perforerin und »Game of Life« © blackhole-factory
S. 98: Szenenbild aus »Hier« © www.martin-kroll.de
S. 101: Szenenbild aus »Hier« © www.martin-kroll.de
S. 107: Szenenbild aus »Hier« © blackhole-factory
S. 108: Szenenbild aus »Hier« © blackhole-factory
S. 127: Zellulärer Automat gezeichnet nach [von Neumann, 1966]
S. 134: Darstellung eines Gleiters in aufeinander folgenden Zuständen
S. 147: Geometrales Schema, gezeichnet nach [Lacan, 1978/1964]
S. 148: Luminales Schema, gezeichnet nach [Lacan, 1978/1964]
S. 151: Überlagerung der Schemata, gezeichnet nach [Lacan, 1978/1964]
S. 162: Szenenbild aus »Mortal Engine« © Andrew Curtis
S. 166: Szenenbild aus »Mortal Engine« © Andrew Curtis
S. 168: Szenenbild aus »Mortal Engine« © Andrew Curtis
S. 169: Szenenbild aus »Mortal Engine« © Andrew Curtis
S. 178: Darstellung rotierender Räder aus [Faraday, 1859/1831]
S. 186: (oben) Fotomodell Mareys aus [Marey, 1985/1893]
S. 186: (unten) Läufer, Chronofotografie aus [Marey, 1985/1893]
S. 189: Fluida der Wut, Darstellung aus [Baraduc, 1904]
S. 195: Szenenbild aus »Forest II« © Chris Ziegler

Abbildungsverzeichnis

S. 197: Bühnendarstellung »Forest II« © Chris Ziegler
S. 198: Szenenbild aus »Forest II«, Videostill Irina Kaldrack
S. 202: Szenenbild aus »Forest II«, Videostill Irina Kaldrack
S. 213: »Morgenlicht« von Adolphe Appia aus [Beacham, 2006]
S. 217: Aufführung »Orpheus und Eurydike«, Foto aus [Beacham, 2006]
S. 218: Aufführung der Rhythmischen Gymnastik, Foto aus [Beacham, 2006]
S. 221: Braunsche Röhre, Darstellung aus [Braun, 1897]
S. 230: Harrisons Fotomontage aus [Harrison und Schier, 1992]

Webseitenverzeichnis

Ars Electronica Festival: http://www.aec.at

blackhole-factory (Medienperformances, Installationen, Sound): http://www.blackhole-factory.de

Chunky Move (Dance Performance Company): http://www.chunkymove.com

Drama Theatre, Sydney Opera House: http://www.sydneyoperahouse.com

Steffi Fischer (Sopranistin): http://steffi-fischer.net

Robin Fox (Sound- und Laserkünstler): http://www.robinfox.com.au

Ben Frost (Komponist): http://www.ethermachines.com

Michael Hewel (Autor und Regisseur): http://www.litra-zone.de/michael_hewel.html

Desireé Kongerød (Tänzerin): http://www.anactabove.com

Martin Kroll (Fotograf): http://www.martin-kroll.de

LOT-Theater Braunschweig: http://www.lot-theater.de

Klaus Obermaier (Medienkünstler und Regisseur): http://www.exile.at

Robert Tannion (Tänzer und Choreograf): http://www.tannion.com

Frieder Weiss (Medienkünstler): http://frieder-weiss.de

Chris Ziegler (Medienkünstler und Regisseur): http://www.movingimages.de

Danksagung

Ich danke Thomas Macho und Ulrike Haß für ihre treffenden Kommentare, weiterführenden Fragen und motivierenden Worte.

Ich danke meinen Eltern für ihre Unterstützung und Geduld.

Ich danke den Künstlern und Programmierern für ihre Offenheit und ihre Geduld, mir Fragen zu beantworten, besonders Peter Brandl, Martin Slawig, Frieder Weiß und Chris Ziegler.

Ich danke meinen Freundinnen und Freunden für die kritischen Diskussionen, bohrenden Fragen und die willkommene Ablenkung, besonders Martina Leeker, Nicole Morawe, Katja Sander und Oliver Sander.

Ich danke der Staatsbibliothek zu Berlin für die konzentrierte Arbeitsatmosphäre und meiner Stabi-Bezugsgruppe für die Pausen.

Ich danke besonders Nikoline Kullmann und Andreas Schöpp für die kritische Lektüre und Torsten Schmitt für alles.

Diese Dissertation wurde durch ein Promotionsstipendium nach dem Nachwuchsförderungsgesetz des Landes Berlin (NaFöG) gefördert und durch ein Aufenthalts-Stipendium der Denkmalschmiede Höfgen unterstützt.